Die Situation der Schuldnerin im englischen und im deutschen Insolvenzrecht

Internationalrechtliche Studien

Beiträge zum Internationalen Privatrecht, zum Einheitsrecht und zur Rechtsvergleichung

Herausgegeben von Ulrich Magnus und Peter Mankowski

Band 72

PL ACADEMIC RESEARCH

Marcel Streeck

Die Situation der Schuldnerin im englischen und im deutschen Insolvenzrecht

Eine rechtsvergleichende Untersuchung

PL ACADEMIC RESEARCH

Bibliografische Information der Deutschen Nationalbibliothek
Die Deutsche Nationalbibliothek verzeichnet diese Publikation in der Deutschen Nationalbibliografie; detaillierte bibliografische Daten sind im Internet über http://dnb.d-nb.de abrufbar.

Zugl.: Hamburg, Univ., Diss., 2015

D 18
ISSN 0947-0395
ISBN 978-3-631-67444-4 (Print)
E-ISBN 978-3-653-06577-0 (E-Book)
DOI 10.3726/978-3-653-06577-0

PL Academic Research ist ein Imprint der Peter Lang GmbH.

Peter Lang – Frankfurt am Main · Bern · Bruxelles · New York · Oxford · Warszawa · Wien

Diese Publikation wurde begutachtet.

www.peterlang.com

Für meine Familie

Inhaltsverzeichnis

Literaturverzeichnis

Achsnick, Jan: Options-Modelle im Insolvenzplanverfahren, Berlin 2002, zitiert Achsnick, Seite.

Armour, John, Bennett, Howard: Vulnerable Transactions in Corporate Insolvency, 2003, zitiert Armour/Bennett, Rn.

Thomas Bachner: Gläubigerschutz durch Insolvenzrecht in England in ZGR 2006 Sonderheft 17 – Das Kapital der Aktiengesellschaft in Europa -, S. 526–574, zitiert Bachner ZGR 2006, Seite.

Bailey/Groves: Corporate Insolvency Law and Practice, Third Edition, 2007 Zitiert Bailey/Groves Nr.

Baumbach, Adolf, Hueck, Alfred: GmbHG, Kommentar, 20. Auflage, München 2013, zitiert Baumbach/Hueck-Bearbeiter § Rn.

Braun, Eberhard: Insolvenzordnung – Kommentar, 5. Auflage, München 2012, zitiert Braun-Bearbeiter § Rn.

Becker, Christoph: Insolvenzrecht, 2. Auflage, 2008 Köln, zitiert Becker Rn.

Beissenhirtz, Volker: Insolvenzanfechtung in Deutschland und England, Frankfurt am Main 2003, zitiert Beissenhirtz, Seite.

Bernstorff, Christoph Graf von: Abtretung von Forderungen nach angloamerikanischem Recht in RIW 1984, S. 508–512, zitiert Bernstorff RIW 1984 Seite.

Bernstorff, Christoph Graf von: Einführung in das englische Recht, 4. Auflage, München 2011, zitiert Bernstorff Seite.

Bierle, Michael: Pfandrechte an beweglichen Sachen im internationalen Privatrecht, Mainz 1993, zitiert Bierle Seite.

Binder, Jens-Hinrich: Zur Insolvenzbeständigkeit masseschädigender Rechtshandlungen unter Mitwirkung des vorläufigen Insolvenzverwalters in KTS 2006, S. 1–39, zitiert Binder KTS 2006, Seite.

Blersch, Jürgen: Die Auslegung und Ergänzung der Gesamtvollstreckungsordnung, Berlin 1993, zitiert Blersch Seite.

Bohlen, Edgar: Der Sicherheiten-Pool, Bielefeld 1984, zitiert Bohlen, Seite.

Bork, Reinhard: Die Geltendmachung der Existenzvernichtungshaftung in der Insolvenz in KTS 2006, S. 39–59, zitiert Bork KTS 2006 Seite.

Bork, Reinhard: Rescuing Companies in England and Germany, Oxford 2012, zitiert Bork Rescuing Rn.

Bork, Reinhard: Einführung in des Insolvenzrecht, 5. Auflage, Tübingen 2009, zitiert Bork Rn.

Bork, Reinhard: Aufhebung und Einstellung des Insolvenzverfahren unter Vorbehalt der Nachtragsverteilung in ZIP 2009, S. 2077–2081, zitiert Bork ZIP 2009 Seite.

Borrie, Sir Gordon: Commercial law 6. Ausgabe, London 1988, zitiert Borrie Seite.

Bruns, Alexander: Die geplante Novellierung der Restschuldbefreiung mittelloser Personen – ein geglückter fresh start? In KTS 2008, S. 41–57, zitiert Bruns KTS 2008 Seite.

Bunge, Jürgen: Zivilprozess und Zwangsvollstreckung in England und Schottland, 2. Auflage, Berlin 2005, zitiert Bunge Seite.

Burgermeister, Udo: Der Sicherheitenpool im Insolvenzrecht, 2 Auflage, Köln 1996, zitiert Burgermeister, Seite.

Brown, David: Corporate Rescue, Insolvency Law in Practice, Chichester 1996, zitiert Brown Rn.

Chitty, Joseph: Chitty on contracts, Volumen I, General Principles, 31. Auflage, London 2012, zitiert Chitty-Bearbeiter Rn.

Dassler/Schiffhauer: ZVG Kommentar, 14. Auflage, Bielefeld 2013, zitiert Dassler/Schiffhauer-Bearbeiter, § Rn.

Dimmling; Andreas: Schuldenfrei in the UK? in ZInsO 2007, S. 1198–1201, zitiert Dimming ZInsO 2007, Seite.

Eckstein, Felix: Das englische Konkursrecht, Berlin 1935, zitiert Eckstein, Seite.

Ehricke, Ulrich, Köster, Malte, Müller-Seils, Carten: Neuerungen im englischen Unternehmensinsolvenzrecht durch den Enterprise Act 2002 in NZI 2003, S. 409–416, zitiert Ehricke/Köster/Müller-Seils, NZI 2003, Seite.

Endemann, Wilhelm: Die Entwicklung des Konkursverfahrens in der gemeinrechtlichen Lehre bis zu der Deutschen Konkursordnung vom 10. Februar 1877, 1888 in ZZP Nr. 12.

Finch, Vanessa: Corporate Insolvency Law, Perspectives and Principles, second Edition, Cambridge 2009, zitiert Finch Seite.

Fleischer, Holger: Gläubigerschutz in der kleinen Kapitalgesellschaft: Deutsche GmbH versus englische private limited company in DStR 2000, S. 1015–1021, zitiert Fleischer DStR 2000, Seite.

Fletcher, Ian F.: The Law of Insolvency, London 1990, zitiert Fletcher, Law of Insolvency, Seite.

Florian, Matthias: Das englische internationale Insolvenzrecht, Münster 1988, zitiert Florian Seite.

Forsblad, Kirsten: Restschuldbefreiung und Verbraucherinsolvenz im künftigen deutschen Insolvenzrecht, Göttingen 1997, zitiert Forsblad Seite.

Frege, Michael C., Keller, Ulrich, Riedel, Ernst: Insolvenzrecht, Handbuch der Rechtspraxis, Band 3, 7. Auflage, München 2008, zitiert Frege/Keller/Riedel Rn.

Fritsche, Stefan: Entwicklungstendenzen der Zustimmungsverwaltung nach §§ 21 Abs. 2 Nr. 2 2. Alt., 22 Abs. 2 InsO im Insolvenzeröffnungsverfahren in DZWIR 2005, S. 264–277, zitiert Fritsche DZWIR 2005 Seite.

Gebler, Olaf: Ausländische Insolvenzverfahren zur Sanierung deutscher Unternehmen in NZI 2010, S. 664–669, zitiert Gebler NZI 2010, Seite.

Godfrey, Patricia Loebel, Anke: Englische Gesellschaften in der Insolvenz, Heidelberg 1999, zitiert Godfrey/Loebel, Seite.

Goode, Roy: Principles of Corporate Insolvency Law, Oxfort2005, zitiert Goode Rn.

Goode, Roy: Commercial Law, Second Edition, London, 1995, zitiert Goode, Commercial Law, Rn.

Goode, Roy: The secured creditor and insolvency under english law in Rabels Nr. 44, 1980, S. 674–712, zitiert Goode RabelsZ 44, Seite.

Görg, Klaus Hubert Stockhausen, Martin: Eigenverwaltung für Großinsolvenzen, Köln 2003, in Festschrift für Friedrich Wilhelm Metzler, zitiert Görg/Stockhausen Seite.

Gottwald, Peter: Insolvenzrechts-Handbuch, 4. Auflage, München 2010, zitiert Gottwald-Bearbeiter § Rn.

Gower and Davies' principles of modern company law: Principles of modern company law, Paul L. Davies, 8. Edition, London 2008, zitiert Grower and Davies Principles Seite.

Gräfe, Gerald: Director's fiduciary duties als Gläubigerschutzinstrument bei britischen Limited mit Verwaltungssitz in Deutschland in DZWIR 2005, S. 410–414, zitiert Gräfe DZWIR 2005, Seite.

Haarmeyer/Wutzke/Förster: Handbuch zur Insolvenzordnung, München 2001, zitiert Haarmeyer/Wutzke/Förster, Kap. Rn.

Habel, Wolfgang: Der Eigentumsvorbehalt im englischen Handelsverkehr, Berlin 1981, zitiert Habel Seite.

Habersack, Mathias Verse, Dirk: Wrongful Trading – Grundlage einer europäischen Insolvenzverschleppungshaftung? in ZHR 2004, S. 174–215, zitiert Habersack/Verse ZHR 2004, Seite.

Halsbury's Laws of England: Halsbury's Laws of England, Choses in Action, 4. Edition Band 6, London 1991, zitiert Halsbury's Laws of England Bd. 6, Seite.

Hamburger Kommentar zum Insolvenzrecht: Hamburger Kommentar zum Insolvenzrecht, 4. Auflage, 2012, zitiert HmbKomm-Bearbeiter.

Hanisch, Hans: Zur Reformbedürftigkeit des Konkurs. und Vergleichsrechts, 1977 in ZZP Nr. 90.

Happ, Wilhelm Holler, Lorenz: Limited' statt GmbH? – Risiken und Kosten werden gern verschwiegen in DStR 2004, S. 730–736, zitiert Happ/Holler DStR 2004, Seite.

Häsemeyer, Ludwig: Insolvenzrecht, 3. Auflage, Heidelberg 2002, zitiert Häsemeyer, Rn.

Heidelberger Kommentar zu Insolvenzordnung: Heidelberger Kommentar zu Insolvenzordnung, 6. Auflage, Heidelberg 2011, zitiert HK-Bearbeiter § Rn.

Hergenröder, Curt Alsmann, Christine: Das Privatinsolvenzrecht auf der britischen Insel in ZVI 2007, S. 337–347, zitiert Hergenröder/Alsmann ZVI 2007, Seite.

Hess Harald Ruppe Nicole: Die Eigenverwaltung in der Insolvenz der AG oder einer GmbH, Erfurt 2002, in NZI 2002, zitiert Hess/Ruppe NZI 2002.

Hess/Weis/Wienberg: Kommentar zur Insolvenzordnung, Band 1, 2. Auflage Heidelberg 2001, zitiert Hess/Weis/Wienberg-Bearbeiter.

Hirte, Heribert: Die Grundsätze der „Wrongful-Trading-Alternative" zu gesetzlichen Insolvenzantragspflicht in ZInsO 2010, S. 1986–1996, zitiert Hirte ZinsO 2010, Seite.

Hirte, Heribert Mock, Sebastian: Wohin mit der Insolvenzantragspflicht in ZIP 2005, S. 474–478, zitiert Hirte/Mock ZIP 2005, Seite.

Hofmann, Matthias: Die Eigenverwaltung insolventer Kapitalgesellschaften im Konflikt zwischen Gesetzeszweck und Insolvenzpraxis, in ZIP 2007, zitiert Hofmann Zip 2007, Seite.

Holdsworth, William Searle: History of English Law, Bd. 8; S. 229 f.; Rn. 31.

International encyclopedia of comparative: International encyclopedia of comparative law, Bd. VII, zitiert Internat. Encycl.-Bearbeiter.

Jaeger, Ernst: Insolvenzordnung, Großkommentar, Berlin 2004, zitiert, Jaeger-Bearbeiter § Rn.

Jungmann, Carsten: Grundpfandgläubiger und Unternehmensinsolvenz, Köln 2004, zitiert Jungmann Rn.

Keay, Andrew Walton, Peter: Insolvency Law, Corporate and Personal, 2. Auflage, Bristol 2008, zitiert Keay/Walton Rn.

Keay, Andrew: The Avoidance of Pre-Liquidation Transactions: An Anglo-Australian Comparison in Journal of Business Law 1998, S. 515–549, zitiert Keay 1998 JBL Seite.

Keay, Andrew: The Duty of Directors to Take Into Account Creditors Interests; Has it Any Role To Play?" in Journal of Business Law 2002, S. 379–410, zitiert Keay JBL 2002, Seite.

Kilger, Joachim: Der Konkurs des Konkurses in KTS 1975, S. 142–166, zitiert Kilger KTS 1975, Seite.

Kilger, Joachim, Schmidt, Karsten: Insolvenzgesetze KO/VglO/GesO, 17. Auflage, München 1997, zitiert Kilger/Schmidt § Anm.

Kindler, Peter, Nachmann, Josef: Handbuch Insolvenzrecht in Europa, München Stand 2013, zitiert Kindler/Nachmann-Bearbeiter Abschnitt Rn.

Körner, Martin: Die Eigenverwaltung in der Insolvenz als bestes Abwicklungsverfahren? In NZO 2007, zitiert Körner NZI 2007 Seite.

Krimphove, Dieter: Das europäische Sachenrecht, Köln 2006, zitiert Krimphove Seite.

Lieder, Jan: Die Haftung der Geschäftsführer und Gesellschafter von EU-Auslandsgesellschaften mit tatsächlichem Verwaltungssitz in Deutschland in DZWIR 2005, S. 399–410, zitiert Lieder DZWIR 2005, Seite.

Lieder, Jan: Zur Haftung wegen Existenzvernichtender Eingriffs in DZWIR 2005, S. 310–319, zitiert Lieder DZWIR 2005, Seite.

Lipp, Volker: Die Durchsetzung des Eigentumsvorbehalts in England, in RIW 1994, Seite 18 ff., zitiert Lipp RIW 1994 Seite.

Lübchen, Gustav-Adolf; Landfermann, Hans-Georg: Das neue Insolvenzrecht der DDR, 1990, in ZIP 1990, zitiert Lübchen/Landfermann ZIP 1990, Seite.

Lutter/Hommelhoff: GmbH-Gesetz, Kommentar, 18. Auflage, Köln 2012.

Lwowski, Hans-Jürgen Fischer, Gero Langenbucher, Katja: Das Recht der Kreditsicherung, 9. Auflage Berlin 2011, zitiert Lwowski/Fischer/Langenbucher § Rn.

Maier, Daniel: Die praktische Wirksamkeit des Schemes of Arrangement in Bezug auf englische Finanzierungen in NZI 2011, Seite 305 bis 310, zitiert Maier NZI 2011, Seite.

Marotzke, Wolfgang: Insolvenzanfechtung, vorläufiger Insolvenzverwalter in EWiR 2005, S. 511–512, zitiert Marotzke EWiR 2005 Seite.

Michalski, Lutz: Kommentar zum Gesetz betreffend die Gesellschaft mit beschränkter Haftung (GmbH-Gesetz), München 2010, Band II, 2. Auflage, zitiert Michalski-Bearbeiter § Rn.

Moellering, Jürgen Koepsell, Johannes: Das neue englische Gesellschaftsrecht in RIW 1981, S. 517–522, zitiert Moellering/Koepsell RIW 1981, Seite.

Müller, Gerd: Die Haftung des GmbH-Geschäftsführer aus § 64 GmbHG bei unterlassener Konkursanfechtung in ZIP 1996, S. 1153–1157, zitiert Müller ZIP 1996, Seite.

Münchener Kommentar zur Insolvenzordnung: Kommentar zur Insolvenzordnung, Band 1, 3. Auflage, Einleitung bis § 79, München 2013; Band 2, 3. Auflage, §§ 80 bis 216 InsO, München 2013, Band 2, 2. Auflage, §§ 103 bis 269 InsO (nur §§ 217 bis 269), München 2008; Band 3, 2. Auflage, §§ 270 bis 359 InsO, München 2008; zitiert MünchKomm. InsO-Bearbeiter § Rn.

Münchener Kommentar zum Bürgerlichen Gesetzbuch: Kommentar zum Bürgerlichen Gesetzbuch, Band 3, 6. Auflage, §§ 433–610 BGB, Finanzierungsleasing, HeizkostenV, BetriebskostenV, CISG, München 2012; Band 6, 6. Auflage, §§ 854–1296 BGB, WEG, ErbbauRG, München 2013, zitiert MünchKomm.BGB-Bearbeiter § Rn.

Neumann, Friedrich: Die Gläubigerautonomie in einem künftigen Insolvenzverfahren, Bielefeld 1995, zitiert Neumann Seite.

Nerlich, Jörg Römermann, Volker: Insolvenzordnung (InsO), Kommentar, 25. Ergänzungslieferung, München Stand Juli 2013, zitiert NR-Bearbeiter § Rn.

Pape, Gerhard: Die Immobilie in der Krise in ZInsO 2008, S. 465–473, zitiert Pape ZInsO 2008, Seite.

Pape, Gerhard: Einziehungsrecht des Insolvenzverwalters bei sicherungshalber abgetretenen Forderungen in NZI 2000, S. 301–303, zitiert Pape NZI 2000, Seite.

Parry, Rebecca: Transaction Avoidance in Insolvencies, Oxford 2001, zitiert Parry Rn.

Pennington, Robert Roland: Corporate Insolvency Law, 2. Auflage, London 1997, zitiert Pennington, Seite.

Petrovic, Radmila: Die rechtliche Anerkennung von Solvent Schemes of Arrangement in Deutschland – Eine Chance für die Restrukturierungspraxis in ZInsO 2010, S. 265–272, zitiert Petrovic 2010, Seite.

Pick Eckhart: Die (neue) Insolvenzordnung – ein Überblick in NJW 1995, S. 992–997, zitiert Pick NJW 1995.

Raab, Hans: Probleme bei der Immobilienverwertung aus der Sicht des Insolvenzverwalters in DZWIR 2006, S. 234–239, zitiert Raab DZWIR 2006, Seite.

Rajak, Harry: Company Liquidations, London 2005, zitiert Rajak Rn.

Redeker, Rouven: Die Haftung für wrongful trading im englischen Recht, Diss. Leipzig 2007, zitiert Redeker Seite.

Redeker, Rouven: Kontrollerwerb an Krisengesellschaften: Chancen und Risiken des Debt-Equity-Swap in BB 2007, S. 673–680, zitiert Redeker BB 2007, Seite.

Roth/Altmeppen: GmbHG Kommentar, 7. Auflage, 2012, zitiert Roth/Altmeppen-Bearbeiter § Rn.

Rick, Nicole: Schuldnerschutz in der Zwangsvollstreckung, Ein Rechtsvergleich zwischen Deutschland und England, Münster 2002, zitiert Rick Seite.

Rink, Florian: Die Sicherheit von Grundpfandrechten in Deutschland und England, Tübingen 2006, zitiert Rink Seite.

Rusch, Konrad Brocker, Till: Debt Mezzanine Swap bei Unternehmensfinanzierungen – rechtliche und steuerliche Rahmenbedingungen in ZIP 2012, S. 2193–2198, zitiert Rusch/Brocker ZIP 2012, Seite.

Schall, Alexander: Die neue englische Floating Charge im Internationalem Privat- und Verfahrensrecht in IPRax 2009, 209.

Schall, Alexander: Die Floating Charge im Wettbewerb der Insolvenzrechte in KTS 2009, 69.

Schall, Alexander: Englischer Gläubigerschutz bei der Limited in Deutschland in ZIP 2005, S. 965–975, zitiert Schall ZIP 2005, Seite.

Scherber, Nina: Europäische Grundpfandrechte in der nationalen und internationalen Insolvenz im Rechtsvergleich, Berlin 2003, zitiert Scherber, Seite.

Schimansky, Herbert, Bunte, Hermann-Josef, Lwowski, Hans Jürgen: Bankenrechts-Handbuch, 4. Auflage, München 2011, zitiert Schimansky/Bunte/Lwowski-Bearbeiter, § Rn.

Scholz, Franz: Kommentar zum GmbH-Gesetz, Band II, §§ 35–52, 10. Auflage, Köln 2007; Band III, §§ 53–85, 10. Auflage, Köln 2010, zitiert Scholz/Bearbeiter § Rn.

Schröter, Jürgen Graf von Westphalen, Friedrich: Sicherheiten-Poolverträge der Banken und Warenlieferanten, Frankfurt 1986, zitiert Schröter/Graf von Westphalen, Seite.

Schulte, Johannes: Die europäische Restschuldbefreiung, Berlin 2000, zitiert Schulte, Seite.

Schumann, Alexander: Die englische Limited mit Verwaltungssitz in Deutschland: Kapitalaufbringung, Kapitalerhaltung und Haftung bei Insolvenz in DB, S. 743–749, zitiert Schumann DB 2004, Seite.

Sealy, Len Milman, David: Annotated Guide to the Insolvency Legislation, 13. Auflage, London 2010, zitiert Sealy/Milman Seite.

von Staudinger, Julius: Kommentar zum bürgerlichen Gesetzbuch mit Einführungsgesetz und Nebengesetzen, EGBGB/IPR. Einführungsgesetz zum Bürgerlichen Gesetzbuche/IPR, 13. Auflage Berlin 2002, zitiert: Staudinger.BGB-Bearbeiter Art. Rn.

Steffek, Felix: Das englische Recht der Insolvenzanfechtung – ein funktionaler Vergleich unter besonderer Berücksichtigung kapitalgesellschaftlicher Aspekte in KTS 2007, S. 451–483, zitiert Steffek KTS 2007, Seite.

Stephan, Guido: Die Reform des Verbraucherinsolvenz- und Restschuldbefreiungsverfahrens in VIA 2011, S. 25–27, zitiert Stephan VIA 2011, Seite.

Stöber, Kurt: Zwangsversteigerungsgesetz, Kommentar zum ZVG, 20. Auflage, München 2012, zitiert Stöber § Rn.

Tetzlaff, Christian: Probleme bei der Verwertung von Grundpfandrechten und Grundstücken im Insolvenzverfahren, Neue Entwicklungen seit Inkrafttreten der InsO in ZInsO 2004, S. 521–530, zitiert Tetzlaff ZInsO 2004, Seite.

Theiß, Peter: Der Schuldenbereinigungsplan gem. §§ 306 ff. InsO als Vergleich bürgerlichen Rechts – Möglichkeit der Anfechtung und des Rücktritts – in ZInsO 2005, S. 29–32, zitiert Theiß ZInsO 2005, Seite.

Thole, Christoph: Gläubigerschutz durch Insolvenzrecht, Tübingen 2010, zitiert Thole, Seite.

Tolmie, Fiona: Corporate & Personal Insolvency Law, 2. Edition, London 2003.

Treitel: The Law of Contract, Verfasser: Peel, Edwin, 12. Auflage, London 2007, zitiert Treitel Rn.

Triebel, Volker: Englisches Handels- und Wirtschaftsrecht 2. Auflage, Heidelberg 1995, zitiert Triebel Seite.

Uhlenbruck Wilhelm: Insolvenzordnung, 13. Auflage, München 2010, zitiert Uhlenbruck/Bearbeiter, § 308 Rn.

Undritz, Sven Holger: Betriebsfortführung im Eröffnungsverfahren – Die Quadratur des Kreises? in NZI 2007, S. 65–72, zitiert Undritz NZO 2007, Seite.

Vach, Michael: Aspekte der Insolvenzrechtsreform von 1986 in England, Frankfurt am Main 1991, zitiert Vach, Seite.

Vallender, Heinz: Einzelzwangsvollstreckung im neuen Insolvenzrecht in ZIP 1997, S. 1993–2002, zitiert Vallender ZIP 1997, Seite.

Wood, Philip R.: Principles of international insolvency, London 2007, zitiert Wood Nr.

Yazhari, Fardjam C.: Verlängerter Eigentumsvorbehalt und Globalzession, Hamburg 2002, zitiert Yazhari Seite.

Englische Entscheidungen

Alabama, New Orleans, Texas and Pacific Junction Railway Co Re [1981] 1 Ch 213; S. 56, 242.
Anglo-Baltic and Mediterranean Bank vs. Baber and Company [1924] 2 KB 410; S. 272.
Agriplant Services Ltd Re [1997] BCC 842; S. 188.
Bairstow v Queens Moat Houses plc [2000] 1 BCLC 549; S. 200.
Barn Crown Ltd [1994] 4 All ER 42; S. 175.
Barrows v Chief Land Registrar Times 20.10.1977; S. 174.
Barton Manufacturing Co Ltd Re [1998] BCC 827; S. 185, 186.
Barclays Bank Plc v Eustice [1995] 1 WLR 1238; S. 191.
BCPMS (Europe) Ltd v GMAC Commercial Finance plc, 2006 All ER (D) 285; S. 41.
Bellaglade Ltd Re [1977] 1 All ER 319; S. 98.
Beloit Walmsley Ltd. [2008] EWHC 1888 (Ch) ; S. 30.
Bowett v Fullers United Electric Works [1923] 1 KB 160; S. 99.
Brain D Pierson (Contractors) Ltd Re [1999] BCC 26; S. 188, 201.
Brabon [2001] BCLC 11; S. 191.
Branston & Gothard Ltd Re [1999] BPIR 466; S. 187.
British and Commonwealth Holding plc (no 3) Re [1992] 1 WLR 672; S. 167.
British Eagel International Air Lines Ltd. v Compagnie Nationale Air France [1975] 1 WLR 758d; S. 219.
Buchler v Talbot [2004] UKHL 9; S. 193, 224, 253.
Calor Gas v Pierca [1994] BCC 69, S. 122, 221.
Casterbridge Properties Ltd Re [2002] BPIR 428 ; S. 106, 212.
Centrebind Ltd, RE [1966], 3 All ER 889 (namengebend); S. 47.
Chelmsford City Football Club (1980) Ltd. [1991] BCC 133; S. 37.
Chohan v Saggar [1992] BCC 306; S. 191.
Cohen (a bankrupt), ex p the bankrupt v IRC Re [1950] 2 All ER 36, S. 106.
Conegrade Ltd Re [2003] BPIR 358; S. 185.
Dollar Land (Feldham) Ltd Re [1995] BCC 740; S. 210, 213.
Dora v Simper [2000] 2 BCLC 561; S. 191.
Dicksmith (Manufacturing) Ltd, Re [1999] 2 BCLC 686; S. 272.

DKG Contractors RE [1990] BCC 903; S. 201.
East Kent Shipping Co Ltd Re (1868) 18 LT 748; S. 164.
Elmsbourne Security Ltd v Manticore Holdings Ltd [2005] EWHC 1315; S. 202.
Empire Mining Co Re (1890) 44 Ch D 402; S. 56, 242.
Exchange Travel (Holdings) Ltd i.L. RE [1996] BCC 933; S. 188.
Fenton Ltd ex p Fenton Textile Association Ltd Re (No. 1) [1931] 1 Ch 85 CA; S. 135.
Glegg v. Bromley, [1912] 3 K.B. 474, 490; S. 121.
Golding and Howard v Fire, Auto and Marine Insurance Co Ltd [1968] 3 ITR 372; S. 169.
Gray's Inn Construction Co Ltd Re [1980] 1 All ER 814; S. 175.
Halt Garage (1964) Ltd Re [1982] 3 All ER 1016; S. 207.
Holt v. Heatherfield Trust Ltd, [1942] 1 All E.R. 404, 407; S. 121.
Holt v. Heatherfield Trust Ltd., [1942] 2 K.B. 1, 5 f.; S. 121.
Hill v Spread Trustee Co Ltd [2006] EWCA Civ 542; S. 190.
Inland Revenue Commissioners v Hashmi [2002], BCC 943; S. 191.
J Leslie Engineers Co Ltd Re [1976] 1 WLR 292, 304; S. 174.
James McHale Automobiles Ltd, Re [1997] BBC 202; S. 100.
Kayley Vending Ltd. [2009] EWHC 904, S. 112, 144.
Kensington International Ltd v Republic of the Congo [2005] EWHC 2684; S. 207.
Kent & Sussex Sawmills Ltd. Re [1947] 1 Ch. 177; S. 224.
Kubiangha v Ekpenyong [2002], 2 BCLC 597; S. 191.
Ledingham-Smith Re [1993] BCLC 635; S. 187, 188.
Lehman Brothers International Europe (In Administration) Re [2009] EWHC 2141 (Ch); S. 57.
Lehman Brothers International Europe (In Administration) Re [2009] EWCA Civ 1161; S. 57.
Liverpool City Council v Irwin [1977] AC 239; S. 167.
Liverpool Civil Service Assoiation Re (1874) 9 Ch App 511; S. 174.
Lord v Sinai Securities Ltd [2004] BCC 986; S. 202.
Margot Bywaters Ltd. Re [1942] 1 Ch D 121 S. 157.
MC Bacon Ltd, Re [1990] BCLC 324 at p 335; S. 14, 182.
MC Bacon Ltd (No 2) Re Ch [1991] 127, 138 ; S. 193.
MDA Investment Management Ltd. Re [2003] EWHC 227; S. 200, 202.

Measures Bros Ltd v Measures [1910] 2 Ch 248; S. 150.
Mid East Trading Ltd, Lehman Bros Inc v Phillips and others [1997] 3 All ER 481, 490; S. 106, 212.
Midland Counties District Bank Ltd vs. Attwood [1905] 1 Ch 357, S. 48, 168, 169.
Miller v Bain [2002] 1 BCLC 266; S. 200.
Moon v Franklin [1996] BPIR 196; S. 191.
Moor v Anglo-Italian Bank (1879) 10 Ch D 681; S. 225.
Mond v Hammond Suddards [2000] Ch 40 CA; S. 106, 212.
Murphy v Young & Co's Brewery plc [1997] 1 All ER 518; S. 219.
National Westminster Bank plc v Jones [2001] 1 BCLC 98; S. 182, 183, 190.
Nicoll v Cutts [1985] BCLC 322; S. 168.
Oakley-Smith v Greenberg [2002] EWCA Civ 1217; S. 30.
Oasis Merchandising Ltd Re [1997] 2 WLR 764; S. 192.
OBG Ltd v Allan [2007] UKHL 21; S. 218.
Official Receiver v Negus [2011] EWHC 3719; S. 23.
Oriental Commercial Bank Re (1871) LR 7 Ch 99; S. 135.
Oriental Bank Corpn, Mac Dowall's Case Re (1886) 32 Ch D 366; S. 168.
P & C, R & T (Stockport) Ltd [1991] BCC 98 187; S. 167.
Pantone 485 Ltd. Re [2002], 1 BCLC 266; S. 200.
Papanicola v Humphreys [2005] 2 All ER 418, S. 106.
Paraguassu Steam Tramroad Co Re (1872) 8 Ch App 254; S. 164.
Peck v Craighead [1995] 1 BCLC, 337; S. 272.
Philipps v Brewin Dolphin Bell Lawrie Ltd [2001] 1 WLR 143; S.182, 202.
Piccadilly Management Ltd Re [1992] 2 BCBL 145, 163; S. 106, 212.
Pulsford v Devenish [1903] 2 Ch 625; S. 218.
Portedge Ltd Re [1997] BCC 23; S. 212.
Probe Systems Ltd (No 3) Re [1991] BCC 428, S. 107.
Purpoint Re [1991], BCC 121; S. 201.
Roches Leisure Services Ltd Re [2006] BOIR 453; S. 212.
Royscott Spa Leasing Ltd v Lovett [1995] BCC 502; S. 191.
SB Corporate Solutions Ltd v Prescott & Anor [2011] EWHC B25; S. 147.
Saxton (EV) & Sons v R Miles (Confectioners) [1983], 2 All ER 1025; S. 47.
Secretary of State v Spence [1987] QB 179; S. 168.
Smith Haulage Ltd. Re [2007] BCC 135; S. 174.
South Wales Atlantic Steamship Co Re [1875] 2 Ch D 763, S. 51.

A. Einleitung

Die vorliegende Arbeit geht der Frage nach, ob das englische oder das deutsche Insolvenzverfahren aus der Sicht der Schuldnerin[1] zu bevorzugen ist. Hierzu werden die Vor- und Nachteile der jeweiligen Verfahren aus Sicht der Schuldnerin mit der Zielsetzung, Verbesserungsmöglichkeiten für die Vergleichsländer aufzuzeigen, untersucht. Die Vergleichsländer selbst wurden vor dem Hintergrund ihrer Bedeutung in der europäischen, aber auch der Weltwirtschaft[2] ausgewählt. Die Beschränkung auf das englische und nicht das britische Insolvenzrecht beruht auf den Umstand, dass in England, Wales, Schottland und Nordirland zum Teil unterschiedliche Regelungen gelten und hierdurch die Darstellung und Vergleichbarkeit gefährdet würde. Insbesondere in Schottland und Nordirland gelten abweichende Vorschriften, die nicht mit untersucht werden sollen.[3]

Die Untersuchung legt in Unterscheidung zu den rechtsvergleichenden Untersuchungen zum englischen und deutschen Insolvenzrecht von z. B. Thole (Gläubigerschutz durch Insolvenzrecht) und von Bork (Rescuing Companies in England and Germany) den Anknüpfungspunkt auf die Interessen der Schuldnerin als Rechtssubjekt des Insolvenzverfahrens.

Dieser Anknüpfungspunkt steht vor dem Hintergrund der häufig festzustellenden Abhängigkeiten zwischen der Schuldnerin, ihren Gläubigern und den sonstigen am Verfahren beteiligten Personen[4] (Schicksalsgemeinschaften) und der hieraus folgenden Überlegung, dass die Interessen der Gläubiger

---

1 Das Rechtssubjekt des Verfahrens wird im Folgenden einheitlich als Schuldnerin bezeichnet.

2 Deutschland verfügt über die fünft größte Wirtschaftskraft der Welt und die größte innerhalb der Europäischen Union gemessen nach PPP (purchasing power parity Kaufkraftparität), CIA The world factbook im Internet unter https://www.cia.gov/library/publications/the-world-factbook/geos/gm.html (07.03.215). Das Vereinigte Königreich verfügt über die drittgrößte Wirtschaftskraft innerhalb der Europäischen Union, CIA The world factbook im Internet unter https://www.cia.gov/library/publications/the-world-factbook/geos/uk.html (07.03.215).

3 Fletcher, Law of Insolvency, S. 5 f.

4 Arbeitnehmer, Auftraggeber (Kunden), Auftragnehmer (Subunternehmer, Lieferanten) etc.

und der sonstigen am Verfahren beteiligten Personen an einem Insolvenzverfahren[5] am effektivsten erreicht werden können, wenn die Interessen der Schuldnerin hinreichend berücksichtigt werden.

Die genannten Abhängigkeiten zwischen der Schuldnerin, ihren Gläubigern und den sonstigen am Verfahren beteiligten Personen zeigten sich während der vergangenen Wirtschaftskrisen[6] deutlich. Das Schicksal einzelner Unternehmen wird für zum Teil derart bedeutend für direkt oder auch indirekt mit diesem Unternehmen befasste Personen[7] gehalten, dass die Rettung eines solchen Unternehmens als unumgänglich eingestuft wurde und wird (*too big to fail*). Es soll eine Sogwirkung bzw. ein Dominoeffekt für Dritte, einer ganzen Volks- oder gar der Weltwirtschaft vermieden werden.[8]

Aber auch im Tätigkeitsumfeld von kleinen und mittelständischen Unternehmungen wird schnell deutlich, dass z. B. einem Subunternehmer oder einem Zulieferer wenig damit geholfen ist, wenn er nach Abschluss des Insolvenzverfahrens (häufig erst nach mehreren Jahren) eine Quote auf seine Forderung erhält, er aber den eigenen Geschäftsbetrieb unmittelbar nach Bekanntwerden des Insolvenzfalls einstellen muss, weil er aufgrund fehlender Folgeaufträge keine wirtschaftliche Perspektive mehr hat.

Die zu untersuchenden Rechtsordnungen haben auch vor dem Hintergrund dieser Abhängigkeiten in den vergangenen Jahrzehnten bereits

---

5 Hohe und gerechte Gläubigerbefriedigung nach der bestmöglichen Verwertung des Vermögens der Schuldnerin, ökonomische (günstig und schnell) Verfahrensabwicklung, Erhalt der Wirtschaftskraft der Schuldnerin und der Fortbestand von Wertschöpfungsketten (Geschäfts- und Leistungsbeziehungen).

6 Bezeichnend ist beispielsweise der Fall der Investmentbank Lehman Brothers, der mit dem Zusammenbruch des US-amerikanischen Baukreditsektors (collapse of a global housing bubble) im Jahres 2006 begann und in der Folge sich erheblich auf Großbanken und die reale Wirtschaft ausgewirkt hat.

7 Vgl. auch Cork Report Nr. 30 und Tolmie S. 3 ff. zum Dreipersonenverhältnis Schuldnerin – Gläubiger –Gesellschaft.

8 In den USA wurden beispielsweise die Hypothekenbanken Fannie Mae und Freddie Mac im Rahmen der Finanzkrise 2007/08 mit erheblichen Staatskrediten vor dem wirtschaftlichen Zusammenbruch gerettet. Im Vereinigten Königreich wurde im diesem Zusammenhang das bank rescue package 08.10.2008 erlassen. In Deutschland ist beispielsweise die zeitweise Rettung des Baukonzerns Philipp Holzmann AG und das Rettungsübernahmegesetz im Rahmen der Krise der Hypo Real Estate (§ 47 Kreditwesengesetz, Art. 6 Abs. 3 AufsichtsRL Banken) zu nennen.

zahlreiche Novellierungen[9] erfahren. Das ursprüngliche Verfahrensziel der Gläubigerbefriedigung in Form der Verwertung und Verteilung des haftenden Vermögens der Schuldnerin wurde um den Erhalt des Geschäftsbetriebs, den Erhalt von Arbeitsplätzen und der Entschuldung von natürlichen Personen zwecks Rückkehr in das Wirtschaftsleben erweitert.[10]

Am Beispiel der Rechtsträgersanierung werden die vorgenannten Überlegungen bezüglich einer Übereinstimmung der Interessen der Gläubiger und der sonstigen am Verfahren beteiligten Personen mit denen der Schuldnerin an einem Insolvenzverfahren besonders deutlich. Bei einer Rechtsträgersanierung werden sowohl die Interessen der Schuldnerin an der Ordnung ihrer Verhältnisse und dem Erhalt ihres Geschäftsbetriebs als auch die Interessen der Gläubiger an einer bestmöglichen Befriedigung und dem Fortbestand einer intakten Geschäftsbeziehung (Vermeidung von Auftragsverlusten) im Rahmen einer einvernehmlichen Regelung berücksichtigt. Die Schuldnerin verständigt sich bei einer Rechtsträgersanierung regelmäßig mit ihren Gläubigern auf eine Anpassung der Zahlungspflichten (Stundung, Teilschuldenerlass und/oder einen Schuldenbeteiligungstausch [Debt Equity Swap]).

Bei einer Sanierungslösung können zudem Masseverbindlichkeiten aus nachlaufenden Arbeits-, Miet- und Steuerschuldverhältnissen oder Entsorgungskosten, die die Quote der Insolvenzgläubiger erheblich schmälern können, vermieden oder jedenfalls reduziert werden.

Ein Erhalt des Geschäftsbetriebs liegt weiter auch im Interesse der indirekt mit der Schuldnerin befassten Personen, wenn durch die Sanierung z. B. die Kaufkraft der bei der Schuldnerin angestellten Arbeitnehmer erhalten bleibt.[11]

Aber auch eine Liquidation des haftenden Vermögens der Schuldnerin kann im Interesse der Schuldnerin liegen, wenn eine Rechtsträgersanierung in einem gedachten Insolvenzszenario nicht umsetzbar ist. Hierbei wird davon ausgegangen, dass die Schuldnerin bzw. die Organe und Gesellschafter

---

9 Z. B. von der KO zur InsO, MoMiG, ESUG; Änderungen durch die Cork-Kommission, Enterprice Act etc.

10 Vgl. § 1 Satz 2, 286 ff. InsO; InsAct 1986 sec. 278 ff.

11 Verbrauchsgütergeschäfte, Restaurants etc., die sich im Umfeld der Schuldnerin befinden, können durch den Wegfall der Kaufkraft der gekündigten und gegebenenfalls weggezogenen Arbeitnehmerschaft der Schuldnerin erheblich in Mitleidenschaft gezogen werden.

auch in dieser Konstellation die seinerzeit begründeten Verbindlichkeiten und sonstigen übernommenen Verpflichtungen durch die Verwertung des haftenden Vermögens erfüllen wollen. Eine Änderung dieser Motivation durch das Insolvenzszenario kann nicht unterstellt werden.[12] Durch eine wirtschaftlich sinnvolle Verwertung des haftenden Vermögens wird die Liquidität für die Deckung der vorrangigen Verfahrenskosten und die Erfüllung von fortbestehenden bzw. nachlaufenden Verpflichtungen geschaffen. Bei natürlichen Personen ist eine wirtschaftlich sinnvolle Verwertung des haftenden Vermögens nicht zuletzt wegen der weiteren Haftung für Verfahrenskosten unabhängig von der Restschuldbefreiung von Interesse. Ein Interesse der Gläubiger an einer geordneten Abwicklung der schuldnerischen Verhältnisse und einer möglichst effektiven Verwertung wird in diesem Szenario aufgrund des Gläubigerinteresses an einer möglichst hohen Quotenzahlung unterstellt. Eine ungeordnete vermögensrechtliche Abwicklung von Rechtssubjekten führt regelmäßig zu erheblichen Problemen für sämtliche befasste Personen. Hier werden z. B. begehrte Unterlagen wie Bauzeichnungen, Arbeitsbescheinigungen, Steuererklärungen etc. nicht mehr erstellt bzw. herausgegeben.

Ist eine Rechtsträgersanierung als größter gemeinsamer Nenner zwischen den Interessen der Beteiligten nicht möglich, ist die entgeltliche Übertragung von aktiven (laufenden) Betriebsteilen auf einen neuen Rechtsträger zu Fortführungswerten (asset deal – übertragene Sanierung) als Unterart der Liquidation regelmäßig die wirtschaftlich sinnvollste Lösung für die Beteiligten. Hierbei können die Vermögenswerte der Schuldnerin regelmäßig zu Fortführungswerten statt zu Liquidationswerten (z. B. Einzelversteigerung) veräußert werden. Werden die Gegenstände der Schuldnerin hingegen lediglich im Einzelnen abverkauft (Liquidationswerte), droht der Differenzbetrag

12 Im Zweifel ist das Interesse der Schuldnerin nach §§ 677, 679 BGB auf Grundlage der Pflichten des Geschäftsführers, der Gesellschafter und der Schuldnerin zu ermitteln (wie z. B. bei führungslosen Gesellschaften oder sogenannten „Kein Mann GmbHs“); anderer Auffassung wohl Bork, der bei juristischen Personen der Schuldnerin kein eigenes Interesse zubilligt und allein auf die Interessen der Eigen- bzw. Fremdkapitalgeber abstellt, Bork Rescuing Rn. 3.5. Soweit unter Eigen- bzw. Fremdkapitalgeber im Falle der Insolvenz auch die Gläubiger als wirtschaftliche Eigentümer zu verstehen sind, sind die Interessen ohnehin identisch.

zwischen Liquidations- und Fortführungswert ersatzlos verloren zu gehen. Ein dem physikalischen Energieerhaltungssatz entsprechender Erhalt der Vermögenswerte kann nicht zwingend angenommen werden. Es ist jedenfalls fraglich, ob der Differenzbetrag z. B. einem Konkurrenzunternehmen wertgleich und insoweit für dieses unentgeltlich anwächst. Kunden und Auftragnehmern der Schuldnerin drohen bei einer kurzfristigen Betriebseinstellung erhebliche Schäden. Diese Schäden setzen sich in der Folge z. B. auch in Steuerausfällen für den Fiskus und mithin für die Allgemeinheit fort. Eine gewinnbringende Verwertung[13] einer 3–5 Jahre alten Büroausstattung (EDV und Möbel) ist zudem ohnehin häufig nur möglich, wenn diese an einen Betriebsnachfolger veräußert wird, da im Falle einer Betriebsstilllegung die Verwertungskosten (Räumung, Transport und Verkaufsprovision) nicht selten über dem Verwertungserlös (Liquidationswert) liegen, sodass von einer Verwertung insgesamt abgesehen werden muss. Bei einer entgeltlichen Übertragung von Betriebsteilen werden die Vermögenswerte der Schuldnerin hingegen geordnet übertragen und die übrigen Angelegenheiten der Schuldnerin regelmäßig aufgearbeitet und ordnungsgemäß beendet. Dieses Vorgehen liegt im Interesse sämtlicher mit der Schuldnerin befasster Personen.

Selbst wenn ein Geschäftsbetrieb im Ergebnis ganz oder überwiegend eingestellt wird, kann eine zeitweise Betriebsfortführung dazu beitragen, dass z. B. Lieferanten die eigene Produktion anpassen, sich um neue Auftraggeber bemühen und gegebenenfalls mit einem potenziellen Betriebserwerber neue Verträge aushandeln. Kunden, die möglicherweise hoch spezialisierte Waren von der Schuldnerin bezogen haben und denen bei einem Produktionsstopp erheblicher Schaden droht,[14] können sich mit den zuständigen Personen

---

13 Der Verwertungserlös übersteigt die Kosten der Verwertung (Transport-, Lager- und Auktionskosten). Eine Verwertung von Kleinteilen, wie Schreibwaren, Vorräte etc. kann daher im Falle der Zerschlagung regelmäßig ausgeschlossen werden

14 Ein Autozulieferer, der von der Schuldnerin spezialangepasste Einzelteile bezieht (Ventile, Schrauben etc.), wird im Zweifel eine gewisse Zeit benötigen, um einen neuen Produzenten für diese Teile zu finden, bzw. der neue Produzent wird einige Zeit benötigen, um die geforderten Teile in der angeforderten Spezifikation zu liefern. Dauert dieser Prozess zu lange, kann es im Extremfall dazu kommen, dass ein Autozulieferer den Autohersteller nicht mehr beliefern kann und der

(der Geschäftsführung, dem [vorläufigen] Insolvenzverwalter oder einem Betriebsübernehmer) auf die weiteren Lieferbedingungen verständigen. Die Arbeitsverhältnisse können bei entsprechender Fortführungsprognose jedenfalls vorläufig fortgesetzt werden.[15] Die Arbeitnehmer haben hierdurch die Möglichkeit, sich bei dem potenziellen Übernehmer zu empfehlen oder sich parallel um ein neues anderweitiges Arbeitsverhältnis zu bemühen. Eine zwischenzeitliche Arbeitslosigkeit kann auf diese Weise vermieden werden. Hierdurch werden im Ergebnis auch die staatlichen Sozialversicherungssysteme im Vergleich zu einer sofortigen Betriebsstilllegung weniger[16] belastet.

Durch eine Sanierung oder eine Übertragung von aktiven Betriebsteilen können mithin die Werte der Schuldnerin (Produktivität, infrastrukturelle und gesellschaftliche Bedeutung) im Interesse der Beteiligten erhalten bleiben. Einschränkend ist jedoch zu erwähnen, dass eine insolvenzrechtlich gestützte Betriebsfortführung dort abzulehnen ist, wo dies zu unangemessenen Wettbewerbsverzerrungen zulasten der gesunden Konkurrenzunternehmen führt.[17] Ist eine Fortführung des Geschäftsbetriebs insgesamt nicht möglich, liegt die geordnete Beendigung der Verhältnisse der Schuldnerin neben einer möglichst effektiven Verwertung des haftenden Vermögens im Interesse der Beteiligten.

Die in beiden Ländern mögliche Restschuldbefreiung für natürliche Personen und der Schutz des Neuerwerbs (Pfändungsschutz) der Schuldnerin steht allerdings im direkten Konflikt zu dem Interesse der Insolvenzgläubiger an einer Befriedigung aus dem zukünftig erwirtschafteten Vermögen

---

Autohersteller seine Produktion stoppen muss. In diesem Fall droht dem Autozulieferer eine erhebliche schadensrechtliche Inanspruchnahme.

15 Hinreichende Liquidität für die laufenden Geschäfte; Absicherung/Vorfinanzierung der Lohn- und Gehaltsansprüche über die Insolvenzausfallgeldansprüche.

16 Auf die Inanspruchnahme von Arbeitslosengeld kann gegebenenfalls vollständig verzichtet werden. Der Staat und die Sozialversicherungssysteme werden direkt nur durch eine zweitweise Belastung im Rahmen des Zeitraums der vorfinanzierten Insolvenzgeldauszahlungen belastet. Diese Belastung wird durch die spätere quotale Befriedigung weiter abgemildert.

17 AG Hamburg ZInsO 2003, 816 (Ausschöpfung des Insolvenzgeldzeitraums) Angebote die nicht kostendeckend sind unter Ausnutzung der Besonderheiten des vorläufigen Insolvenzverfahrens, Schuldnerin zahlt keine Miete, keine Löhne (Insolvenzgeld) und keine Steuern – seit 01.01.2011 ist hier § 55 Abs. 4 InsO zu beachten – Privilegierung von bestimmten Steuern als Masseverbindlichkeiten.

der Schuldnerin. Die Möglichkeit des wirtschaftlichen Neustarts und die vollständige Neuordnung der wirtschaftlichen Verhältnisse der Schuldnerin liegen allerdings im Interesse des wirtschaftlichen Umfelds der Schuldnerin. Insbesondere durch Vollstreckungsverbote und die Befreiung von Altverbindlichkeiten wird sichergestellt, dass der Neuerwerb für die Erfüllung der Neuverbindlichkeiten eingesetzt werden kann. Der Vermieter verliert durch die Restschuldbefreiung zwar dauerhaft seine Altforderungen (Insolvenzforderung), kann allerdings zuversichtlich sein, dass die laufende Miete aus dem geschützten Neuerwerb der Schuldnerin bedient wird. Im Übrigen kann ein gelungener Neustart dem direkten Umfeld der Schuldnerin und der Volkswirtschaft insgesamt nützen.[18]

Im Rahmen der folgenden rechtsvergleichenden Untersuchung wird vor dem Hintergrund der beschriebenen Abhängigkeiten die Situation der Schuldnerin anhand der ihr zuzurechnenden Interessen an einem Insolvenzverfahren (Vergleichskriterien) vor, während und zum Ende eines Insolvenzverfahrens unter der jeweiligen Rechtsordnung dargestellt, analysiert und mit der Situation unter der jeweils anderen Rechtsordnung verglichen. Als Vergleichskriterien sind an dieser Stelle bereits die Sanierung bzw. die Schuldbefreiung von natürlichen Personen, der Erhalt der Vermögensverfügungsbefugnis, der Vollstreckungs- und Substanzschutz sowie allgemein die Ordnung der Verhältnisse zu nennen.

18 Forsblad, S. 335 zur wirtschaftlichen Rechtfertigung der Restschuldbefreiung.

B. Grundlagen und Entwicklung des Insolvenzrechts

Sowohl in England als auch in Deutschland liegt tatbestandlich eine Insolvenz vor, wenn die Schuldnerin (natürliche und juristische Person) nicht in der Lage ist, ihre fälligen Verbindlichkeiten zu bedienen (Zahlungsunfähigkeit – Cash-flow-Test)[19] oder/und (nicht für natürliche Personen nach deutschem Recht) die vorhandenen Vermögenswerte (Aktiva) geringer sind als die Verbindlichkeiten (Passiva) (Überschuldung[20] – sog. Balance sheet test).[21] In beiden Rechtsordnungen wird für die Einleitung des Insolvenzverfahrens ein auf die Einleitung des Verfahrens gerichteter Antrag oder Beschluss der Gesellschafter vorausgesetzt.[22] Dem Eingang des Antrags bzw. des Beschlusses beim Insolvenzgericht kann hierbei eine erhebliche Bedeutung für die Wirksamkeit von Zwangsvollstreckungsmaßnahmen und der späteren Anfechtbarkeit von Rechtshandlungen zukommen.[23] In Deutschland wird zusätzlich für die Eröffnung des Verfahrens eine die Verfahrenskosten deckende Masse vorausgesetzt.[24] Natürliche Personen können für die Verfahrenskostendeckung einen mit dem Antrag auf Restschuldbefreiung verbundenen Antrag auf Stundung der Verfahrenskosten stellen.[25] In England wird eine kostendeckende Masse in dieser Form nicht vorausgesetzt. Der Antragsteller hat die Gerichtskosten und einen angemessenen Vorschuss auf die jeweiligen

---

19 InsAct 1986 sec. 122 Abs. 1 f.; 123 Abs. 1; 267 ff. 272 ff.; § 17 InsO.

20 Nach deutschem Recht ist die Überschuldung nur bei Gesellschaften und Nachlässen ein Insolvenzgrund; vgl. § 19 InsO. In England ist hingegen eine natürliche Person auch insolvent, wenn sie überschuldet ist; vgl. InsAct 1986 sec. 341 Abs. 3 b.

21 InsAct 1986 sec. 122 Abs. 1 f., 123 Abs. 2; § 19 InsO.

22 InsAct 1986 sec. 129 Abs. 2 (Winding-up); InsAct 1986 Schedule B1 para 12 (Administration); § 13 InsO.

23 England: InsAct 1986 sec. 127 ff., 183, 238 ff.; Deutschland: §§ 88, 89, 129 ff. InsO.

24 § 26 InsO.

25 § 4a InsO.

Verfahrenskosten vorab zu entrichten.[26] Die Kosten des Insolvenzverfahrens werden in den Civil Procedure Rules gemäß den Insolvency Rules 1986 rule 7.33 geregelt. Unter bestimmten Voraussetzungen können in England die Gerichtsgebühren einer natürlichen Person erlassen werden.[27] In England darf ein Gericht den Erlass einer beantragten Winding-up Order nicht allein deshalb verweigern, weil das Vermögen der Schuldnerin nach Auffassung des Gerichts nicht ausreicht, um die Kosten des Verfahrens zu decken.[28] In Deutschland bestellt das Insolvenzgericht häufig zunächst einen Sachverständigen (Gutachter), der mit der Prüfung der Eröffnungsvoraussetzungen betraut wird.[29] Neben dieser Prüfung soll er dem Gericht berichten, ob Maßnahmen zur Sicherung der künftigen Insolvenzmasse zu ergreifen sind (vorläufige Insolvenzverwaltung, § 21 ff. InsO). Dies dient regelmäßig auch zur organisatorischen Vorbereitung und Planung des späteren Insolvenzverfahrens. Soweit die Schuldnerin vorberaten ist, wird sie die erforderlichen Maßnahmen selbst anregen.[30] Dem entsprechend können bereits vor der gerichtlichen Feststellung der Insolvenz (Eröffnungsbeschluss) einzelne Sicherungsmaßnahmen vom Insolvenzgericht angeordnet werden (z. B. Verfügungsverbote, Vollstreckungsverbote etc.).[31] Ähnliche Sicherungsmaßnahmen sind auch im englischen Insolvenzrecht möglich.

---

26 Vgl. Insolvency Proceedings (Fees) Order (Amendment) 2009: Wird das Individual Voluntary Arrangement oder Bankruptcy Verfahren auf Antrag der Schuldnerin eingeleitet fallen Gerichtsgebühren in Höhe von £ 150,00 an. Für das Verfahren selbst fallen weitere Verfahrenskosten in Höhe von £ 360,00 (Anzahlung) an; Wird eine Bankruptcy Verfahren von einem Gläubiger eingeleitet entstehen Gerichtsgebühren in Höhe von £ 190,00. Für das Verfahren selbst fallen weitere Verfahrenskosten in Höhe von £ 430,00 (Anzahlung) an; In der Unternehmensinsolvenz betragen die Gerichtskosten £ 190 und es ist für das Verfahren selbst ein Vorschuss in Höhe von £ 715,00 zu leisten.

27 Vorlage eines receipt of Income Support (state aid).

28 Z. B. InsAct 1986 sec. 125.

29 Vgl. §§ 4 und 5 InsO, in den sogenannten Regelinsolvenzen setzen die Gericht sehr häufig Sachverständige ein, um die Umstände des Verfahrens umfassend zu ermitteln, § 5 Abs. 1 InsO.

30 Vgl. beispielsweise Schutzschirmverfahren gemäß § 270b InsO.

31 §§ 21 ff. InsO; z. B. InsAct sec. 262, InsAct Schedule 1A und B1.

I. Das englische Insolvenzrecht

1. Historische Entwicklung

Rechtshistorisch war dem Common Law ein Gesamtvollstreckungsverfahren mit dem Ziel einer kollektiven Befriedigung zunächst fremd.[32] Erst durch das Inkrafttreten einzelner Gesetze (Statutory Law) fand der Gedanke der Gesamtvollstreckung (Abwicklung der Schuldnerin im Interesse einer/der Gläubigergemeinschaft) schrittweise Einzug in das englische Recht.[33] Historisch lässt sich die Entwicklung des englischen Insolvenzrechts wie folgt zusammenfassen:

- Das Common Law kannte zunächst nur die Befriedigung durch Einzelzwangsvollstreckungsmaßnahmen in das Vermögen oder gegen die Person der Schuldnerin (imprisonment for debts – Erzwingung der Befriedigung z. B. durch Haft).
- 1542 wird das erste insolvenzrechtliche Gesetz in England erlassen: Die kollektive Gläubigerbefriedigung und das Pari-Passu-Prinzip finden Einzug in die Gesetzgebung.
- 1571 werden diese Bankruptcy-Regelungen in ihrer Anwendung auf insolvente Kaufleute beschränkt. Das Bankruptcy-Verfahren wird zu einem relativ detailliert geregelten Verfahren für Kaufleute.
- 1705 wird die Möglichkeit der Restschuldbefreiung am Ende eines Bankruptcy-Verfahrens eingeführt.[34] Dieses Privileg bleibt jedoch zunächst nur Kaufleuten vorbehalten. Nichtkaufleute sind weiterhin der imprisonment for debts ausgesetzt.
- Ab 1861 finden die Bankruptcy-Regelungen unterschiedslos auch auf Nichtkaufleute Anwendung. Die Restschuldbefreiung kann von sämtlichen natürlichen Personen erreicht werden.
- 1869 wird die imprisonment for debts endgültig abgeschafft.

---

32 Holdsworth, History of English Law, Bd. 8, S. 229 ff., Fletcher, Law of Insolvency, S. 6.

33 Das Common Law findet im englischen Insolvenzrecht nur dort Anwendung, wo gesetzliche Reglungen fehlen; vgl. Godfrey/Loebel, S. 1; Eckstein, S. 2; Das statute law dient auch zur Korrektur des Case Laws.

34 Forsblad, S. 90; Eckstein, S. 3.

- 1883 wird das Bankruptcy-Verfahren weitreichend reformiert. Insbesondere wird das Verfahren einer stärkeren staatlichen Kontrolle unterworfen.
- Parallel zum Insolvenzrecht für natürliche Personen bildet sich das englische Kapitalgesellschaftsrecht heraus. Der Joint Stock Act 1844 erkennt Gesellschaften als eigene Rechtspersönlichkeit an; 1855 wird die Möglichkeit der Haftungsbegrenzung der Gesellschafter für die Gesellschaftsschulden eingeführt. Zeitgleich bildet sich ein spezielles Insolvenzverfahren für juristische Personen heraus (Winding-up Act 1844 und in den späteren Companies Acts). Eine Angleichung zu den Vorschriften der natürlichen Personen erfolgt zunächst nicht. Es wird strikt zwischen Bankruptcy für natürliche Personen und corporate insolvency für Companies getrennt.
- Im Anschluss an den Cork-Bericht durch die Cork-Kommission werden die unterschiedlichen insolvenzrechtlichen Regelungen in dem noch heute geltenden InsAct 1986 vereint. Die unterschiedliche Behandlung von natürlichen und juristischen Personen bleibt jedoch erhalten. Zur Etablierung einer rescue culture (Sanierung) wurde neben der bestehenden Liquidation (winding-up) das Administrationverfahren und Company Voluntary Arrangement eingeführt.
- Der Enterprise Act 2002 bringt weitere tiefgreifende Neuerungen wie die weitgehende Abschaffung des Administrative Receivership Verfahrens (Zwangsverwaltungsverfahren für Sicherungseigentümer) und die Stärkung des Administrationsverfahrens.

Auffällig ist, dass sich in England bereits sehr früh die Auffassung durchgesetzt hat, dass die Möglichkeit eines Neustarts einer wirtschaftlich gescheiterten natürlichen Person im Interesse der Allgemeinheit liegt. Die Sanierungsmöglichkeiten für juristische Personen bildeten sich hingegen erst viel später heraus. Dies kann einerseits damit erklärt werden, dass juristische Personen erst ab der zweitenhälfte des 19. Jahrhunders etabliert wurden und anderseits, dass sich die Auswirkungen des wirtschaftlichen Scheiterns einer juristischen Personen und deren zwischenzeitlich gewonnenen Bedeutung für die Gesellschaft erst in der zweitenhälfte des 20. Jahrhunders zeigte.

2. Die gegenwärtigen Verfahren

Im englischen Insolvenzrecht wird zwischen der Insolvenz von natürlichen Personen (hauptsächlich in Part VIII–XI InsAct 1986 geregelt) und der von Kapitalgesellschaften (Corporate Insolvency-Verfahren – Part I–VII InsAct 1986) unterschieden. Da Personengesellschaften (z. B. partnership und limited liability partnership) nach dem englischen Recht keine Rechtsfähigkeit genießen, wäre grundsätzlich das Bankruptcy-Verfahren einschlägig. Die Regelungen für die Insolvenz von Kapitalgesellschaften finden jedoch, aufgrund von diversen gesetzlichen Anordnungen,[35] überwiegend auch auf die englischen Personengesellschaften (Partnerships) Anwendung. Da in England Unternehmen überwiegend als Kapitalgesellschaften organisiert[36] sind, wird auf eine Behandlung der Partnerships verzichtet. Die hohe Anzahl von Kapitalgesellschaften im Vergleich zu Einzelunternehmungen und Personengesellschaften in England ist damit zu erklären, dass im Gegensatz zum deutschen Gesellschaftsrecht für die Gründung einer Kapitalgesellschaft, z. B. einer private company limited by shares (limited oder Ltd.) kein bestimmtes Mindestkapital vorgeschrieben ist[37] und diese Gesellschaftsform hierdurch auch für Unternehmungen zugänglich ist, die in Deutschland aufgrund von fehlendem Gründungskapital als Personengesellschaft oder Einzelpersonenunternehmungen auftreten würden. In diesem Zusammenhang bleibt die Entwicklung der in Deutschland vergleichsweise neu geregelten Unternehmergesellschaft (UG) abzuwarten.[38]

Die wichtigsten Gesetze im formellen Sinne neben den Insolvency Act 1986 (InsAct) sind:

---

35 Das Voluntary Arrangement Verfahren nach Part I InsAct 1986 wird durch Art. 4 Insolvent Partnership Order 1994 (S. 1994/2412) oder auch die administration order nach Part II InsAct 1986 durch Art. 6 Insolvent Partnership Order 1994 (SI1994/2412) mit einigen Modifikationen für anwendbar erklärt. Auch ein Winding-up im Sinne von Part V InsAct 1986 ist durch Artt. 7–10 Insolvenz Partnership Order 1994 (S. 1994/2412) mit Modifikationen möglich.

36 Moellering/Koepsell, RIW 1981, 517 f.; Vach, S. 2.

37 Companies Act 2006; Companies Act 1985; Moellering/Koepsell, RIW 1981, 517, 519; vgl. auch Fleischer DStR 2000, 1015, 1016.

38 Gesetz zur Modernisierung des GmbH-Rechts und zur Bekämpfung von Missbräuchen seit November 2008.

- Company Directors Disqualification Act 1986 (CDDA)
- Companies Act 1989
- Financial Services and Markets Act 2000 (FSMA)
- Enterprise Act 2002 (Novellierung des InsAct 1986)
- Companies Act 2006 (CA)
- Banking Act 2009.

Die genannten formellen Gesetze werden durch eine Vielzahl von Verordnungen (Statutory Instruments) ergänzt. Für die vorliegende Arbeit sind insbesondere die Insolvency Rules 1986 (InsRules 1986) zu nennen.[39] In diesen Verordnungen werden die einzelnen Verfahrensabläufe geregelt und wichtige materiell-rechtliche Fragen wie etwa die Möglichkeiten einer Aufrechnung oder die Rangfolge von Forderungen im Verfahren geklärt. InsRules 1986 Schedule 4 enthält beispielsweise Antragsvorlagen zu den jeweiligen Verfahren.

Trotz dieser Vielzahl von Normierungen bestehen neben dem geschriebenen Recht die Prinzipien des common law bzw. der equity fort.[40] Dies ist etwa bei der Behandlung von dinglichen Sicherungsrechten, der Wirksamkeit von Verträgen, der daraus entspringenden Forderungen und Gegenforderungen und für weite Teile des Receivership-Verfahrens der Fall.[41] Allerdings ist zu beachten, dass Gerichtsentscheidungen, die zu einen Zeitpunkt gefällt worden sind, zu dem es noch kein geschriebenes Recht gab, nicht auf Fälle angewandt werden können, für die nunmehr geschriebenes Recht gilt. Insoweit geht das geschriebene Recht dem Common Law vor.[42] Im Folgenden werden zur Vorbereitung des Rechtsvergleichs die gegenwärtigen Insolvenzverfahren (natürliche Personen und juristische Personen) kurz beschrieben.

a) Natürliche Personen

Im Sinne des Art. 2 a EuInsVO kennt das englische Insolvenzrecht für natürliche Personen die folgenden genannten Insolvenzverfahren:

---

39 Die Insolvency Rules 1986 (InsRules) sind von dem Lord Chancellor unter Mitwirkung des Secretary of State als Rechtsverordnung erlassen worden.

40 Kindler/Nachmann-Schillig Länderbericht England und Wales Rn. 25.

41 Goode Rn. 1–12 bis 1–18.

42 Bacon Ltd. [1990] BCLC 324 at p. 335.

- Voluntary arrangements under insolvency legislation (Vergleichsverfahren)
- Bankruptcy or sequestration (the Scottish legal term for personal bankruptcy) und Debt Relief Order Verfahren (DRO) (Liquidationsverfahren).

aa) Vergleichsverfahren

Die Vergleichsverfahren lassen sich in das im InsAct 1986 Part VIII und InsRules 1986 Part 5 geregelte Individual Voluntary Arrangement[43] sowie die außerhalb des InsAct 1986 geregelten deed of arrangement[44] und dem Administration-Order-procedure-Verfahren[45] unterteilen. Diese Verfahren zielen sämtlich auf eine freiwillige Regelung zwischen der Schuldnerin und ihren Gläubigern ab. Im Hinblick darauf, dass in Art. 2 a EuInsVO lediglich das Individual-Voluntary-Arrangement als Insolvenzverfahren genannt wird, beschränkt sich die Untersuchung auf dieses Verfahren.

Zu bemerken ist zunächst, dass die Gläubiger ein Individual-Voluntary-Arrangement-Verfahren nicht einleiten können.[46] Einen das Verfahren eröffnenden Gerichtsbeschluss gibt es für natürliche Personen nur im Bankruptcy-Verfahren.[47]

Zur Vorbereitung und Durchführung des Individual-Voluntary-Arrangement kann das Gericht auf Antrag der Schuldnerin gemäß InsAct 1986 sec. 252 Gläubigerschutz (Moratorium – Vollstreckungsschutz) durch eine einstweilige Anordnung (interim order) gewähren, wenn die weiteren gesetzlichen Anforderungen erfüllt sind.[48] Hiernach muss in dem Vergleichsvorschlag bereits eine Person benannt werden (nominee), die als Treuhänder (Trustee) oder in anderer Weise die Umsetzung des Vergleichsverfahrens überwacht.[49] Diese Person muss entweder die Qualifikation zum Insolvenzverwalter (insolvency practitioner) haben oder als Nominee zugelassen sein.[50] Der Antrag auf Gläubigerschutz kann nur von der Schuldnerin selbst (eine rechtliche Vertretung ist möglich) oder in den Fällen, in denen sich die

43 InsAct 1986 sec. 252–263, InsRules 1986 rule 5 ff.
44 Deeds of Arrangement Act 1914.
45 County Courts Act 1914 Part 6.
46 Neumann, S. 139.
47 InsAct 1986 sec. 265 ff.
48 InsAct 1986 sec. 253 Abs. 1; vgl. auch Neumann, S. 141.
49 InsAct 1986 sec. 253, 263.
50 InsAct 1986 sec. 253 Abs. 2.

Schuldnerin bereits im Bankruptcy-Verfahren befindet, vom Trustee (Treuhänder) oder dem official receiver (Zwangsverwalter) gestellt werden.[51] Insoweit ist klarzustellen, dass das Verfahren sowohl zur Abwendung eines Insolvenzverfahrens als auch zur Beendigung eines bereits eröffneten Verfahrens genutzt werden kann.[52] Bereits das Vorliegen eines solchen Antrags beim Gericht bewirkt, dass beispielsweise das Mietverhältnis der Schuldnerin geschützt wird.[53] Ergeht eine Interim Order, wirkt diese zunächst nur für den Zeitraum von 14 Tagen.[54] Das Gericht soll nach InsAct 1986 sec. 255 die Interim Order nur erlassen, wenn ein Vergleichsverfahren ernsthaft beabsichtigt wird und möglich erscheint, nicht innerhalb der letzten zwölf Monate bereits ein Gläubigerschutzantrag gestellt wurde und keine Bedenken gegen die als nominee benannte Person bestehen. Es müssen schließlich zur Überzeugung des Gerichts die Voraussetzungen für die Eröffnung eines Bankruptcy-Verfahrens vorliegen.[55] Der Nominee hat dem Gericht und den Gläubigern über seine Tätigkeit und die Umsetzungsmöglichkeit eines Vergleichsverfahrens innerhalb von zwei Wochen zu berichten.[56] Ist das Gericht aufgrund des Berichts des nominee der Auffassung, dass ein erfolgreiches Vergleichsverfahren hinreichend wahrscheinlich ist, kann es die einstweiligen Maßnahmen über die zwei Wochen hinaus verlängern.[57] Unter bestimmten Umständen kann das Gericht auch unabhängig von dem Bericht des nominee die einstweilig angeordneten Maßnahmen zeitweilig verlängern oder vorzeitig wieder aussetzen.[58]

Die Gläubiger entscheiden in dem grundsätzlich vom nominee einberufenen creditor‘s meeting über den Vorschlag der Schuldnerin.[59] Nehmen die Gläubiger Veränderungen vor, so muss die Schuldnerin diese Veränderungen für die Wirksamkeit der Regelung mittragen. Sicherungsrechte darf das Vergleichsverfahren nur dann berühren, wenn der betroffene Gläubiger explizit

---

51 InsAct 1986 sec. 253 Abs. 3.
52 So zutreffend Neumann, S. 140, 141.
53 InsAct 1986 sec. 254 Abs. 1a.
54 InsAct 1986 sec. 255 Abs. 6.
55 InsAct 1986 sec. 255 Abs. 1b; 256A Abs. 3, 267, 272.
56 InsAct 1986 sec. 256 Abs. 1.
57 InsAct 1986 sec. 256 Abs. 5.
58 InsAct 1986 sec. 256 Abs. 3a, 4, 6.
59 InsAct 1986 sec. 258 Abs. 1.

zustimmt.[60] Dem Gericht wird das Ergebnis der Abstimmung mitgeteilt.[61] Wenn der Gläubigerausschuss[62] den Vorschlag annimmt, hebt das Gericht die einstweiligen Anordnungen auf. Die Gläubiger werden in diesem Fall durch die getroffene Vereinbarung an der weiteren Einzelzwangsvollstreckung gehindert.

Das Stimmrecht des einzelnen Gläubigers und deren Höhe werden in InsRules 1986 rule 5.21 ff. geregelt. Bei bereits titulierten Forderungen bestimmt sich das Stimmrecht über die Höhe der Forderung. Nicht titulierte Forderungen werden im Rahmen der Abstimmung zunächst mit £ 1,00 bewertet. Sie können jedoch mit einem anderen Wert bewertet werden, wenn der Vorsitzende (Chairman – der nominee/official receiver) des Gläubigerausschusses dies bestimmt. Den Gläubigern steht das Recht der Beschwerde gegen die Entscheidung des Chairman beim Gericht zu.[63] Für eine Genehmigung bzw. Abänderung des Vorschlages ist eine Drei-Viertel-Mehrheit des Wertes der Forderungen der persönlich anwesenden Gläubiger erforderlich.[64] Eine Vertretung von nicht persönlich anwesenden Gläubigern ist möglich. Für andere Entscheidungen, die nicht den Vorschlag selbst betreffen, ist die Hälfte der Drei-Viertel-Mehrheit ausreichend. Die Genehmigung wirkt gegenüber jeder Person, die zur Abstimmung berechtigt war und Kenntnis von der Abstimmung hatte oder hätte haben können.[65]

Die getroffene Regelung kann unter bestimmten Umständen (z. B. Benachteiligung eines Gläubigers) angefochten werden.[66] Eine Veröffentlichung in einer regionalen Zeitung erfolgt nicht. Das Vergleichsverfahren wird jedoch im Register des Insolvency Service bekannt gegeben.

Mit Inkrafttreten der getroffenen Regelung muss die Schuldnerin, im Falle des bereits laufenden Bankruptcy-Verfahrens der Official Receiver bzw. der Trustee alles tun (z. B. Besitz an zu verwertenden Gegenständen verschaffen), um den supervisor (eingesetzter Überwacher des Vergleichsverfahrens) die

60 InsAct 1986 sec. 258 Abs. 4.
61 InsAct 1986 sec. 259.
62 Geregelt in InsRules 1986 rule 5.17 ff.
63 InsRules 1986 rule 5.22 Abs. 3.
64 InsRules 1986 rule 5.23 Abs. 1.
65 InsAct 1986 sec. 260.
66 InsAct 1986 sec. 262.

Durchführung des Vergleichsverfahrens zu ermöglichen.[67] Nach erfolgreicher Durchführung des Vergleichsverfahrens bzw. im Falle des Scheiterns des Vergleichsverfahrens erhalten die Beteiligten einen abschließenden Bericht über die Einnahmen und Ausgaben des Supervisors.[68] Nach Abzug der Verfahrenskosten, Auslagen etc. werden die Zahlungen an die Gläubiger vorgenommen.[69]

Neben dem vorgenannten Vergleichsverfahren gibt es noch das sogenannte Fast-track voluntary arrangement aus einem Bankruptcyverfahren (InsAct 1986 sec. 263A ff.) sowie die bereits Eingangs benannten weiteren außerinsolvenzrechtlichen Vergleichsverfahren. Die folgenden Abbildungen 1 und 2 stellen den Verfahrensablauf mit und ohne Moratorium dar.

Abbildung 1: Individual Voluntary Arrangement mit Moratorium.

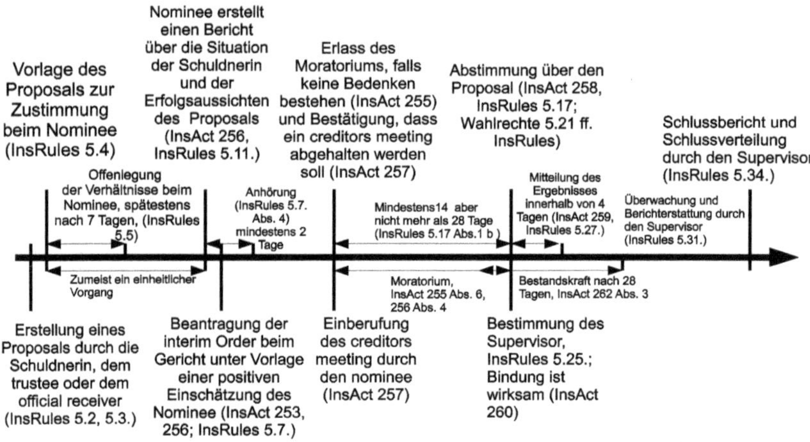

Quelle: Eigene Darstellung

67 InsRules 1986 rule 5.26.
68 InsRules 1986 rule 5.34.
69 InsRules 1986 rule 5.33.

Abbildung 2: Individual Voluntary Arrangement ohne Moratorium.

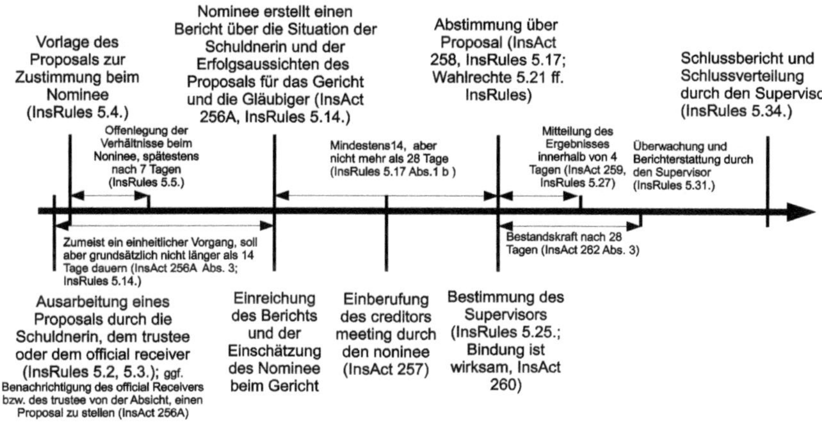

Quelle: Eigene Darstellung

bb) Liquidationsverfahren

Das Liquidationsverfahren beginnt mit der Stellung eines Eröffnungsantrags bei dem zuständigen Gericht. InsAct 1986 sec. 264 enthält eine Aufzählung derjenigen Personen, die einen Antrag stellen können. Zu bemerken ist, dass nach einer Verurteilung der Schuldnerin wegen einer Insolvenzstraftat im Sinne der section 39 Abs. 3 b des Power of Criminal Courds Act 1973 auch der Staat, ohne Gläubiger zu sein, einen Antrag stellen kann.[70] Es wird zwischen dem Antrag des Gläubigers (InsAct 1986 sec. 267 ff.), dem Antrag der Schuldnerin (InsAct 1986 sec. 272 ff.) und den Anträgen der sonstigen Berechtigten (InsAct 1986 sec. 276 ff.) unterschieden.

Ein Gläubigerantrag setzt den glaubhaften Vortrag voraus, dass der Antragsteller Inhaber einer Forderung gegen die Schuldnerin ist und die Schuldnerin die Forderung nicht bedienen kann.[71] Die Forderung muss mindestens £ 750,00 betragen.[72] Nach InsAct 1986 sec. 286 ist die Schuldnerin zahlungsunfähig, wenn diese entweder mithilfe eines statutory demand (InsAct 1986 sec. 286 Abs. 1a) erfolglos zur Zahlung aufgefordert wurde

70 InsAct 1986 sec. 264 Abs. 1 d.
71 InsAct 1986 sec. 267.
72 InsAct 1986 sec. 267 Abs. 4.

oder ein fruchtloses Vollstreckungsprotokoll (InsAct 1986 sec. 286 Abs. 1b) vorliegt. Bei dem statutory demand handelt es sich um eine Art Mahnbescheid, der den Antrag auf Insolvenzeröffnung ankündigt, wenn die Schuldnerin nicht innerhalb von drei Wochen die Forderung bedient oder zumindest ausreichend Sicherheit gewährt. Die Forderung des Gläubigers muss nicht bereits tituliert sein. Der statutory demand muss der Schuldnerin lediglich förmlich zugestellt werden und die Frist zur Zahlung der Forderung muss fruchtlos verstrichen sein. Will die Schuldnerin die Wirkungen des statutory demand verhindern, so muss sie einen Antrag mit der Begründung stellen, dass ihr beispielsweise eigene aufrechenbare Forderungen zustehen, die Forderung unberechtigt ist, die Insolvenzgründe aufgrund von Sicherheiten oder Fälligkeiten nicht vorliegen oder der statutors demand aus anderen Gründen zurückzuweisen ist.[73]

Im Falle des Eigenantrags, der nur auf die Zahlungsunfähigkeit unter Vorlage von geeigneten Unterlagen gestützt werden kann (InsAct 1986 sec. 272), ordnet das Gericht zunächst die Anhörung der Schuldnerin an.[74] Die Schuldnerin hat gegenüber dem Gericht bzw. gegenüber einer gerichtlich bestellten Person (Sachverständiger) ihre Vermögensverhältnisse offenzulegen.[75] Die eingesetzte Person, muss die Qualifikation als Insolvency Practitioner besitzen.[76] Die Ermittlungen des Sachverständigen sind gegenüber dem Gericht in einem Bericht (Gutachten) darzulegen. Der Bericht soll insbesondere Auskunft zu den Möglichkeiten eines Individual Voluntary Arrangement enthalten. Hält der Sachverständige ein Individual Voluntary Arrangement für möglich, so hat er einen entsprechenden Vorschlag zu erstellen.[77] Hält das Gericht ein Individual Voluntary Arrangement von vornherein für unrealistisch, so kann es auch die direkte Eröffnung des Verfahrens beschließen. Eine Eröffnung aus einem Individual Voluntary Arrangement nach InsAct 1986 sec. 264 Abs. 1 c, 276 setzt das Scheitern des Vergleichsverfahrens (nach Überzeugung des Gerichts) voraus.

73 InsRules 1986 6.5 Abs. 4.
74 InsAct 1986 sec. 273; vgl. auch Dimmling ZInsO 2007, 1199.
75 InsAct 1986 sec. 273.
76 InsAct 1986 sec. 273 Abs. 2.
77 InsAct 1986 sec. 274 Abs. 1.

Bereits vor der Eröffnung des Bankruptcy-Verfahrens kann das Gericht einen vorläufigen Verwalter (interim receiver) mit der Aufgabe der Sicherung des Vermögens der Schuldnerin bestellen.[78] Verfügungen der Schuldnerin über ihr verwertbares Vermögen sind ohne die Zustimmung des Interim Receivers unwirksam, wenn nicht der Interim Receiver oder das Gericht die Verfügung genehmigt.[79] Diese Regelung gilt ab Eingang des Eröffnungsantrags beim Gericht. Ein gutgläubiger Erwerb ist möglich.[80] Im Falle der Eröffnung (Erlass der Bankruptcy Order) wird zunächst ein Official Receiver (staatlicher Beamter) bestellt, der die Aufgabe hat, das haftende Vermögen der Schuldnerin zu verwalten.[81] Vollstreckungsmaßnahmen sind ab dem Erlass der Bankruptcy-Order nur noch mit Zustimmung des Gerichts zulässig (Vollstreckungssperre).[82] Ausgenommen hiervon sind jedoch die gesicherten Gläubiger.[83]

In einem weiteren Schritt können die Gläubiger aus den Reihen der zugelassenen Insolvency Practitioners einen Insolvenzverwalter (trustee in bankruptcy) wählen, der das Vermögen der Schuldnerin treuhänderisch übernimmt.[84] Dieses Vorgehen setze jedoch in der Regel die Entscheidung des Official Receivers voraus, dass es für die Erreichung der Verfahrensziele überhaupt sinnvoll ist, eine Gläubigerversammlung einzuberufen.[85] Eine Gläubigerversammlung wird daher regelmäßig nicht einberufen, wenn der Wert des ermittelten Vermögens der Schuldnerin nach den Feststellungen des Official Receivers nicht ausreicht, um die Kosten der Gläubigerversammlung zu tragen. Die Gläubiger können die Einberufung einer Gläubigerversammlung beim official receiver erzwingen, wenn der Antrag auf Einberufung von mindestens einem Viertel der Gläubiger getragen wird.[86] Bis zur Bestellung eines trustees handelt der Official Receiver (vorläufig) als

78 InsAct 1986 sec. 286.
79 InsAct 1986 sec. 284 Abs. 1, 286 Abs. 3.
80 InsAct 1986 sec. 284 Abs. 4.
81 InsAct 1986 sec. 287; vgl. auch Dimmling ZInsO 2007, 1199.
82 InsAct 1986 sec. 285 Abs. 3.
83 InsAct 1986 sec. 285 Abs. 4.
84 InsAct 1986 sec. 292, 305; Dimmling ZInsO 2007, 1199.
85 InsAct 1986 sec. 293.
86 InsAct 1986 sec. 294 Abs. 2.

Verwalter.[87] Wird kein Trustee gewählt, so übernimmt der Official Receiver dauerhaft die Rolle des Trustees.[88]

Der Trustee ist befugt, das Vermögen der Schuldnerin zu verwerten und zu verteilen.[89] Er hat weiter die Aufgabe, die Gründe für die Insolvenz aufzuklären (z. B. durch eine öffentliche Vernehmung der Schuldnerin) und den Bestand und den Verbleib des Vermögens der Schuldnerin sowie die Höhe der tatsächlich bestehenden Verbindlichkeiten zu untersuchen und festzustellen (Kreditoren- und Debitorenprüfung).

Unabhängig von der Vermögensverwertung wird die Schuldnerin grundsätzlich spätestens nach Ablauf eines Jahres seit der commences (bankruptcy order) von den Insolvenzforderungen befreit.[90] Die Schuldbefreiung kann bereits zu einem früheren Zeitpunkt erteilt werden, wenn der Verwalter dem Gericht mitteilt, dass die Ermittlung des Vermögens abgeschlossen ist und weitere Ermittlungshandlungen nicht Erfolg versprechend sind, z. B. weil eine etwaige weitere Verwertung nur zu einer unerheblich höheren Insolvenzmasse führen würde.[91] Die Restschuldbefreiung (discharge) bewirkt, dass die Schuldnerin grundsätzlich von sämtlichen zum Zeitpunkt der Verfahrenseröffnung bestehenden Verbindlichkeiten befreit wird.[92] Ausgenommen sind hiervon allerdings Ansprüche aufgrund von bestimmten Schädigungshandlungen der Schuldnerin.[93]

Die vom Verwalter in Besitz genommenen Gegenstände sind auch nach der Erteilung der Restschuldbefreiung zu verwerten. Das Verfahren selbst schließt erst mit der Verwertung des Vermögens ab.[94] Noch nicht verwertete, aber verwertbare Vermögensgegenstände bleiben daher auch nach der Restschuldbefreiung in der Verwaltung des Official Receivers bzw. des

87 InsAct 1986 sec. 287.
88 InsAct 1986 sec. 293 Abs. 3.
89 InsAct 1986 sec. 284, 305 ff.
90 InsAct 1986 sec. 279 Abs. 1; Bruns KTS 2008, 44 mit Kurzüberblick über das englische Restschuldbefreiungsverfahrens; Dimmling ZinsO 2007, 1200.
91 InsAct 1986 sec. 279 Abs. 2.
92 InsAct 1986 sec. 281.
93 InsAct 1986 sec. 281 Abs. 3 ff.
94 InsAct 1986 sec. 330 f.; dazu Bruns KTS 2008, 44 ff.; Dimmling ZInsO 2007, 1199 f.; Hergenröder/Alsmann ZVI 2007, 342; Forsblad, Seite 93 ff.

Trustee.[95] Die Verwertung von Sicherungsgut findet außerhalb des Verfahrens statt.[96]

Hinsichtlich der laufenden Einkünfte soll der Official Receiver bzw. der Trustee mit der Schuldnerin eine Vereinbarung treffen, nach der der nicht für die Deckung der notwendigen Lebenshaltungskosten benötigte Teil des regelmäßigen Einkommens an die Masse gezahlt wird (*Income Payment Agreement*).[97] Die Höhe wird individuell auf Grundlage der tatsächlichen Einnahmen und Ausgaben berechnet.[98] In England existiert keine dem § 850c ZPO entsprechende Regelung (Pfändungstabelle). Veränderungen der Einkommensverhältnisse müssen angezeigt werden.[99] Gemäß der Webseite des Insolvency Services wird bei einem monatlichen Einkommen von £ 950,00 und monatlichen Ausgaben von £ 460,00 empfohlen den gesamten überschüssigen Betrag in Höhe von £ 490,00 an den Treuhänder zu zahlen. Die Laufzeit soll höchstens drei Jahre seit Abschluss der Vereinbarung betragen und wird von der Erteilung der Restschuldbefreiung selbst nicht berührt.[100] Die Vereinbarung kann individuelle Regelungen enthalten. Die Regelungen stellen eine schriftlich formal bindende Vereinbarung zwischen der Schuldnerin und dem Official Receiver bzw. dem Trustee dar. Falls die Schuldnerin eine freiwillige Regelung ablehnt, kann der Official Receiver bzw. der Trustee beim Gericht eine sogenannte income payment order beantragen. Während der Laufzeit der order, die ebenfalls höchstens drei Jahre betragen soll, kann der official receiver bzw. der Treuhänder sich direkt an den Arbeitgeber der Schuldnerin wenden.[101] Das Gericht ordnet hierbei per Beschluss an, dass ein bestimmter Betrag des Gehalts über einen festgelegten Zeitraum an den Official Receiver bzw. an den Treuhänder zu zahlen ist. Zu einer Income Payment Order wird es auch dann kommen, wenn der official receiver bzw. der trustee im Rahmen des Income

95 InsAct 1986 sec. 281 Abs. 1.

96 InsAct 1986 sec. 281 Abs. 2.

97 InsAct 1986 sec. 310A; InsRules 1986 rule 6.193A.

98 Official Receiver v Negus (2011) EWHC 3719; vgl. auch The Insolvency Service Website: https://www.gov.uk/government/organisations/insolvency-service; Dimmling ZInsO 2007, 1199.

99 Vgl. Schedule 2 CCR ORDER 27 ATTACHMENT OF EARNINGS 1971.

100 InsAct 1986 sec. 310A Abs. 5.

101 InsAct 1986 sec. 310 Abs. 6.

Payment Agreement glaubt, dass die Schuldnerin mehr erhält als sie angibt. Zu einem Income Payment Agreement bzw. Income Payment Order wird es nicht kommen, wenn die Schuldnerin den Official Receiver bzw. den Treuhänder überzeugen kann, dass sie ohnehin nicht über ein Einkommen verfügt und in absehbarer Zeit verfügen wird, das über den notwendigen Lebenshaltungskosten liegt. Sowohl bestehende Lohnpfändungen als auch eine vereinbarte Lohnabtretung enden mit der Verfahrenseröffnung.[102] Die sonstigen Vermögenszuwächse nach Eröffnung des Verfahrens kann der Verwalter by notice in writing claim bei dem jeweiligen Drittschuldner gemäß InsAct 1986 sec. 307 ff. geltend machen. Forderungsabtretungen aus einer selbstständigen Tätigkeit sind gemäß InsAct 1986 sec. 344 unwirksam, wenn die hierfür vorgesehene Registrierung nach den Bills of Sale Act 1878 nicht erfolgt ist. Die folgende Abbildungen 3 stellt den Verfahrensablauf des Bankruptcy-Verfahrens dar.

Abbildung 3: Ablauf des Bankruptcy-Verfahrens.

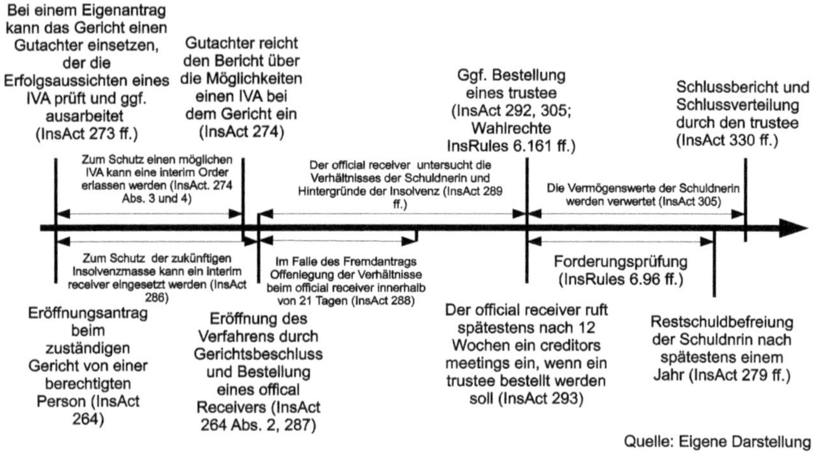

Quelle: Eigene Darstellung

Am 6. April 2009 ist durch den Enforcement Act 2007 das Debt-Relief-Order-Verfahren (DRO) in England und Wales neben dem Bankruptcy-Verfahren als Liquidationsverfahren in Kraft getreten.[103] Die DRO soll

102 InsAct 1984 sec. 284 ff.
103 InsAct 1986 sec. 251A bis 251X.

eine einfachere, schnellere und billigere Alternative zum gewöhnlichen Liquidationsverfahren sein. Dieses Verfahren ist jedoch auf Schuldnerinnen beschränkt, die keine oder nur wenige Vermögenswerte haben (weniger als £ 300,00 und kein Grundeigentum) und nur über ein geringes pfändbares Einkommen verfügen (weniger als £ 50,00 pro Monat nach Abzug der notwendigen Lebenshaltungskosten).

Die Bedeutung dieses neu eingeführten DRO-Verfahrens wird anhand der folgenden Abbildung 4 dargestellt.

Individual insolvencies in England & Wales – Thousands, not seasonally adjusted

Abbildung 4: Entwicklung des DRO-Verfahrens.

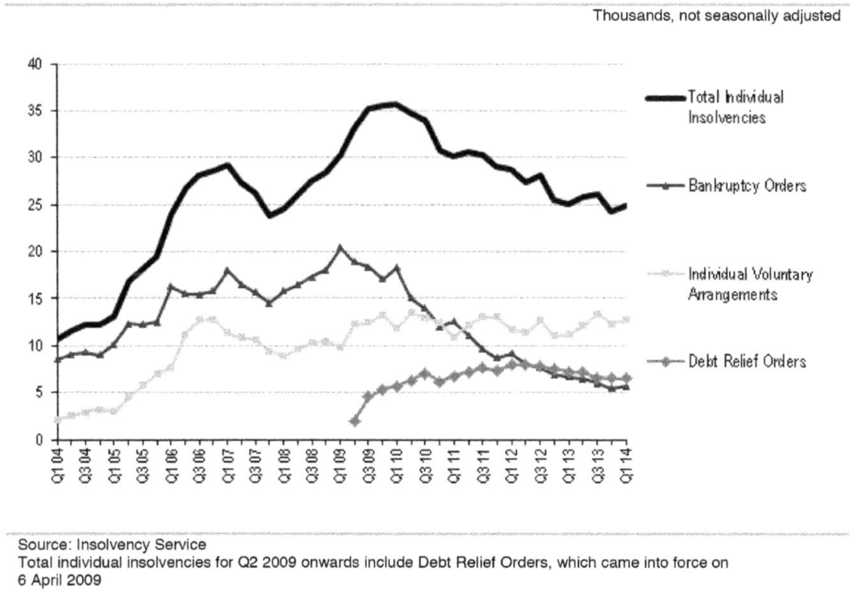

Quelle: Insolvency Service – Reference Ins14/coms/050, Date 29 April 2014 – Total individual insolvencies for Q2 2009 onwards include Debt Relief Orders, which came into force on 6 April 2009.

b) Corporate Insolvency

Im Sinne des Art. 2 a EuInsVO kennt das englische Insolvenzrecht für Kapitalgesellschaften die folgenden Insolvenzverfahren:

- Voluntary arrangements under insolvency legislation
- Administration, including appointments made by filling prescribed documents with the court
- Winding-up by or subject to the supervision of the court and Creditors' voluntary winding-up (with confirmation by the court).

aa) Company Voluntary Arrangement

Beim Company voluntary arrangement[104] wird ähnlich dem Individual voluntary arrangement ein formeller privatrechtlicher Vergleich zwischen der Schuldnerin und den ungesicherten Gläubigern geschlossen. Auf Sicherungsrechte der Gläubiger soll dieses Vergleichsverfahren ebenfalls grundsätzlich keinen Einfluss haben.[105] Die Geschäftsführung muss die beabsichtigte Regelung mithilfe eines zugelassenen Insolvenzverwalters (nominee) beim Gericht vortragen. Kommt es zu einer einvernehmlichen Regelung, so überwacht wiederum ein supervisor (regelmäßig der Nominee) die Durchführung des Vergleichsverfahrens und veranlasst die vereinbarten Leistungen an die Gläubiger.[106] Dieses Verfahren wird häufig in Kombination mit einem Administrationsverfahren gewählt.[107] Hierbei wird das Moratorium der Administration zum Schutz der Schuldnerin während der Vorbereitung des Company voluntary arrangement genutzt. Ähnlich wie das Vergleichsverfahren aus einem Bankruptcy-Verfahren bei natürlichen Personen kann dieses Verfahren ein bereits eröffnetes Administrations- oder Liquidationsverfahren beenden.[108]

Mit diesem Verfahren möchte der Gesetzgeber einer insolventen bzw. drohend zahlungsunfähigen Gesellschaft die Möglichkeit gegeben, die Liquidation

---

104 InsAct 1986 sec. 1–7B i.V.m. InsRules 1986 rule 1.1–1.54 f.; vgl. auch Jungmann Rn. 641 ff.; Neumann, S. 124 f.

105 InsAct 1986 sec. 4 Abs. 3.

106 InsAct 1986 sec. 7.

107 Keay/Walton 8.1.

108 InsAct 1986 sec. 1 Abs. 3; InsRules 1986 rule 1.1 Abs. 2 b, 1.10; Keay/Walton 8.1.

abzuwenden und/oder den Unternehmensinhalt fortzuführen.[109] Zwar wird für die Verfahrenseinleitung weder die Insolvenzreife noch die drohende Insolvenzreife direkt vorausgesetzt, jedoch wird sich spätestens aus dem vom Nominee vorzulegenden statement of the company's affairs gemäß InsAct 1986 sec. 2 Abs. 3 b die (drohende) Insolvenzreife ergeben.[110]

Dieses Verfahren bietet sich insbesondere in den Fällen an, in denen ein Unternehmen in die Krise geraten ist, weil gegenwärtig nicht hinreichend liquide Mittel vorhanden sind, um die „Altverbindlichkeiten" (insbesondere Darlehens- und Abgabeforderungen) zu bedienen, die Liquiditätsplanung jedoch ohne diese Altlasten positiv ist. Die Gesellschaft vereinbart mit den Gläubigern regelmäßig einen zeitlich gestreckten Schuldenbereinigungsplan, nach dem den Gläubigern eine attraktivere Quote bis hin zu einer zeitlich verzögerten Vollbefriedigung im Vergleich zu einer Liquidation in Aussicht gestellt wird.[111]

Entgegen den Erwartungen des Gesetzgebers hat sich dieses Verfahren bisher noch nicht durchsetzen können (vgl. Tabelle 1).

Jahr	Receivership	Administration	Company Voluntary Arrangement	Liquidation
2000	1.595	438	557	14.317
2001	1.914	698	597	14.972
2002	1.541	643	651	16.306
2003	1.261	497	726	14.184
2004	864	1.602	597	12.192
2005	590	2.261	604	12.893
2006	588	3.560	534	13.137
2007	337	2.512	418	12.507
2008	867	4.822	587	15.535
2009	1.468	4.161	726	19.077
2010	1.309	2.831	765	16.045
2011	1.397	2.808	767	16.871
2012	1.222	2.532	839	16.138
2013	917	2.365	577	14.982

Quelle: Insolvency Service and Companies House

109 Vgl. Cork, Insolvency Law and Practice, Nrn. 400–430.

110 Im Ergebnis so wohl auch Bork Rescuing Rn. 8.19; Zugeständnisse der Gläubiger dürften bei einem gesunden Unternehmen nur schwerlich zu erhalten sein.

111 Keay/Walton 8.1; Bailey/Groves 9.1.

Diese Entwicklung kann mit den folgenden zwei Umständen erklärt werden. Zum einen wird das Company Voluntary Arrangement häufig von den gesicherten Gläubigern verhindert, wenn diese die Mitwirkung verweigern und die Sicherungsrechte geltend machen. Hintergrund ist, dass die gesicherten Gläubiger regelmäßig kein gesteigertes Interesse an dem Fortbestand der Schuldnerin haben und daher eine zeitnah Verwertung der Sicherheiten gegenüber dem Arrangement vorziehen. Zum anderen kannte das ursprüngliche Company Voluntary Arrangement keinen Vollstreckungsschutz im Vorbereitungsverfahren. Einzelvollstreckungsmaßnahmen waren daher in diesem Stadium möglich. Diese Lücke im Company voluntary arrangement wurde für kleinere Unternehmen durch Gesetzesänderungen zum 01.01.2003 mit der Einführung eines Moratoriums geschlossen.[112] Ein leichter Anstieg der Verfahrenszahlen im Verhältnis zu den Liquidationen lässt sich ab 2003 erkennen. Das Moratorium steht Gesellschaften zur Verfügung, die mindestens zwei der folgenden genannten Eigenschaften aufweisen:[113]

- Jahresumsatz: nicht mehr als £ 5.600.000,00
- Bilanzsumme: nicht mehr als £ 2.800.000,00
- Arbeitnehmer: nicht mehr als 50.

Für das Inkrafttreten des Moratoriums ist es ausreichend, dass der Nominee beim Gericht den Vergleichsvorschlag neben weiteren Formularen einreicht.[114]

Das Verfahren wird, soweit sich die Schuldnerin nicht bereits in einem Administrations- oder Liquidationsverfahren befindet, von der Geschäftsführung (Directoren) eingeleitet[115]. Die Directoren bestimmen einen Nominee, der den von der Schuldnerin erarbeiteten Vorschlag für das Company Voluntary Arrangement prüft und dem Gericht sowie den Gläubigern vorlegt.[116] Bei dem nominee handelt es sich um eine Art Verhandlungsführer, der gemäß InsAct 1986, sec. 1 Abs. 2 und sec. 389A die Zulassung zum

---

112 InsAct 2000; InsAct 1986 Schedule A1, para 2.

113 InsAct 1986 sec. 1A; Schedule A1 ff.; CA 1985 sec. 247 Abs. 3; CA 2006 sec. 382 Abs. 3; Keay/Walton 8.2.2; Bailey/Groves 9.18.

114 InsAct 1986 Schedule A1.

115 InsAct 1986 sec. 1 Abs. 1.

116 InsAct 1986 sec. 2 Abs. 3 (a); InsRules 1986 rule 1.3.

insolvency practitioner haben muss. Neben dem Vorschlag erhält der nominee zudem einen detaillierten Unternehmensbericht (statement of affairs).[117] Für die Bewertung des Vorschlags kann der nominee von der Geschäftsführung noch weitere Unterlagen verlangen[118]. Spätestens 28 Tage nach Erhalt des Vorschlags muss der nominee gegenüber dem Gericht berichten, ob der Vorschlag der Geschäftsführung Aussicht auf Annahme durch die Gläubiger hat und ob eine erfolgreiche Umsetzung des Company voluntary arrangements wahrscheinlich ist.[119]

Das Gericht selbst verfügt in diesem Verfahren über keine besondere Kontroll- oder Steuerungsfunktionen. Es greift nur dann ein, wenn es zu Schwierigkeiten kommt. Der Nominee führt das Verfahren ab dem Zeitpunkt seiner Einsetzung. Er beruft die notwendigen Gesellschafter- und Gläubigerversammlungen ein.[120]

Falls sich die Gesellschaft bereits in der Liquidation oder der Administration befindet, wird das Company Voluntary Arrangement nicht von der Geschäftsführung vorgeschlagen sondern von dem Liquidator bzw. dem Administrator[121], der in aller Regel selbst die Funktion des Nominee übernimmt.[122]

In der Praxis wird häufig die Administration dem Company Voluntary Arrangement Verfahren vorgeschaltet, um weitere Klagen und Vollstreckungen der Gläubiger zu verhindern.[123] Hintergrund ist hierfür, dass die bisher ungesicherten Gläubiger mittels Klagen und Vollstreckungsmaßnahmen das Ziel der Schaffung einer gesicherten Position verfolgen.

Damit das Company Voluntary Arrangement umgesetzt werden kann, ist sowohl die Zustimmung der Gläubiger- als auch die Gesellschafterversammlung erforderlich. Die Zustimmung gilt als erteilt, wenn die Mehrheit – gemessen an der Forderungshöhe – der stimmberechtigten, anwesenden und mitstimmenden Gläubiger dem Vorschlag zustimmen.[124] Für

117 InsAct 1986 sec. 2 Abs. 3 (b); InsRules 1986 rule 1.5.
118 InsRules 1986 sec. 1.6. (1).
119 InsAct 1986 sec. 2 Abs. 2; InsRules 1986 rule 1.7.
120 InsAct 1986 sec. 3 Abs. 1; vgl. hierzu auch InsRules 1986 rule 1.9. und 1.11.
121 InsAct 1986 sec. 1 Abs. 3.
122 InsAct 1986 sec. 3 Abs. 2; vgl. auch Fletcher, Law of Insolvency, S. 335 f.
123 Vgl. hierzu Keay/Walton 8.2.1.
124 InsRules 1986 sec. 1.19 Abs. 1.

Modifikationen wird eine Mehrheit von über 75 % der stimmberechtigten Gläubiger benötigt. Stimmberechtigt ist jeder ungesicherte Gläubiger der Gesellschaft, der Kenntnis von der Gläubigerversammlung hat.[125] Hierbei ist es unerheblich, wie der Gläubiger von der Gläubigerversammlung erfahren hat.[126] Das Company Voluntary Arrangement bindet nicht nur die abstimmenden Gläubiger, sondern sämtliche stimmberechtigte Gläubiger, die Kenntnis hatten oder hätten haben können.[127] Durch diese Bindungswirkung wird verhindert, dass die gebundenen Gläubiger ihre Forderungen im Wege der Einzelzwangsvollstreckung durchsetzen.

Die gesicherten Gläubiger sind in der Gläubigerversammlung zum Company Voluntary Arrangement nicht stimmberechtigt.[128] Daher können sie den Beschluss des Company Voluntary Arrangement auch nicht verhindern. Diese Einschränkung der Rechte der gesicherten Gläubiger trägt dem Umstand Rechnung, dass das Company Voluntary Arrangement nicht in die bestehenden Sicherheiten eingreift und die gesicherten Gläubiger ihre Sicherheiten durchsetzen können.[129]

Die Umsetzung des Proposals erfolgt nach der Annahme durch die Gläubiger- und Gesellschafterversammlung durch den sogenannten Supervisor (zumeist dem Nominee).[130] Die Geschäftsführung bleibt während des Verfahrens im Amt und führt unter der Aufsicht des Supervisors die Geschäfte der Gesellschaft fort. Bei Problemen kann die Geschäftsführungsbefugnis auch auf den Supervisor übertragen werden[131]. Falls das Company-Voluntary-Arrangement-Verfahren erfolgreich durchgeführt wird, meldet der Supervisor den Gesellschaftern, den gebundenen Gläubigern, dem registrar of companies und dem Gericht das Ergebnis. Die Gesellschaft wird hiernach wieder durch die Geschäftsführung nach den allgemeinen Rechtsvorschriften und Regelungen geführt. Falls das Company Voluntary

125 InsRules 1986 sec. 1.17 Abs. 3 b.
126 InsRules 1986 sec. 1.17 Abs. 1.
127 InsAct 1986 sec. 5 Abs. 2, Schedule A1, para 37; vgl. auch Beloit Walmsley Ltd. [2008] EWHC 1888 (Ch); Oakley-Smith v Greenberg (2002) EWCA Civ 1217.
128 Vgl. InsRules 1986 rule 1.19 Abs. 3 b.
129 InsAct 1986 sec. 4 Abs. 3 und 4.
130 InsAct 1986 sec. 7 f.; vgl. auch Beloit Walmsley Ltd. [2008] EWHC 1888 (Ch).
131 InsRules 1986 Nr. 1.26 und 1.29.

Arrangement scheitert, kann der Supervisor die Liquidation bzw. Administration beantragen[132]. Mit dem Scheitern haben nun auch wieder die Gläubiger das Recht, ein Winding-up-Verfahren anzustrengen.[133]

Die folgende Abbildungen 5 stellt den Verfahrensablauf des Companies-Voluntary-Arrangement-Verfahrens dar.

Abbildung 5: Companies Voluntary Arrangement.

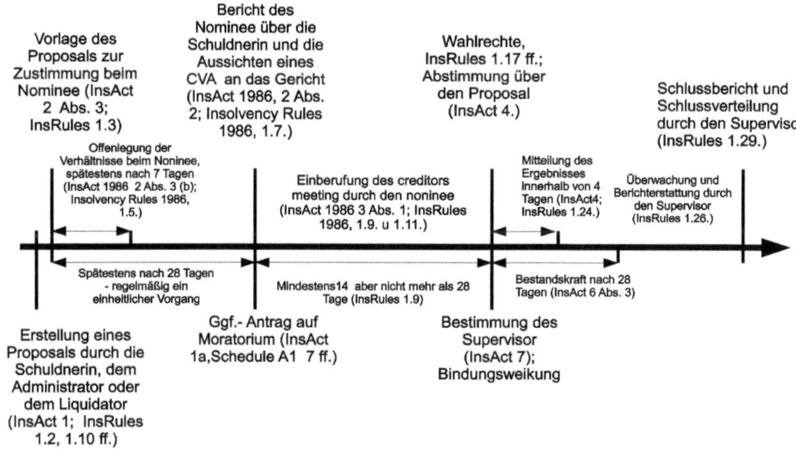

Quelle: Eigene Darstellung

bb) Administration

Das Administrationsverfahren zielt grundsätzlich auf den Erhalt (Reorganisation) der Schuldnerin insgesamt ab. Es handelt sich daher um ein Sanierungsverfahren. Eingeführt wurde dieses Verfahren[134] von der Cork-Kommission im Rahmen des InsAct 1986. Durch den Enterprise Act 2002 wurde es umfassend überarbeitet und erweitert. Dieses Verfahren gewinnt zunehmend an Bedeutung, da der durch eine Floating Charge[135] gesicherte

---

132 InsAct 1986 sec. 7 Abs. 4 b.

133 Vgl. Keay/Walton 8 9

134 Weitgehend in InsAct 1986 sec. 8 i.V.m. Enterprise Act 2002 und InsAct 1986 Schedule B1 geregelt.

135 Bei der Floating Charge handelt es sich um ein revolvierendes Sicherungsrecht, dass die wesentlichen beweglichen Vermögenswert (insbesondere Vorräte) der Schuldnerin erfasst und zur Einsetzung eines Zwangsverwalters berechtigt;

Gläubiger nunmehr keinen adminstrative receiver zur (einseitigen) Verwertung seiner Sicherheit mehr bestellen kann, wenn die Floating Charge nach dem 15.09.2003 begründet wurde.

Seit den Änderungen durch den Enterprise Act 2002 ist es zudem möglich, dass Verfahren ohne einen gerichtlichen Beschluss mithilfe einer entsprechenden Anzeige der Schuldnerin, der Gesellschafter oder des Inhabers einer qualifizieren Floating Charge gegenüber dem Gericht im Rahmen eines formalisierten Verfahrens einzuleiten.[136] Der Gesetzgeber hat für dieses Verfahren drei gesetzlich definierte Ziele[137] ausgegeben:

- Rettung der Gesellschaft als going concern
- höhere Gläubigerquote aller Gläubiger im Vergleich zu einer Liquidation
- bestmögliche Verwertung der mit Sicherungsrechten belasteten Vermögenswerte der Schuldnerin zugunsten eines oder mehrerer gesicherter oder bevorrechtigter Gläubiger.

Die vorgenannten Ziele stehen zueinander in einem hierarchischen Verhältnis. So darf der Administrator das dritte Verfahrensziel nur verfolgen, wenn die zwei vorherigen Ziele nicht beeinträchtigt werden oder diese ohnehin nicht zu realisieren sind.[138] Dieses Verfahren verfolgt daher abweichend von dem ursprünglichen Ziel des Insolvenzverfahrens, der möglichst gewinnbringenden Abwicklung der Schuldnerin, vorrangig die Rettung des insolventen Unternehmens durch Sanierung bzw. übertragende Sanierung.[139] Trotz dieser abweichenden Zielsetzung gilt es als ein Insolvenzverfahren i.S.v. Art. 2 lit. a EuInsVO.[140]

---

vgl. Situation bis zum Beginn des Insolvenzverfahrens – Rechte der Gläubiger – Sicherungsrechte – Floating Charge.

136 *InsAct 1986 Schedule B1 para 2 b i.V.m. para 14 – Floating Charge holder; InsAct 1986 Schedule B1 para 2 c i.V.m. para 22* – Gesellschaftsbeschlusses oder Antrag der Geschäftsführung; ursprünglicher InsAct 1986 sec. 8–27.

137 InsAct 1986 Schedule B1, para 3 Abs. 1.

138 InsAct 1986 Schedule B1, para 3 Abs. 3 u 4; Ehricke/Köster/Müller-Seils, NZI 2003, 413.

139 Finch, S. 273 ff.; Keay/Walton 7.2.1; Ehricke/Köster/Müller-Seils, NZI 2003, 413.

140 Anhang A zur EuInsVO.

Die Praxis hat gezeigt, dass dieses Verfahren häufig nicht zum Erhalt des Rechtsträgers genutzt, sondern um eine bessere Verwertung der Vermögenswerte der Schuldnerin zu erreichen.[141] Zu beachten ist weiter, dass das Verfahren sich nicht nur auf bereits zahlungsunfähige oder überschuldete Gesellschaften beschränkt, sondern auch Gesellschaften offensteht, bei denen die Zahlungsunfähigkeit lediglich droht oder bei denen die Inhaber einer Floating Charge nach Pfandreife das Verfahren anstrengen.[142]

Für die Durchsetzung der Verfahrensziele ist das Verfahren mit einem Moratorium ausgestattet, das sowohl in der Verfahrensvorbereitungsphase (interim moratorium) als auch bei der Durchführung der Administration das Gesellschaftsvermögen zusammenhält.[143] Das Moratorium wird beispielsweise durch die Erklärung eines Floating-Charge-Inhabers gegenüber dem Gericht ausgelöst, dass er einen Administrator bestellt hat.[144] Ferner löst bereits die Erklärung eines Floating Charges holder, er werde demnächst einen Administrator ernennen, ein vorläufiges, maximal fünf Werktage andauerndes Moratorium aus.[145] Das Moratorium kann auch von den ungesicherten Gläubigern durch einen entsprechenden Antrag bei Gericht ausgelöst werden.

Zu den ersten Aufgaben des Administrators zählt die Benachrichtigung der ihm bekannten Gläubiger und des registrar of companies über seine Ernennung.[146] Ferner muss der Administrator innerhalb von acht Wochen den genannten Personen einen Vorschlag unterbreiten, ob und mit welchen konkreten Maßnahmen die gesetzlichen Ziele erreicht werden können.[147] Dieser Vorschlag wird regelmäßig eine einvernehmliche Regelung zwischen der Schuldnerin und ihren Gläubigern in Form eines Company Voluntary Arrangement oder eines scheme of arrangement beinhalten. Einen Eingriff

---

141 Keay/Walton 7.1ff. - Dispose of the business as a going concern.

142 vgl. InsAct 1986 Schedule B1 para 11 a 2. Alt. (Court order), para 15, 18 Abs. 2 (qualifying Floating Charge-holder's), para 23–25, 27 Abs. 2 a (company or director's appointment; vgl. Definition in InsAct 1986 sec. 123, Schedule B1 para 111.

143 InsAct 1986 Schedule B1 para 42–44.

144 InsAct 1986 Schedule B1, para 42 i.V.m. Nrn. 14, 18, 19.

145 InsAct 1986 Schedule B1, para 44 Abs. 2.

146 InsAct 1986 Schedule B1 para 46 1, 2a, 3, 4.

147 InsAct 1986 Schedule B1, para 49 Abs. 1, 4, 5b; InsRules 1986 rule 2.33.

in die Rechte der gesicherten Gläubiger und der bevorrechtigten Gläubiger darf der Vorschlag nicht enthalten. Mit der Benachrichtigung werden die Gläubiger zugleich zu der ersten Gläubigerversammlung eingeladen, die spätestens zehn Wochen nach dem Beginn der Administration abgehalten werden muss.[148] In der Gläubigerversammlung wird über den Vorschlag des Administrators abgestimmt, wobei eine einfache Mehrheit der abstimmenden Gläubiger für die Annahme des Vorschlags genügt.[149] Der Vorschlag kann auch noch abgeändert werden.[150] Über das Ergebnis der Gläubigerversammlung berichtet der Administrator dem Gericht.[151] Für den Fall, dass die Gläubigerversammlung den Vorschlag des Administrators ablehnt, hat das Gericht weite Entscheidungsbefugnisse, wie weiter vorgegangen werden soll.[152]

Zu den Kernaufgaben des Administrators zählen die Inbesitznahme des Gesellschaftsvermögens[153] und die Fortführung[154] der Geschäfte. Eine Fortführung ist jedoch nur möglich, wenn die Gläubiger in der Gläubigerversammlung dem Vorschlag des Administrators insoweit zugestimmt haben.[155] Im Rahmen der gebilligten Fortführung stehen dem Administrator weitreichende Befugnisse zu.[156] Die Geschäftsführung, die im Amt bleibt, muss mit dem Administrator zusammenarbeiten.[157] Sollten die Geschäftsführung die Zusammenarbeit ablehnen, kann der Administrator diese auswechseln.[158]

---

148 InsAct 1986 Schedule B1 para 51 – strafbewehrt, aber: para 52 enthält hiervon Ausnahmen, wenn die Gesellschaft nach Auffassung der Administrators über ausreichend Vermögen verfügt, um alle Gläubiger zu befriedigen oder über zu wenig Vermögen, um den ungesicherten Gläubigern überhaupt eine Befriedigung in Aussicht zu stellen.

149 InsRules 1986 sec. 2.43.

150 InsAct 1986 Schedule B1 para 53 Abs. 1, 55 Abs. 1.

151 InsAct 1986 Schedule B1 para 53 Abs. 2a, 55 Abs. 1a.

152 InsAct 1986 Schedule B1 para 55 Abs. 2.

153 InsAct 1986 Schedule B1 para 67.

154 InsAct 1986 Schedule B1 para 68 Abs. 1.

155 InsAct 1986 Schedule B1 para 68 Abs. 1a.

156 InsAct 1986 Schedule B1 para 59–64; es vertritt z. B. die Gesellschaft nach außen und darf alles Notwendige im Rahmen der Geschäftsführung veranlassen.

157 InsAct 1986 sec. 235.

158 InsAct 1986 Schedule B1, para 61.

Mit Ausnahme der Vermögensgegenstände, die mit einem festen Sicherungsrecht (fixed charge) belastet sind, kann der Administrator frei über das Vermögen verfügen. Für eine Verwertung der Vermögensgegenstände, die mit einer fixed charge belastet sind, benötigt der Administrator die Zustimmung des Gerichts oder des gesicherten Gläubigers.[159] Der Erlös aus der Verwertung steht bis zu dem Wert des Sicherungszwecks stets und vollständig dem gesicherten Gläubiger zu.[160] Hinsichtlich der Vermögensgegenstände, die mit einer Floating Charge belastet sind, ist jedoch zu beachten, dass die Sicherheit sich an den Erlösen fortsetzt.[161]

Der Administrator darf bereits vor Abschluss des Administrationsverfahrens an die gesicherten und die bevorrechtigten Gläubiger Zahlungen leisten (Abschlagszahlungen), ohne dass er hierfür die Zustimmung des Gerichts bedarf.[162] Für eine vorzeitige Teilbefriedigung der ungesicherten Gläubiger ist hingegen die Zustimmung des Gerichts erforderlich.[163] Die Beendigung des Verfahrens bestimmt sich nach der Zielsetzung im Vorschlag. Ist die Zielsetzung auf die Liquidierung der Company ausgerichtet, so wird das Verfahren beispielsweise durch Löschung der Company beendet, wenn die Vermögenswerte nicht ausreichen, um auch eine Teilbefriedigung der ungesicherten Gläubiger zu erreichen. Der Administrator hat den registrar of companies hierüber zu informieren, der dann drei Monate später die Company aus dem Register streicht.[164]

Sollten ausreichend Vermögenswerte für eine quotenmäßige Befriedigung der ungesicherten Gläubiger vorhanden sein, so informiert der Administrator den registrar of companies hierüber, sodass die Administration in ein Voluntary-Liquidation-Verfahren übergeht.[165] In diesem Anschlussverfahren werden dann die restlichen Vermögenswerte liquidiert und unter

159 InsAct 1986 Schedule B1 para 71; vgl. auch Keay/Walton 31.5.
160 InsAct 1986 Schedule B1, para 71.
161 InsAct 1986 Schedule B1, para 70 (1), (2).
162 InsAct 1986 Schedule B1, para 65 Abs. 1 und 2.
163 InsAct 1986 Schedule B1, para 65 Abs. 3.
164 InsAct 1986 Schedule B1, para 84.
165 InsAct 1986 Schedule B1, para 83 Abs. 6b.

den ungesicherten Gläubigern verteilt. Die Gesellschaft wird anschließend gelöscht.[166]

Wurde das Ziel, die Sanierung der Company, erreicht, teilt der Administrator dies dem Gericht mit. Das Gericht hebt das Verfahren auf. Bei einer außergerichtlichen Administration setzt der Administrator das Gericht von der Aufhebung in Kenntnis.[167]

Ist die Sanierung nach Ansicht des Administrators nicht (mehr) möglich, so erfolgt ebenfalls eine entsprechende Mitteilung und das Verfahren wird wie zuvor beschrieben beendet.[168] Zu einer automatischen Beendigung kommt es nach Ablauf eines Jahres nach Beginn der Administration, wenn das Gericht oder die Gläubiger nicht einer Verlängerung zustimmen.[169]

Der Administrator hat die Möglichkeit, Rechtsgeschäfte unter Wert,[170] vorsätzliche schädigende Handlungen,[171] erpresserische Kreditgeschäfte[172] und die Einräumung einer Floating Charge unter bestimmten Umständen[173] mittels der Insolvenzanfechtung anzugreifen.[174] Abgesehen von den Anpassungsmöglichkeiten nach dem allgemeinen Zivilrecht verfügt der Administrator jedoch grundsätzlich über keine insolvenzspezifischen Einflussmöglichkeiten. Die bestehenden Vertragsverhältnisse bestehen grundsätzlich fort.[175] Während der Zeit des Administrationsverfahrens ist das Verfahren für Dritte kenntlich zu machen.[176]

Die Kosten des Administrationsverfahrens sind in InsRules 1986 rule 2.12 Abs. 3, 2.67 geregelt (Vergütung Remuneration – InsRules 1986 rule 2.106 Abs. 1). Zu beachten ist der Vorrang für die Vergütung und Auslagen

---

166 InsAct 1986 Schedule B1, para 83 Abs.3, alternativ kann der Administrator auch das Gericht darum bitten, selbst die Befriedigung der ungesicherten Gläubiger durchführen zu dürfen; vgl. InsAct 1986 Schedule B1, para 65 Abs. 3.

167 InsAct 1986 Schedule B1, para 79 Abs. 1 und 3b bzw. 80.

168 InsAct 1986 Schedule B1, para 79 Abs. 1 und 2a bzw. b.

169 InsAct 1986 Schedule B1, Nrn. 76–78.

170 InsAct 1986 sec. 238.

171 InsAct 1986 sec. 239.

172 InsAct 1986 sec. 244.

173 InsAct 1986 sec. 245.

174 Bailey/Groves 10.70.

175 Bailey/Groves 10.71.

176 InsAct 1986 Schedule B1 para 45, 46.

des Administrators und neu begründeten Verbindlichkeiten gemäß InsAct 1986 Schedule B1 para 99 Abs. 3 und 4.

Durch den Enterprise Act 2002 wurde neben der gerichtlichen Einleitung der Administration (by court order) die außergerichtliche, aber gerichtlich begleitete Administration (out of court) eingeführt.

(1) Administration by Court Order

Die Antragsberechtigten im Rahmen der gerichtlichen Administration sind in InsAct 1986 Schedule B1 para 12 Abs. 1 aufgezählt. Hiernach sind die Gesellschaft (Gesellschafter), die Geschäftsführung, einzelne oder mehrere Gläubiger oder mehrere der genannten Personen gemeinsam antragsberechtigt. Ein Gesellschafter allein ist grundsätzlich nicht antragsberechtigt.[177] Ein Antrag aus den Reihen der Gesellschafter setzt einen Gesellschafterbeschluss mit einfacher Mehrheit voraus. Gleiches gilt, wenn die Geschäftsführung aus mehreren Direktoren besteht. Im Antrag selbst muss die Schuldnerin hinreichend mit zustellungsfähiger Anschrift bezeichnet sein. Der Antrag muss ferner eine Erklärung enthalten, dass die Schuldnerin entweder zahlungsunfähig ist oder in Kürze zahlungsunfähig sein wird.[178] Diese Erklärung ist bei einem Antrag eines Gläubigers oder eines Inhabers einer qualifying Floating Charge nicht erforderlich.[179] Für die Antragstellung steht ein Formular des Insolvency Services zur Verfügung.[180] Dem Antragsformular ist eine Erklärung des bereits zu diesem Zeitpunkt ausgewählten zukünftigen Administrators beizufügen, dass dieser mit der Ernennung einverstanden ist und keine Interessenskonflikte bestehen.[181] Der Antragsteller hat sodann die vorstehenden Unterlagen in hinreichender Anzahl (Original und Ablichtungen) beim Gericht einzureichen. Das Gericht siegelt die Unterlagen und ordnet einen Anhörungstermin an.[182] Ab dem Eingang eines ordnungsgemäßen Administrationsantrags beim zuständigen Gericht wird das Vermögen und insbesondere der Geschäftsbetrieb der Schuldnerin durch

177 Chelmsford City Football Club (1980) Ltd. [1991] BCC 133.
178 InsAct 1986 Schedule B1 para 11; InsRules 1986 rule 2.4.
179 InsRules 1986 rule 2.4.
180 https://www.gov.uk/government/organisations/insolvency-service.
181 InsRules 1986 rule 2.3, Abs. 5.
182 InsRules 1986 rule 2.5.

ein vorläufiges Moratorium (Interim Order) bis zur Entscheidung über den Antrag geschützt.[183]

Der Antragsteller hat die Zustellung des Antrags an alle in InsRules 1986 rules 2.6 Abs. 3, 2.7 genannten Personen zu bewirken. Für die Zustellung ist vorgesehen, dass die Unterlagen übergeben oder auf dem Postwege spätestens fünf Tage vor dem Tag der Anhörung zugestellt werden.[184] Der Antragsteller hat die Zustellung mithilfe eines Formulars an Eides statt zu versichern und zusammen mit einer Ablichtung des Antrages spätesten am Tage vor der Anhörung bei Gericht einzureichen.[185] Das Gericht soll die Order erlassen, wenn es überzeugt ist, dass die Gesellschaft insolvent ist oder die Insolvenz droht und die Erreichung der gesetzlichen Ziele wahrscheinlich ist.[186]

Ist bereits in den letzten 12 Monaten ein Administrationsverfahren durchgeführt worden, so ist ein weiteres von der Schuldnerin initiiertes Verfahren vor Ablauf einer Sperrfrist von 12 Monaten nicht möglich.[187] Darüber hinaus ist ein Administrationsverfahren grundsätzlich nicht zulässig, wenn bereits ein Liquidationsverfahren (InsAct 1986 Schedule B1 para 8, 25 a), ein Administration- oder Administrative receivership Verfahren anhängig ist (InsAct 1986 Schedule B1 para 25 b und c).

Die folgende Abbildungen 6 stellt den Verfahrensablauf des Administrationsverfahrens unter Einbindung des Gerichts dar.

183 InsAct 1986 Schedule B1 para 13 Abs. 1 d, 44 Abs. 2 und 5.
184 InsRules 1986 rule 2.8.
185 InsRules 1986 rule 2.9.
186 InsAct 1986 Schedule B1 para 11.
187 InsAct 1986 Schedule B1 para 23 Abs. 2.

Abbildung 6: Verfahrensablauf der Administration by Court Order.

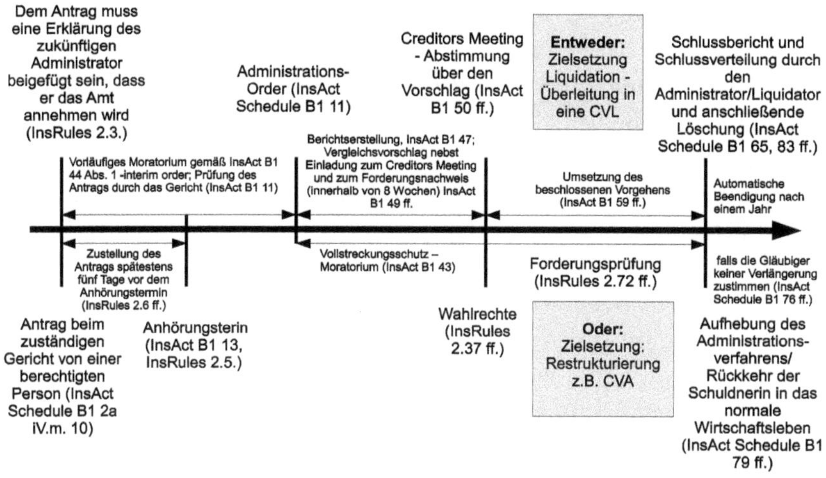

Quelle: Eigene Darstellung

(2) Administration out of Court Order

Im Fall des außergerichtlichen Verfahrens wird die Administration aufgrund der direkten Bestellung eines Administrators durch den Inhaber einer qualifying Floating Charge,[188] durch einen Gesellschaftsbeschluss oder einen Antrag der Geschäftsführung[189] eingeleitet. Für die Bestellung ist die Einreichung bestimmter Formulare und Belege beim Gericht erforderlich.

Im Falle der Einleitung durch Beschluss der Gesellschafter ist eine einfache Mehrheit erforderlich.[190] Die Direktoren benötigen für die Einsetzung eines Administrators ebenfalls eine einfache Mehrheit. Ein formaler Beschluss des Board of directors ist nicht erforderlich.

Beabsichtigt die Schuldnerin (Gesellschafter oder Direktoren) ein Administrationsverfahren einzuleiten (Schedule B 1 para 22), so hat sie etwaig vorhandene Personen, die selbst einen Administrative receiver oder nach InsAct 1986 Schedule para 14 (Floating Charge holder) einen Administrator einsetzen könnten, mindestens fünf Werktage vor der geplanten Einsetzung

188 InsAct 1986 Schedule B1 para 2 b i.V.m. para 14.
189 InsAct 1986 Schedule B1 para 2 c i.V.m. para 22.
190 CompanyAct 2006 sec. 282.

ihre Absicht unter Benennung des vorgesehenen Administrators anzuzeigen.[191] Dieser Anzeige ist eine Ablichtung des Gesellschaftsbeschlusses bzw. der Entscheidung der Direktoren sowie die Erklärungen, dass die Schuldnerin zahlungsunfähig ist oder kurzfristig sein wird, dass sich die Schuldnerin nicht in Liquidation befindet, dass keine sonstigen Gründe dem Administrationsverfahren entgegenstehen und dass die EuInsVO in Form eines Haupt- oder Sekundärverfahrens Anwendung findet, beizufügen. Dem Gericht ist eine Ablichtung zu überlassen.[192]

Mit Zugang der Absichtsanzeige beim zuständigen Gericht werden das Vermögen und insbesondere der Geschäftsbetrieb der Schuldnerin durch ein vorläufiges Moratorium geschützt.[193] Dieses Moratorium endet entweder mit der ordnungsgemäßen Einsetzung des Administrators oder dem Ablauf von 10 Tagen gemäß InsAct 1986 Schedule B1 para 44 Abs. 4.

Nach InsAct 1986 Schedule B1 para 28 ist die Bestellung unwirksam, wenn die fünftägige „Vorwahnfrist" nicht eingehalten wurde und diese nicht durch eine Zustimmung des Sicherungsinhabers (qualifying Floating Charge) ersetzt worden ist oder die Einsetzung des Administrators nicht innerhalb von zehn Werktagen seit der Benachrichtigung des Gerichts von der Vorwarnung gemäß para 27 erfolgt ist. Stimmen der oder die Inhaber einer qualifying Floating Charge zu oder enthalten sich, so kann der Antragsteller 10 Tage nach Anzeige beim Gericht den ausgewählten Administrator mithilfe einer Anzeige beim Gericht einsetzen.[194] Das Verfahren ist mit Eingang der Einsetzungsanzeige beim Gericht eröffnet.[195]

Die Anzeigepflichten schützen die weiteren Berechtigten (insbesondere die bevorrechtigten Inhaber einer qualifying Floating Charge), da diese so in die Lage versetzt werden sich gegen das Verfahren beim Gericht zu beschweren. Ist eine Beschwerde berechtigt, weil die Vorschriften für die Einsetzung eines Administrators verletzt worden sind, stellt das Gericht die Unwirksamkeit der Einsetzung des Administrators fest. Der gute Glaube an

191 InsAct 1986 Schedule B1 para 26.
192 InsAct 1986 Schedule B1 para 26 und 27; InsRules 1986 rule 2.22.
193 InsAct 1986 Schedule B1 para 44 Abs. 4 und 5, 27, 28 Abs. 2.
194 InsAct 1986 Schedule B1 para 28 Abs. 2.
195 InsAct 1986 Schedule B1 para 31 und 29.

die Wirksamkeit der Einsetzung des Administrators wird nicht geschützt.[196] Ist die Einsetzung eines Administrators unwirksam, kommt nur noch eine gerichtlich angeordnete Administration in Betracht.[197]

Für die Einsetzung eines Administrators durch einen Inhaber einer qualifying Floating Charge ist es erforderlich, dass dessen Sicherheit das gesamte oder nahezu das gesamte Vermögen der Schuldnerin erfasst und im Übrigen die Floating Charge ordnungsgemäß ausgestellt wurde.[198] Die Vorschriften sind ähnlich im Vergleich zu den Vorschriften zu der Bestellung durch die Schuldnerin. Der Antragsteller hat die Ernennung eines Administrators zwei Tage zuvor etwaigen bevorrechtigten Floating-Charge-Inhabern anzuzeigen oder die Zustimmung einzuholen.[199] Auch hier hat der Antragsteller dem Gericht die ordnungsgemäße Einsetzung eines Administrators anzuzeigen.[200] Beabsichtigt der Antragsteller, das Vermögen der Schuldnerin durch ein vorläufiges Moratorium schützen, so muss er dem Gericht ebenfalls eine Absicht zur Einsetzung eines Administrators anzeigen.[201] Dieses Moratorium endet entweder mit der ordnungsgemäßen Einsetzung des Administrators oder dem mit dem Ablauf von 5 Tagen gemäß InsAct 1986 Schedule B1 para 44 Abs. 2. Wirksam wird die Ernennung mit dem Eingang der Ernennungsanzeige und der weiteren notwendigen Unterlagen bei dem zuständigen Gericht.[202]

In der Praxis kommt es häufig vor, dass zwei Administratoren aus einer Kanzlei eingesetzt werden.[203] In diesem Fall ist dem Gericht mitzuteilen, welchen Verantwortungsbereich die Administratoren jeweils übernehmen und ob diese einzeln oder nur gemeinsam handeln/verfügen können. Zur Kontrolle eines von der Schuldnerin eingesetzten Administrators kann beispielsweise auch von dem Inhaber einer qualifying Floating Charge ein Administrator eingesetzt werden.

---

196 BCPMS (Europe) Ltd. v GMAC Commercial Finance plc, 2006 All ER (D) 285.
197 Kindler/Nachmann-Schillig, Rn. 53.
198 InsAct 1986 Schedule B1 para 14 Abs. 2 und 3.
199 InsAct 1986 Schedule B1 para 15.
200 InsAct 1986 Schedule B1 para 18.
201 InsAct 1986 Schedule B1 para 44 Abs. 2 und 5 i.V.m. para 14.
202 InsAct 1986 Schedule B1 para 19.
203 Kindler/Nachmann-Schillig, Rn. 49.

Wie bei der gerichtlich angeordneten Administration ist ebenfalls der Administrationsanzeige eine Erklärung beizufügen, dass der zukünftige Administrator mit seiner Einsetzung einverstanden ist und keine Interessenkonflikte bestehen.[204] Der Administrator ist von der Anzeige bei Gericht über seine Einsetzung zu informieren. Die Administration ohne direkte gerichtliche Beteiligung scheint sich zunehmend zu etablieren.[205] Die folgende Abbildungen 7 stellt den Verfahrensablauf des Administrationsverfahrens ohne Einbindung des Gerichts dar.

Abbildung 7: Verfahrensablauf der Administration out of Court.

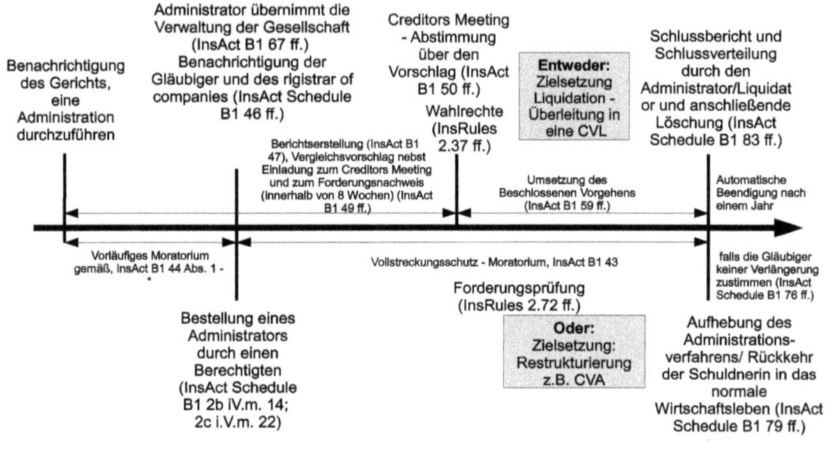

Quelle: Eigene Darstellung

cc) Winding-up (Liquidation)

Die in InsAct 1986 sec. 73 ff. geregelten Winding-up-Verfahren (Liquidation) zielen auf eine geordnete Abwicklung der Schuldnerin durch einen Liquidator ab. Am Ende des Verfahrens steht die Auflösung/Löschung der Schuldnerin. Dieses Verfahren hat nicht unbedingt eine (quotalen) Befriedigung der Gläubigergemeinschaft zur Folge. Der Zweck des Verfahrens ist vielmehr, möglichst alle Angelegenheiten der Schuldnerin (Gesellschaft)

---

204 InsAct 1986 Schedule B1 para 29 Abs. 3.

205 So Kindler/Nachmann-Schillig, Rn. 41.

zu Ende zu führen (Ordnungsverfahren). Dies betrifft insbesondere die folgenden Angelegenheiten:

- alle Verträge (insbesondere Arbeitsverträge) ordnungsgemäß zu beenden, z. B. durch Übertragung, Kündigung oder auf andere Weise
- die Geschäftstätigkeit zu beenden
- Rechtsstreitigkeiten zu beenden
- Verwertung des Gesellschaftsvermögens
- Verteilung des Verwertungserlöses an die beteiligten Personen in der vorgeschriebenen Reihenfolge.[206]

Im Wesentlichen gibt es drei Unterarten des Winding-up, nämlich das Members'-Voluntary-Winding-up, das Creditors-Voluntary-Winding-up und das Compulsory-Winding-up. Hierbei beginnen die Voluntary-Verfahren mit einem entsprechenden Beschluss der Gesellschafter.[207] Das Compulsory Winding-up (Winding-up by the court) setzt hingegen einen Antrag beim zuständigen Gericht auf Einleitung der Liquidation voraus.[208]

Beim members voluntary Winding-up handelt es sich nicht um ein Insolvenzverfahren.[209] Dieses Verfahren ist nur für solvente Unternehmen zulässig. Unter den Begriffen Winding-up und liquidation werden daher im Folgenden lediglich das creditors' voluntary Winding-up und das compulsory Winding-up behandelt.

Allgemein ist bereits an dieser Stelle festzuhalten, dass die Liquidationsverfahren nicht auf die Fortführung von Geschäftsbetrieben, sondern auf die Beendigung der Gesellschaft ausgerichtet sind. Eine Fortführung ist nur ausnahmsweise zulässig, wenn dies mit Sicherheit zu einer besseren

---

206 Hauptsächlich in InsAct 1986 sec. 117–162 geregelt; vgl. auch Fletcher, Law of Insolvency, S. 486 ff.; Keay/Walton 30.1 ff., 30.4.1 ff.; Pennington S. 11 ff. Jungmann Rn. 603 ff.

207 InsAct 1986 sec. 84.

208 InsAct 1986 sec. 124.

209 Die Gesellschafter streben diese Verfahren an, um die Existenz der Schuldnerin geordnet zu beenden und ihre Einlagen und Gewinne nach Bedienung sämtlicher Verbindlichkeiten zu erhalten.

Vermögensverwertung führt.[210] Im Falle der Compulsory Winding-up ist hierfür zudem eine gerichtliche Zustimmung erforderlich.[211]

Die Liquidationsverfahren zielen weiter grundsätzlich nur auf die gleichmäßige Befriedigung der ungesicherten Gläubiger ab. Die gesicherten Gläubiger können ihre Sicherheit außerhalb des Insolvenzverfahrens verwerten. Dies galt lange Zeit auch für die Gläubiger die mit einer Floating Charge (Unternehmerhypothek) gesichert waren. Diese konnten einen administrative receiver (Zwangsverwalter) mit der Verwertung ihrer Sicherheit bestellen.[212] Durch das Inkrafttreten des Enterprise Act 2002 am 15.09.2003 wurde diese Möglichkeit erheblich eingeschränkt. Ein administrative receiver kann für die Verwertung einer qualifying Floating Charge[213] nunmehr grundsätzlich dann nicht mehr eingesetzt werden, wenn diese erst nach dem 15.09.2003 bestellt wurde.[214] Wie bereits unter dem Administrationsverfahren erläutert wurde, können die Inhaber einer Floating Charge nur noch einen Administrator bestellen.[215] Zu beachten ist in diesem Zusammenhang, dass auch eine noch vor der Bestellung eines official receiver konkretisierte Sicherheit die Eigenschaft als Floating Charge behält. Für die Eigenschaft der Sicherheit als Floating Charge kommt es allein auf den Zeitpunkt der Bestellung der Sicherheit an.[216]

Die Liquidationsverfahren werden regelmäßig dann als Verfahrensart gewählt, wenn eine Fortführung des Unternehmens aussichtslos erscheint, weil andere Verfahrensarten, welche eine Rettung ermöglichen könnten (z. B. Company Voluntary Arrangement oder einen Administration) zu teuer sind oder der Geschäftsbetrieb bereits zum Erliegen gekommen ist.

Der Abbildung 8 ist die Anzahl der Liquidationsverfahren in England und Wales sowie das Zahlenverhältnis zwischen dem Voluntary- und dem Compulsory-Verfahren zu entnehmen.

---

210 InsAct 1986 Schedule 4 para 5; Goode, Rn. 5–02.
211 InsAct 1986 sec. 167 Abs. 1 a.
212 Administrative-Receivership-Verfahren, InsAct 1986 sec. 28.
213 Definition in InsAct 1986 Schedule B1, para 14 Abs. 2.
214 InsAct 1984 sec. 72A, die Ausnahmen sind in InsAct 1986 N. 72b–72H geregelt.
215 InsAct 1986 Schedule B1 para 14 Abs.1.
216 Goode, Rn. 9-16.

Abbildung 8: Anzahlt der Liquidationsverfahren von 2003 bis Q1 2014.

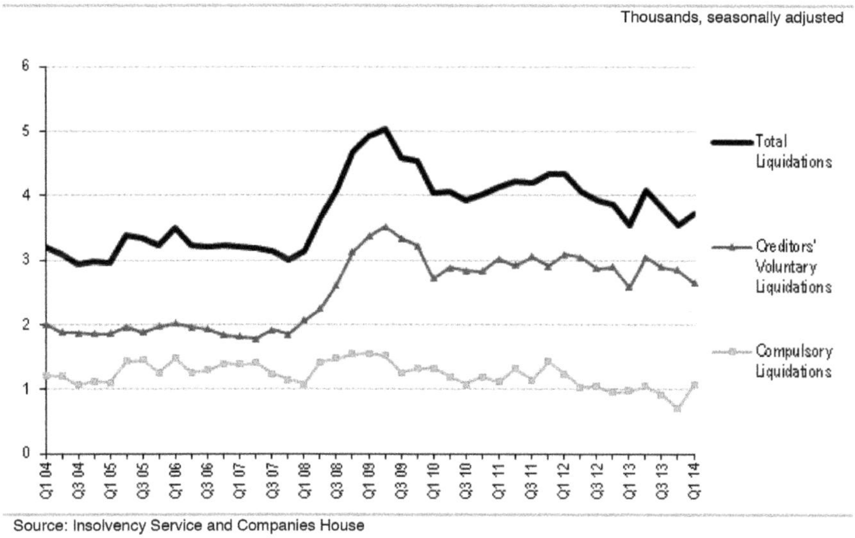

Quelle: Insolvency Service and Companies House

Der Abbildung ist zu entnehmen, dass die weniger gerichtlich beeinflussten Verfahren häufiger zur Anwendung gelangen.

(1) Members Voluntary Liquidation

Dieses Verfahren wird von den Gesellschaftern gewählt, wenn die Gesellschaft solvent ist und lediglich beendet werden soll. Daher setzt das Verfahren auch voraus, dass der oder die Direktoren eine declaration of solvency abgeben.[217] Hierbei handelt es sich um eine höchstens fünf Wochen alte Erklärung, dass das Gesellschaftsvermögen ausreicht, sämtliche Gesellschaftsverbindlichkeiten innerhalb der nächsten zwölf Monate zu tilgen.[218] Sollte diese Erklärung nicht vorliegen oder schon zu alt sein, so führt der Auflösungsbeschluss zu dem Beginn des Creditors-Voluntary-Winding-up-Verfahrens.[219] Das Members Voluntary Winding-up ist mithin für sich genommen kein

217 InsAct 1986 sec. 84 Abs. 1b.
218 InsAct 1986 sec. 89.
219 InsAct 1986 sec. 90.

Insolvenzverfahren im Sinne der EuInsVO. Durch dieses Verfahren wird ein gesundes Unternehmen durch einen Gesellschafterbeschluss ohne gerichtliche Mitwirkung abgewickelt bzw. geordnet eingestellt.[220]

Sollte sich bei der Befriedigung der Gläubiger herausstellen, dass das Vermögen zur Befriedigung aller Gläubiger doch nicht ausreicht, so wandelt sich das Members- in ein Creditors Voluntary Winding-up um.[221] Die Gläubiger haben im gesamten Verfahren die Möglichkeit, ein Compulsory-Winding-up-Verfahren einzuleiten, sofern ihnen der Nachweis der Zahlungsunfähigkeit gelingt. Anzumerken ist, dass dieses Verfahren in keiner Weise der Gesellschaft/Schuldnerin Vollstreckungsschutz gewährt. Jeder Gläubiger kann während dieses Verfahrens die Einzelzwangsvollstreckung betreiben.

(2) Creditors Voluntary Liquidation

Bei der Creditors Voluntary Liquidation handelt es sich um das zahlenmäßig häufigste Gesamtvollstreckungsverfahren in England und Wales.[222] Auch dieses Verfahren wird grundsätzlich durch einen Beschluss der Gesellschafter eingeleitet und nicht durch die Initiative der Gläubiger, wie der Name vermuten lässt.[223] Im Unterschied zu dem Members'-Voluntary-Winding-up-Verfahren sind jedoch nicht genügend Vermögenswerte vorhanden, um die Gesamtheit der Gläubiger innerhalb von zwölf Monaten zu befriedigen.

Der Liquidationsbeschluss muss innerhalb von 14 Tagen in der Gazette veröffentlicht werden.[224] Die erste Gläubigerversammlung ist innerhalb von 14 Tagen abzuhalten.[225] Mit dem Liquidationsbeschluss nominieren die Gesellschafter zugleich einen Liquidator, der jedoch bis zur ersten Gläubigerversammlung in seinen Rechten erheblich eingeschränkt ist.[226] Ohne die Zustimmung des Gerichts darf der Liquidator beispielsweise kein Vermögen der Gesellschaft veräußern.[227] Er ist lediglich zur Sicherung des

220 InsAct 1986 sec. 91 Abs. 1.
221 InsAct 1986 sec. 95 ff.
222 Quelle: https://www.gov.uk/government/organisations/insolvency-service/.
223 InsAct 1986 sec. 84.
224 InsAct 1986 sec. 85 Abs. 1.
225 InsAct 1986 sec. 98 Abs. 1a.
226 InsAct 1986 sec. 166.
227 InsAct 1986 sec. 166 Abs. 2.

Gesellschaftsvermögens befugt.[228] Bei dem Liquidator selbst muss es sich um eine natürliche Person handeln, die als insolvency practitioner qualifiziert und lizensiert ist.[229]

In der Praxis findet die Gesellschafterversammlung, in dem die Liquidation der Schuldnerin beschlossen wird, regelmäßig zeitgleich mit der ersten Gläubigerversammlung statt.[230] Die Gläubiger werden im Rahmen der ersten Gläubigerversammlung per Post geladen. Der Termin darf nicht früher als sieben Tage nach der Ladung stattfinden.[231] Die Gläubigerversammlung ist öffentlich bekannt zu machen.[232]

In sehr dringenden Fällen, besteht die Möglichkeit des so genannten Centrebind-Verfahren.[233] Hier kann unter Umständen bereits innerhalb von wenigen Stunden ein Liquidator durch die Gesellschafter eingesetzt werden, um das vorhandene Vermögen zu sichern.[234] Die Gläubigerversammlung wird anschließend nachgeholt. Um die Wirksamkeit des Auflösungsbeschlusses zu gewährleisten, müssen die gesellschaftsrechtlichen Vorschriften eingehalten werden.[235]

Nach dem Beschluss der Gesellschafter sind es schlussendlich die Gläubiger, die dieses Verfahren kontrollieren. Das Verfahren wird überwiegend außergerichtlich durchgeführt.[236] Dieser Unterschied zu dem später noch zu behandelnden Compulsory-Winding-up-Verfahren wird häufig als Vorteil angesehen, da die Gläubiger regelmäßig schneller eine Quotenzahlung erhalten.[237] Aber auch in diesem Fall ist es den einzelnen Gläubigern unbenommen, unabhängig von dem Beschluss der Gesellschafter das gerichtliche

228 InsAct 1986 sec. 166.

229 InsAct 1986 sec. 98 Abs. 1, 230 Abs. 3, 388 Abs. 1, 391 ff.; vgl. auch Keay/Walton 4.6, Tolmie S. 207.

230 Bailey/Groves 13.2.

231 InsAct 1986 sec. 98 Abs. 1b.

232 InsAct 1986 sec. 98 Abs. 1c.

233 Vgl. Centrebind Ltd. [1966], 3 All ER 889 (namengebend); Saxton (EV) & Sons v R Miles (Confectioners) [1983], 2 All ER 1025.

234 InsAct 1986 sec. 166 Abs. 3, Bailey/Groves 13.3; Tolmie S. 166; Keay/Walton 13.2.1.1.

235 InsAct1986 sec. 84 Abs. 3.

236 Es gibt nur ein paar wenige Ausnahmen, bei denen gerichtliche Hilfe erforderlich ist; vgl. Keay/Walton 13.1.

237 Keay/Walton 13.1.

Compulsory-Winding-up-Verfahren einzuleiten, wenn ihnen der Nachweis der Zahlungsunfähigkeit der Gesellschaft gelingt.[238]

Dieses Verfahren ist ein Insolvenzverfahren i.S.v. Art. 2 lit. a) EuIns-VO. Der Liquidationsbeschluss setzt eine Dreiviertelmehrheit voraus.[239] Durch den Auflösungsbeschluss beginnt bereits das Liquidationsverfahren.[240] Ab diesem Zeitpunkt hat eine Weiterführung der Unternehmung zu unterbleiben, es sei denn, es entstehen daraus erhebliche Vorteile.[241] An der Existenz der Schuldnerin oder ihrer Handlungsmacht ändert der Beschluss zunächst nichts. Übertragungen von Gesellschaftsanteilen sind allerdings ohne Zustimmung des Liquidators nicht mehr wirksam.[242] Mit der Einsetzung eines Liquidators endet die Verfügungsbefugnis der Direktoren. Handlungsbefugnisse können ihnen aber durch die Gläubiger bzw. durch das von der Gläubigerversammlung eingesetzte Liquidations Committee verliehen werden.[243] Bestellen die Gesellschafter keinen Liquidator, so bestehen die Handlungsbefugnisse der Direktoren eingeschränkt fort. Ähnlich wie die eingeschränkten Befugnisse des Liquidators bis zur ersten Gläubigerversammlung dürfen die Direktoren lediglich Vermögensgegenstände sichern. Eine Veräußerungsbefugnis haben sie nur in Ausnahmefällen, wie bei verderblicher Ware etc.[244] Unabhängig von der Bestellung eines Liquidators haben die Direktoren als handelndes Organ der Gesellschaft die Aufgabe, die Gläubigerversammlung einzuberufen, vorzubereiten und zu leiten.[245] Die einzelnen Befugnisse der ersten Gläubigerversammlung werden durch die Insolvency Rules bestimmt.[246] Wurde bereits durch die Gesellschafterversammlung ein Liquidator bestimmt, so kann dieser durch einen entsprechenden Beschluss der Gläubigerversammlung ersetzt werden.[247]

238 InsAct 1986 sec. 116; vgl. auch Fletcher, Law of Insolvency, S. 431f.
239 Companies Act 1985, S. 378 Abs. 1.
240 InsAct 1986 sec. 86.
241 InsAct 1986 sec. 87 Abs. 1.
242 InsAct1986 sec. 88.
243 InsAct 1986 sec. 103.
244 InsAct 1986 sec. 114; Keay/Walton 15.3.1.
245 Midland Counties District Bank Ltd. vs. Attwood [1905] 1 Ch 357; Keay/Walton 15.3.2.
246 InsRules 1986 rule 4.52.
247 InsAct 1986 sec. 100 Abs. 2.

Können sich die Direktoren, Gesellschafter und Gläubiger nicht auf einen Liquidator einigen, so kann das Gericht gemäß InsAct 1986 sec. 100 Abs. 3 zur Entscheidung angerufen werden.

In der Gläubigerversammlung kann ein Liquidations Committee gewählt werden, das den Liquidator überwacht und unterstützt[248]. Dieses Committee, das maximal aus fünf Personen besteht, dient den Gläubigern als Mittel, das Verfahren in die gewünscht Richtung zu dirigieren. Insbesondere kann es dem Liquidator gestatten, im Namen der Gesellschaft zu handeln.[249]

Für bedeutende Rechtsgeschäfte ist stets die Zustimmung des Liquidations Committee erforderlich.[250] Praktisch wird die Kontrolle des Liquidators dadurch sichergestellt, dass das committee alle zwei Monate einen schriftlichen Bericht über den Stand des Verfahrens vom Liquidator verlangen kann.[251]

Gerichtsverfahren, insbesondere Zwangsvollstreckungsverfahren, werden von dem Verfahren zunächst nicht berührt. Es gibt keinen automatischen Vollstreckungsschutz. Soll der Schuldnerin Vollstreckungsschutz gewährt werden, so hat der Liquidator dies beim zuständigen Gericht zu beantragen.[252]

Nachdem der Liquidator seine Aufgabe, also die Liquidation des Gesellschaftsvermögens vollständig erfüllt hat, beruft er die Gesellschafter und die Gläubiger zu einer abschließenden Versammlung ein, in der er einen Schlussbericht vorlegt.[253] Eine Ablichtung dieses Berichts sowie ein Protokoll der Versammlung übersendet er anschließend an den registrar of companies, der beides im Register einträgt.[254] Nach Ablauf von drei Monaten nach dieser Eintragung in das Register gilt die Gesellschaft als erloschen.[255]

Die folgende Abbildungen 9 stellt den Verfahrensablauf des Creditors-Voluntary-Liquidation-Verfahrens dar.

---

248 InsAct 1986 sec. 101.
249 InsAct 1986 sec. 103.
250 InsAct 1986 sec. 110 (2) (b), (3) i.V.m. Schedule 4, Part I.
251 InsRules 1986 rule 4.168 Abs. 1. Die Befugnisse des Committes sind in Fletcher, Law of Insolvency, 416 nachzulesen.
252 InsAct. 1986 sec. 112; vgl. Bailey/Groves, 13.25; Goode Rn. 5–03.
253 InsAct 1986 sec. 106 Abs.1.
254 InsAct 1986 sec. 106 Abs. 3.
255 InsAct 1986 sec. 201 Abs. 2.

Abbildung 9: Verfahrensablauf des Creditors-Voluntary-Liquidation-Verfahrens.

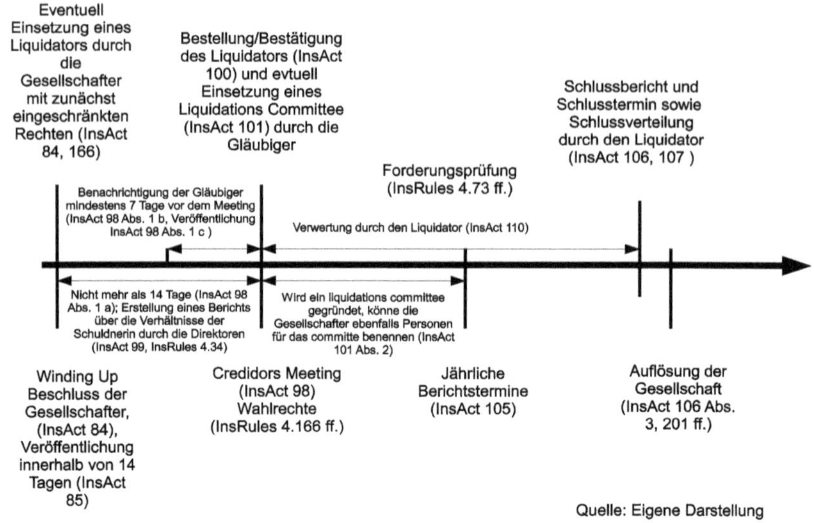

Quelle: Eigene Darstellung

(3) Compulsory Winding-up

Das in InsAct 1986 sec. 117 ff. geregelte Compulsory-Winding-up-Verfahren ist das zweithäufigste Insolvenzverfahren in England und Wales.[256] Eröffnet wird das Verfahren durch einen gerichtlichen Eröffnungsbeschluss, der Winding-up order, der auf einen entsprechenden Antrag (petition) ergeht.[257] Obwohl die Zahl der Antragsberechtigten[258] sehr groß ist, werden die Anträge doch regelmäßig von den Gläubigern der Gesellschaft und den Direktoren gestellt.[259]

256 Quelle: https://www.gov.uk/government/organisations/insolvency-service.

257 InsAct 124 1986 sec. 124.

258 Nach InsAct 1986 S. 124 (1): die Company, jeder Director, jeder nachschusspflichtige Gesellschafter, jeder Insolvenzverwalter eines (Haupt-)Verfahrens i.S.v. Art. 3 Abs. 1 EuInsVO und jeder vorläufige Verwalter i.S.v. Art. 38EuInsVO, der official receiver nach InsAct 1986 S. 124 Abs. 5, der Handels- und Industrieminister nach InsAct 1986 S. 124 Abs. 4, der Attorney General Charities Act 1993, S. 63, sowie die Bank von England, Banking Act 1987, sec. 97.

259 Keay/Walton 14.3.

Für einen Gläubigerantrag ist es nicht zwingend erforderlich, dass der Gläubiger bereits erfolglos gegen die Schuldnerin Vollstreckungsversuche unternommen hat.[260] Vorausgesetzt wird jedoch, dass die Forderung grundsätzlich durchsetzbar[261] ist und zum Zeitpunkt der Antragsstellung noch besteht[262]. Das Gericht kann nach freiem Ermessen entscheiden, ob es den Antrag ablehnt, die Entscheidung aussetzt, um Einwände zu hören, vorläufige Maßnahmen anordnet oder sonstige Maßnahmen anordnet, die es für erforderlich und angemessen hält.[263] Jedoch entfällt das Antragsrecht, wenn z. B. ein Antrag auf Erlass einer administration order gestellt wurde oder ein entsprechendes Verfahren noch läuft.[264] Ferner entfällt das Antragsrecht für Gläubiger, die sich im Rahmen eines Company Voluntary Arrangement gebunden haben.[265] Zu beachten ist, dass bei einem laufenden Administrations- oder Receivership-Verfahren der Administrator gemäß InsAct 1986 Schedule B1 para 60 in Verbindung mit Schedule 1 para 21 oder der administrative receiver gemäß InsAct 1986 sec. 42 in Verbindung mit Schedule 1 para 21 das Winding-up-Verfahren beantragen kann. Entsprechendes gilt für das Company Voluntary Arrangement in Bezug auf den Supervisor gemäß InsAct 1986 sec. 7 Abs. 4 b.

Der Antrag muss weiter in einer bestimmten Form[266] verfasst und an das zuständige Gericht[267] übersandt werden. Nachdem der Antrag von dem Gericht gesiegelt[268] wurde, stellt der Antragsteller der Schuldnerin den Antrag

260 Auch bedingte oder noch nicht fällige Forderungen reichen aus, Contingent or prospective creditors, InsAct 1986 sec. 124 Abs. 1; Keay/Walton 14.8 ff.

261 South Wales Atlantic Steamship Co Re [1875] 2 Ch D 763.

262 William Hockley Ltd Re [1962] 1 WLR 555.

263 InsAct 1986 sec. 125.

264 Enterprise Act 2002, Schedule 16 para 42 Abs. 1, 3, 44 Abs. 1, 2, 5.

265 InsAct 1986 sec. 5 Abs. 2.

266 InsRules 1986 Nrn. 4.7, 12.7; Schedule 4.

267 Gemäß InsAct 1986 S. 117 ist der High Court für sämtliche Compulsory-Winding-up-Verfahren zuständig, die Gesellschaften betreffen, die in England oder Wales ihr registered office haben. Ferner kann alternativ für Gesellschaften, deren Grundkapital 120.000,- £ nicht übersteigt, der Antrag auch bei demjenigen County Court gestellt werden, in dessen Bezirk die Gesellschaft registriert ist.

268 InsRules 1986 rule 4.7 Abs. 5, Die Siegelung des Originalantrags und der drei mit einzureichenden Kopien durch das zuständige Gericht setzt einen

zu[269] und hat für die Veröffentlichung der Antragsstellung in der Londoner Gazette zu sorgen.[270] Dieses Verfahren hat zur Konsequenz, dass im Falle einer tatsächlichen Eröffnung des Insolvenzverfahrens sämtliche Verfügungen der Schuldnerin nichtig sind, die nach dem Antrag auf Insolvenzeröffnung ohne Zustimmung des Gerichts vorgenommen wurden.[271] Wurde zuvor eine Voluntary Liquidation versucht, sind sogar sämtliche nach dem Beschluss über die Voluntary Liquidation vorgenommene Rechtsgeschäfte unwirksam.[272] Ausnahmen kann das Gericht jedoch zulassen.

Das Gericht hört die Schuldnerin zu dem Antrag an.[273] In der Zeit zwischen dem Antrag auf Eröffnung (Winding-up petition) und dem Eröffnungsbeschluss (Winding-up Order) kann das Gericht auf Antrag[274] einen vorläufigen Insolvenzverwalter (provisional liquidator) mit der Aufgabe einsetzen die künftige Insolvenzmasse zu sichern.[275] In der Praxis sind die Gerichte jedoch sehr zurückhaltend mit der Einsetzung eines vorläufigen Insolvenzverwalters, da hierdurch die Geschäftsführungsbefugnis auf den vorläufigen Insolvenzverwalter übergeht.[276] Die Befugnisse des vorläufigen Insolvenzverwalters werden gemäß InsAct 1986 sec. 135 Abs. 4 vom Gericht bestimmt. Zumeist hat der vorläufige Insolvenzverwalter die Aufgabe, das Vermögen in Besitz zunehmen und den Status quo zu erhalten. Außerdem kann der vorläufige Insolvenzverwalter auch damit betraut werden, die Gesellschaft fortzuführen oder bereits Vermögensverwertungen vorzunehmen.[277] Das Gericht wird das Winding-up-Verfahren beschließen, wenn einer der sieben in InsAct 1986 sec. 122 Abs. 1 aufgezählten Tatbestände erfüllt ist. In der Praxis hat sich gezeigt, dass nur die unter Lit. (f) und Lit. (g) genannten Tatbestände praxisrelevant sind.

Kostenvorschuss für die Dienste des amtlichen Verwalters (derzeit £ 715) und die Einzahlung der *Gerichtskosten* von derzeit £ 190 durch Hinterlegung eines Schecks voraus.

269 InsRules 1986 rule 4.8.

270 InsRules 1986 rule 4.11 Abs. 1.

271 InsAct 1986 sec. 127 ff.; vgl. hierzu Godfrey/Loebels S. 17 f.

272 InsAct 1986 sec. 129.

273 InsAct 1986 sec. 125.

274 InsRules 1986 rule 4.25 Abs. 1; vgl. auch Pennington S. 66.

275 InsAct 1986 sec. 135 Abs. 2.

276 InsAct 1986 sec. 144 Abs. 1; Keay/Walton 11.6.

277 Keay/Walton 11.7.

Der wichtigste Eröffnungsgrund ist Lit. (f) die Zahlungsunfähigkeit der Schuldnerin (unable to pay its debts). Die Zahlungsunfähigkeit ist in InsAct 1986, sec. 123 (1) und (2) legal definiert. Bei Lit. (g) handelt es sich insoweit um einen Auffangtatbestand, der dann einschlägig ist, wenn dem Gericht das Compulsory Winding-up „just and equitable" erscheint.

Durch den InsAct 2000 wurde ein weiterer Insolvenzeröffnungsgrund unter (fa) eingeführt.[278] Hiernach kann eine Winding-up order auch dann erlassen werden, wenn die Zeit eines unter InsAct 1986 sec. 1A (Company Voluntary Arrangement) erlassenen moratorium abgelaufen ist und keine Einigung im Rahmen des Company Voluntary Arrangement zustande gekommen ist.

Im Gegensatz zum deutschen Insolvenzrecht soll der Insolvenzantrag gerade nicht schon deshalb zurückgewiesen werden, weil das freie Vermögen der Schuldnerin noch nicht einmal ausreicht, um die Kosten des Verfahrens zu decken.[279] Jedoch sind die Kosten des Verfahrens ähnlich wie im deutschen Recht vor der Verteilung zu begleichen bzw. ein entsprechender Betrag zurückzustellen.[280]

Wird das Winding-up-Verfahren eröffnet, so wird zunächst ein Beamter des Handels- und Industrieministeriums als official receiver bestellt.[281] Mit dem Erlass der Winding-up order oder bereits mit Bestellung eines provisional liquidators sind Verfügungen ohne Zustimmung des Gerichts bzw. der Liquidators unzulässig.[282] Zwangsvollstreckungsmaßnahmen und sonstige gerichtliche Verfahren sind mit der Eröffnung des Verfahrens grundsätzlich unzulässig.[283] Wird ein vorläufiger Liquidator bestellt, so ist bereits dieser Zeitpunkt maßgeblich. Das Gericht kann jedoch Ausnahmen vorsehen.[284]

Durch einen Beschluss der Gläubigerversammlung kann der official receiver von einem privaten insolvency practitioner (Insolvenzverwalter) ersetzt

---

278 Added by Insolvency Act 2000 c. 39 Schedule 1 para 6 (January 1, 2003 subject to transitional provisions specified in S. 2002/2711 Arts. 3–5).

279 InsAct 1986 sec. 125 2. Hs.; vgl. Thomas Bachner ZGR 2006, 530, 532.

280 InsAct 1986 sec. 156, 175 ff.

281 InsAct 1986 sec. 136 Abs. 2; Godfrey/Loebel S. 19.

282 InsAct 1986 sec. 130 Abs. 2; vgl. auch Fletcher, Law of Insolvency, S. 443 f.

283 InsAct 1986 sec. 130 Abs. 2.

284 InsAct 1986 sec. 130 Abs. 2.

werden, der dann das Amt des Liquidators fortführt.[285] In der Praxis wird jedoch regelmäßig nur dann ein privater Insolvenzverwalter gewählt, wenn hinreichend Vermögen vorhanden ist. Anderenfalls fungiert der official receiver bis zum Verfahrensende als Liquidator.[286]

Mit der Ernennung übernimmt der Liquidator die Geschäftsführungsbefugnis und vertritt den Schuldner im Rechtsverkehr.[287] Auf der gesamten Korrespondenz mit Dritten muss nunmehr der Zusatz „in liquidation“ angegeben werden.

Der official receiver hat die Ursachen der Insolvenz für die Gläubiger und das Gericht zu ergründen[288] und über den wesentlichen Fortgang des Verfahrens zu entscheiden. Ausgehend von seinen Ermittlungen entscheidet er beispielsweise, ob vorliegend die Einsetzung eines privaten Liquidators durch eine Gläubiger- und Gesellschafterversammlung sinnvoll erscheint.[289] Weiter kann er auf die Einsetzung eines Liquidation Committee hinwirken.[290] Falls der Official Receiver bei seiner Untersuchung der Company zu dem Schluss gelangt, dass kein Vermögen vorhanden ist, so wird er aus Kostengründen von der Einberufung der Gläubiger- bzw. der Gesellschafterversammlung absehen.[291] Falls sich der Official Receiver für die Einberufung entscheidet, muss diese innerhalb von zwölf Wochen nach Erlass der Winding-up order abgehalten werden.[292]

Der Official Receiver hat zur Gläubigerversammlung alle ihm bekannten Gläubiger einzuladen.[293] Unschädlich ist es, wenn einzelne Gläubiger die Ein-

---

285 InsAct 1986 sec. 136 Abs. 2; Fletcher, Law of Insolvency, S. 454 f.; Keay/Walton 17.2.2.

286 InsAct 1986 sec. 136.

287 InsAct 1986 sec. 167; vgl. Keay/Walton 17.5.1.1.

288 InsAct 1986 sec. 132, hierbei stehen ihm ähnlich wie im deutschen Recht weitreichende Kompetenzen zu; vgl. InsAct 1986 sec. 135 ff.; Godfrey/Loebel S. 19.

289 InsAct 1986 sec. 136 Abs. 4 und 5 und InsRules 1986 rule 4.52 Abs. 1a.

290 InsAct 1986 sec. 141 Abs. 1; InsRules 1986 rule 4.52 Abs. 1b.

291 InsAct 1986 sec. 136, gegen diese Entscheidung können sich die Gläubiger wehren, indem Gläubiger, die mindestens 25 % der Forderungssumme vertreten, die Einberufung der Gläubigerversammlung beantragen; vgl. auch InsRules 1986 rule 4.50; Godfrey/Loebel Nr. 19e.

292 InsAct 1986 sec. 136 Abs. 5a; InsRules 1986 rule 4.54 Abs. 3.

293 InsRules 1986 sec. 4.54.

ladung nicht erhalten. Die in der Versammlung getroffenen Entscheidungen sind auch für diese Gläubiger bindend.[294] Bei der Beschlussfassung gilt das Mehrheitsprinzip, das sich an der Forderungssumme orientiert. Bereits mit der Einladung erhalten die Gläubiger ein Formblatt (proof of debt), in dem sie ihre Forderungen gegen die Schuldnerin mit geeigneten Belegen darlegen können. Nur soweit der Official Receiver die angemeldeten Forderungen anerkennt, sind die Gläubiger abstimmungsberechtigt.[295] Ein Gläubiger, dessen Forderung nicht anerkannt wurde, kann beim Gericht gegen die Ablehnung seiner Forderungen Rechtsbeschwerde (Feststellungsklage) einlegen.[296] Das Gericht entscheidet dann über die Behandlung der Forderungsanmeldung. Die folgende Abbildungen 10 stellt den Verfahrensablauf des Compulsory-Winding-up-Verfahrens dar.

Abbildung 10: Verfahrensablauf des Compulsory-Winding-up-Verfahrens.

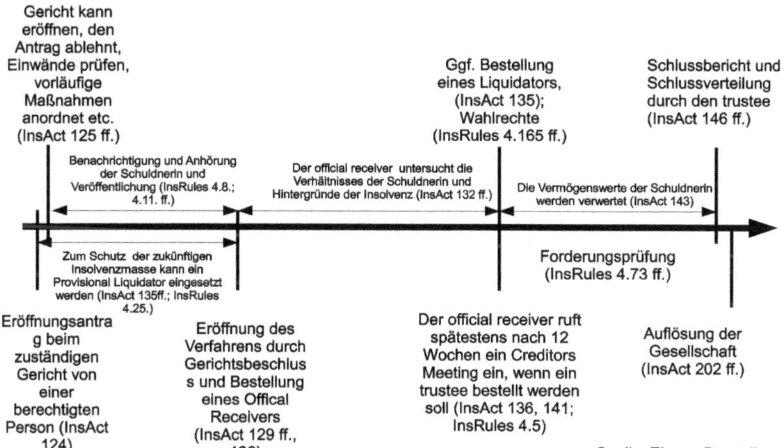

Quelle: Eigene Darstellung

(4) Besondere Vorschriften

Für bestimmte Rechtssubjekte wie den Mitgliedern einer anerkannten Börse oder eines Clearing-Houses gelten nicht die insolvenzrechtlichen Vorschriften. Gemäß dem Companies Act 1989 sec. 154, 158 werden die Regelungen

294 InsRules 1986 sec. 12.16.
295 InsRules 1986 rule 4.70.
296 InsRules 1986 rule 4.70 Abs. 2.

des InsAct 1986 für diese Rechtssubjekte erheblich modifiziert. Nach Companies Act 1989 sec. 159 haben die besonderen Regelungen der Börse oder des Clearing-Houses für den Fall der Insolvenz eines Mitgliedes Vorrang vor dem allgemeinen Insolvenzrecht.[297] Vergleichbare Einschränkungen gelten für designierte Zahlungs- und Wertpapierliefer und -abrechnungssysteme.[298] In besonderen Fällen zur Erhaltung der Finanzsicherheit bleiben ebenfalls zahlreiche Vorschriften des Insolvenzrechts außer Anwendung.[299]

dd) Weitere Verfahren

(1) Company Scheme of Arrangement

Zu nennen ist noch das Scheme-of-Arrangement-Verfahren, das in vielerlei Hinsicht dem Company Voluntary Arrangement ähnelt. Dieses Verfahren ist im Companies Act 2006 unter Part 26 sec. 895 bis 901 geregelt.[300] Nicht die Schuldnerin, sondern das Gericht leitet das im Vergleich zum Company Voluntary Arrangement deutlich komplexere Verfahren.[301] Im Gegensatz zu dem Company Voluntary Arrangement können auch die Verteilung der Gesellschaftsanteile geändert und Gläubigerklassen gebildet werden.[302] Insbesondere sind auch Eingriffe in die Rechte der gesicherten Gläubiger möglich, soweit deren Rechte nach Auffassung des Gerichts fair and reasonable berücksichtigt werden.[303] Antragsberechtigt sind neben der Schuldnerin und den Gesellschaftern auch die Gläubiger, ein Administrator und

---

297 Vgl. Goode, Rn. 1–29 f.

298 Vgl. reg. 14 der The Financial Markets and Insolvency (Settlement Finality) Regulations 1999, S. 1999, 2979, mit denen RL 98/26/EG des Europäischen Parlaments und des Rates v. 19. 5. 1998 über die Wirksamkeit von Abrechnungen in Zahlungs-, Wertpapierliefer- und Abrechnungssystemen, ABl L 166 1998, S. 45, in nationales Recht umgesetzt wurde.

299 Vgl. reg. 8, 10, 12 der The Financial Collateral Arrangements (No. 2) Regulations 2003, S. 2003/3226, mit denen RL 2002/47/EG des Europäischen Parlaments und des Rates v. 6. 6. 2002 über Finanzsicherheiten, ABl L 168 2002, S. 45, in nationales Recht umgesetzt wurde.

300 Überblick zu Verfahrensablauf: Petrovic ZInsO 2010, 265 f.; Maier NZI 2011, 306.

301 CA 2006 sec. 896; Tomie, S. 82 f.

302 T & N Ltd. Re [2006] EWHC 1447 (Ch); Finch S. 480f.; Bork 6.2.

303 Empire Mining Co Re (1890) 44 Ch D 402; Alabama, New Orleans, Texas and Pacific Junction Railway Co Re [1981] 1 Ch 213.

ein Liquidator. Im Vergleich zum Company Voluntary Arrangement wird dieses Verfahren nur für große Gesellschaften als sinnvoll erachtet, da es in der Regel länger dauert und mit hohen Kosten verbunden ist.[304] Abgesehen von der Bindungswirkung für sämtliche ungesicherte Gläubiger bei einer einfachen Kopf- sowie 75-%-Summenmehrheit (z. B. für einen Teilverzicht – Cram Down) und die Möglichkeit eines dept-equity-swap beinhaltet es keine (Sanierungs-) Rechte für die Schuldnerin.[305] Insbesondere gibt es kein Moratorium. Im Hinblick auf den Umstand, dass es sich nicht um ein Insolvenzverfahren im Sinne von Art. 2 lit. a) EuInsVO Anhang A handelt, soll auf dieses Verfahren als Insolvenzverfahren nicht gesondert eingegangen werden.[306] Zutreffend ist es vielmehr als Sanierungswerkzeug für die Zeit vor und während eines Insolvenzverfahrens zu verstehen.[307]

(2) Administrative Receivership

Eine wesentlich höhere praktische Bedeutung waren in der Vergangenheit dem in InsAct 1986 sec. 28 ff. geregelten Administrative-Receivership-Verfahren beizumessen.[308] Allerdings ist auch dieses Verfahren kein Insolvenzverfahren im Sinne der EuInsVO.[309] Dieses Verfahren dient allein den Inhaber der Floating Charge. Im Sicherungsfall hat der so gesicherte Gläubiger das Recht, einen administrative receiver (Zwangsverwalter) für die Umsetzung seiner Befriedigung zu bestellen. Neben weiteren

---

304 Keay/Walton 10.3.1.

305 CA 2006 sec. 899; vgl. auch Lehman Brothers International Europe Re (In Administration) [2009] EWHC 2141 (Ch); bestätigt in Lehman Brothers International Europe (In Administration) Re [2009] EWCA Civ 1161.

306 Gebler NZI 2010, 668; Bork Rescuing Rn. 6.2; Petrovic ZInsO 2010, 267; OLG Celle ZIP 2009, 1968 (auch gegen Bindungswirkung für die unbeteiligten Gläubiger nach Art. 32 EuGVVO); hingegen für Anerkennung als Insolvenzverfahren nach § 343 InsO. LG Rottweil ZInsO 2010, 1854.

307 Bork Rescuing Rn. 6.2.

308 Der Anteil lag 2004 bei 5 % aller Insolvenzverfahren im weitesten Sinne; Quelle: https://www.gov.uk/government/organisations/insolvency-service.

309 In Art. 2 lit. A EuInsVO i.V.m. Anhang A wird es daher auch nicht als Insolvenzverfahren aufgeführt.

Voraussetzungen[310] muss die Person des administrative receiver eine Lizenz als insolvency practitioner haben.[311]

Die Verwertungsbefugnis des administrative receiver umfasst nicht nur bereits vorhandene Vermögensgegenstände, sondern auch solche Gegenstände, die erst nach seiner Bestellung in das Vermögen der Schuldnerin gelangt sind. Er hat zudem die Möglichkeit, das Unternehmen fortzuführen und es als going concern zu veräußern.[312] Falls nichts anderes bestimmt ist, erstarkt die Floating Charge hinsichtlich der im Vermögen des Unternehmens vorhandenen Gegenstände spätestens mit der Ernennung des administrative receivers zu einer fixed charge.

Die einzelnen Befugnisse des administrative receivers ergeben sich aus InsAct 1986, Schedule 1. Hinsichtlich der Befriedigung ist zu beachten, dass aus dem Erlös zunächst die Kosten des Verfahrens, dann gesetzlich bevorrechtigte Forderungen und erst dann der holder der Floating Charge zu befriedigen sind.[313] Mit der Befriedigung des initiierenden Gläubigers endet das Administrative-Receivership-Verfahren.[314] Die Direktoren erhalten die volle Kontrolle über die Gesellschaft zurück. Nach diesem Verfahren folgt jedoch aufgrund des erheblichen Eingriffs häufig die Liquidation der (Rest-) Schuldnerin. Aufgrund der Eingriffe kann der Geschäftsbetrieb regelmäßig nicht fortgesetzt werden.[315] Dieses Verfahren wurde durch Enterprise Act 2002 faktisch abgeschafft.

3. Zwischenfazit

Auffällig ist zunächst die Vielzahl von Verfahrensarten im englischen Insolvenzrecht. Die Verfahren sind einerseits auf einen Vergleich und mithin auf eine Sanierung (Arrangement-Verfahren) und andererseits auf die Abwicklung der Vermögensverhältnisse (Liquidationsverfahren) ausgerichtet. Die Sanierungsverfahren sind über die Antragsberechtigung der Schuldnerin bzw. der Geschäftsführung oder den Gesellschaftern vorbehalten. Die für

310 InsAct 1986 sec. 390 Abs. 4 a, 31, 281A Schedule 4A.
311 InsAct 1986 sec. 388 Abs. 1.
312 Keay/Walton 6.5.
313 Keay/Walton 6.9.2.
314 InsAct 1986 sec. 176A.
315 Bailey/Groves, 11.2.

die Gläubiger möglichen Verfahren sind zumeist auf die Abwicklung ausgerichtet. Wird ein Liquidationsantrag von einem Gläubiger gestellt, kann dies aufgrund der einseitigen Ausrichtung zu erheblichen Problemen für einen gegebenenfalls sanierbaren laufenden Geschäftsbetrieb führen. Das nur für Gesellschaften mögliche Administrationsverfahren stellt eine vermittelnde Verfahrensart dar. Diese kann sowohl mit dem Ziel der Sanierung als auch mit dem Ziel der Abwicklung der Verhältnisse durchgeführt werden.

Für natürliche Personen fällt die schnelle und unkompliziert zu erreichende Restschuldbefreiung auf. Die Neuordnung der wirtschaftlichen Verhältnisse ist hier im Wesentlichen bereits nach einem Jahr abgeschlossen. Die Beeinträchtigung der Schuldnerin durch eine Income Arrangement oder einer Income Order kann sich allerdings bis zu drei Jahren fortsetzen.

Die speziell auf die Sanierung ausgerichteten Verfahren lassen darauf schließen, dass der Gesetzgeber die Vorzüge einer Sanierung für die Beteiligten erkannt hat und diese fördern will.

Das englische Recht unterscheidet grundsätzlich zwischen natürlichen und juristischen Personen und hält dementsprechend gesonderte Verfahrensarten vor.

Anzumerken ist schließlich, dass abgesehen von dem Compulsory-Winding-up und der Administration by Court Order die Verfahren weitgehend privatautonom geführt werden. Hieraus kann geschlossen werden, dass der Gesetzgeber den am Insolvenzverfahren beteiligten Personen eine selbstbestimmte Verfahrensabwicklung zutraut und auf eine staatliche Kontrolle des Verfahrens weitgehend verzichten möchte.

II. Das deutsche Insolvenzrecht

1. Historische Entwicklung

Historisch lässt sich die Entwicklung des deutschen Insolvenzrechts wie folgt zusammenfassen:

- Bis in das 17. Jahrhundert hinein hatte das italienische Recht der cessio bonorum (Abtretung der Ehrenmänner – freiwillige Vermögensabtretung an die Gläubigerschaft [ohne Richter] – Gläubigerautonomie) erheblichen Einfluss auf die heutigen Gebiete der Bundesrepublik Deutschland.

- Zum Ende des 17. Jahrhunderts gewann das spanische Recht mit der dort vorherrschenden stärkeren Stellung des Richters an Bedeutung.[316] Mit dem im Jahre 1653 erschienenen Werk des königlichen spanischen Rates in Valladoid, Salgado de Samoza, wurde dort das Amtsverfahren bestätigt und in eine erste vollständige Verfahrensvorschrift verfestigt.[317] Auch in Deutschland bildete sich so nach und nach ein Amtsverfahren unter richterlicher Aufsicht heraus, dem die Gläubigerautonomie fremd war.[318] Trotz einiger Vorzüge des „spanischen Verfahrens“ wurden jedoch zunehmend Stimmen laut, die dieses sehr formale Verfahren kritisierten. So gelangte man immer häufiger zu der Überzeugung, dass ein solches Verfahren zu umständlich, zu unergiebig und auch zu teuer sei.[319]
- Mitte des 19. Jahrhunderts verlor das spanische Insolvenzrecht im Zuge des aufkommenden politischen und wirtschaftlichen Liberalismus, welcher insbesondere auf den stärker werdenden Einfluss des konkursrechtlichen Teils des napoleonischen Code Commerce von 1807 zurückzuführen war, wieder an Bedeutung.
- Die preußische Konkursordnung von 08.05.1855 wurde in Deutschland eingeführt.[320]
- Beendigung der zuvor noch vorherrschenden Rechtszersplitterung durch die am 01.10.1879 im Rahmen der vierten Reichsjustizgesetze in Kraft getretene Konkursordnung.[321]
- Anpassung der Konkursordnung im Rahmen der Einführung des Bürgerlichen Gesetzbuches (01.01.1900).
- In der folgenden Zeit gab es zahlreiche Änderungen an der Konkursordnung, die parallel zum Wandel in der gesellschaftspolitischen Wahrnehmung und den Änderungen in der Zivilrechtsordnung verliefen.
- Die Vergleichsordnung von 1935 wurde mit dem Ziel, das Fortbestehen eines in die Krise geratenen Unternehmens durch den Abschluss eines

316 MünchKomm.InsO–Stürner, Einl. 26 f.
317 Endemann, ZZP 12 (1888), 24 (40).
318 Hess/Weis/Wienberg–Weis, Vor § 1 Rn. 69 f.; Gottwald–Gottwald, § 1 Rn. 5.
319 Hess/Weis/Wienberg–Weis, Vor § 1 Rn. 73 ff. Gottwald–Gottwald, § 1 Rn. 4.
320 Hess/Weis/Wienberg–Weis, Vor § 1 Rn. 87 ff.; Gottwald–Gottwald, § 1 Rn. 5; MünchKomm.InsO–Stürner, Einl. 30.
321 Gottwald–Gottwald, § 1 Rn. 6; MünchKomm.InsO–Stürner, Einl. 31 f.

Vergleiches mit den Gläubigern zu ermöglichen eingeführt.[322] Es sollte insbesondere die häufig vorkommende Zerschlagung von Unternehmen und den damit einhergehenden Verlust von Arbeitsplätzen verhindern. Die Vergleichsordnung konnte diese Vorgaben jedoch aus mehreren Gründen nicht erreichen.[323]

- Bis zum Inkrafttreten der Gesamtvollstreckungsordnung von 1975 galten auf dem Gebiet der ehemaligen DDR zunächst die gesamtdeutsche Konkursordnung von 1877 und die Vergleichsordnung von 1935 in einer an die dortigen Verhältnisse angepassten Form fort.[324] Der Anwendungsbereich der Gesamtvollstreckungsordnung war jedoch äußerst gering, da für die volkseigenen Betriebe, Genossenschaften und anderen gesellschaftlichen Organisationen ein Gesamtvollstreckungsverfahren wegen der staatlichen Beherrschung nicht in Betracht kam. Lediglich auf einige Handwerksbetriebe, Gewerbetreibende sowie auf Privatpersonen und Nachlässe fand die Gesamtvollstreckungsordnung Anwendung.[325] Erst im Jahre 1990 wurde im Vertrag über die Schaffung einer Währungs-, Wirtschafts- und Sozialunion im Rahmen der Annährung des Rechts der beiden deutschen Staaten die Gesamtvollstreckungsordnung um Vorschriften über den Konkurs von Unternehmen ergänzt.[326] Durch diese Erneuerungen wurde die Gesamtvollstreckungsordnung zu einer insolvenzrechtlichen Vorschrift, die den neu geschaffenen Anforderungen der Praxis entsprechen konnte.[327]

Neben den insolvenzrechtlichen Vorschriften bildeten sich parallel Sicherungs- und Vorrechte für die betroffenen Gläubiger heraus, um die Risiken eines Konkurses abzumildern.[328] Diese Rechte führten aber wiederum auch dazu, dass die an der Gleichbehandlung der Gläubiger orientierten

322 Hess/Weis/Wienberg – Weis, Vor § 1 Rn. 134; Gottwald–Gottwald, § 1 Rn. 16.

323 Im Jahr 1950 wurden 1.721 Vergleichsverfahren bei insgesamt 5.735 Insolvenzen eröffnet. Im Jahre 1997 waren es hingegen nur noch 35 Vergleichsverfahren bei 33.398 Insolvenzen; vgl. Statistisches Bundesamt Wiesbaden.

324 Blersch, S. 26; Lübchen/Landfermann, ZIP 1990, 829, 830.

325 Blersch, S. 28 f.; Lübchen/Landfermann, ZIP 1990, 829.

326 BGBl. 1990 II S. 554.

327 Lübchen/Landfermann, ZIP 1990, 829, 830.

328 Gottwald–Gottwald, § 1 Rn. 12 f.

konkursrechtlichen Verteilungsregeln aufgrund fehlender Masse oft nicht mehr zum Tragen kamen. Ferner führten diese Sicherungs- und Vorrechte immer häufiger zur Massearmut.[329] Die Verfahren wurden häufig entweder mangels Masse wieder eingestellt oder bei einer entsprechenden Prognose schon nicht eröffnet (Abweisung des Konkursantrags mangels Masse).[330] Durch diese Entwicklung wurde auch das Schlagwort von dem Konkurs im Konkurs geprägt, womit die Zahlungsunfähigkeit in Bezug auf die Verfahrenskosten aber auch der sonstigen Masseverbindlichkeiten gemeint ist.

Die steigende Zahl von Unternehmensinsolvenzen in den 1970er Jahren, die eng mit der durch die Ölkrise ausgelösten Rezession verbunden war, führte dazu, dass im Jahre 1978 eine Kommission eingesetzt wurde, um das Insolvenzrecht umfassend zu reformieren.[331] Dieser Reformprozess führte schließlich nach vielen Diskussionen zu der am 01.01.1999 in Kraft getretenen Insolvenzordnung (InsO).

Die Insolvenzreform wies im Wesentlichen folgende Schwerpunkte auf:

- Maßnahmen gegen Massenarmut
- Beseitigung des Nebeneinander von Konkurs-, Vergleichs- und Gesamtvollstreckungsordnung
- Förderung der Sanierung
- Stärkung der Gläubigerautonomie
- gerechtere Verteilung der Insolvenzmasse
- Einführung eines Verbraucherinsolvenzverfahrens mit dem Ziel der Restschuldbefreiung.

Auffällig ist, dass sich in Deutschland bereits 1935 ein gesondertes insolvenzrechtliches Vergleichsverfahren für den Erhalt von Geschäftsbetrieben eingeführt wurde, dieses aber insbesondere von den sich parallel stärker herausbildenden Sicherungsrechten der Gläubiger nicht durchsetzte. Die geltende Insolvenzordnung hält im Gegensatz zur Vergleichsordnung nur den Insolvenzplan als Annexvergleichsverfahren innerhalb eines Insolvenzverfahrens

329 Massearmut gemäß § 207 InsO liegt vor, wenn die vorhandene Masse nicht zur Deckung der Verfahrenskosten ausreicht.

330 Kilger, KTS 1975, 142 ff.; Hanisch, ZZP 90 (1977), 1 ff.

331 Bork, Rn. 8; Hess/Weis/Wienber –Weis, Vor § 1 Rn. 161 ff.

vor. Der Verfahrensablauf in Deutschland ist einheitlich geregelt und hält lediglich für bestimmte Konstellationen besondere Vorschriften vor.

Die Möglichkeit einer Restschuldbefreiung für natürliche Personen ist in Deutschland mit dem 01.01.1999 vergleichsweise spät eingeführt worden.

2. Das gegenwärtige Verfahren

Oberstes Ziel der deutschen Insolvenzordnung ist die gemeinschaftliche Befriedigung der Gläubiger der Schuldnerin.[332] Dieses Ziel soll entweder durch die Verwertung des Vermögens der Schuldnerin (§ 1 S. 1 Alt. 1 InsO) oder mithilfe abweichender Regelungen im Rahmens eines sogenannten Insolvenzplans (§ 1 S. 1 Alt. 2 InsO) erreicht werden.

Im Rahmen der Verwertung ist zu beachten, dass eine Verwertung nicht allein auf die Liquidation von einzelnen Vermögensgegenständen der Schuldnerin im eigentlichen Sinne beschränkt ist, sondern insbesondere auch durch eine wirtschaftlich häufig sinnvollere Verwertung des Geschäftsbetriebs der Schuldnerin im Ganzen oder in Teilen (sanierende Übertragung) erfolgen kann und soll.

Im Rahmen eines Insolvenzplans besteht zudem die Möglichkeit des vollständigen Erhalts der Schuldnerin bzw. ihres Geschäftsbetriebs. Soweit es sich bei der Schuldnerin um eine juristische Person handelt, wird sie daher nicht zwingend am Ende des Verfahrens vollbeendet. Der Insolvenzplan kann z. B. eine einvernehmliche Regelung zwischen der Schuldnerin und ihren Gläubigern über die Art und Weise der Schuldenrückführung beinhalten.

Ein weiteres Verfahrensziel ist die Möglichkeit der Restschuldbefreiung von natürlichen Personen.[333] Hierbei werden die Verbindlichkeiten der Schuldnerin allerdings nicht etwas per Hoheitsakt „gestrichen" (die Verbindlichkeiten erlöschen also nicht). Die Schuldnerin erhält vielmehr ein dauerhaftes Leistungsverweigerungsrecht gegenüber ihren Gläubigern. Dieses Leistungsverweigerungsrecht betrifft grundsätzlich sämtliche Verbindlichkeiten der Schuldnerin, die nicht im Rahmen des Insolvenzverfahrens und des sich anschließenden Restschuldbefreiungsverfahrens berichtigt worden sind. Die Schuldnerin muss sich ihrerseits für die Dauer

332 § 1 S. 1 InsO i.V.m. §§ 217 ff. InsO.
333 § 1 S. 2 InsO i.V.m. § 286 InsO.

des Restschuldbefreiungsverfahrens um die Gläubigerbefriedigung im Rahmen ihrer Möglichkeiten und den Pfändungsgrenzen bemühen (Wohlverhaltensphase). Schließlich dürfen keine Versagungsgründe gemäß § 290 InsO vorliegen.[334]

a) Regelinsolvenzverfahren (IN)[335]

Liegen keine besonderen Umstände[336] vor, so ist stets das so genannte Regelinsolvenzverfahren die einschlägige Verfahrensart. Dieses Verfahren beginnt mit der Einreichung eines schriftlichen Antrags auf Eröffnung eines Insolvenzverfahrens durch einen Berechtigten[337] beim zuständigen Amtsgericht.[338] Der Antrag führt zunächst zum Beginn des Antragsverfahrens (§§ 11 ff. InsO), in dem das Insolvenzgericht (§ 2 InsO) die Eröffnungsvoraussetzungen prüft (§ 17 ff. InsO).

Antragsberechtigt sind die Schuldnerin selbst und jeder Gläubiger, der ein rechtliches Interesse an der Eröffnung des Insolvenzverfahrens hat und seine Forderung sowie den Eröffnungsgrund glaubhaft macht.[339] Ist die Schuldnerin eine juristische Person oder eine Gesellschaft ohne Rechtspersönlichkeit, kann jedes Mitglied des Vertretungsorgans den Antrag stellen. Persönlich haftende Gesellschafter einer Gesellschaft ohne Rechtspersönlichkeit sind ebenfalls antragsberechtigt.[340] Im Falle der Führerlosigkeit einer juristischen

334 Ausgenommen sind gemäß § 302 InsO Forderungen aus vorsätzlich begangener unerlaubter Handlung, Geldstrafen und diesen gleichgestellte Verbindlichkeiten sowie zinslose Darlehen, die zur Begleichung der Kosten des Insolvenzverfahrens gewährt wurden. Dem wirtschaftlich „glücklosen“ soll eine Rückkehr in das gewöhnliche Wirtschaftsleben ermöglicht werden; vgl. Becker, Rn. 136 ff.

335 Die Insolvenzgerichte weisen einem Insolvenzverfahren die Bezeichnung IN als Registerzeichen zu, wenn es sich um ein Regelinsolvenzverfahren und nicht um ein Verbraucherinsolvenzverfahren (IK) oder ein Insolvenzverfahren mit internationalen Bezug (IE) handelt.

336 Die Schuldnerin ist Verbraucher oder es geht um einen Nachlass etc.

337 Vgl. hierzu §§ 13 ff. InsO.

338 §§, 2 ff., 13 InsO.

339 §§ 13, 14 InsO.

340 § 15 InsO.

Person ist ferner jeder Gesellschafter (GmbH) bzw. jedes Aufsichtsratsmitglied (AG, Gen) berechtigt.[341]

Die Vertretungsorgane einer juristischen Person und bei Führungslosigkeit die Gesellschafter sind im Falle des Vorliegens von Eröffnungsgründen zudem gemäß § 15a InsO zur Antragstellung verpflichtet.

Die Eröffnungsgründe sind glaubhaft zu machen, wenn nicht die Schuldnerin selbst, bei juristischen Personen und Gesellschaften ohne Rechtspersönlichkeit einheitlich (Antragstellung durch alle Mitgliedern des vertretungsberechtigten Organs, allen persönlich haftenden Gesellschaftern, allen Gesellschaftern der juristischen Person, allen Mitgliedern des Aufsichtsrats oder allen Abwicklern), den Antrag stellt.[342] Im Falle der Antragstellung durch die Gesellschafter einer juristischen Person oder Mitglieder des Aufsichtsrats ist zusätzlich auch die Führungslosigkeit glaubhaft zu machen. Das Insolvenzgericht hat die übrigen Mitglieder des Vertretungsorgans, persönlich haftende Gesellschafter, Gesellschafter der juristischen Person, Mitglieder des Aufsichtsrats oder Abwickler anzuhören.[343] Ein Gläubiger hat neben dem Insolvenzeröffnungsgrund zusätzlich seine Forderung (Vermögensanspruch) und sein rechtliches Interesse an der Eröffnung des Insolvenzverfahrens glaubhaft zu machen, § 14 Abs. 1 InsO. Im Falle des Gläubigerantrags ist die Schuldnerin anzuhören.[344]

Für die Glaubhaftmachung ist weder ein fruchtloser Vollstreckungsversuch (Protokoll) noch die Titulierung der Forderung erforderlich. Die Glaubhaftmachung kann auch mit zulässigen Beweismitteln einschließlich der eidesstattlichen Versicherung, Urkunden etc. geschehen.[345]

Ein Insolvenzverfahren über eine juristische Person des Öffentlichen Rechts ist unzulässig.[346] Bei bestimmten Rechtssubjekten ist ein Insolvenzantrag nur zulässig, wenn er von einer bestimmten Stelle gestellt wird (für Kreditinstitute etc. § 46b S. 4 KWG; für private Versicherungen, § 88 VAG). In diesen besonderen Fällen gelten zudem auch besondere Vorschriften

341 § 15 Abs. 1 S. 2 InsO.
342 §§ 14 Abs. 1, 15 Abs. 2 S. 2 InsO.
343 § 15 Abs. 2 S. 2 u. 3 InsO.
344 § 14 Abs. 2 InsO.
345 § 4 InsO i.V.m. § 294 Abs. 1 ZPO.
346 § 12 InsO.

hinsichtlich der Gläubigerposition (§§ 32, 33 DepotG; §§ 34, 41 HypBG; §§ 6–14 KAGG; Befriedigung der Sparer und Girokonteninhaber über freiwillige Einlagesicherungsfonds; Befriedigung der Versicherten aus einem Deckungsstock des Versicherungsverbandes).

Insolvenzeröffnungsgründe sind die Zahlungsunfähigkeit (§ 17 InsO, immer), die drohende Zahlungsunfähigkeit (nur bei Eigenanträgen, § 18 InsO, Nachlass § 320 S. 2 InsO) und die Überschuldung (nur bei juristischen Personen und Gesellschaften ohne Rechtspersönlichkeit, § 19 InsO, und bei Nachlässen, § 320 InsO).

Die Zahlungsunfähigkeit liegt vor, wenn die Schuldnerin nicht in der Lage ist, ihre fälligen Verbindlichkeiten zu bedienen.[347] Nach der Rechtsprechung des Bundesgerichtshofs (BGH) ist von der Zahlungsunfähigkeit der Schuldnerin dann auszugehen, wenn die Liquiditätslücke 10 % oder mehr beträgt, soweit nicht ausnahmsweise mit an Sicherheit grenzender Wahrscheinlichkeit zu erwarten ist, dass die Lücke innerhalb von zwanzig Tagen vollständig beseitigt sein wird und den Gläubiger ein weiteres Abwarten zuzumuten ist.[348] Somit führt auch eine Zahlungsstockung (Liquiditätsengpass) zur Zahlungsunfähigkeit im Sinne von § 17 InsO, wenn sie länger als 3 Wochen andauert.[349]

Die drohende Zahlungsunfähigkeit setzt voraus, dass die Schuldnerin voraussichtlich (Prognose) nicht in der Lage sein wird, die bestehenden Zahlungspflichten im Zeitpunkt der Fälligkeit zu erfüllen.[350] Es wird vorausgesetzt, dass der baldige Eintritt der Zahlungsunfähigkeit wahrscheinlicher ist als dessen Nichteintritt.[351]

Die Schuldnerin ist überschuldet, wenn ihr Vermögen die bestehenden Verbindlichkeiten nicht mehr deckt.[352] Die Überschuldung ist anhand einer besonderen Bilanz mit tatsächlichen realistischen Werten festzustellen. Hierbei sind wiederum die sogenannten Fortführungswerte zugrunde zu legen, wenn die Fortführung des Unternehmens überwiegend wahrscheinlich ist.[353]

347 § 17 Abs. 2 S. 1 InsO.
348 BGH NZI 2006, 159.
349 BGH ZInsO 2005, 808.
350 § 18 Abs. 2 InsO.
351 BegrRegE BT-Drucks. 12/2443, S. 115.
352 § 19 Abs. 2 S. 1 InsO.
353 § 19 Abs. 2 S. 2 InsO.

Letztlich muss für die Eröffnung noch eine die Verfahrenskosten deckende Masse vorhanden sein.[354] Bei den Verfahrenskosten handelt es sich um Gerichtskosten, inklusive aller Auslagen, wie Gutachter- und Veröffentlichungskosten, die Vergütung des Insolvenzverwalters sowie gegebenenfalls die Kosten eines Gläubigerausschusses.[355] Um eine Abweisung mangels Masse zu verhindern, kann gemäß § 26 Abs. 1 Satz 2 InsO ein ausreichender Geldbetrag vorgeschossen werden. Seit dem 01.03.2012 ist gemäß § 26 Abs. 4 InsO jede Person zur Einzahlung eines solchen Vorschusses verpflichtet, die entgegen den Vorschriften des Insolvenz- oder Gesellschaftsrechts pflichtwidrig und schuldhaft zuvor keinen Antrag auf Eröffnung des Insolvenzverfahrens gestellt hat.[356]

Bei einem Eigenantrag einer natürlichen Person können die Verfahrenskosten gemäß § 4 a InsO im Falle der parallelen Beantragung der Restschuldbefreiung gestundet werden, wenn die Masse nicht ausreicht, um die Verfahrenskosten sowie die Kosten des Restschuldbefreiungsverfahrens zu decken.

Die Gerichte beauftragen im Antragsstadium häufig im Rahmen der von Amts wegen durchzuführenden Ermittlungen einen Sachverständigen[357] mit der Erstellung eines Gutachtens hinsichtlich der Frage, ob ein Eröffnungsgrund vorliegt und ob die Verfahrenskosten gedeckt sind. Das Gericht entscheidet am Ende des Antragsverfahrens, ob das Verfahren zu eröffnen oder als unzulässig, unbegründet oder mangels Masse abzuweisen ist.

Zum Schutz des Vermögens der Schuldnerin bis zu einer wahrscheinlichen Eröffnung des Insolvenzverfahrens kann das Insolvenzgericht diverse Sicherungsmaßnahmen erlassen. Zu nennen sind insbesondere die Einsetzung eines starken vorläufigen Insolvenzverwalters mit Verfügungsbefugnis gemäß §§ 21 Abs. 2 Nr. 2, 22 Abs. 1 InsO, die Einsetzung eines schwachen vorläufigen Insolvenzverwalters mit Zustimmungsvorbehalt gemäß §§ 21 Abs. 2 Nr. 2, 22 Abs. 2 InsO und die Untersagung der Zwangsvollstreckung in das Vermögen der Schuldnerin gemäß § 21 Abs. 2 Nr. 3 InsO. Das

354 § 26 InsO.

355 § 54 InsO.

356 Gesetz vom 07.12.2011 – Bundesgesetzblatt Teil I 2011 Nr. 64 13.12.2011 S. 2582.

357 § 5 InsO.

Gericht hat bei der Anordnung von Sicherungsmaßnahmen nach §§ 21 InsO im Hinblick auf den starken Eingriff in die verfassungsmäßig geschützten Rechte der Schuldnerin die Verhältnismäßigkeitsgrundsätze zu beachten.[358] Sicherungsmaßnahmen werden nur angeordnet, wenn die spätere Eröffnung des Insolvenzverfahrens wahrscheinlich ist und gegenwärtig Schädigungen für die zukünftigen Insolvenzgläubiger zu befürchten sind.[359]

Die Zeit bis zur Eröffnung des Insolvenzverfahrens wird insbesondere dazu genutzt, freie Masse im Rahmen einer vorläufigen Betriebsfortführung zu sichern, Sanierungs- und Konsolidierungsmaßnahmen einzuleiten oder eine ordnungsgemäße und gewinnbringende Abwicklung vorzubereiten. Die Beteiligten haben zudem in dieser Zeit die Möglichkeit, sich auf die anbahnende Insolvenz der Schuldnerin einzustellen. Der Betrieb kann im Hinblick auf ein Sanierungsverfahren stabilisiert und Verkaufsvorbereitungen getroffen werden.[360] Die Arbeitnehmer können sich gegebenenfalls nach einem neuen Arbeitgeber umsehen oder sich bei einem potentiellen Betriebsübernehmer empfehlen.[361] Die weiteren Beteiligten (Auftragnehmer, Auftraggeber etc.) können diese Zeit ebenfalls zur Neuorientierung nutzen. Die Fortführung des Betriebs der Schuldnerin können die Beteiligten aktiv unterstützen. Durch die Sicherungsmaßnahmen werden nachteilige Vermögensverschiebungen unterbunden.

Das eigentliche Insolvenzverfahren beginnt erst mit dem Eröffnungsbeschluss.[362] Im Eröffnungsbeschluss bestimmt das Gericht einen Insolvenzverwalter (§ 27 Abs. 1 S. 1 InsO) und legt den Berichts- (§§ 29 Abs. 1 Nr. 1; 156 ff. InsO) und Prüfungstermin (§§ 29 Abs. 1 Nr. 2; 176 InsO) fest.

Mit der Ernennung in dem Eröffnungsbeschluss erhält der Insolvenzverwalter die Verwaltungs- und Verfügungsbefugnis über das haftende Vermögen der Schuldnerin.[363] Gemäß den §§ 148 ff. InsO hat der Verwalter

---

358 BGH NJW-RR 1986, 1188, Urteil vom 20.03.1986 – III ZR 55/85.

359 MünchKomm.InsO-Haarmeyer § 21 Rn. 15 ff. m.w.N.

360 Vgl. auch Bork 6.33 – Nutzung des vorläufigen Insolvenzverfahrens für die Vorbereitung einer sanierenden Übertragung.

361 Wird der Geschäftsbetrieb mit dem Ziel der Betriebserhaltung in dieser Zeit fortgeführt, besteht die Möglichkeit den Arbeitslohn über die Insolvenzgeldvorfinanzierung auszahlen zu lassen; vgl. §§ 183 ff., 188 SGB III.

362 § 27 InsO.

363 Insolvenzmasse – §§ 35 ff., 80 InsO.

die Masse in Besitz zu nehmen, sie zu sichern und zu verwalten. Soweit die Schuldnerin neue Forderungen begründet, hat der Verwalter diese neben den bereits bestehenden Forderungen grundsätzlich einzuziehen. Die Pfändungsschutzvorschriften für natürliche Personen gemäß § 36 InsO, §§ 811 ff., 850 ff. ZPO sind jedoch zu beachten. Ein zur Einziehung von Forderungen ermächtigter vorläufiger Insolvenzverwalter zieht bereits im vorläufigen Verfahren die Forderungen der Schuldnerin ein. Er hat sich ferner zur Fortsetzung bzw. Beendigung der schwebenden/laufenden Verträge und Prozesse zu erklären.[364] Die weitere Zwangsvollstreckung ist gemäß § 89 InsO unzulässig. Abtretungen oder Verpfändungen künftiger Forderungen sind gemäß § 91 InsO unwirksam.[365] Eine weitere wesentliche Aufgabe des Verwalters ist es, Vermögensverschlechterungen, die in anfechtbarer Weise vorgenommenen worden sind, mittels der Insolvenzanfechtung gemäß §§ 129 ff. InsO rückgängig zu machen. Soweit die Beschlüsse der Gläubigerversammlung nicht entgegenstehen, hat der Insolvenzverwalter unverzüglich nach dem Berichtstermin mit der Verwertung des Vermögens der Schuldnerin zu beginnen.[366] In der Praxis beginnt der Insolvenzverwalter vorbehaltlich besonderer Gründe regelmäßig bereits kurz nach der Einsetzung mit der Vermögensverwertung.

Der Berichtstermin (ca. 1½ bis 3 Monate nach Eröffnung) dient insbesondere zur Beschlussfassung der Gläubigerversammlung, die über den weiteren Ablauf des Verfahrens bestimmt. Die Versammlung kann insbesondere beschließen, dass die Schuldnerin liquidiert, saniert, der Betrieb nach einer Sanierung übertragen wird oder ein Insolvenzplanverfahren durchgeführt werden soll. Die Gläubigerversammlung entscheidet mithin, wie das Verfahren weitergeht.[367] Diese Entscheidung ist grundsätzlich bindend. Das Insolvenzgericht hebt den Beschuss jedoch auf, wenn ein absonderungsberechtigte Gläubiger, ein Insolvenzgläubiger oder der Insolvenzverwalter noch in der Gläubigerversammlung die Aufhebung des Beschlusses

---

364 §§ 85 ff.; 103 f. InsO.

365 Die Einschränkung des § 114 InsO wurde mit der Gesetzesänderung vom 18.07.2013 (BGBl. I S. 2379) und mit Wirkung zum 01.07.2014 aufgehoben.

366 §§ 159 ff. InsO.

367 § 157 InsO; Bork, Rn. 22; Haarmeyer/Wutzke/Förster, Kap. 1 Rn. 48; Gottwald–Klopp/Kluth, § 20 Rn. 3.

beantragen und der Beschluss gegen die gemeinsamen Interessen der Insolvenzgläubiger widerspricht.[368]

Im Prüfungstermin (Feststellungsverfahren) werden die angemeldeten Forderungen geprüft und gerichtlich (Rechtspfleger) festgestellt.[369] Die gerichtliche Feststellung der Forderung hat, wenn kein Widerspruch erhoben worden ist, die Wirkung eines rechtskräftigen Urteils gegenüber dem Schuldner.[370] Zunächst bestrittene und nachträgliche Forderungsanmeldungen sind in einem nachträglichen Prüfungstermin (nochmals) zu prüfen.[371]

Ist das Verfahren abschlussreif, daher sind sämtliche verwertbaren Vermögenswerte verwertet oder jedenfalls abschließend ermittelt und die laufenden Angelegenheiten der Schuldnerin beendet, reicht der Insolvenzverwalter den Schlussbericht nebst Schlussverzeichnis nach § 188 InsO unter Berücksichtigung der nachträglichen und berichtigten Forderungen ein und legt über seine Tätigkeit Rechenschaft.[372] Daraufhin ordnet das Gericht einen Schlusstermin an, in dem die Schlussrechnung des Insolvenzverwalters, das Schlussverzeichnis und die Verwertung erörtert und gegebenenfalls noch Beschlüsse gefasst werden. Der Insolvenzverwalter hat sodann (frühere Abschlagsverteilungen sind möglich, § 187 Abs. 2 InsO) die Befriedigung der Gläubiger nach den Verzeichnissen vorzunehmen.[373] Die Erlösverteilung bewirkt grundsätzlich nur, dass die Verbindlichkeiten der Schuldnerin in Höhe der gezahlten Quote erlöschen. Das Verfahren schließt mit der Aufhebung gemäß § 200 InsO ab. Eine vorzeitige Einstellung/Aufhebung des Verfahrens ist nach den § 212 ff. InsO wegen Wegfalls des Eröffnungsgrundes oder mit Zustimmung sämtlicher Insolvenzgläubiger möglich.

Bereits die Eröffnung eines Insolvenzverfahrens führt bei Gesellschaften und juristischen Personen zu deren Auflösung.[374] Nach der Lehre vom Doppeltatbestand der Löschung besteht die Rechtsfähigkeit einer Gesellschaft

---

368 § 78 Abs. 1 InsO.
369 Vgl. §§ 176 ff. InsO; § 18 RPflG.
370 Vgl. § 178 Abs. 3 InsO.
371 § 177 InsO.
372 § 66 InsO.
373 § 187 InsO.
374 §§ 42 Abs. 1 S. 1 (Verlust der Rechtsfähigkeit); 728 Abs. 1 S. 1 BGB; § 131 Abs. 1 Nr. 3 HGB; 262 Abs. 1 Nr. 3, 263 S. 3, 278 Abs. 3 AktG; § 60 Abs. 1 Nr. 4, 65 Abs. 1 Nr. 3 GmbHG.

allerdings so lange fort, bis kumulativ die Handelsregisterlöschung und die Vermögenslosigkeit der Gesellschaft vorliegen (Vollbeendigung).[375]

Schließt sich bei einer natürlichen Person bzw. der Schuldnerin kein Restschuldbefreiungsverfahren an, so können die Gläubiger wieder im Wege der Einzelzwangsvollstreckung gegen die Schuldnerin vorgehen. Im Falle eines sich anschließenden Restschuldbefreiungsverfahrens sind Zwangsvollstreckungsmaßnahmen einzelner Gläubiger weiterhin unzulässig.[376] Demgegenüber lebt die Möglichkeit der Aufrechnung mit Neuforderungen der Schuldnerin mangels einer dem § 96 InsO entsprechender Regelung während des Restschuldbefreiungsverfahrens wieder auf.

Die folgende Abbildungen 11 stellt den Verfahrensablauf des Regelinsolvenzverfahrens dar.

Abbildung 11: Verfahrensablauf des Regelinsolvenzverfahrens.

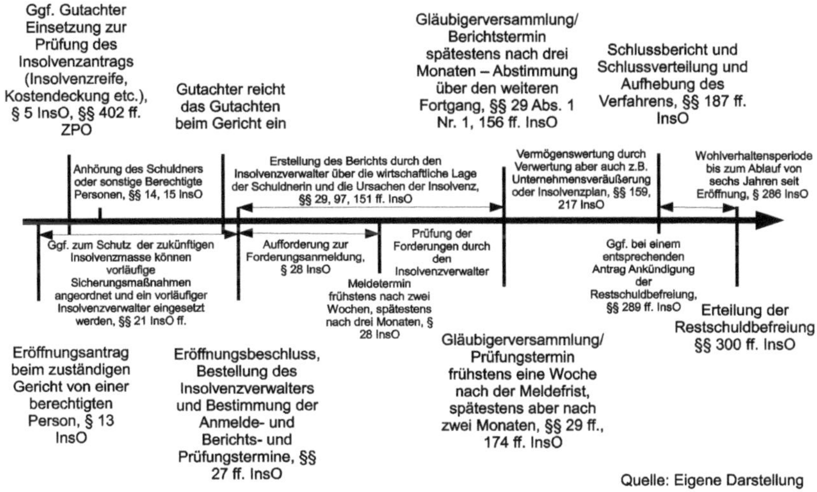

375 BGH NJW 2001, 304, 305; BAG GmbHR 2003, 2659, 2660; OLG Stuttgart, NZG 1999, 31; OLG Zweibrücken, ZIP 2003, 1954, 1955; OLG Düsseldorf, GmbHR 2004, 572, 574.

376 Vgl. § 294 Abs. 1 InsO.

b) *Eigenverwaltung/-sanierung*

Von der Überlegung ausgehend, dass für eine effektive Rettung des Geschäftsbetriebs der Schuldnerin bzw. der Schuldnerin selbst (Rechtsträger) die Kenntnisse, Erfahrungen und Kontakte etc. der Geschäftsführung nur schwerlich oder gar nicht verzichtbar sind, hat der Gesetzgeber mit den §§ 270 ff. InsO die Möglichkeit der Eigenverwaltung für die Schuldnerin geschaffen.[377] In Abweichung zum Regelverfahren bleibt die Schuldnerin bzw. die Geschäftsführung hier unter Aufsicht eines Sachwalters regelmäßig verfügungsbefugt.[378] Abgesehen hiervon, finden grundsätzlich die Regelungen des Regelverfahrens Anwendung. Dieses Verfahren wurde im Rahmen des sogenannten ESUG (Gesetz zur weiteren Erleichterung der Sanierung von Unternehmen), das am 01.03.2012 in Kraft getreten ist, erheblich novelliert. Insbesondere wurden das Eröffnungsverfahren durch die Einführung der §§ 270a, 270b InsO grundlegend neu geregelt. Zuvor galten hier die Regelungen des Regelverfahrens, sodass der Schuldnerin regelmäßig die Verfügungsbefugnis bereits in dem Vorverfahren genommen wurde. Nunmehr kann die Schuldnerin bzw. deren Geschäftsführung unter bestimmten Umständen die Einsetzung eines vorläufigen Insolvenzverwalters verhindern und sich selbst in Abstimmung mit ihren Gläubigern und dem Gericht einen vorläufigen Sachwalter „aussuchen", um die Sanierung vorzubereiten.

Mit diesen Änderungen hat der Gesetzgeber seine skeptische Haltung zur Eigenverwaltung zu einem großen Stück aufgegeben.[379] Die ursprünglich angenommenen Risiken einer Eigenverwaltung in Form von Eigen- oder Drittbegünstigungen, Verschleierungen bzw. Verklärung eigener Haftungssachverhalte oder schlicht die fehlenden Verfahrens- und Rechtskenntnisse wurden nunmehr im Hinblick auf die Vorteile, wie z. B. Spezialkenntnis der jeweiligen Geschäftsgebaren, persönlichen Kontakten sowie zur Motivation zur Eigensanierung, insbesondere im Hinblick auf die drohende Abwanderung von insolvenzbedrohter Unternehmen ins Ausland und dortigen selbstbestimmten Sanierung hinten angestellt. Mit den Änderungen sollen

377 Görg/Stockausen 105 ff; Hess/Ruppe, NZI 2002, 577 ff.; Hofmann, ZIP 2007, 260 ff.; Körner NZI 2007, 270 ff.

378 § 270 ff. InsO.

379 vgl. noch Begr. RegE zum 8 Teil, 1. Abschnitt, BT-Drs. 12/2443, 222; Bericht des Rechtsausschusses zu § 331 RegE, BT-Drs. 12/7302, 185.

eine frühzeitige Antragstellung und eine höhere Akzeptanz als Sanierungsverfahren zum Erhalt der wirtschaftlichen Werte und Arbeitsplätzen erreicht werden.[380] Der Stigmatisierung eines Insolvenzverfahrens als Ende eines Geschäftsbetriebs soll begegnet werden.[381]

Mit dem neu eingeführten § 270b InsO ist ein als Schutzschirmverfahren bezeichnetes Vorverfahren eingeführt worden, das eine weitgehend selbstbestimmte Vorbereitung der eigenen Sanierung mithilfe eines Insolvenzplans vorsieht. Voraussetzung ist, dass die Schuldnerin bei Antragstellung lediglich (bescheinigt) drohend zahlungsunfähig ist. Soweit die angestrebte Eigensanierung nicht offensichtlich aussichtslos ist, wird der Schuldnerin vom Gericht eine Frist zur Ausarbeitung eines Sanierungsplans[382] gewährt und ihr ein gegebenenfalls selbst vorgeschlagener vorläufiger Sachwalter zur (weiteren) Betriebsfortführung an die Seite gestellt. Soweit kein Schaden für die Gläubigergemeinschaft zu befürchten ist, bleibt die Schuldnerin daher grundsätzlich vollständig handlungsfähig. Im Hinblick auf die weiteren Neuerungen in den §§ 21, 22a, 56a InsO sieht dieses Verfahren zudem eine enge auf das Sanierungsziel gerichtete Zusammenarbeit mit den Gläubigern vor. Die Ausweitung der Einflussmöglichkeiten der Gläubiger ist spiegelbildlich vor den reduzierten Befugnissen der Insolvenzrichter zu sehen. Während des Eröffnungsverfahrens sollen insbesondere vorläufige Verfügungsbeschränkungen unterbleiben. Der vorläufige Sachwalter soll den Fortgang des Geschäftsbetriebs und den Verlauf der Sanierungsbemühungen überwachen. Nach Fristablauf, nach Vorlage des Insolvenzplans oder wenn die Sache sonst eröffnungsreif ist, entscheidet das Gericht über den Eröffnungsantrag.[383] Ist der Plan ordnungsgemäß vorgelegt worden, wird im eröffneten Insolvenzverfahren (in Eigenverwaltung) über den Plan abgestimmt und das Insolvenzverfahren mit dem Plan wieder aufgehoben.[384]

In Abweichung hierzu soll nach § 270a InsO die vorläufige Eigenverwaltung auch dann angeordnet werden, wenn die Schuldnerin zwar bereits

---

380 Vgl. BT-Drs. 17/7511, Beschluss und Bericht des Rechtsausschusses vom 26.10.2011.

381 Vgl. BT-Drs. 17/7511, Beschluss und Bericht des Rechtsausschusses vom 26.10.2011.

382 Insolvenzplan als Sanierungsplan; vgl. § 270b Abs. 1 Satz InsO.

383 §§ 27, 270, 273 InsO.

384 § 258 Abs. 1 InsO.

insolvent ist, aber die Eigenverwaltung (Sanierung) nicht offensichtlich aussichtslos erscheint. Soweit die Schuldnerin mit dem Antrag zugleich einen substantiierten und von den wesentlichen Gläubigern (ordnungsgemäßen vorläufiger Gläubigerausschuss) mitgetragenen Fahrplan vorlegt, behält sie auch in diesem Fall ihre Handlungsbefugnis. Im Übrigen kann auf die vorstehenden Ausführungen zum Schutzschirmverfahren verwiesen werden.

Im Falle der Eröffnung als Eigenverwaltungsverfahren setzt das Gericht anstelle eines Insolvenzverwalters einen Sachwalter für die weitere Unterstützung und Überwachung der Schuldnerin ein.[385] Die Möglichkeit einer nachträglichen Anordnung der Eigenverwaltung ist in § 271 InsO über einen entsprechenden Antrag der Gläubigerversammlung vorgesehen. Das Verfahren selbst läuft im Wesentlichen wie das Regelinsolvenzverfahren ab, mit dem Unterschied, dass einige Aufgaben von der Schuldnerin selbst bzw. von der Geschäftsleitung wahrgenommen werden und andere von dem Sachwalter. Der Sachwalter hat beispielsweise unverzüglich das Gericht und den Gläubigerausschuss zu informieren, wenn ihm Umstände bekannt werden, die auf eine Gefährdung der Gläubiger schließen lassen. Das Gericht und die Gläubiger sollen möglichst kurzfristig über die Aufhebung der Eigenverwaltung entscheiden können.[386] Bis auf wenige Ausnahmen (z. B. Forderungsanmeldung beim Sachwalter, § 270c S. 2 InsO; Gesamtschaden, Organhaftung, Anfechtungsrechte, § 280 InsO) übernimmt die Schuldnerin grundsätzlich selbst die sonst dem Insolvenzverwalter zugewiesenen Aufgaben. Sie hat die Vermögensverzeichnisse zu erstellen, die der Sachverwalter nur prüft,[387] das Vermögen zu verwerten und im Berichtstermin über den bisherigen und noch geplanten Ablauf des Verfahrens zu berichten.[388] Aus der Eigenverwaltung heraus kann und soll gegebenenfalls ein Insolvenzplanverfahren angestrengt werden.[389] Anstelle des Insolvenzverwalters entscheidet die Schuldnerin selbst über die Erfüllung von gegenseitigen Verträgen oder die Aufnahme von Prozessen.[390] Der Sachwalter wirkt beratend mit.

---

385 §§ 270c, 274, 275 InsO.
386 § 272 InsO.
387 § 281 Abs. 1 InsO.
388 § 281 ff. InsO.
389 § 284 InsO.
390 § 279 InsO.

Gemäß § 275 InsO kann und soll der Sachwalter die Verfügungen der Schuldnerin überwachen und gegebenenfalls selbst über ein eigenes Konto die Einnahmen und Ausgaben verwalten. Für besonders bedeutsame Rechtshandlungen muss sich die Schuldnerin wie der Insolvenzverwalter im Regelverfahren die Zustimmung des Gläubigerausschusses einholen.[391] Gemäß § 277 InsO kann zudem die Wirksamkeit bestimmter Rechtsgeschäfte von der Zustimmung des Sachwalters abhängig gemacht werden. Im Rahmen der Forderungsprüfung können sowohl die Insolvenzgläubiger, die Schuldnerin als auch der Sachwalter die Forderung bestreiten.[392] Die Verteilung der Masse wird von der Schuldnerin durchgeführt.[393] Für die Anzeige der Masseunzulänglichkeit nach § 208 InsO ist der Sachwalter zuständig.[394]

Für die Vergütung des Sachwalters gelten über § 274 Abs. 1 die §§ 54 Nr. 2, 56 bis 60, 62 bis 65 InsO entsprechend. Gemäß § 12 InsVV beträgt die Vergütung des Sachwalters jedoch nur 60 % der Regelvergütung des Insolvenzverwalters. Soweit jedoch gemäß § 277 InsO ein Zustimmungsvorbehalt zugunsten des Sachwalters angeordnet wird, kann die Vergütung auch höher liegen. Eine gesonderte Vergütung der Schuldnerin (Sanierungsaufwand) für die übernommenen Aufgaben im Rahmen der Eigenverwaltung ist nicht vorgesehen.

c) Verbraucher- und Kleinverfahren (IK)[395]

§ 304 Abs. 1 InsO sieht für natürliche Personen ein gesondertes (vereinfachtes) Verfahren zum Regelverfahren vor, wenn die Schuldnerin keine selbstständige wirtschaftliche Tätigkeit ausübt oder ausgeübt hat. Im Falle einer ehemaligen selbstständigen Tätigkeit finden die Vorschriften über das vereinfachte Verfahren Anwendung, wenn die Vermögensverhältnisse überschaubar und keine Forderungen aus Arbeitsverhältnissen vorhanden sind. Gemäß § 304 Abs. 2 InsO wird bestimmt, dass die Vermögensverhältnisse

391 §§ 160 ff, 276 InsO; ein Verstoß hat jedoch keine Auswirkungen auf die Außenwirkung.
392 § 283 InsO.
393 § 283 Abs. 2 InsO.
394 § 285 InsO.
395 Die Insolvenzgerichte weisen einem Insolvenzverfahren die Bezeichnung IK als Registerzeichen zu, wenn es sich ein Verbraucherinsolvenzverfahren handelt.

jedenfalls dann nicht mehr überschaubar sind, wenn zum Zeitpunkt der Antragstellung mehr als 20 Gläubiger vorhanden sind. Es kann sich daher auch ergeben, dass die Vermögensverhältnisse schon bei weniger als 20 Gläubigern nicht mehr überschaubar sind, wenn Forderungen eine komplexe Prüfung erfordern.[396] Dieses Verfahren scheidet für juristische Personen, Gesellschaften ohne Rechtspersönlichkeit und allen wirtschaftlich selbstständigen Personen grundsätzlich aus. Andererseits ist dieses Verfahren für alle nicht (ehemals) selbstständigen Personen grundsätzlich zwingend.[397] Anzumerken ist in diesem Zusammenhang, dass nach der Rechtsprechung des Bundesgerichtshofs ein geschäftsführender Alleingesellschafter einer GmbH ebenfalls eine selbstständige wirtschaftliche Tätigkeit ausübt.[398] In Zweifelsfällen soll das Regelinsolvenzverfahren Anwendung finden.[399]

aa) Vorinsolvenzrechtliche Vergleichsverfahren

In Deutschland müssen Personen, die unter die Regelung des § 304 InsO (Verbraucher) fallen, grundsätzlich vor einem Eigenantrag einen **außergerichtlichen Schuldbereinigungsversuch** unternommen haben.[400] Eine außergerichtliche Einigung ist als Vertrag nach den allgemeinen Regelungen des Zivilrechts zwischen der Schuldnerin und ihren Gläubigern zu werten.[401] Im Hinblick auf die Aufzählung gemäß Art. 2 a EuInsVO, Anhang A, ist dieses Verfahren jedoch kein Insolvenzverfahren. Insbesondere können die Gläubiger auch nicht überstimmt oder in anderer Weise zu Zugeständnissen gezwungen werden. Insolvenzrechtliche Sicherungsmaßnahmen sind im Rahmen des außergerichtlichen Schuldbereinigungsversuchs nicht vorgesehen. Einen außergerichtlichen Schuldbereinigungsversuch ist nicht

---

396 Insbesondere komplexe Anfechtungsansprüche; vgl. BGH ZIP 2009, 626.

397 Eine selbstständige Nebentätigkeit ist für die Anwendbarkeit der Vorschriften des Regelinsolvenzverfahrens ausreichend, wenn diese einen nennenswerten Umfang erreicht und sich organisatorisch verfestigt hat. Diese Situation ist dann nicht gegeben, wenn die Einkünfte aus der Tätigkeit nicht einmal die Bagatellgrenze des § 3 Nr. 26 EStG (derzeit EUR 2.100,00) erreichen; vgl. BGH ZInsO 2011, 932 f.

398 BGH ZinsO 2005, 676.

399 BGH ZinsO 2008, 1324; BGH ZIP 2009, 626.

400 § 305 Abs. 1 Nr. 1 InsO.

401 MünchKomm.InsO-Ott/Vuia § 304 Rn. 35.

notwendig, wenn die Schuldnerin im Rahmen eines Gläubigerantrags keinen eigenen Antrag stellt.[402] Die Schuldnerin ist über die Verfahrensmöglichkeiten und insbesondere die Restschuldbefreiungsmöglichkeit zu belehren.[403]

Ist der außergerichtliche Schuldbereinigungsversuch erfolglos geblieben, kann die Schuldnerin gemäß § 305 InsO die Eröffnung des Insolvenzverfahrens beantragen. Das Gesetz sieht in diesem Fall ein **gerichtliches Vermittlungsverfahren** vor, bei dem das Eröffnungsverfahren für maximal drei Monate ruhen soll.[404] Das Gericht kann in dieser Zeit gemäß § 306 Abs. 2 Satz 1 InsO Sicherungsmaßnahmen anordnen. Dieses Verfahrens orientiert sich zunächst grundsätzlich an den von der Schuldnerin mit dem Eigenantrag eingereichten Schuldenbereinigungsplan.[405] Der außergerichtliche Schuldenbereinigungsplan inklusive der Vermögensübersichten wird über das Gericht den Gläubigern zugestellt. Das Gericht fordert die Gläubiger nochmals auf, innerhalb einer Notfrist von einem Monat zu dem Plan Stellung zu nehmen.[406]

Veränderungen des Plans sind möglich.[407] Die Gläubiger entscheiden gemäß § 308 InsO über die Annahme des Plans. Eine Nichtäußerung zählt hierbei gemäß § 307 Abs. 2 InsO als Zustimmung. Das Gericht kann ferner eine fehlende Zustimmung ersetzen, wenn mehr als die Hälfte der benannten Gläubiger zugestimmt haben und deren Forderungen mehr als die Hälfte aller Ansprüche ausmachen.[408] Dies gilt jedoch nicht für pauschale Nullpläne.[409] Der Abschluss eines Schuldenbereinigungsplans verhindert ein Insolvenzverfahren und bindet die Beteiligten an den Plan. Der Schuldenbereinigungsplan hat gemäß § 308 Abs. 1 Satz 2 InsO die Wirkung eines Vergleichs im Sinne § 794 Abs. 1 Nr. 1 der Zivilprozessordnung. Die Gläubiger können daher beim Vorliegen der Voraussetzungen nur noch aus dem Schuldenbereinigungsplan wie aus einem Prozessvergleich vollstrecken. Für die Zwangsvollstreckung gegen die Schuldnerin ist der Feststellungsbeschluss und eine Ausfertigung des Schuldenbereinigungsplans

402 § 306 Abs. 3 InsO.
403 §§ 20 Abs. 2, 306 Abs. 3 InsO.
404 § 306 Abs. 1 InsO.
405 § 305 Abs. 1 Nr. 4 InsO.
406 § 307 InsO.
407 § 307 Abs. 3 InsO.
408 § 309 Abs. 1 S. 1 InsO.
409 MünchKomm.InsO-Ott/Vuia § 309 Rn. 21 f. m.w.N.

neben einer durch den Urkundsbeamten der Geschäftsstelle (§ 724 Abs. 2 ZPO) erteilten Vollstreckungskausel erforderlich.[410] Gläubiger, denen der Schuldenbereinigungsplan überlassen wurde, verlieren ihre Forderung, wenn sie sich nicht am Verfahren beteiligen.[411] Gläubigerforderungen, die im Rahmen des Bereinigungsplans nicht berücksichtigt wurden, können auch weiterhin geltend gemacht werden.[412] Die Wiederauflebensklausel des § 255 InsO (Insolvenzplan) findet im Falle der Nichterfüllung des Plans durch die Schuldnerin keine Anwendung.[413] Ein Rücktritt von dem Schuldenbereinigungsverfahren wird unter den Voraussetzungen von § 323 BGB für möglich gehalten.[414] Zudem kann sowohl die eigene Willenserklärung als auch die gemäß § 309 ersetzte Willenserklärung im Rahmen des Schuldenbereinigungsplans unter den Voraussetzungen der §§ 119, 123 BGB angefochten werden.[415] Aufgrund fehlender Insolvenzeröffnung ist auch dieses Verfahren kein Insolvenzverfahren gemäß Art. 2 a EuInsVO, Anhang A. Im Hinblick auf die gerichtliche Überstimmungsmöglichkeit gemäß § 309 Abs. 1 S. 1 InsO wird dieses Verfahren jedoch im Rahmen des Rechtsvergleichs in die Untersuchung einbezogen.

Das Gericht kann auf die Durchführung des gerichtlichen Schuldenbereinigungsversuchs verzichten, wenn dieser nach freier Überzeugung voraussichtlich nicht angenommen wird.[416] In diesem Fall folgt das Insolvenzverfahren.

bb) Verbraucherinsolvenzverfahren

Wenn die außergerichtliche und gegebenenfalls gerichtliche Schuldenbereinigung gescheitert oder ein Schuldenbereinigungsversuch im Rahmen eines Gläubigerantrags gemäß § 306 Abs. 3 InsO entbehrlich ist, entscheidet das Gericht über den Eröffnungsantrag.[417] Wie im Regelinsolvenzverfahren

410 MünchKomm-InsO-Ott/Vuia § 308 Rn. 10.
411 § 308 Abs. 3 Satz 2 InsO.
412 § 308 Abs. 3 Satz 1 InsO.
413 Uhlenburck/Vallender § 308 Rn. 26.
414 MünchKomm.InsO-Ott/Vuia § 308 Rn. 11 m.w.N.
415 BT-Drs. 12/7392, S. 192; Theiß ZInsO 2005, 30 f.; Uhlenbruck/Vallender, § 308 Rn. 4.
416 § 306 Abs. 1 Satz 3 InsO.
417 § 311 InsO.

prüft das Gericht jetzt die Eröffnungsvoraussetzungen (Eröffnungsgrund und Kostendeckung) und entscheidet über den Insolvenzeröffnungsantrag. Das Gericht kann gemäß § 306 Abs. 2 InsO für die Zeit bis zur Entscheidung über den Eröffnungsantrag Sicherungsmaßnahmen anordnen. Im Unterschied zum Regelinsolvenzverfahren ist die Eigenverwaltung gemäß § 270 Abs. 1 Satz 2 InsO ausgeschlossen. Im Übrigen wurden durch die Gesetzesänderungen vom 18.07.2013 (BGBl. I S. 2379) mit Wirkung zum 01.07.2014 die zuvor in den §§ 312 bis 314 InsO normierten Beschränkungen im Verbraucherinsolvenzverfahren wie der Ausschluss des Insolvenzplans Einschränkung der Anfechtung von Rechtsgeschäften durch den Insolvenzverwalter und die Verwertung von Gegenständen, die mit Absonderungsrechten belastet waren, aufgehoben. In diesem Zusammenhang wurde auch die Bezeichnung des Verwalters von Treuhänder in Insolvenzverwalter im Verbraucherinsolvenzverfahren geändert.[418] Das Verfahren kann ganz oder teilweise schriftlich durchgeführt werden.[419]

Die folgende Abbildungen 12 stellt den Verfahrensablauf des Verbraucherinsolvenzverfahrens dar.

Abbildung 12: Verfahrensablauf des Verbraucherinsolvenzverfahrens.

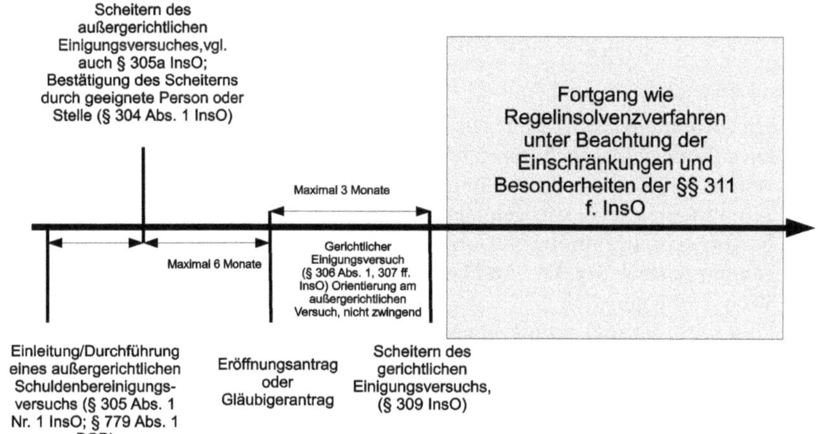

Quelle: Eigene Darstellung

418 §§ 27, 311 InsO und Überschrift § 10 InsVV.
419 § 5 Abs. 2 InsO.

d) *Insolvenzplanverfahren*

Im Zusammenhang mit dem deutschen Insolvenzverfahren und insbesondere der deutschen Eigenverwaltung ist das bereits genannte Insolvenzplanverfahren gemäß §§ 217 ff. InsO zu nennen. Dieses Unterverfahren erlaubt es, den Beteiligten eine zum Insolvenzverfahren abweichende Art der Verwertung, Verteilung und der Haftung zu vereinbaren. Es handelt sich inhaltlich um einen Vergleichsvertrag zwischen den Beteiligten, der sich nach den Vorschriften des BGB, deren Zustandekommen sich jedoch verfahrensrechtlich nach den Vorschriften der InsO zu richten hat.[420] Gemäß § 1 InsO soll der Insolvenzplan dazu dienen, das Unternehmen der Schuldnerin zu erhalten. In der Praxis haben sich neben dem Sanierungsplan[421] der Liquidationsplan[422], der Übertragungsplan[423] und weitere Sonderpläne[424] herausgebildet.[425]

Im Rahmen des bereits vorgenannten ESUG hat auch das Insolvenzplanrecht zahlreiche Neuerungen erfahren. An dieser Stelle ist insbesondere die Möglichkeit zu nennen, Gläubigerforderungen in Anteils- oder Mitgliedschaftsrechte an der Schuldnerin gemäß §§ 225a, 246a, 254a InsO umzuwandeln.

Ausgangspunkt des Verfahrens ist die in den §§ 217–234 InsO geregelte Aufstellung des Plans sowie die Vorlage des Plans durch einen Berechtigten

---

420 HmbKomm-Weitzmann/Thies Vorb. Zu §§ 217 ff. Rn. 3.

421 Dies ist der eigentlich gesetzlich vorgesehene Regelfall des Insolvenzplanverfahrens. Ziel ist die Rettung des Unternehmens der Schuldnerin und der Schuldnerin selbst, also den Unternehmensträger, im Falle einer Gesellschaft.

422 In Abweichung zum Regelinsolvenzverfahren werden besondere Vereinbarungen hinsichtlich der Art und Dauer der Verwertung sowie der anschließenden Verwertung geregelt.

423 Hier wird die sogenannte übertragene Sanierung im Planverfahren geregelt. Alle oder die wesentlichen Betriebsteile der Schuldnerin werden auf eine dritte Person übertragen. In Abweichung zum Regelinsolvenzverfahren werden auch besondere Vereinbarungen hinsichtlich der Art und Dauer der Verwertung/Übertragung und der anschließenden Verwertung geregelt.

424 Hierzu gehören sämtliche Mischformen und Abweichungen der genannten Pläne. Zu nennen sind insbesondere Pläne, die eine Sonderleistung von Dritten vorsehen und auf eine Vorzeitige Beendigung des regulären Verfahrens abzielen.

425 HmbKomm-Thies, Vorb. §§ 217 ff.; Bork Einf.; Rn. 312.

gemäß § 218 InsO.[426] Der Plan ist in einen darstellenden (§ 220 InsO) und in einen gestaltenden (§ 221 InsO) Teil zu unterteilen.

Der **darstellende Teil** enthält Informationen über die derzeitige Situation, das Ziel des Plans und über die Maßnahmen, mit denen das Ziel erreicht werden soll. Weiter sollen die Auswirkungen des Plans auf den Fortgang des Verfahrens ohne eine abweichende Planvereinbarung vergleichsweise dargestellt werden (Vergleichsrechnung).

In dem **gestaltenden Teil** werden die Auswirkungen des Plans auf die Rechte der Beteiligten beschrieben. Diese Erläuterungen sollen den Gläubigern und dem Gericht als Entscheidungsgrundlage dienen. Gegebenenfalls sind Gläubigergruppen zu bilden (§ 222 InsO).

Das Gericht prüft den Planvorschlag summarisch (§ 231 InsO) und leitet diesen, soweit keine Einwendungen bestehen, an die in § 232 InsO genannten Beteiligten weiter. Der Plan wird zur Einsichtnahme beim Gericht niedergelegt.[427]

Das Gericht bestimmt einen Termin zur Erörterung und Abstimmung über den Planentwurf gemäß den §§ 235–253 InsO. Die Stimmrechte im Termin sind in den §§ 237–239 InsO i.V.m. § 77 InsO geregelt. Die Abstimmung selbst ist in den §§ 243 und 244 InsO geregelt. Jede Gruppe stimmt für sich gesondert ab. Für die Annahme des Plans ist grundsätzlich in jeder Gruppe die Kopf- und Summenmehrheit erforderlich.[428] Ausnahmsweise kann ein Plan gemäß § 245 InsO (Obstruktionsverbot) auch dann als angenommen behandelt werden, wenn die erforderlichen Mehrheiten nicht erreicht worden sind, die Ablehnung jedoch insolvenzzweckwidrig ist. Gibt es keine Hinderungsgründe (Veto nach § 251 InsO), bestätigt das Gericht die Annahme des Plans durch Beschluss.[429]

Mit Rechtskraft des Beschlusses treten die vereinbarten Wirkungen des Plans in Kraft.[430] Die Insolvenzforderungen sind beispielsweise teilerlassen und/oder gestundet. Die Sicherungsrechte der Sicherungsgläubiger sind nach

426 Insolvenzverwalter und Schuldnerin (Organe).
427 § 234 InsO.
428 §§ 244, 246 und 247 InsO.
429 §§ 248, 252 InsO.
430 §§ 254–269 InsO.

den Regelungen des Insolvenzplans angepasst. Im Plan geregelte Willenserklärungen gelten (auch bezüglich Verfügungen) als abgegeben.[431]

Der Insolvenzverwalter hat die unstrittigen Masseverbindlichkeiten zu bedienen und für die strittigen Masseverbindlichkeiten Sicherheit zu leisten.[432] Das Insolvenzgericht hebt anschließend das Insolvenzverfahren auf.[433] Die Schuldnerin erhält die Verwaltungs- und Verfügungsbefugnis hinsichtlich der verbliebenen und nicht gesondert in dem Plan geregelten Massegegenständen zurück.[434] Parallel hierzu verlieren der Insolvenzverwalter und die Mitglieder des Gläubigerausschusses grundsätzlich ihre Befugnisse und die Ämter enden.

In dem Plan kann jedoch geregelt werden, dass der Insolvenzverwalter bereits begonnene Anfechtungsprozesse fortführt.[435] Ist die Überwachung des Insolvenzplans vorgesehen, so ist der Insolvenzverwalter für die Überwachung des Plans auf Kosten der Schuldnerin (§ 269 InsO) zuständig, wenn nicht etwas anderes geregelt ist.[436] Der Insolvenzverwalter bzw. Planüberwacher hat dem Gläubigerausschuss und dem Gericht über die Entwicklung und Verwirklichung des Plans zu berichten.[437]

Nach Aufhebung des Verfahrens ist die Schuldnerin grundsätzlich für die Erfüllung der im Plan übernommenen Verpflichtungen zuständig. Damit sich die Schuldnerin auch daran hält, ist in §§ 255 ff. InsO geregelt, dass die Forderungen der Insolvenzgläubiger in voller Höhe wieder aufleben, wenn die Schuldnerin mit der Erfüllung des Plans erheblich in Rückstand gerät (Wiederauflebensklausel). Die Zwangsvollstreckung ist wieder möglich.[438] Scheitert der Plan, ist zudem ein weiteres Insolvenzverfahren möglich.[439]

Die folgende Abbildungen 13 stellt den Verfahrensablauf des Insolvenzplanverfahrens dar.

---

431 § 254 Abs. 1 S. 2 InsO.
432 § 258 Abs. 2 InsO.
433 § 258 Abs. 1 InsO.
434 § 259 InsO.
435 § 259 Abs. 3 InsO.
436 §§ 260 ff. InsO.
437 § 261 InsO.
438 § 257 InsO.
439 § 266 Abs. 2 InsO.

Abbildung 13: Verfahrensablauf des Insolvenzplanverfahrens.

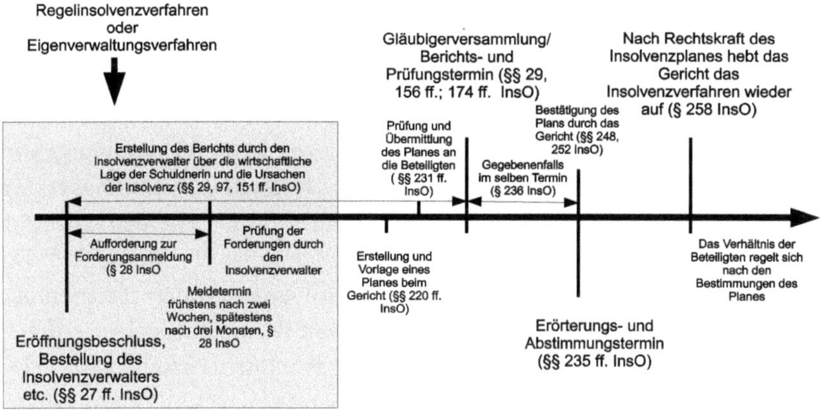

Quelle: Eigene Darstellung

e) Restschuldbefreiungsverfahren

Neben dem Insolvenzplanverfahren hält das deutsche Insolvenzrecht in den §§ 286 ff. InsO für natürliche Personen ein gesondertes Verfahren mit dem Ziel der Restschuldbefreiung vor. Dieses Verfahren steht sowohl selbstständigen natürlichen Personen (IN-Regelverfahren) als auch Verbrauchern (IK-Verfahren) offen. Vorausgesetzt wird ein vor Eröffnung des Verfahren (grundsätzlich spätestens zwei Wochen nach dem gerichtlichen Hinweis auf die Möglichkeit der Restschuldbefreiung gemäß § 20 Abs. 2 InsO) gestellter Antrag (Restschuldbefreiungsantrag), der mit einem Eigenantrag verbunden ist. Das Verfahren bezweckt, der redlichen Schuldnerin eine Rückkehr in eine neu geregelte wirtschaftliche Zukunft zu gewähren und sie von den nach Abschluss des Insolvenzverfahrens verbliebenen Verbindlichkeiten zu befreien.[440] Dementsprechend ist die Restschuldbefreiung zu versagen, wenn sich die Schuldnerin unredlich und vorsätzlich gegenüber Gläubigern benachteiligend verhalten hat oder weiterhin verhält.[441] Im Rahmen des Restschuldbefreiungsantrags tritt die Schuldnerin gemäß § 287 Abs. 2 InsO ihre pfändbaren zukünftigen Forderungen auf Bezüge

440 §§ 1 S. 2, 290 Abs. 1 InsO.
441 §§ 290, 295 InsO.

aus einem Dienstverhältnis oder an deren Stelle laufenden Bezüge für die Zeit von sechs Jahren nach der Eröffnung des Insolvenzverfahrens an einem vom Gericht bestellten Treuhänder (regelmäßig den vorherigen Insolvenzverwalter bzw. Treuhänder) ab.

Im Schlusstermin des Insolvenzverfahrens wird über den Antrag der Schuldnerin durch Beschluss entschieden. Liegen keine Versagungsgründe vor, beschließt das Gericht die Einleitung des Restschuldbefreiungsverfahrens (Ankündigung der Restschuldbefreiung).[442] Im Falle des Ankündigungsbeschlusses benennt das Gericht zugleich einen Treuhänder.[443] Das Amt des Treuhänders kann der vormalige Insolvenzverwalter übernehmen. Es kann aber auch von einer anderen geeigneten Person ausgeübt werden.[444] Die Schuldnerin und die Gläubiger können Personen vorschlagen.[445] Der Treuhänder zieht die laufenden pfändbaren Beträge der Schuldnerin ein und verteilt diese nach Maßgabe des Schlussverzeichnisses einmal jährlich an die Insolvenzgläubiger, wenn die Einnahmen die Verfahrenskosten übersteigen.[446] Ausgenommen von Vermögenszuwächsen aufgrund des Erbrechts (hier die Hälfte, § 295 Abs. 1 Nr. 2 InsO) darf die Schuldnerin sonstige Vermögenszuwächse (Schenkungen, Lottogewinn etc.) behalten.

Ist die Schuldnerin in dem Restschuldbefreiungsverfahren selbstständig tätig, so hat sie die Gläubiger so zu stellen, als wenn sie in einem angemessenen Dienstverhältnis tätig wäre und der Arbeitgeber den pfändbaren Lohnanteil an den Treuhänder zahlen würde.[447] Die Zwangsvollstreckung wegen einzelner Insolvenzforderung ist während des Restschuldbefreiungsverfahrens unzulässig.[448] Im Gegensatz zu den Regelungen im Insolvenzverfahren ist jedoch die Aufrechnung mit Insolvenzforderungen im

---

442 Bork, Rn. 25; Pick NJW 1995, 996; Schulte, S. 11 f.

443 § 291, Abs. 2 InsO.

444 Hintergrund ist die Möglichkeit, auf diese Weise Kosten zu sparen, wenn es eine geeignete Person gibt, die das Amt unentgeltlich übernimmt; Begr. Rechtsausschuss BT-Drucks. 12/302, S. 187.

445 § 288 InsO.

446 § 292 Abs. 1 S. 2 InsO.

447 § 295 Abs. 2 InsO.

448 § 294 InsO.

Restschuldbefreiungsverfahren möglich.[449] Werden keine Obliegenheitsverletzungen erhoben, Ende des Verfahrens mit der gerichtlichen Entscheidung über die Erteilung der Restschuldbefreiung.[450]

Eine vorzeitige Restschuldbefreiung ist in Verfahren, die nach dem 30.06.2014 beantragt worden sind, gemäß § 300 Abs. 1 Satz 2 InsO bei gedeckten Verfahrenskosten auf Antrag der Schuldnerin wie folgt möglich:

> Nr. 1: umgehend **nach dem ersten Berichts- und Prüfungstermin** (Stichtag im schriftlichen Verfahren), wenn im Verfahren kein Insolvenzgläubiger eine Forderung angemeldet hat oder wenn die Forderungen der Insolvenzgläubiger befriedigt sind und die Schuldnerin die sonstigen Masseverbindlichkeiten berichtigt hat;
>
> Nr. 2: frühestens nach **drei Jahren** Laufzeit der Abtretungsfrist, wenn dem Insolvenzverwalter oder Treuhänder innerhalb dieses Zeitraums ein Betrag zugeflossen ist, der eine Befriedigung der Forderungen der Insolvenzgläubiger in Höhe von mindestens 35 Prozent ermöglicht, oder
>
> Nr. 3: nach **fünf Jahren** der Laufzeit der Abtretungsfrist (Antrag und Verfahrenskostendeckung).

Für die Berechnung der 35 % in Nr. 2 ist grundsätzlich das Schlussverzeichnis maßgeblich. Hierbei muss die Mittelherkunft erläutert werden, wenn die Zahlungen nicht aus der Abtretung entstammen. Stellt sich nach der Restschuldbefreiung heraus, dass ein Versagungsgrund vorliegt, so kann die Restschuldbefreiung widerrufen werden.[451]

Die erteilte Restschuldbefreiung hat grundsätzlich Wirkung gegen sämtliche Insolvenzgläubiger, unabhängig davon, ob die Forderung zur Tabelle angemeldet wurde oder nicht.[452] Die Schuldnerin wird zugleich auch von etwaigen Rückgriffsrechten von Mitschuldnern, Bürgen etc. befreit. Gemäß § 301 Abs. 2 InsO werden durch die Restschuldbefreiung die Rechte der Insolvenzgläubiger gegen Mitschuldner und Bürgen der Schuldnerin sowie Absonderungsrechte nicht berührt. Ausgenommen von der Restschuldbefreiung sind im Übrigen Forderungen, die auf eine vorsätzlich unerlaubte Handlung der Schuldnerin beruhen, Geldstrafen, gleichgestellte

---

449 FG Sachsen BeckRS 2012, 94867, Gerichtsbescheid vom 16.02.2012 – 6 K 1234/09.

450 § 300 InsO.

451 §§ 297a, 303 InsO.

452 § 301 Abs. 1 InsO.

Verbindlichkeiten und Darlehen, die zur Finanzierung der Verfahrenskosten gewährt wurden.[453] Nach der Rechtsprechung des Bundesgerichtshofs können Gläubiger, deren Forderung die Schuldnerin vorsätzlich im Restschuldbefreiungsverfahren verschwiegen hat, Schadensersatzansprüche gegen die Schuldnerin gemäß § 826 BGB geltend machen.[454]

f) Sonderverfahren

Besondere Vorschriften gibt es schließlich für Nachlässe (§§ 315 ff. InsO), das Gesamtgut fortgesetzter Gütergemeinschaften (§ 332 InsO) und gemeinschaftlich verwaltetes Gesamtgut einer Gütergemeinschaft (§§ 333 f. InsO). Wie sich auch aus § 22 Abs. 2 Nr. 2 InsO und den jeweiligen Sonderregelungen ergibt, gelten aber auch für diese Verfahren grundsätzlich die Vorschriften über das Regelinsolvenzverfahren. Außerhalb der Insolvenzordnung wurde im Rahmen der Finanzkrise 2008 für Kreditinstitute im Sinne des § 1 Abs. 1 Kreditwesengesetz das Gesetz zur Reorganisation von Kreditinstituten (KredReorgG) als Sondergesetz geschaffen.[455] Das Gesetz ist am 01.01.2011 in Kraft getreten.[456]

3. Zwischenfazit

In Deutschland gibt es im Grundsatz nur ein einheitliches Insolvenzverfahren, das immer einen Eröffnungsbeschluss des Insolvenzgerichts voraussetzt. Abgesehen von dem gerichtlichen Vergleichsverfahren für Verbraucher ist eine vergleichsweise Schuldenregulierung zwischen der Schuldnerin und den Gläubigern vor Verfahrenseröffnung nur auf freiwillige Basis möglich. Insbesondere eine Überstimmung von einzelnen Gläubigern ist nicht möglich.

Neben dem klassischen Regelinsolvenzverfahren kann das Insolvenzverfahren auch in Eigenverwaltung von der Schuldnerin mit Unterstützung eines Sachwalters, daher ohne Insolvenzverwalter, geführt werden. Aber auch hier gelten im Wesentlichen die allgemeinen Vorschriften für das Regelinsolvenzverfahren. Weitere Sonderregelungen existieren zudem

---

453 § 302 InsO.
454 BGH NZI 2009 Rn. 11.
455 BGBl. Teil I 2010 Nr. 63 vom 14.12.2010, S. 1900 ff.
456 Artikel 17 KredReorgG.

beispielsweise für Verbraucher und Nachlässe. Darüber hinaus sieht das deutsche Insolvenzverfahren keine Unterscheidung zwischen natürlichen und juristischen Personen vor.

Für die Erlangung der Restschuldbefreiung muss die Schuldnerin ein gesondertes, an das Insolvenzverfahren anknüpfendes Verfahren durchlaufen, das grundsätzlich sechs Jahre andauert, aber unter bestimmten Umständen verkürzt werden kann.

Das Verfahren wird in enger Abstimmung mit dem Insolvenzgericht geführt. Nicht den Gläubigern sondern dem Gericht gegenüber erstattet der Insolvenzverwalter Bericht. Insbesondere die Verteilung der Insolvenzmasse an die Insolvenzgläubiger setzt die Einbindung des Insolvenzgerichts (z. B. Veröffentlichung im Internet gemäß § 188 InsO) voraus.

Die Einbindung der Gläubiger in die Gestaltung des Verfahrens wurde über die Gesetzesänderungen in den §§ 21, 22a, 56a, 270 ff. InsO im Rahmen des ESUG deutlich erhöht.

C. Situation bis zum Beginn des Insolvenzverfahrens

Im Folgenden wird die Situation der Schuldnerin bis zu dem Beginn des jeweiligen Insolvenzverfahrens untersucht. Vor dem Hintergrund der unterschiedlichen Regelungen in den Verfahren wird klarstellend auf die folgend definierten Umstände für den Verfahrensbeginn abgestellt:

Verfahren	Beginn des Verfahrens mit
Bankruptcy	Court Order gemäß InsAct 1986 sec. 264 Abs. 2
Winding-Up	Court Order gemäß InsAct 1986 sec. 129, 130
Administration by Court Order	Court Order gemäß InsAct 1986 Schedule B1 para 11
Administration out of Court	Bestellung eines Administrators durch den Inhaber einer qualifying Floating Charge (InsAct 1986 Schedule B1 para 2 b i.V.m. para 14), durch einen Gesellschaftsbeschluss oder einen Antrag der Geschäftsführung (InsAct 1986 Schedule B1 para 2 c i.V.m. para 22)
Creditor-Voluntary-Liquidation	Einsetzung bzw. Bestätigung eines Liquidators im Creditors Meeting gemäß InsAct 1986 sec. 100
Arrangementverfahren	Bestätigung des Regelungsvorschlags durch das Creditors Meeting gemäß InsAct 1986 sec. 4 (Companies) 258 f. (Individual)
Insolvenzverfahren (Deutschland)	Gerichtsbeschluss gemäß § 27, 270c InsO

Soweit noch keine Schritte insolvenzrechtlichen Schritte eingeleitet worden sind (Insolvenzantrag, Beschluss über Liquidation oder Administration, Anzeige eines Vergleichsverfahrens), finden in dieser Situation zunächst die allgemeinen Regelungen des Zivilrecht der Vergleichsländer Anwendung. Die Gläubiger der Schuldnerin können daher ihre Forderungen gegen die Schuldnerin titulieren, vollstrecken und oder sich in anderer Weise absichern und Einfluss auf die Schuldnerin nehmen. Die Schuldnerin kann ihrerseits sich mit den Mitteln des allgemeinen Zivilrechts verteidigen und z. B. eine einvernehmliche Lösung suchen. Wird ein Insolvenzverfahren eingeleitet, kann sich bereits hierdurch die Situation der Schuldnerin erheblich verändern. In den Vergleichsländern können ab Einleitung eines Insolvenzverfahrens sowohl die Rechte der Schuldnerin (z.B. Einschränkung der Verfügungsbefugnis) als auch die Rechte der Gläubiger (z.B. Vollstreckungsverbot) massiv eingeschränkt werden.

Die Situation wird im Folgenden anhand von Vergleichskriterien dargestellt und anschließend verglichen.

I. Vermögens- und Verfügungsbefugnis

Eine Einschränkung der Vermögens- und Verfügungsbefugnis ist als eine erhebliche Belastung für die Schuldnerin zu werten. Solche Einschränkungen sind daher grundsätzlich aus Sicht der Schuldnerin negativ zu werten. Ausnahmen von dieser Annahme sind jedoch in Situationen denkbar, in denen sich die Schuldnerin sich durch ihre Geschäftsführung selbst schädigt. Im Folgenden wird die Wirkung der jeweiligen Verfahren auf die Vermögensverfügungsbefugnis dargestellt und anschließend verglichen.

1. England

Die englischen **Vergleichsverfahren** sehen in dieser Phase grundsätzlich keine Einschränkung der Verfügungsbefugnis vor. Insbesondere muss die Schuldnerin nicht befürchten, dass ihr ein vorläufiger Verwalter vorgesetzt wird. Bis zur Eröffnung des Verfahrens behält die Schuldnerin bzw. ihre Direktoren selbst die Verfügungsmacht. Soweit ein Moratorium zum Schutz der Schuldnerin in Kraft tritt, sind den Organen der Schuldnerin beim Company Voluntary Arrangement grundsätzlich Verfügungen untersagt, die nicht den üblichen Geschäftsbetrieb betreffen.[457] Eine entsprechende Regelung für natürliche Personen ist im Individual Voluntary Arrangement nicht vorhanden.[458] Zuwiderhandlungen führen daher nicht unmittelbar zur Unwirksamkeit.

Im Rahmen des gerichtlichen **Administrationsverfahrens** kann das Gericht bereits vor Beginn des eigentlichen Verfahrens einen vorläufigen Administrator zur Sicherung des Geschäftsbetriebs bestellen, der die Handlungsmacht

457 InsAct 1986 Schedule A1 para 18.
458 Keay/Walton Nr. 8.2.2; Bork Rescuing Nr. 11.15.

der Direktoren beschränkt.[459] Die außergerichtliche Administration sieht im Antragsverfahren grundsätzlich keine Beschränkungen vor.

Im Falle eine Antrags auf Eröffnung eines **Bankruptcy-Verfahrens** kann das Gericht einen vorläufigen Verwalter (interim receiver) zur Sicherung des Vermögens der Schuldnerin bestellen.[460] Vorgenommene Verfügungen der Schuldnerin nach dem Eingang des Eröffnungsantrages beim Gerichtsind unwirksam, wenn sie nicht mit Zustimmung des Gerichts erfolgten oder das Gericht die Genehmigung ablehnt.[461] Ein gutgläubiger Erwerb ist jedoch möglich.[462] Verfügungen über unpfändbare Gegenstände der Schuldnerin werden hiervon jedoch im Ergebnis nicht erfasst.[463]

Bei juristischen Personen hält das **Compulsory-Winding-up-Verfahren** die Möglichkeit vor, ab Eingang der Winding-up petition und vor Erlass der Winding-up-Order auf Antrag[464] einen vorläufigen Insolvenzverwalter (provisional liquidator) durch das Gericht einzusetzen, wenn es nach dem Ermessen des Gerichts für die Sicherung der künftigen Masse erforderlich erscheint.[465] Durch die Einsetzung eines vorläufigen Insolvenzverwalters geht die Geschäftsführungsbefugnis von den Direktoren auf den vorläufigen Insolvenzverwalter über.[466] Die Befugnisse des vorläufigen Insolvenzverwalters werden gemäß InsAct 1986, S. 135 Abs. 4 vom Gericht bestimmt. Regelmäßig hat der vorläufige Insolvenzverwalter die Aufgabe, das Vermögen in Besitz zunehmen und den Status quo zu erhalten. Hierbei ist anzumerken, dass alle Gläubiger gleichermaßen befugt sind einen Antrag zu stellen. Mit Eröffnung des Compulsory-Winding-up-Verfahrens sind sämtliche Verfügungen der Schuldnerin nichtig, die nach der Veröffentlichung des Antrags in der Londoner Gazette vorgenommen wurden, wenn sie ohne Zustimmung des Gerichts erfolgt sind.[467]

---

459 InsAct 1986 Schedule B1 para 13 Abs. 3.
460 InsAct 1986 sec. 286.
461 InsAct 1986 sec. 284 Abs. 1.
462 InsAct 1986 sec. 284 Abs. 4.
463 InsAct 1986 sec. 283.
464 InsRules 1986 rule 4.25 Abs. 1.
465 InsAct 1986 sec. 135 Abs. 2.
466 InsAct 1986 sec. 144 Abs. 1; Keay/Walton 11.6.
467 InsAct 1986 sec. 127 ff.; vgl. hierzu Godfrey/Loebels S. 17 f.

Im Falle der **creditor voluntary liquidation** besteht im Rahmen des sogenannten Certrebind-Verfahrens die Möglichkeit, bereits vor der ersten Gläubigerversammlung durch die Gesellschafter der Schuldnerin einen zugelassenen Liquidator zur Sicherung des Gesellschaftsvermögens zu bestellen, der die Vermögensverwaltung übernimmt.[468]

2. Deutschland

Eine Einschränkung der Verfügungsbefugnis der Schuldnerin ist im Falle des **gerichtlichen Vermittlungsverfahrens** für Verbraucher grundsätzlich nicht vorgesehen, kann jedoch gemäß § 306 Abs. 2 Satz 1 InsO angeordnet werden, wenn gläubigerschädigende Verfügungen durch die Schuldnerin zu befürchten sind.

Im Falle eines **vorläufigen Eigensanierungsverfahrens** gemäß §§ 270a, 270b InsO ist eine Beschränkung der Verfügungsbefugnis ebenfalls nicht vorgesehen. Das Gericht stellt der Schuldnerin statt eines vorläufigen Insolvenzverwalters einen vorläufigen Sachwalter zur Unterstützung und Überwachung zur Seite.[469] Für die Eigensanierung empfiehlt sich die Initiierung eines vorläufigen repräsentativen Gläubigerausschusses gemäß §§ 21 Abs. 2 Nr. 1a, 22a Abs. 2, 56 InsO sowie eine enge Abstimmung des Vorgehens mit den Mitgliedern. Dies ist aus Sicht der Schuldnerin insbesondere bei der vorläufigen Eigenverwaltung nach § 270a InsO zu empfehlen, wenn zu befürchten ist, dass das Gericht von dem Vorschlag abweicht oder gar die Verfügungsbefugnis gemäß § 21 Abs. 2 Nr. 2 InsO einschränken will.

Liegen die Voraussetzungen der §§ 270a ff. InsO nicht vor oder wurde von der Schuldnerin oder einem Gläubiger die Eröffnung eines **Regelinsolvenzverfahrens** beantragt, so kann das Gericht beispielsweise zur Sicherung der zukünftigen Masse einen vorläufigen Insolvenzverwalter einsetzen und die Verfügungsbefugnis der Schuldnerin beschränken.[470] Vor dem Hintergrund eines solchen bedeutenden Eingriffs in den grundrechtlich geschützten Bereich der Schuldnerin hat das Gericht stets die Verhältnismäßigkeit der Anordnung zu beachten.[471] Die Schuldnerin kann allerdings auch im

468 InsAct 1986 sec. 166 Abs. 2.
469 §§ 270b Abs. 2, 270a Abs. 1 S. 2, 274, 275 InsO.
470 §§ 21 Abs. 2 Nr. 1 und 2, 22 InsO.
471 BVerfG NJW 2001, 745, 746; BGH ZInsO 2002, 819, 822.

Regelinsolvenzverfahren Vorschläge bezüglich der Person des vorläufigen Insolvenzverwalters unterbreiten und diese durch Einbindung eines vorläufigen Gläubigerausschusses gemäß §§ 21 Abs. 2 Nr. 1a, 22a Abs. 2, 56 InsO stützen und plausibel begründen.

Bei der Anordnung der starken vorläufigen Insolvenzverwaltung geht die Verwaltungs- und Vermögensverfügungsbefugnis über das (pfändbare) Vermögen der Schuldnerin auf den vorläufigen Insolvenzverwalter über. Verfügungen, die ohne die Mitwirkung des starken vorläufigen Insolvenzverwalters getätigt wurden, sind gemäß §§ 24 Abs. 1, 81 InsO absolut (schwebend) unwirksam.[472] Dementsprechend können auch Leistungen mit Erfüllungswirkung nur noch an den vorläufigen Insolvenzverwalter erbracht werden.[473] Der vorläufige Insolvenzverwalter hat den Geschäftsbetrieb der Schuldnerin gemäß § 22 Abs. 1 Satz 2 Nr. 2 InsO grundsätzlich zu erhalten. Zu beachten ist in diesem Zusammenhang, dass vom starken vorläufigen Insolvenzverwalter begründete Verbindlichkeiten im eröffneten Verfahren als Masseverbindlichkeiten gemäß § 55 Abs. 2 Satz 1 InsO gewertet werden. Als durch den (starken) vorläufigen Insolvenzverwalter begründete Masseverbindlichkeiten werden auch solche gewertet, die aufgrund von Dauerschuldverhältnissen entstehen, wenn der vorläufige Insolvenzverwalter die Gegenleistung für das von ihm verwaltete Vermögen in Anspruch genommen hat.[474] Aufgrund der vielfach als unangemessen empfundenen Haftung des starken vorläufigen Insolvenzverwalters für die Nichterfüllung von Masseverbindlichkeiten beispielsweise im Rahmen einer einstweiligen Betriebsfortführung (z. B. laufende Lohn- und Steuerverbindlichkeiten) gemäß § 61 in Verbindung mit § 21 Abs. 2 Nr. 1 InsO bestellen die Gerichte in 90 Prozent aller Insolvenzeröffnungsverfahren nur sogenannte schwache vorläufige Verwalter.[475] Die Anordnung der starken vorläufigen Insolvenzverwaltung ist in der Praxis die Ausnahme von der Regel.[476]

---

472 BGH ZInsO 2006, 263; Jaeger-Gerhardt § 22 Rn. 10; MünchKomm. InsO-Haarmeyer § 24, Rn. 7; HK-Kirchhof § 24 Rn. 3.

473 §§ 24 Abs. 1, 82 InsO.

474 HmbKomm/Jarchow § 55 Rn. 26 ff.

475 Uhlenbruck/Vallender § 22 Rn. 222 m.w.N.

476 Fritsche DZWIR 2005, 265 f.

Beim schwachen vorläufigen Insolvenzverwalter hat das Gericht gemäß § 22 Abs. 2 Satz 1 InsO zu bestimmen, über welche Rechte und Pflichten der vorläufige Insolvenzverwalter im Einzelnen verfügt. Überwiegend wird der schwache vorläufige Insolvenzverwalter mit der Maßgabe bestellt, dass Verfügungen der Schuldnerin nur noch mit seiner Zustimmung wirksam sind (sogenannter allgemeiner Zustimmungsvorbehalt gemäß § 21 Abs. 2 Nr. 2 Alt. 2 InsO). Zusätzlich wird der schwache vorläufige Insolvenzverwalter regelmäßig mit einer Einziehungsermächtigung für Kontoguthaben und sonstige Forderungen (Debitoreneinzug) ausgestattet (Sicherung des Vermögens). Verfügungen der Schuldnerin ohne die erforderliche Zustimmung sind absolut (schwebend) unwirksam.[477] Eine Genehmigung entsprechend § 185 Abs. 2 BGB durch den vorläufigen Verwalter ist möglich.[478] Hebt das Gericht die Sicherungsmaßnahmen wieder auf, sind die von der Schuldnerin getätigten Verfügungen wirksam. Im Rahmen der schwachen vorläufigen Insolvenzverwaltung werden mit Ausnahme der durch § 55 Abs. 4 InsO seit dem 01.01.2011 neu eingeführten Steuerprivilegien[479] grundsätzlich keine Masseverbindlichkeiten begründet. Die mit Zustimmung des schwachen vorläufigen Insolvenzverwalters von der Schuldnerin begründeten Verbindlichkeiten werden regelmäßig noch vor Verfahrenseröffnung ausgeglichen, da auch diese Verbindlichkeiten nach Verfahrenseröffnung grundsätzlich nur als Insolvenzforderung behandelt werden dürfen. Sollten diese vom vorläufigen Verwalter mitbegründeten Verbindlichkeiten faktisch nicht mehr bedient werden können, droht eine Haftungsinanspruchnahme durch die auf diese Weise geschädigten Gläubiger.[480] Dieses Problem kann entweder

---

477 MünchKomm.InsO-Haarmeyer Haarmeyer § 24, Rn. 7 m.w.N.

478 Begr. zu § 92 RegE (§ 81); abgedruckt bei Balz/Landferman S. 298; vgl. MünchKomm.InsO-Haarmeyer § 21 Rn. 54 m.w.N.

479 Bereits kurz vor der gesetzlichen „Wiedereinführung" von Steuerprivilegien in der Insolvenz hat der Bundesfinanzhof, nachdem er zuvor bereits mit Urteil vom 29. 1. 2009 – V R 64/07 – die Begründung von Steuer (Masse-) Verbindlichkeiten durch den (Alt-)Debitoreneinzug im eröffneten Verfahren bei IST-Versteuerern (Schuldner) ausgeurteilt hat, soll dieses Ergebnis gemäß dem Urteil des BFH vom 9. 12. 2010 – V R 22/10 – nunmehr auch für SOLL-Versteuerer gelten.

480 Z.B. aus §§ 60, 61 in Verbindung mit § 21 Abs. 2 Nr. 1 InsO (Insolvenzspezifisches Fehlverhalten) oder wegen der Zustimmung zur Begründung von weiteren aus dem Schuldnervermögen nicht zu erfüllenden Verbindlichkeiten

mit gesetzlichen oder vertraglich vereinbarten Absonderungsrechten an den erarbeiteten Forderungen (z. B. § 51 Nr. 1 InsO) oder durch eine beim Gericht beantragte sogenannte Einzelermächtigung zur Begründung von künftigen Masseverbindlichkeiten begegnet werden.[481] Insbesondere im Rahmen der schwachen vorläufigen Insolvenzverwaltung soll der Geschäftsbetrieb der Schuldnerin unter Leitung der Schuldnerin, aber unter Aufsicht und mit Unterstützung eines vorläufigen Insolvenzverwalters fortgesetzt werden.

Auch im **vereinfachten Insolvenzverfahren** gemäß §§ 304 ff. InsO ist die Einsetzung eines vorläufigen Insolvenzverwalters zulässig.[482]

Liegt kein Sicherungsbedarf vor, wird das Gericht nach Ermittlung der wesentlichen Umstände (gegebenenfalls über einen Sachverständigen) über den Antrag ohne vorläufige Maßnahmen entscheiden. Der Zeitraum zwischen Eingang des Antrags beim Gericht und der Entscheidung über denselben ist abhängig von der Komplexität der Verhältnisse der Schuldnerin. In einfach gelagerten Fällen entscheidet das Gericht ohne Einbindung eines Sachverständigen in der Regel innerhalb einer Woche. Soweit ein Sachverständiger mit der Aufklärung betraut wird, erfolgt die Entscheidung regelmäßig nach rund einem Monat. Eine längere Zeit wird jedoch bei komplexen Sachverhalten (z. B. obstruktive Beteiligte) oder bei einer parallel stattfindenden geplanten Betriebsfortführung beansprucht.

Von den Verfügungsbeschränkungen sind Vermögensgegenstände, die unter den Pfändungsschutzvorschriften für natürliche Personen gemäß § 36 InsO, §§ 811 ff., 850 ff. ZPO fallen, nicht erfasst. Der Verwalter überwacht grundsätzlich die Einhaltung der Pfändungsschutzvorschriften.

(Bestellungen) aus Verschulden bei Vertragsabschluss (§ 311 Abs. 2, 3 BGB). Eine Haftung kommt jedoch nur dann in Betracht, wenn er eigene Pflichten ausdrücklich übernommen oder einen Vertrauenstatbestand geschaffen hat, an dem er sich festhalten lassen muss; BGH NZI 2005, 500; vgl. aber auch OLG Rostock ZIP 2005, 220, 221; OLG Schleswig 2004, 92. Auch eine Haftung nach § 826 BGB ist denkbar, wenn der vorläufige Insolvenzverwalter in einer gegen die guten Sitten verstoßenden Weise einem anderen vorsätzlich Schaden zufügt.

481 BGH NJW 2002, 3326; Haarmeyer/Wutzke/Förster § 6 Rn. 34 ff.

482 AG Köln ZInsO 2000, 118; NR-Römermann § 306 Rn. 15.

3. Rechtsvergleich

Die Schuldnerin behält in den englischen Vergleichsverfahren sowie den deutschen vorläufigen Eigensanierungsverfahren und dem gerichtlichen Vermittlungsverfahren für Verbraucher ihre Verfügungsbefugnis.

In den übrigen Verfahren bleibt die Schuldnerin dann verfügungsbefugt, wenn keine Sicherungsmaßnahmen in Form von Verfügungsbeschränkungen angeordnet worden sind. Natürliche Personen bleiben auch bei der Anordnung von Verfügungsbeschränkungen bezüglich ihres unpfändbaren und vollstreckungsrechtlich wertlosen Vermögens grundsätzlich verfügungsbefugt. Die Feststellung, was pfändbar und was unpfändbar ist, kann jedoch in beiden Ländern zu faktischen Problemen für die Schuldnerin führen. Ein Geldinstitut wird beispielsweise regelmäßig bei der Anordnung von Verfügungsbeschränkungen den Zugriff der Schuldnerin auf das Kontoguthaben auch dann von der Zustimmung des vorläufigen Verwalters bzw. des zuständigen Gerichts abhängig machen, wenn das Guthaben im Ergebnis unpfändbar ist.

Eine Einschränkung der Verwaltungs- und Verfügungsbefugnis ist in beiden Ländern aus Sicht der Schuldnerin leichter zu verkraften, wenn sich die Schuldnerin mit dem vorläufigen Verwalter sowie den weiteren Beteiligten abstimmt.

Positiv für das englische Verfahren ist zu werten, dass das Gericht im Falle der Einleitung eines Vergleichsverfahrens nicht von sich aus und daher ohne einen entsprechenden Antrag Verfügungsbeschränkungen veranlassen kann. Die vorläufigen Eigenverwaltungsverfahren nach §§ 270 a und b InsO gelangen zu einem ähnlichen Ergebnis.

Ein weiterer Unterschied besteht darin, dass die englischen Vorverfahren in der Regelsehr viel kürzer dauern als das deutsche Vorverfahren. In Deutschland dient das Vorverfahren auch der Aufklärung der Verhältnisse der Schuldnerin. Eine vergleichbare Aufklärungszeit wird nur in den englischen Vergleichsverfahren in Anspruch genommen. Die übrigen Verfahren sehen die Aufklärung der Verhältnisse der Schuldnerin regelmäßig erst im eröffneten Verfahren vor. Auf ein längeres Vorverfahren wird in Deutschland dann verzichtet, wenn die Vermögensverhältnisse bekannt, überschaubar und nicht sicherungsbedürftig sind. Soweit die Schuldnerin das Verfahren nicht selbst vorbereitet hat, ist das längere deutsche Vorverfahren positiv zu werten, da hier hinreichend Zeit für die Abstimmung des weiteren Vorgehens vorhanden ist. Insbesondere kann eine vorläufige Betriebsfortführung zum Erhalt von Vermögenswerten in Abstimmung mit einem schwachen vorläufigen Verwalter etwas leichter organisiert werden, als wenn die Verfügungsbefugnis sofort vollständig auf eine fremde Person übergeht, die mit dem Geschäftsbetrieb der Schuldnerin noch nicht vertraut ist.

II. Vollstreckungs- und Substanzschutz, Gerichtsverfahren

Ein vorläufiger Vollstreckungs- und Substanzschutz und die vorläufige Unterbrechung von Gerichtsverfahren sind aus Sicht der Schuldnerin positiv zu werten. Hierdurch können beispielsweise kurzfristig existenzvernichtende Eingriffe unterbunden und eine Sanierungsmöglichkeit erhalten werden. Im Folgenden werden der Vollstreckungs- und Substanzschutz und die vorläufige Unterbrechung von Gerichtsverfahren in den jeweiligen Verfahren dargestellt und anschließend verglichen.

1. England

Bei der **Administration** wird das Vermögen der Schuldnerin ab der Anzeige/Benachrichtigung des Gerichts gemäß InsAct 1986 Schedule B1 para 44 Abs. 1 bis 4 über ein vorläufiges Moratorium geschützt. Hiernach können sämtliche Maßnahmen, die den Erfolg des Administrationsverfahrens gefährden könnten, untersagt werden.[483] So ist es beispielsweise den Sicherungsgläubigern, aber auch Vermietern untersagt, Gegenstände bei der Schuldnerin sicherzustellen.[484] Der vorläufige Vollstreckungsschutz greift jedoch nicht automatisch, wenn z. B. bereits ein administrative receiver bestellt wurde.[485]

Gemäß InsAct 1986 sec. 252 ff. kann die Schuldnerin zur Vorbereitung eines **Individual Voluntary Arrangement** Gläubiger- und Vollstreckungsschutz in Form einer einstweiligen Anordnung bei dem zuständigen Vollstreckungsgericht beantragen. Hierdurch werden ebenfalls Maßnahmen gegen

483 Vgl. InsAct 1986 Schedule B1 para 44 Abs. 5, para 43Abs. 2–8.
484 InsAct 1986 Schedule B1 para 44 Abs. 5, para 43 Abs. 2 und 3.
485 InsAct. 1986 Schedule para 44 mit weiteren Ausnahmen.

die Schuldnerin untersagt bzw. begonnene Maßnahmen unterbrochen.[486] Dieser zur Vorbereitung eines Vergleichsverfahrens dienende Schutz der Schuldnerin endet nach 14 Tagen.[487]

Zur Vorbereitung eines **Companies Voluntary Arrangement** kann ebenfalls der Schuldnerin ein maximal 28 Tage andauernder Vollstreckungsschutz (Company voluntary arrangement-Moratorium)[488] gewährt werden. Im Rahmen dieses Moratoriums kann die Schuldnerin beispielsweise weiterhin Sicherungsgut nutzen.[489] Einschränkend ist hierbei jedoch zu beachten, dass dieses Moratorium nur „kleineren" Gesellschaften[490] zugänglich ist. Gesellschaften, die aufgrund ihrer Größe nicht von dem Moratorium profitieren, können über einen Umweg über das Administrationsverfahren einen vergleichbaren Vollstreckungsschutz für das Vorbereitungsstadium erlangen.

Im Falle des **Bankruptcy-Verfahrens** kann das Gericht nach freiem Ermessen ab dem Eingang des Insolvenzantrags jegliche Maßnahme gegen die Schuldnerin untersagen (stay any action, execution or other legal process against the property or person of the debtor).[491] Bereits begonnene Maßnahmen werden unterbrochen.

In dem **Compulsory-Winding-up-Verfahren** können gemäß InsAct 1986, sec. 126 Abs. 1 die Gesellschaft, jeder Gläubiger und jeder nachschusspflichtige Gesellschafter bei Gericht die Einstellung laufender Gerichtsverfahren und Zwangsvollstreckungsverfahren beantragen. Auch hier entscheidet das zuständige Gericht nach freiem Ermessen, ob die Einzelzwangsvollstreckungsmaßnahmen einzustellen sind oder nicht.[492] Nach der wohl herrschenden Meinung[493] soll das Gericht jedoch nur ausnahmsweise die weitere

486 InsAct 1986 sec. 252 Abs. 2.
487 InsAct 1986 sec. 255 Abs. 6.
488 InsAct 2000; InsAct 1986 Schedule A1, para 2, 8 Abs. 1, para 8 und 12 Abs. 1.
489 InsAct 1986 Schedule A1, para 20; InsRules 1986 para 1.43.
490 Companies mit nicht mehr als £ 2,8 Millionen Umsatz, einer Bilanzsumme von unter £ 1,4 Millionen und nicht mehr als 50 Arbeitnehmer; InsAct 1986 Schedule A1, paras. 2–4 i.V.m. Companies Act 1985, S. 247 (3).
491 InsAct 1986 sec. 285 ff.
492 Vgl. Wortlaut: „*may … stay, sist or restrain the proceedings accordingly on such terms as it thinks fit*"; vgl. auch Pennington S. 77.
493 Bellaglade Ltd. Re [1977] 1 All ER 319; Pennington S. 78.

Einzelzwangsvollstreckung unterbinden, um nicht bereits in diesem Stadium dem Vollstreckungsgläubiger die Möglichkeit zu nehmen, sich durch einen titulierten Anspruch zu befriedigen.[494] Diese zunächst vermeintlich dem Zweck einer gleichmäßigen Gläubigerbefriedigung in einem späteren tatsächlichen Insolvenzverfahren zuwider laufende Überlegung wird dadurch entschärft, dass die zunächst erfolgreichen Einzelvollstreckungsmaßnahmen im Rahmen des eröffneten Verfahrens jedenfalls teilweise durch die Insolvenzanfechtung und/oder nachträglichen Unwirksamkeitsanordnungen wieder rückgängig gemacht werden können. Diese Handhabung steht vor dem Hintergrund, dass zu diesem Zeitpunkt noch nicht feststeht, ob das Verfahren tatsächlich eröffnet wird. Für diese These spricht, dass nicht selten Gläubigeranträge als weiteres Druckmittel im Rahmen der Einzelzwangsvollstreckung gestellt werden. Andererseits wird im Hinblick auf ein späteres Insolvenzverfahren und dem hier vorherrschenden Gläubigergleichbehandlungsgrundsatz argumentiert, dass das Gericht grundsätzlich die Vollstreckung stoppen müsste, um eine gleichmäßige Gläubigerbefriedigung zu ermöglichen.[495] Werden Vollstreckungsmaßnahmen nicht unterbunden, können die Gläubiger grundsätzlich bis zum Erlass der Winding-up order vollstrecken. Weiter ist zu beachten, dass im Falle des Fortgangs der Einzelzwangsvollstreckung das Insolvenzrisiko des Vollstreckungsgläubigers hinsichtlich des Erstattungsanspruchs der zukünftigen Masse im Ergebnis von der Gläubigergemeinschaft getragen wird. Konsequenterweise ist im Falle der Einsetzung eines vorläufigen Liquidators die Fortführung von Gerichtsverfahren oder Zwangsvollstreckungsverfahren von Gesetzes wegen untersagt.[496]

Durch entsprechende Anträge des vorläufigen Liquidators, eines Gesellschafters oder eines Gläubigers kann das Gericht auch im Falle des **Creditors-Voluntary-Liquidation-Verfahrens** gemäß InsAct 1986 sec. 112 Abs. 1

494 Pennington S. 78.
495 Bowett v Fullers United Electric Works [1923] 1 KB 160 (zur wortgleichen Vorgängervorschrift Companies (Consolidation) Act 1908 sec. 140.
496 InsAct 1986 sec. 130 Abs. 2.

dieselben Schutzmaßnahmen wie im Compulsory-Winding-up-Verfahren veranlassen.[497]

Außerhalb der insolvenzrechtlichen Vorschriften ist festzuhalten, dass die Einlegung von Rechtsmitteln gegen ein Urteil die Zwangsvollstreckung aus dem selbigen nicht verhindert.[498] Im Gegensatz zum deutschen Recht sind englische Urteile grundsätzlich automatisch nach 14 Tagen vollstreckbar.[499] Das in Deutschland bekannte Institut der nur vorläufigen Vollstreckbarkeit existiert in England nicht. Sowohl das Ausgangsgericht als auch das Berufungsgericht können aber von Amts wegen die Vollstreckung (vorläufig) untersagen.

Der Schuldnerin, insbesondere bei natürlichen Personen, stehen zudem verschiedene Möglichkeiten offen, sich gegen Einzelzwangsvollstreckungsmaßnahmen außerhalb des Insolvenzrechts zu wehren.[500] Das Vermögen von natürlichen Personen wird über Pfändungsschutzvorschriften geschützt. So sind einer natürlichen Person die Gegenstände zur Erhaltung ihrer Lebensgrundlage zu belassen.[501] Die Schuldnerin kann zudem die Einstellung der Zwangsvollstreckung selbst beantragen.[502] Dem Gericht steht ein sehr weiter Entscheidungsspielraum zu. So kann es beispielsweise auch die Ratenzahlung durch die Schuldnerin verfügen.[503] Die Einstellung der Zwangsvollstreckung (stay of execution) setzt grundsätzlich voraus, dass das Rechtsmittel Erfolgsaussichten hat und dass besondere Umstände vorliegen, die bei einer Interessenabwägung zugunsten einer Einstellung führen.[504]

---

497 James McHale Automobiles Ltd, Re [1997] BBC 202; vgl. auch Bailey/Groves, 13.25; Goode Rn. 5–03.

498 CPR Part 52,7.

499 CPR Part 40,7.

500 Supreme Court Act 1981 sec. 138 (3A) (a) (ii); County Courts Act sec. 89 (1) (a) (ii); Magistrates Courts Rules 1981 rule 54 (4) R. S. C. Ord. 47, sec. 1 (1); Ord. 45 sec. 11; Courts Act 2003, Schedule 2003 7 para 9 (3); A. of E. A. 1971 sec. 6 (5) (b); C. P. R. sec. 72 7; Übersicht zu den Rechtsbehelfen Bunge S. 227 ff.

501 Attachment of Earnings Act 1971, sec. 6 Abs. 5b.

502 Civil Court Practice 2000, vol. 1, C. P. R. 52, 7; C. P. R. 23.

503 County Courts Act 1984 sec. 71; vgl. Rick S. 72 ff.

504 Civil Cour Practice 2000, vol. 1, C. C. R. 25 sec. 8 (4).

2. Deutschland

Gemäß § 21 InsO kann das Insolvenzgericht bei Vorliegen eines zulässigen Insolvenzantrags[505] grundsätzlich alle Maßnahmen treffen, die erforderlich erscheinen, um bis zur Entscheidung über den Antrag eine für die Gläubiger nachteilige Veränderung der Vermögenssituation der Schuldnerin zu verhindern. Dieser Grundsatz gilt auch für die vorläufige Eigenverwaltung gemäß §§ 270a und b InsO sowie im Rahmen des gerichtlichen Vermittlungsverfahrens für Verbraucher.[506] Das Insolvenzgericht kann das Insolvenzgericht im Hinblick auf ein künftiges Insolvenzverfahren insbesondere gemäß § 21 Abs. 2 Nr. 1 InsO einen vorläufigen Insolvenzverwalter mit der Sicherung des Status quo sowie der Überwachung und Organisation der Betriebsfortführung betrauen und Vollstreckungsverbote aussprechen.[507] Weitreichend, aber für den Zusammenhalt des Unternehmens der Schuldnerin sehr effektiv kann das Insolvenzgericht gemäß § 21 Abs. 2 Nr. 5 InsO anordnen, dass Unternehmensgegenstände, die mit Drittrechten belastet sind oder gänzlich im Fremdeigentum stehen, vorläufig nicht vom Gläubiger verwertet, heraus verlangt oder eingezogen werden dürfen. Gleiches gilt für abgetretene Forderungen. Dem betroffenen Gläubiger ist ein Wertausgleich zu gewähren. Ein Zwangsversteigerungsverfahren über unbewegliche Gegenstände kann gemäß § 30d Abs. 4 ZVG auf Antrag des vorläufigen Insolvenzverwalters oder der Schuldnerin bei vorläufiger Eigenverwaltung einstweilen eingestellt werden, wenn glaubhaft gemacht wird, dass die einstweilige Einstellung zur Vermeidung nachteiliger Veränderungen in der Vermögenslage der Schuldnerin erforderlich ist. Ist weder ein vorläufiger Insolvenzverwalter noch die vorläufige Eigenverwaltung angeordnet, kann die Schuldnerin gemäß § 30a Abs. 1 ZVG die Einstellung beantragen, wenn die Aussicht besteht, dass hierdurch die Versteigerung vermieden wird und die Einstellung nach den persönlichen und wirtschaftlichen Verhältnissen der Schuldnerin sowie nach der Art der Schuld der Billigkeit entspricht.

---

505 Obwohl § 21 Abs. 1 InsO nach dem Wortlaut nicht die Zulässigkeit des Insolvenzantrages voraussetzt, so wird dies doch nach allg. Meinung im Hinblick auf die BegrRegE (BT-Drucks. 12/2443, S. 115); vgl. Hmb-Komm/J.-S. Schröder § 21 Rn. 2.

506 § 306 Abs. 2 InsO.

507 § 21 Abs. 2 Nr. 3 InsO.

Laufende Gerichtsverfahren mit Massebezug werden in dieser Zeit nur durch die kombinierte Einsetzung eines starken vorläufigen Insolvenzverwalters und der Anordnung eines allgemeinen Verfügungsverbots gemäß § 21 Abs. 2 Nr. 2 Alt. 1 InsO i.V.m. § 240 Satz 2 ZPO unterbrochen. Neben der ausdrücklich geregelten Unterbrechung im Zivilprozess findet die Vorschrift auch über die Verweisungen gemäß §§ 46 Abs. 2, 64 Abs. 4, 72 Abs. 5 ArbGG im Arbeitsrecht, in entsprechender Anwendung im Verwaltungsprozess[508] und steuerrechtlichen Verfahren[509] Anwendung. Wird kein allgemeines Verfügungsverbot ausgesprochen, haben die sonstigen Sicherungsanordnungen grundsätzlich keine Auswirkungen auf einen Rechtsstreit der Schuldnerin.[510] Im Falle der Unterbrechung werden gemäß § 249 Abs. 1 ZPO auch die Rechtsmittelfristen[511] erfasst. Nimmt der Verwalter das Verfahren nach Verfahrenseröffnung auf, steht ihm die vollständige Frist (Neubeginn) zur Verfügung, wenn dies zum Zeitpunkt der Eröffnung noch nicht abgelaufen war. Die Weite der vorläufigen Sicherungsmaßnahmen wird durch das Gebot der Verhältnismäßigkeit begrenzt. Daher muss jede Maßnahme in den grundrechtlich geschützten Bereich den Anforderungen des rechtsstaatlichen Gebots der Verhältnismäßigkeit gemäß Art. 20 Abs. 3 GG genügen.[512]

Außerhalb der insolvenzrechtlichen Vorschriften ist unter bestimmten Voraussetzungen der Aufschub oder die Aussetzung der Verwertung gemäß §§ 813 a und b ZPO möglich. Ferner ist die Einstellung der Zwangsvollstreckung in den Fällen der §§ 707, 719 ZPO zu nennen. Hierbei handelt es sich um sehr begrenzte Einzelfälle, in denen beispielsweise die Wiedereinsetzung in den vorigen Stand, eine Wiederaufnahme des Verfahrens, die Rüge nach § 321a ZPO erhoben bzw. beantragt wurde oder der Rechtsstreit nach der Verkündung eines Vorbehaltsurteils fortgesetzt wird.

Für natürliche Personen besteht ein ausgeprägter Pfändungsschutz bezüglich der zur Lebenshaltung erforderlichen Gegenstände nach §§ 811 ff. ZPO

508 OVG Hamburg MDR 1953, 442.
509 BFH BB 1970, 1163.
510 BGH ZInsO 1999, 472; KG Berlin ZinsO 2001, 265; BAG ZInsO 2001, 1024.
511 Entsprechend auch für die Wiedereinsetzungsfrist gemäß § 234 Abs. 1 ZPO anwendbar – BGHZ 9, 308.
512 BVerfG NJW 2001, 745, 756; BGH ZInsO 2002, 819, 822.

und Arbeitseinkommen bzw. vergleichbaren Forderungen nach §§ 850 ff. ZPO. Dieser Vollstreckungs- und Substanzschutz besteht im Falle eines vorläufigen Insolvenzverfahrens fort.

3. Rechtsvergleich

Beide Länder halten spezielle Eigensanierungsverfahren bereit, bei denen die Schuldnerin einerseits (jedenfalls vorläufig) verwaltungs- und verfügungsbefugt bleibt und ihr (überwiegend) Vollstreckungs- und Substanzschutz gewährt werden kann.

Ein Nachteil des englischen Company Voluntary Arrangement ist, das dieses Verfahren für größere Gesellschaften keinen eigenen Vollstreckungs- und Substanzschutz vorsieht. Soweit ein solcher Schutz notwendig ist, müssen die Vorteile des selbstbestimmten Vergleichsverfahrens für eine Kombination mit dem Administrationsverfahren aufgegeben werden. Unter diesen Voraussetzungen ist die Schuldnerin vom Handlungswillen des Administrators abhängig.

Auch die übrigen Verfahren gewähren einen vorläufigen Vollstreckungs- und Substanzschutz. Negativ fällt jedoch auf, dass in den englischen Liquidationsverfahren einerseits Anträge hierfür erforderlich sind und andererseits die Gerichte von entsprechenden Anordnungen nur zurückhaltend Gebrauch machen. Die Situation der Schuldnerin wird daher zugunsten der Einzelzwangsvollstreckung weiter zugespitzt. Es wird deutlich, dass die englischen Liquidationsverfahren nicht an dem Schutz der Schuldnerin interessiert sind. An dieser Stelle ist für das deutsche Recht positiv hervorzuheben, dass die Gerichte gemäß § 21 Abs. 1 InsO selbst alle Maßnahmen zum Schutz der Vermögenslage der Schuldnerin treffen können. Bei einem erhaltenswerten Betrieb, kann das Gericht entsprechend reagieren. Mithilfe dieser Maßnahmen kann beispielsweise auch bei Fremdanträgen und einer unkooperativen Geschäftsführung eine Betriebsfortführung und Betriebserhaltung erreicht werden.

Positiv ist zu erwähnen, dass sowohl unter der englischen Administration als auch im deutschen Insolvenzrecht ein Verbleib von Betriebsgegenständen, die mit Drittrechten belastet sind oder gänzlich im Fremdeigentum stehen (Mietgegenstände), zum Zweck der Betriebsfortführung angeordnet werden kann. Für die englische Regelung ist es allerdings als Nachteil zu werten, dass sich diese Möglichkeit auf die Administration beschränkt und insbesondere nicht im Rahmen eines Company Voluntary Arrangement vorgesehen ist. Eine Verfahrenskombination ist allerdings möglich.

Im Umgang mit laufenden Prozessen/Rechtstreitigkeiten ist wiederum die deutsche Regelung zu kritisieren. Diese sieht nur im Falle der Einsetzung eines starken vorläufigen Insolvenzverwalters gemäß § 240 Satz 2 ZPO die Unterbrechung von Rechtsstreitigkeiten vor. Hierbei ist zu beachten, dass die starke vorläufige Insolvenzverwaltung eine Ausnahme darstellt. Die Beschränkung auf die starke vorläufige Insolvenzverwaltung ist inkonsequent, da eine hinreichende Verteidigung vor gegebenenfalls ungerechtfertigten Gläubigertiteln (Urteile, öffentlich-rechtliche Bescheide etc.) in der Krise für die Schuldnerin selbst häufig nicht zu leisten ist. In der Krise kommt es nicht selten vor, dass einerseits die Arbeitnehmer, aber auch die weiteren Dienstleister (Rechtsanwälte, Steuerberater etc.) ihre weitere Tätigkeit von dem Ausgleich rückständiger Forderungen abhängig machen. Gelangt beispielsweise ein Bauherr durch diese Situation unberechtigterweise zu einem titulierten Anspruch auf Schadensersatz gegen die Schuldnerin, muss der spätere Insolvenzverwalter im Rahmen der Forderungsprüfung aktiv gegen den unberechtigten Titel vorgehen.[513] In den Fällen, in denen auch die Rechtsmittelfristen abgelaufen sind, daher keine Unterbrechung gemäß §§ 240, 249 Abs. 1 ZPO vorliegt, kann der Titel nur noch mithilfe einer Restitutions- bzw. Nichtigkeitsklage (§§ 578 ff. ZPO), einer Klage auf Unterlassung der Zwangsvollstreckung und Herausgabe des Titels unter Berufung auf § 826 BGB oder einer Vollstreckungsabwehrklage (§ 767 ZPO) angegriffen werden.[514] Abweichend hiervon wird von einer Mindermeinung[515] auch eine negative Feststellungsklage für möglich gehalten, wenn diese auf insolvenzrechtliche Einwände beruht (z. B. Einwand der Nachrangigkeit gemäß § 39 InsO etc.). Sollte ein Gläubiger den Zeitraum vor der Insolvenzeröffnung ausnutzen, um sich unberechtigt einen Titel zu verschaffen, so hat er jedenfalls bis zu einer etwaigen Beseitigung des unberechtigten Titels erhebliche Einflussmöglichkeiten auf das Verfahren.[516]

513 §§ 179 Abs. 2, 180 Abs. 1, 184 InsO.
514 Kilger/K. Schmidt § 146 KO Anm. 3.
515 MünchKomm.InsO-Schumacher § 179 InsO Rn. 34 m.w.N.
516 Z. B. §§ 77, 237 InsO – Stimmrechte.

Der Substanz- und Vollstreckungsschutz für natürliche Personen innerhalb und außerhalb eines Insolvenzverfahrens ist weitgehend deckungsgleich. Im Hinblick auf die pauschale deutsche Regelung in §§ 850c ZPO liegt eine Besserstellung der Schuldnerin unter der deutschen Regelung nahe, da diese Pauschalen regelmäßig über den Sätzen des SGB II (Existenzminimums) liegen. Zudem erhöht sich der Pfändungsfreibetrag unabhängig von dem tatsächlichen Bedarf bei Mehrverdienst anteilig bis zu einem Nettoeinkommen von rund EUR 3.200,00. Die Existenzgrundlage von natürlichen Personen wird in beiden Vergleichsländern geschützt, sodass auch in diesem Fall eine Sachgesetzlichkeit festzustellen ist.

III. Sonstige Rechte der Schuldnerin

Im Folgenden werden die sonstigen Rechte der Schuldnerin in den jeweiligen Verfahren dargestellt und anschließend verglichen.

1. England

Im Vorfeld einer sich abzeichnenden Insolvenz kann die Schuldnerin neben außerinsolvenzrechtlichen Maßnahmen (z. B. scheme of arrangement, Umstrukturierung mithilfe eines Dept-to-Equity-Swap) selbst die insolvenzrechtliche Initiative ergreifen (z. B. insolvenzrechtliche Vergleichsverfahren und Administration), um ihr Schicksal zu bestimmen.

Zu erwähnen ist in diesem Zusammenhang das sogenannte Pre-Pack-Konzept. Ein Sanierungsberater verhandelt hierbei im Vorfeld eines Insolvenzverfahrens zunächst mit den wesentlichen Gläubigern (insbesondere den gesicherten Gläubigern) und den Gesellschaftern einen Sanierungsplan (z. B. zur Umstrukturierung im Rahmen eines Vergleichsverfahrens, aber häufig auch zur Veräußerung des Geschäftsbetriebs im Wege eines asset deals), der regelmäßig unmittelbar nach Beginn der Administration von diesem als Administrator absprachegemäß umgesetzt wird.

Für England positiv zu erwähnen ist der Insolvency Service als zentrale Beratungsstelle. Hier kann die Schuldnerin sich über die Möglichkeiten in einem Insolvenzszenario informieren. Der Insolvency-Service stellt Formulare sowie Antworten zu häufig gestellten Fragen im Zusammenhang mit einem Insolvenzszenario zur Verfügung und gibt zudem telefonisch und schriftlich Auskunft.

Will sich die Schuldnerin gegen ein beantragtes Insolvenzverfahren (nur Administration und Liquidation) wehren, so kann sie beispielsweise im Rahmen der Anhörung darlegen, dass der Antrag unzulässig oder unbegründet ist.[517] Hierzu kann sie sich bzw. ihre Organe (auch vormalige) oder sonstige verantwortliche der Schuldnerin und jeder Gesellschafter bzw. Nachschusspflichtiger durch Akteneinsicht beim Gericht einen Überblick verschaffen.[518] Das Gericht hat im Rahmen des Anhörungsverfahrens die Einwände der Schuldnerin zu prüfen.[519] Eine Überprüfung (review) der gerichtlichen Entscheidung soll grundsätzlich zunächst von dem Richter durchgeführt werden, der die Entscheidung erlassen hat.[520] Nur wenn es erforderlich erscheint, soll ein anderer Richter die Entscheidung überprüfen.[521] Der Anspruch auf Überprüfung darf zudem nicht zu einem unbegrenzten Beschwerderecht führen.[522] Die Gründe für eine Überprüfung der Entscheidung müssen glaubhaft dargelegt werden.[523] Zudem ist es erforderlich, dass sich die Bewertungsgrundlage durch neue Erkenntnisse verändert hat und das Gericht es deshalb für angebracht hält, seine frühere Entscheidung aufzuheben. Wenn es keine solche Veränderung gegeben hat, kann die Entscheidung nur im Beschwerdeverfahren angefochten werden.[524] Darüber hinaus steht grundsätzlich der Schuldnerin und auch den sonstigen Beteiligten gegen eine Entscheidung des County Courts oder des Rigistrar beim High Court die Rechtsbeschwerde beim High Court zu.[525] Die Entscheidung des Einzelrichters beim High Court kann wiederum vor dem Court

517 Winding-up, InsAct 1986 sec. 125; Liquidation, InsAct 1986 sec. 273.

518 InsRules 1986 rule 7.31.

519 Winding-up InsRules 1986 sec. 7.47 Abs. 1; Liquidation InsAct 1986 sec. 375 Abs. 1; Administration InsRules 1986 rule 2.12.

520 Bailey/Groves 4.1.

521 Mond v Hammond Suddards [2000] (No. 2) Ch 40 CA; Casterbridge Properties Ltd. Re [2002] BPIR 428.

522 Mid East Trading Ltd., Lehman Bros Inc v Phillips and others [1997] 3 All ER 481, 490; Cohen (a bankrupt) ex p the bankrupt v IRC Re [1950] 2 All ER 36.

523 Piccadilly Management Ltd. Re [1992] 2 BCBL 145, 163.

524 Papanicola v Humphreys [2005] 2 All ER 418, 26.

525 InsRules 1986 rule 7.47 Abs. 2 (Winding-up und Administration), rule 7.48 Abs. 2 (Liquidation).

of Appeal angefochten werden.[526] Eine Rechtsbeschwerde wird jedoch nur zugelassen, wenn die Angelegenheit zur Klärung bedeutender Fragen der Rechtsprechung oder der Rechtspraxis beitragen kann oder der Court of Appeal hält die Angelegenheit aus sonstigen Gründen für bedeutend.[527]

Eine Rechtsbeschwerde gegen die Anordnung der Administration ist an den Court of Appeal zu richten.[528] Das Gericht der ersten Beschwerde wird die Entscheidung des unteren Gerichts aufheben, wenn die Entscheidung der Vorinstanz falsch oder ungerecht war, weil es schwerwiegende Verfahrensfehler oder Unregelmäßigkeiten in dem Verfahren der Vorinstanz gab.[529] Der Beschwerdeführer muss beweisen, dass das angewandte Recht unrechtmäßig ist oder die Anwendung des Rechts nicht ordnungsgemäß war.[530] Das Beschwerdeverfahren in insolvenzrechtlichen Streitigkeiten ist durch den Practice Direction: Insolvency Proceeding (PDIP) Part 4 under Civil Procedure Rules (CPR) Part 52 und der hierzu gehörenden Practice Direction 52 geregelt.[531]

Sollte sich ein Insolvenzantrag als falsch und vorsätzlich rechtsmissbräuchlich gestellt erweisen, stehen der Schuldnerin gegen den Antragsteller nach allgemeinen Regeln Schadensersatzansprüche zu.

An dieser Stelle ist darauf hinzuweisen, dass die Schuldnerin in England für eine spätere Restschuldbefreiung keinen entsprechenden Antrag stellen muss. In England kommen mithin auch natürliche Personen in den Genuss der Restschuldbefreiung, die sich selbst am Verfahren nur in einem Mindestumfang beteiligt (Erreichbarkeit und Auskunftserteilung) haben.

2. Deutschland

Außergerichtlich und vorinsolvenzrechtlich kann sich die Schuldnerin nach den allgemeinen Zivil- und Verfahrensregeln mit ihren Gläubigern einigen. Hierbei ist neben einfachen Zahlungsplänen insbesondere die

---

526 InsRules 1986 rule 7.47 Abs. 2 (Winding-up und Administration), rule 7.48 Abs. 2 (Liquidation).

527 Access to Justice Act 1999 sec. 55 Abs. 1.

528 Bailey/Groves 4.5.

529 PDIP sec. 17.18 Abs. 3.

530 Probe Systems Ltd. (No 3) Re [1991] BCC 428; Tasbian Ltd. (No 3) Re [1991] BCLC 792, [1991] BCC 435, [1991] BCLC 586.

531 Für den Ablauf des Beschwerdeverfahrens vergleiche Bailes/Groves 4.6 ff.

Möglichkeit einer vorinsolvenzrechtlichen Sanierung von Kapitalgesellschaften mithilfe des sogenannten Debt-Equity-Swap zu erwähnen.[532] Hierbei einigen sich die Gläubiger (einer oder mehrere) mit den Gesellschaftern auf die Umwandlung von Forderungen gegen die Schuldnerin auf eine entsprechende Kapitalbeteiligung. Im Hinblick auf die Kapitalerhaltungsregeln wird regelmäßig zunächst eine Kapitalherabsetzung nach §§ 229 ff. AktG bzw. § 58 a GmbHG auf das tatsächliche Realvermögen durchgeführt. Liegt bereits eine Überschuldung vor, ist das Kapital auf null herabzusetzen.[533] Nunmehr erfolgt eine Kapitalerhöhung durch Sacheinlage der Gläubigerforderung (Forderungsübertragung oder Erlassvertrag) in Höhe ihres tatsächlichen Wertes der Forderung.[534] Bei diesem Verfahren verkauft häufig ein ursprünglicher Kreditgeber (Bank) seine Forderung unter Berücksichtigung eines wertmäßig angemessenen Abschlags an einen Dritten (Investor), der sich dann neben weiteren Sanierungsmaßnahmen (z. B. Kostenstellenreduzierung; Verkauf von Immobilien – Sale and lease back, Kapitalzufluss etc.) an der Schuldnerin beteiligt.[535]

Der Schuldnerin bzw. ihrer Geschäftsführung stehen außerinsolvenzrechtlich nur die Schutzmaßnahmen nach dem allgemeinen Zivilrecht (Pfändungsschutz, §§ 811 ff., 850 f. ZPO etc.: siehe auch Vollstreckungsschutz) zu.

Mit Ausnahme des gerichtlichen Schuldenbereinigungsverfahrens für Verbraucher hält das deutsche Recht insbesondere keine Regelungen bereit, die eine Überstimmung obstruktiver Gläubiger zugunsten einer wirtschaftlich sinnvollen Regelung vorsehen. Für den Einigungsversuch im Rahmen des gerichtlichen Schuldenbereinigungsverfahrens kann die Schuldnerin bei dem Gericht die Anordnung von Sicherungsmaßnahmen, z. B. Untersagung der Zwangsvollstreckung, anregen.[536]

Ist eine außerinsolvenzrechtliche Einigung nicht zielführend, kann die Schuldnerin durch eine frühzeitige Antragstellung selbst das Insolvenzverfahren gestalten.[537]

---

532 Rusch/Brocker ZIP 2012, 2193 f.; Redeker BB 2007, 673.
533 Achsnick, S. 104.
534 § 27 AktG bzw. § 5 Abs. 4 GmbHG.
535 Als Beispiel kann auf das Insolvenzverfahren der Senator Entertainment AG (2004–2006) verwiesen werden.
536 § 306 Abs. 2 Satz 1 InsO.
537 §§ 13, 18, 270 ff. InsO.

Im Rahmen des sogenannten Schutzschirmverfahrens gemäß § 270b InsO hat die Schuldnerin noch weiterreichende Rechte, um die Eigensanierung selbst zu bestimmen. Auch bei bereits eingetretener Insolvenzreife hat die Schuldnerin auf Eigeninitiative gemäß § 270a InsO erhebliche Möglichkeiten, das unvermeidliche Verfahren zu lenken. Im Zusammenwirken mit einem vorläufigen Sachwalter oder Insolvenzverwalter kann die Schuldnerin die entscheidenden lebenserhaltenden Maßnahmen treffen, um eine Sanierung oder jedenfalls den Erhalt von Betriebsteilen zu ermöglichen. Sie kann sich an die Auswahl des vorläufigen Sachwalters beteiligen, wenn dieser grundsätzlich zur Übernahme der Aufgabe geeignet ist.[538] Sie kann die wichtigen Unternehmensbeteiligten frühzeitig mit in die Gestaltung des eigenen Insolvenz- und Sanierungsverfahrens einbinden. Einem Vertrauensverlust kann auf diese Weise entgegengewirkt werden. Eine öffentliche Bekanntmachung der vorläufigen Eigenverwaltungsverfahren ist grundsätzlich nicht vorgesehen. Dieses Verfahren kann daher theoretisch bis zur Verfahrenseröffnung (§ 273 InsO) geheim gehalten werden.

Im Übrigen kann die Schuldnerin zwar einen vorläufigen Insolvenzverwalter vorschlagen, hat aber sonst (alleine) keinen direkten Einfluss auf die Erstauswahl des vorläufigen Insolvenzverwalters. Eine Einflussnahme über einen vorläufigen Gläubigerausschuss ist möglich.[539] Wurde kein vorläufiger Gläubigerausschuss eingesetzt, wählt das Gericht einen nach dortigen Maßstäben als geeignet erscheinenden Verwalter aus einer beim Gericht geführten Verwalterliste aus.[540]

Bei der Auswahl des vorläufigen Sachwalters und des vorläufigen Insolvenzverwalters ist im Hinblick auf die geforderte Unabhängigkeit dieser

538 § 270b Abs. 2 Satz 2 InsO.

539 §§ 21 Abs. 2 Nr. 1, 22a, 56a InsO.

540 Hmb/Komm-Frind § 56 Rnr. 2 ff.; Eine Abwahl durch die Gläubiger ist erst in der ersten Gläubigerversammlung nach Verfahrenseröffnung möglich (§ 57 InsO). Da bis dahin regelmäßig die wesentlichen Entscheidungen getroffen worden sind (Fortführung oder Einstellung des Geschäftsbetriebs, Kündigungen, Nichteintritte etc.), wird die Abwahlmöglichkeit in Gläubigerkreisen häufig als zeitlich zu spät empfunden.

Person zu beachten, dass diese sich grundsätzlich nicht im Vorfeld mit der Schuldnerin befasst haben darf.[541]

Sind die Vermögensverhältnisse der Schuldnerin überschaubar und droht kein Verlust der Haftungsmasse durch Maßnahmen von Gläubigern oder der Schuldnerin selbst, wird das Gericht das Verfahren kurzfristig eröffnen und direkt nach eigenem Ermessen einen gegebenenfalls vorgeschlagenen Insolvenzverwalter bestellen.

Die Schuldnerin ist vor allen wesentlichen Entscheidungen des Insolvenzgerichts anzuhören.[542] Soweit das Gericht gegen den Willen der Schuldnerin vorläufige Maßnahmen gemäß § 21 ff. InsO anordnet (z. B. auf einen Gläubigerantrag), steht ihr das Rechtsmittel der sofortigen Beschwerde gemäß §§ 21 Abs. 1 Satz 2, 6 InsO i. V. m. §§ 567 ff. ZPO zu. Zu beachten ist hierbei, dass die Frist von zwei Wochen zur Einlegung des Rechtsmittels bereits durch die öffentliche Bekanntmachung der Entscheidung gemäß § 9 InsO in Gang gesetzt wird. Außerdem ist zu beachten, dass eine sofortige Beschwerde nur dort zulässig ist, wo das Gesetzt dies ausdrücklich vorsieht.[543] Die Entscheidungen im Beschwerdeverfahren selbst kann wiederum mit der Rechtsbeschwerde gemäß § 574 ZPO angegriffen werden. Sind die getroffenen Anordnungen nicht rechtmäßig, können Amtshaftungsansprüche nach § 839 BGB, Art. 34 GG ausgelöst werden.[544] Weiter können unter Umständen auch Schadensersatzansprüche gegen den antragstellenden Gläubiger in Betracht kommen, wenn sich später herausstellt, dass ein Insolvenzgrund zu keiner Zeit vorgelegen hat und der Antragsteller dennoch schuldhaft ein Verfahren einleitet hat, z. B. gemäß § 826 BGB.[545]

Besonders zu erwähnen ist noch, dass die Schuldnerin (natürliche Person) gemäß § 20 Abs. 2 InsO auf die Möglichkeit der Restschuldbefreiung nach Maßgabe der §§ 286 bis 303 zu belehren ist.[546] Dies gilt auch in dem Fall,

---

541 §§ 21 Abs. 1 Nr. 2, 56 Abs. 1 Satz 1, 270 Abs. 1 Satz 2, 270b Abs. 2 Satz 2, 274 Abs. 1 InsO.

542 Gläubigerantrag § 14 Abs. 2 InsO; Zwangsmaßnahmen § 98 Abs. 2 InsO.

543 § 6 Abs. 1 InsO.

544 BGH, ZIP 1990, 805; dazu App in ZIP 1992, 460; vgl. auch HmbKomm/J.-S. Schröder § 21 Rn. 90.

545 BGHZ 36, 18; BGHZ 74, 9, 13; BGHZ 118, 201, 206; OLG Düsseldorf ZIP 1994, 479.

546 Für das vereinfachte Verfahren siehe auch § 306 Abs. 3 InsO.

dass dem Eigenantrag der Schuldnerin kein Restschuldbefreiungsantrag beigefügt worden ist.[547] Im Rahmen des Hinweises ist der Schuldnerin eine angemessene Frist für die Stellung eines mit einem Eigenantrag[548] verbundenen Restschuldbefreiungsantrags zu gewähren. Die Frist für die Stellung eines Anschluss- bzw. Ergänzungsantrags beträgt in der Regel nicht mehr als vier Wochen.[549] Jedoch ist zu beachten, dass die Schuldnerin noch bis zu der Eröffnung, daher auch noch nach Ablauf der richterlich gesetzten Frist einen eigenen Insolvenzantrag verbunden mit einem Antrag auf Restschuldbefreiung stellen kann.[550] Ein nach Eröffnung des Verfahrens gestellter Antrag ist grundsätzlich unzulässig.[551] In diesem Fall wird das Verfahren durchgeführt ohne dass die Schuldnerin die Restschuldbefreiung erlangen kann. Nur ausnahmsweise wird ein isolierter Antrag auf Restschuldbefreiung für zulässig erachtet, der auch noch kurz nach Eröffnung gestellt werden kann, wenn das Gericht die Schuldnerin auf die Möglichkeit, die Restschuldbefreiung zu erlangen, und deren Voraussetzungen nicht hinreichend hingewiesen und hierdurch das rechtliche Gehör des Schuldners verletzt hat.[552]

3. Rechtsvergleich

In beiden Vergleichsländern kann sich die Schuldnerin bereits im Vorfeld einer sich abzeichnenden Insolvenz um eine außerinsolvenzrechtliche Lösung bemühen oder die insolvenzrechtliche Initiative ergreifen.

Aus Sicht der Schuldnerin ist für das englische Recht positiv das außerinsolvenzrechtliche scheme of arrangement mit der Möglichkeit einer Gläubigerbindung mit Überstimmungsmöglichkeit hervorzuheben. Eine vergleichbare Möglichkeit gibt es im deutschen Recht nicht. Die auf Verbraucher beschränkte Möglichkeit der Überstimmung von obstruktiven Gläubigern zugunsten einer wirtschaftlich sinnvollen Regelung im

547 BGH ZInsO 2005, 310, 311; BGH ZInsO 2004, 974; AG Köln NZI 2002, 618.
548 Die Restschuldbefreiung setzt einen Eigenantrag voraus (§ 287 Abs. 1 InsO).
549 HmbKomm/J.-S. Schröder § 20 Rn. 27.
550 BGH ZInsO 2008, 924.
551 BGH ZInsO 2008, 924.
552 BGHZ 162, 181, 186; BGH ZInsO 2008, 924.

Rahmen des gerichtlichen Schuldenbereinigungsverfahrens ist insoweit nicht vergleichbar.

Die Möglichkeit einer außergerichtlichen Neustrukturierung mithilfe eines Debt-Equity-Swap besteht in beiden Ländern.

Im Gegensatz zu dem in England erlaubten PrePack Vorgehen ist in Deutschland eine Vorbefassung sowohl des vorläufigen Sachwalters und vorläufigen Insolvenzverwalters also auch des späteren Sachwalters und Insolvenzverwalters grundsätzlich unzulässig.[553] Aus Sicht der Schuldnerin ist die Möglichkeit eines im Vorfeld des Insolvenzverfahrens bereits weitgehend abgestimmten Vorgehens als Vorteil zu werten. Insbesondere ist diese der Fall, wenn im eigentlichen Insolvenzverfahren die bereits gefundene Lösung (Einigung) nur noch mit den Werkzeugen des Insolvenzrechts umgesetzt werden muss. Dieses Verfahren beinhaltet jedoch für die Schuldnerin auch die Gefahr, dass einseitig Fremdinteressen verfolgt werden, ohne dass eine unabhängige Person die Verhältnisse der Schuldnerin aufklärt. Wird der spätere Administrator z. B. vorrangig beauftragt, einen asset deal im Rahmen einer Administration auszuarbeiten, wird eine mögliche Rechtsträgersanierung gar nicht erst in Betracht gezogen.[554] Sanierungskapital in Form von Haftungsansprüchen bleibt möglicherweise zulasten der Schuldnerin unerkannt. Weiter ist zu bemerken, dass die Vorteile eines vorgepackten Sanierungskonzepts auch ohne eine Personenidentität von Berater und Verwalter genutzt werden können. Der spätere Verwalter wird eine bereits ausgehandelte Sanierung jedenfalls mittragen, wenn keine Nachteile für die beteiligten Personen und die Schuldnerin zu befürchten sind.

Mit Blick auf die in beiden Ländern mögliche Restschuldbefreiung ist für das englische Recht positiv zu werten, dass ein Automatismus besteht, das bereits bei einem Mindestmaß an Mitwirkung der Schuldnerin am Verfahren im Ergebnis zur Restschuldbefreiung führt. Aus Sicht der Schuldnerin ist ein gesonderter Antrag auf Restschuldbefreiung entbehrlich. Ein Interesse daran, nicht von den Verbindlichkeiten befreit zu werden, ist nur schwer vorstellbar. Unabhängig hiervon ist auch nach Erteilung der

---

553 §§ 21 Abs. 1 Nr. 2, 56 Abs. 1 Satz 1, 270 Abs. 1 Satz 2, 270b Abs. 2 Satz 2, 274 Abs. 1 InsO.

554 Vgl. zu den Vor- und Nachteilen Kayley Vending Ltd. [2009] EWHC 904; Bork Rescuing Nr. 6.16 und 6.17.

Restschuldbefreiung eine freiwillige Zahlung auf die betreffenden Gläubigerforderungen zulässig.[555] Nachvollziehbar ist aus der Systematik des deutschen Rechts allerdings, dass in Fällen, in denen keine kostendeckende Masse vorhanden ist, ein Verfahren nur auf Grundlage eines Stundungsantrags durchgeführt werden soll, wenn die Schuldnerin mit dem Verfahren das in § 1 Satz 2 InsO genannte Verfahrensziel der Restschuldbefreiung verfolgt. Soweit eine kostendeckende Masse vorhanden ist, sollte im Interesse der Schuldnerin grundsätzlich und unabhängig von einem Antrag die Restschuldbefreiung möglich sein.

Die übrigen Rechte der Schuldnerin vor dem Beginn des eigentlichen Insolvenzverfahrens sind sehr ähnlich. In beiden Ländern gibt es vergleichbare Beschwerdemöglichkeiten bezüglich der insolvenzrechtlichen Verfahrenseinleitung.

IV. Rechte der Gläubiger

Starke Gläubigerrechte sind zwar auf den ersten Blick aus Sicht der Schuldnerin negativ zu werten, können aber beispielsweise bei kollektiver und einvernehmlicher Wahrnehmung mit der Schuldnerin auch vor obstruktiven Einzelgläubigern oder Fehleinschätzungen des Gerichts schützen. Im Folgenden werden die Rechte der Gläubiger in den jeweiligen Verfahren dargestellt und anschließend verglichen.

1. England

a) Bis zur Verfahrenseinleitung

aa) Allgemeine Gläubigerrechte

Sind die Gläubiger der Schuldnerin überschaubar bzw. lassen sich diese in Gruppen einteilen (z. B. Banken, Lieferanten, Arbeitnehmer etc.), so bietet sich die einvernehmliche Einsetzung eines vorinsolvenzrechtlichen Krisenmanagements an, das auf ein außerinsolvenzrechtliches (Company Scheme of Arrangement) oder insolvenzrechtliches Sanierungsverfahren (Individual und Company Voluntary Arrangement, Administration) hinarbeitet.

555 HmbKomm/Streck § 301 Rn. 1.

Soweit die Voraussetzungen vorliegen, können die Gläubiger insolvenzrechtliche Anträge stellen und die Schuldnerin auf diese Weise gegebenenfalls zu einer Sanierung zwingen (Administration).

Die einzelnen Gläubiger können im Übrigen, so lange noch keine vorläufigen Sicherungsanordnungen eingeleitet wurden, ihre Forderungen titulieren, die Einzelzwangsvollstreckung betreiben, bestehende Rechte geltend machen oder durch sonstige Maßnahmen auf die Schuldnerin einwirken (z.B. Lieferanten durch Vorkassevereinbarungen, Abtretungen etc.), um sich zu befriedigen oder sich eine verbesserte Position zu verschaffen.

Zu bemerken ist, dass die ungesicherten Gläubiger gemäß InsAct 1986 Schedule B1 para 12 (by Court) bereits bei drohender Zahlungsunfähigkeit (InsAct 1986 Schedule B1 para 11 a) sowie der Holder einer qualifying Floating Charge gemäß InsAct 1986 Schedule B1 para 14 (out of court) bei Pfandreife das Recht zur Einleitung einer Administration haben und so auch auf eine Sanierung der Schuldnerin hinwirken können. Bei nachgewiesener Insolvenzreife können die Gläubiger die Liquidation des Vermögens der Schuldnerin beantragen.

Im Hinblick darauf, dass die Zwangsvollstreckung erst nach Ablauf einer Frist von 14 Tagen nach Urteilsverkündung zulässig wird,[556] besteht unter bestimmten Voraussetzungen (drohender Verlust der Haftungskasse) die Möglichkeit, Vermögenswerte der Schuldnerin mithilfe einer sogenannten Freezing Order zu sichern.[557]

In England sind wie in Deutschland für die Vollstreckung die Vollstreckungsgerichte und die Vollstreckungsbeamten/Gerichtsvollzieher zuständig. Es ist jedoch zu beachten, dass in England jedes Gericht grundsätzlich selbst für die Vollstreckung der eigenen Urteile zuständig ist.[558] Der einzelne Gläubiger hat jedoch auch die Möglichkeit, Urteile des High Court durch einen County Court und umgekehrt vollstrecken zu lassen.[559] Eine andere Regelung gilt für Zahlungsurteilen, bei denen die Vollstreckungssumme über 5.000,00 £ (nur High Court) oder unter 600,00 £ (nur County Court) liegt.

556 CPR Part 40.7.
557 CPR Part 25 1 (f).
558 Bunge S. 201 ff.
559 CPR Part 70.3 (1) und CPR Schedule 2 ord. 25 r. 13.

Den Gläubigern stehen die folgenden Vollstreckungsmittel zur Durchsetzung von Zahlungsansprüchen zur Verfügung:

- Writ of execution (High Court[560])/ warrant of execution (County Court[561]) (Vollstreckung in bewegliche Gegenstände) entspricht im Wesentlichen den §§ 808 bis 827 ZPO.
- Third party debt order[562] (Vollstreckung in Forderungen) und Attachment of Earnings[563] (Pfändung von Arbeitseinkommen) entspricht im Wesentlichen den §§ 828 bis 863 ZPO.
- Charging Order[564] (Eintragung von Sicherungsrechten in unbewegliche Gegenstände [Hypothek]) – entspricht im Wesentlichen §§ 864 bis 871 ZPO i.V.m. ZVG, in Wertpapieren (entspricht §§ 808 bis 827 ZPO) hinterlegtes Geld, Treuhandvermögen und Anteile des Schuldners an Partnerships (entspricht den §§ 828 bis 863 ZPO).
- Equitable Receiver[565] (Bestellung eines Zwangsverwalters, der die laufenden Erträge eines Vermögensgegenstandes abschöpft) Dieses Verfahren ist subsidiär, sodass der Gläubiger darlegen muss, warum das Urteil nicht mithilfe einer anderen Vollstreckungsmethoden durchgesetzt werden kann.[566] Ist am ehesten mit der Zwangsverwaltung von Grundvermögen gemäß §§ 146 ff. ZVG zu vergleichen.
- Administration Order[567] (gerichtliche Zwangsverwaltung des haftenden Vermögens der Schuldnerin).

In Bezug auf die genannten Vollstreckungsmaßnahmen ist darauf hinzuweisen, dass bei einem später durchgeführten Insolvenzverfahren das Erlangte (Befriedigung oder Sicherheit) gegebenenfalls wieder herauszugeben ist.[568]

560 Courts Act 2003, Schedule 7 und CPR Schedule 1 RSC ord. 45– 47.

561 CPR Schedule 2 CCR ord. 26 rr. 1–15 und County Court Act 1984, sec. 85 ff.

562 CPR part 72.

563 Attachment of Earnings Act 1971.

564 CPR part 73 und Charging Orders Act 1979.

565 CPR part 69; supreme Courts Act 1981, sec. 37; County Courts Act, sec. 38 und 107.

566 Practice Direction 69 para. 4.1 (3) (d).

567 C. C. A. 1984 Part IV.

568 Vgl. Situation ab Beginn des Verfahrens –Vermögensverschiebungen vor dem Verfahren.

Die Vollstreckungsmaßnahmen führen mit Ausnahme der Equitable Receivership und der Administration Order zu einem Sicherungsrecht – Charge – zugunsten des Vollstreckungsgläubigers, wenn durch die Vollstreckung nicht ohnehin die Befriedigung erreicht wurde. Im Übrigen können die Gläubiger ihre Rechte an den Gegenständen der Schuldnerin wie folgt ausüben.

bb) Eigentumsrechte

Soweit keine vorläufigen insolvenzrechtlichen Sicherungsmaßnahmen in Kraft getreten sind, können die Gläubiger grundsätzlich die Herausgabe nach den Regelungen des allgemeinen Zivilrechts verlangen.[569] Dies gilt insbesondere für lediglich aufgrund eines Nutzungsverhältnisses (z. B. Leasing) überlassene Gegenstände, wenn der Vertrag beendet ist.

Im Hinblick auf Eigentumsvorbehaltsrechte ist für England darauf hinzuweisen, dass im Gegensatz zum deutschen Abstraktionsprinzip das sogenannte differenzierende Konsensprinzip für die Übertragung gilt.[570] Es gelten für Kaufgeschäfte die Regelungen des Sale of Goods Act 1979. Hiernach geht das Eigentum an einer bestimmten Sache (kein Gattungskauf) bereits bei Abschluss des Kaufvertrages auf den Käufer über, es sei denn, die Parteien haben eine abweichende Regelung vereinbart (z. B. Zeitpunkt).[571] Handelt es sich bei dem Kaufgegenstand um noch nicht hinreichend bestimmte Gegenstände (Gattungskauf), so erfolgt der Eigentumsübergang gemäß Sale of Goods Act 1979 sec. 16 erst nach hinreichender Konkretisierung des Kaufgegenstands. Zugunsten der Möglichkeit einer Sicherheitenbestellung werden gemäß Sale of Goods Act 1979 sec. 62 Abs. 4 sämtliche Sicherungsgeschäfte von den Regelungen des Sale of Goods Act 1979 (Konsensprinzip) ausgenommen. Für andere Rechtsgeschäfte als den Kauf, z. B. Schenkung, Tausch etc., gelten die Common Law Regelungen.[572]

---

569 Keay/Walton 32.1.

570 Vgl. hierzu Krimphove S. 120.

571 Vgl. Sale of Goods Act 1979 sec. 2 Abs. 1, sec. 17 Abs. 1, 19 (Eigentumsvorbehalt – Retention of Title; Weitergehend zum Eigentumsvorbehalt, Verwertung, Nichteintritt, Erfüllung und Maßnahmen Dritter u.s.w. Bierle S. 45 ff.; Habel, S. 55 ff.

572 Sale of Goods Act 1979 sec. 62; vgl. auch Borrie, S. 50 f. mit weiteren Ausführungen zum Kaufvertragsrecht.

Für diese Rechtsgeschäfte ist neben dem schuldrechtlichen Vertrag grundsätzlich noch die Übergabe notwendig (Traditionsprinzip).[573] Die Übergabe der Sache kann auch durch Übergabe einer Urkunde (deed) erfolgen.[574] Soweit es sich um einen verlängerten Eigentumsvorbehalt (z. B. Lieferantenvorbehalt mit Weiterverarbeitungs- und Veräußerungsbefugnis) handelt, geht das Eigentumsrecht mit der Verarbeitung unter, wenn die Weiterverarbeitungsklausel nicht nach dem Companies Act 2006, Part 25, sec. 860 ff., als Sicherheit ordnungsgemäß registriert ist.[575] Auch ein vereinbartes weitergehendes Recht an den neuen Gegenstand oder der Forderung gegen einen etwaigen Käufer scheitert bei fehlender Registrierung.

cc) Sicherungsrechte

Unter InsAct 1986 sec. 248 werden Sicherheiten[576] als any mortgage, charge, lien or other security beschrieben. Als other security ist insbesondere die pledge oder pawn (Besitzpfandrecht) zu nennen. Zu den einzelnen Sicherheiten sind folgende Anmerkungen zu machen:

(1) Mortgage

Eine **mortgage** ist ein Sicherungsrecht aus dem Immobilienrecht.[577] Der Eigentümer überträgt Rechte an seinem Grundeigentum auf den Darlehensgeber unter der Bedingung, dass diese Rechte zurückübertragen werden, wenn die gesicherte Schuld erfüllt ist. Die mortgage ist rechtlich im Law of Property Act 1925 (LPA 1925) geregelt und wird durch die Land Registration Rules ergänzt. Die Voraussetzungen für eine Bestellung sind in LPA 1925 sec. 85 ff. geregelt. Es wird unterschieden zwischen einer legal mortgage und einer equitable mortgage. Eine **legal mortgage** kann nur am

573 Triebel, S. 54; Krimphove, S. 127.
574 Krimphove, S. 127.
575 Keay/Walton Nr. 32.1 ff.
576 Übersicht in Goode RabelsZ 44, 674 ff.
577 Goode, Commercial Law, S. 644 f.; es gibt noch die sogenannte Chattel-Mortgage, welche bewegliche Gegenstände betrifft und nahezu unbedeutend ist; vgl. Bierle S. 51 ff.

legal estate, daher an einem freehold estate[578] oder einem leasehold estate[579] begründet werden. Die legal mortgage wird in der Praxis überwiegend[580] durch die Einräumung einer legal charge (charge by way of legal mortgage) bestellt.[581] Bei der legal charge handelt es sich um die Einräumung eines Verwertungsrechts an dem betreffenden Grundvermögen.[582] Anzumerken ist, dass die Einräumung des Sicherungsrechts durch eine Urkunde (deed) nicht der notariellen Beurkundung bedarf.[583] Gemäß dem Land Registration Act (LRA) 2002 sec. 91 Abs. 5 kann die Erklärung (deed) nunmehr auch elektronisch durch eine electronic conveyancing ersetzt werden. Für die Wirksamkeit der charge by way of legal mortgage ist gemäß LRA 2002 sec. 27 Abs. 1 die Eintragung der mortgage in das Grundstücksregister erforderlich. Erfolgt die Eintragung nicht, so handelt es sich lediglich um eine sogenannte **equitable mortgage**, die keine Sicherheit gegenüber zeitlich folgenden Verfügungen gewährt.[584]

(2) Fixed Equitable Charge

Die **fixed Equitable Charge** gestaltet sich ähnlich wie die mortgage, bezieht sich aber auf bewegliche Vermögensgegenstände. Hier wird ein konkreter Gegenstand mit einem Sicherungsrecht für einen Gläubiger belastet. Für die rechtsgeschäftliche Einräumung wird weder die Übertragung des Eigentums noch des Besitzes vorausgesetzt. Für den Bestandschutz ist allerdings wiederum die Eintragung einer notice im Companies Register erforderlich.

---

578 Volleigentumsrecht, daher Recht auf den Besitz und Nutzung eines Grundstücks oder grundstücksgleichen Rechts (z. B. Eigentumswohnung) auf unbestimmte Zeit.

579 Diese Rechte sind mit dem deutschen Pacht- bzw. Erbbaurecht zu vergleichen. Es wird das Recht, ein Grundstück oder eine Eigentumswohnung für einen festen bestimmten Zeitraum frei zu nutzen eingeräumt.

580 Neben der legal charge gibt es noch die wenig verbreitete Möglichkeit der Bestellung eines terms of years absolute (mortgage by demise).

581 Rink, S. 30.

582 Rink, S. 30.

583 Rink, S. 31.

584 Rink, S. 32.

(3) Floating Charge

Die **Floating Charge** ist ein Sicherungsrecht, das sich auf unbestimmte (revolvierende) Vermögensgegenstände bezieht und ausschließlich für Kapitalgesellschaften zulässig ist.[585] Beschrieben werden kann die Floating Charge als eine Art Hypothek, die z. B. auf dem Warenlager des Unternehmens lastet. Die Schuldnerin (Sicherungsgeberin) hat bis zum Sicherungsfall (cristallisation) das Recht, frei über ihre Vermögenswerte zu verfügen.[586] Neue Gegenstände (Waren, Maschinen etc.) werden automatisch von der Floating Charge erfasst (Einbringung). Es ist zu beachten, dass die Floating Charge bei einer Bestellung vor dem 15.09.2003 dem gesicherten Gläubiger das Recht gab, im Sicherungsfall für die nun konkreten Sicherungsgegenstände einen administrative receiver zu ernennen, der die als Sicherheit dienenden Gegenstände für den gesicherten Gläubiger verwertet. In diesem Fall wartet der Liquidator in der Regel zunächst die Verwertung durch den administrative receiver ab und verwertet anschließend das verbliebene Vermögen. Falls der mit einer Floating Charge gesicherte Gläubiger hiervon nicht Gebrauch macht oder diese erst nach dem 15.09.2003 bestellt wurde, ist der mit einer Floating Charge gesicherte Gläubiger wegen der zum 15.09.2003 erfolgten Gesetzesänderung grundsätzlich nicht mehr berechtigt, einen Administrative Receiver zu bestellen.[587] An dessen Stelle kann der Inhaber der qualifying Floating Charge jedoch einen Administrator bestellen, der sich um eine Befriedigung des Gläubigers unter Beachtung der sonstigen Ziele der Administration bemüht. Qualifying ist die Floating Charge hierbei, wenn sie ausdrücklich den Inhaber berechtigt, einen Administrator oder Administrative Receiver zu ernennen bzw. auf die Regelungen im Enterprise Act 2002 Bezug nimmt und die Sicherheit das wesentliche Vermögen der Schuldnerin erfasst.[588] Im Rahmen der Einräumung einer Floating Charge muss vertraglich genau bestimmt werden, welche Vermögenswerte von der Floating Charge erfasst werden. Rechte von Dritten können nicht miterfasst

585 Gower and Davies Principles, S. 1162 f.; Goode, Commercial Law, S. 730 ff. (ausführlich); Schall IPRax 2009, 209 ff.; KTS 2009, 69 ff.; Florian, S. 114.

586 Goode, Commercial Law, S. 736 f. (crystallization); Bernstorff, S. 128.

587 Vgl. Ausnahmen in InsAct 1986 sec. 72B–72GA.

588 InsAct 1986 Schedule B1 para 14 Abs. 2 und 3.

werden.[589] Unbeeinflusst sind die Eigentumsrechte von Dritten, wenn diese vorher wirksam eingeräumt wurden.[590] Die Floating Charge ist im Companies Register innerhalb von 21 Tagen nach ihrer Bestellung/Einräumung zu registrieren.[591] Im Konkurrenzverhältnis zwischen zwei „Floating Charges“ ist die zuerst eingetragene grundsätzlich vorrangig.[592] Im Falle des Insolvenzverfahrens ist die Floating Charge unwirksam, wenn diese beispielsweise erst innerhalb der letzten 12 Monate vor dem Eingang des Antrags bei Gericht auf Administration/Liquidation bzw. des Beschlusses über die außergerichtliche Administration bzw. die Liquidation eingetragen wurde.[593]

(4) Pledge und Pawn

Im Rahmen der **Pledge** oder **Pawn** erhält der Gläubiger einen bestimmten Gegenstand als Sicherheit übergeben (Besitzpfand), den er im Falle der Nichteinhaltung der Rückzahlungsverpflichtung selbstständig verwerten und sich aus dem Erlös befriedigen kann, ohne dass er hierfür ein Gericht bemühen muss.[594]

(5) Lien

Bei der **Lien** handelt es sich um ein gesetzliches (legal) oder aus dem Billigkeitsrecht stammendes (equitable) Pfandrecht/Zurückbehaltungsrecht.[595] Die Lien gibt dem Auftragnehmer beispielsweise ein Zurückbehaltungsrecht an dem von ihm für den Auftraggeber bearbeiteten Gegenstand, bis dieser die Rechnung gezahlt hat (z. B. Werkunternehmerpfandrecht).

(6) Assignment

Das Recht der **Forderungsabtretung**[596] ist gesetzlich (**legal assignment**) im Law of Properts Act 1925 (LPA) sec. 136 geregelt. Für eine wirksame

---

589 Pennington S. 508 f.; Goode, Commercial Law, S. 735.
590 Lipp, RIW 1994, 18, 23.f.; so auch Yazhari S. 82 ff.
591 Companies Act 2006 sec. 860 Abs. 7, 870 Abs. 1a.
592 Pennington S. 576.
593 InsAct 1986 sec. 245 Abs. 3 b.
594 Goode, Commercial Law, S. 643; Tolmie S. 21, 47, näher eingehend Bierle, S. 36–40.
595 Bailey/Groves 36.21; Goode, Commercial Law, S. 744.
596 Vgl. hierzu Chitty-A.S. Burrows, 19–001.

Forderungsabtretung werden eine schriftliche unbedingte Abtretungserklärung zwischen dem Zedenten und dem Zessionar sowie die schriftliche Anzeige (Offenlegung) der Abtretung bei dem Drittschuldner vorausgesetzt.[597] Eine Abtretung künftiger Forderungen ist hiernach nicht möglich.[598]

Neben der gesetzlich geregelten Forderungsabtretung kennt das englische Recht jedoch noch die Forderungsabtretung nach dem Billigkeitsrecht (Equity) der sogenannten **„equitable assignment"**. Im Gegensatz zur legal assignment wird keine besondere Schriftform[599] oder Drittschuldneranzeige[600] vorausgesetzt. Weiter erlaubt die equitable assignment auch die antizipierte Abtretung noch nicht entstandener Forderungen. Hierbei verpflichtet sich die Schuldnerin zur künftigen Abtretung.[601] Folgerichtig ist jedoch für eine wirksame Abtretung künftiger Forderungen das tatsächliche Vorhandensein der Forderung zum Zeitpunkt des Rechtserwerbs eine unabdingbare Voraussetzung.[602] Als weitere Voraussetzung wird von der Rechtsprechung für die Abtretung eine sogenannte „consideration", daher eine irgendwie geartete Gegenleistung im Zeitpunkt der Abtretung verlangt.[603] Auch wenn die Offenlegung der Abtretung grundsätzlich nicht verlangt wird, so ist sie doch für das Rangverhältnis mehrerer Gläubiger einer Forderung entscheidend.[604] Die equitable assignment ist auch in der Form der Globalzession (general assignment), der (Sicherungs-)Abtretung aller gegenwärtigen und zukünftigen Forderungen gegenüber Dritten möglich. Bei natürlichen Personen

597 Chitty-A.S. Burrows, 19–016; Staudinger.BGB-Magnus EGBGB Art. 33 Rn. 21; Yazhari S. 90, 93; Bernstorff, S. 126.

598 Yazhari S. 94.

599 Trendtex Trading Corp. v. Crédit Suisse, [1980] 3 All E.R. 721, 740 ff.; Ausnahmen finden sich im Law of Property Act 1925 sec. 53 I (a) und (c) für die Abtretung von Rechten an Grundstücken sowie für die Abtretung von Rechten eines Treugebers an einem Trust.

600 Holt v. Heatherfield Trust Ltd., [1942] 1 All E.R. 404, 407; vgl. hierzu auch Yazhari S. 95; Staudinger.BGB-Magnus EGBGB Art. 33 Rn. 21.

601 Glegg v. Bromley, [1912] 3 K.B. 474, 490; Halsbury's Laws of England, Bd 6, S. 24.

602 Internat. Encycl.-Kötz, Rn. 13–82; Treitel, Rn. 15–025.

603 Glegg v. Bromley, [1912] 3 K.B. 474,491; Treitel, Rn. 15–024; Bernstorff S. 126.

604 Holt v. Heatherfield Trust Ltd., [1942] 2 K.B. 1, 5 f.; Treitel, Rn. 15–022; Staudinger.BGB-Magnus EGBGB Art. 33 Rn. 21; Bernstorff, S. 126.

ist gemäß InsAct 1986 sec. 344 zu beachten, dass grundsätzlich sämtliche Abtretungen wie sogenannte bills of sales einzutragen sind.[605] Dies gilt nur dann nicht, wenn der Drittschuldner und/oder der Vertrag zum Zeitpunkt der Abtretung eindeutig bestimmt waren.[606]

b) Ab Verfahrenseinleitung

Die Beantragung eines **Liquidationsverfahrens** führt jedenfalls zunächst nicht zu einer Beschränkung der wirksam gesicherten Gläubiger.[607] Die Gläubigerrechte können jedoch auf Antrag durch das Gericht ausnahmsweise beschränkt werden.[608]

Beim **Administrationsverfahren** verlieren die Gläubiger durch das vorläufige Moratorium gemäß InsAct 1986 Schedule B1 para 44 Abs. 1 bis 4 jedenfalls vorübergehend nahezu vollständig ihre Rechte im Interesse des angestrebten Administrationsverfahrens.

In den **Vergleichsverfahren** wird die Position der gesicherten Gläubiger grundsätzlich nicht beeinträchtigt.[609] Vorläufig besteht jedoch auch für natürliche Personen und kleinere juristische Personen die Möglichkeit, die Insolvenzmasse mithilfe einer Interim Order ähnlich des Interim Moratorium bei der vorläufigen Administration zusammenzuhalten. Soll ein Sicherungsrecht auch im weiteren Verlauf des Verfahrens der Schuldnerin zur Verfügung stehen, so muss der gesicherte Gläubiger mit in das Vergleichsverfahren eingebunden werden.[610] Gegen den Willen können gesicherte Gläubiger nur bezüglich eines etwaig ungesicherten Teils ihrer Forderung gebunden werden. Entsprechend nehmen die gesicherten Gläubiger auch nur mit dem ungesicherten Teil ihrer Forderung an der Abstimmung teil.[611] Ist die Schuldnerin auf den Sicherungsgegenstand angewiesen, so ist der Verbleib bei der Schuldnerin gesondert auszuhandeln oder die Schuldnerin

---

605 Bills of Sale Act 1878 sec. 4; Habel, S. 82; Bernstorff, RIW 1984, 510.
606 InsAct 1986 sec. 344 Abs. 3 b; vgl. Chitty-A.S. Burrows, 19–062; Bernstorff, RIW 1984, 510.
607 Keay/Walton 31.2 ff., 33.3.2. ff.; Jungmann Rn. 838.
608 InsAct 1986 sec. 126; sec. 285 ff.; sec. 112.
609 InsAct 1986 sec. 4 Abs. 3, Schedule A1 para 31 Abs. 4; Bailey/Groves 9.50, Jungmann, Rn. 816 ff.
610 InsAct 1986 Schedule A1 para 31 Abs. 4.
611 Calor Gas v Pierca [1994] BCC 69.

muss sich in Abstimmung mit den Gläubigern um einen Ersatz bemühen. In den Vergleichsverfahren haben die Gläubiger im Rahmen des Creditors Meeting zu diesem Zeitpunkt bereits einen erheblichen Einfluss auf den weiteren Verfahrensgang. Hier wird der Vorschlag der Schuldnerin geprüft, gegebenenfalls nachverhandelt und beschlossen.[612] Haben die Gläubiger Veränderungen an dem Vorschlag vorgenommen, so ist die Zustimmung der Schuldnerin für das wirksame Zustandekommen des Vergleichsvertrags erforderlich. Für eine Genehmigung bzw. einer Abänderung des Vorschlags ist eine Dreiviertelmehrheit des Wertes der Forderungen der persönlich anwesenden Gläubiger erforderlich.[613] Die Stimmrechte im Creditors Meeting werden in InsRules 1986 rule 1.17 ff. (Company) bzw. rule 5.21 ff. (Individual) geregelt. Bei Unstimmigkeiten im Rahmen der Abstimmung im Creditors Meeting kann das Gericht um eine Entscheidung gebeten werden.[614] Mit Ausnahme des in dieser Untersuchung nicht näher behandelten gesellschaftsrechtlichen Scheme-of-Arrangement-Verfahren können die Gläubiger selbst jedoch kein Vergleichsverfahren einleiten.

In den jeweiligen Verfahren können die Gläubiger beim Gericht die bereits unter Rechte der Schuldnerin beschriebenen Sicherungsmaßnahmen anregen. Sollte das Gericht einen Antrag des Gläubigers zurückweisen, so steht ihm grundsätzlich die Rechtsbeschwerde zu. Auch die Gläubiger haben während des gesamten Verfahrens ein Akteneinsichtsrecht.[615]

2. Deutschland

a) Bis zur Verfahrenseinleitung

aa) Allgemeine Gläubigerrechte

Wie im englischen Recht bietet sich je nach Schuldnerin die einvernehmliche Einsetzung eines vorinsolvenzrechtlichen Krisenmanagements an, das auf ein außerinsolvenzrechtliches oder insolvenzrechtliches Sanierungsverfahren

612 Company: InsAct 1986 sec. 3 ff.; Individual: InsAct 1986 sec. 258 Abs. 1.
613 Company: InsAct 1986 sec. 4; Individual: InsAct 1986 sec. 258, InsRules 1986 rule 5.23 Abs. 1.
614 Company: InsRules 1986 rule 1.17A Abs. 3; Individual: InsRules 1986 rule 5.22 Abs. 3.
615 InsRules 1986 rule 7.31.

hinarbeitet. Die Gläubiger können beim Vorliegen der Voraussetzungen des § 14 InsO (nachgewiesene Insolvenzreife) die Insolvenzeröffnung beantragen und Sicherungsmaßnahmen anregen. Unterlässt das Gericht rechtsfehlerhaft die Anordnungen von Sicherungsmaßnahmen, können Amtshaftungsansprüche nach § 839 BGB, Art. 34 GG ausgelöst werden.[616]

Unabhängig von den insolvenzrechtlichen Vorschriften stehen den Gläubigern die gewöhnlichen Vollstreckungsmittel der Zivilprozessordnung sowie die außergerichtlichen Vergleichsmöglichkeiten offen. Vor einem Insolvenzverfahren haben die Gläubiger in Deutschland wegen einer Geldforderung die nachfolgenden Einzelzwangsvollstreckungsmöglichkeiten:

- Vollstreckung in bewegliche Gegenstände gemäß den §§ 808 bis 827 ZPO durch einen Gerichtsvollzieher
- Vollstreckung in Forderungen insbesondere Pfändung von Arbeitseinkommen gemäß §§ 828 bis 863 ZPO
- Vollstreckung in das unbewegliche Vermögen gemäß §§ 864 bis 871 ZPO i.V.m. dem ZVG.

Zu nennen ist noch der einstweilige Rechtsschutz in Form eines Arrestes gemäß § 916 ff. ZPO, wenn der Gläubiger beispielsweise noch nicht sämtliche Vollstreckungsvoraussetzungen geschaffen hat, jedoch befürchten muss, dass die Schuldnerin ihr Vermögen verschiebt und so der späteren Vollstreckung vorenthält.

bb) Eigentumsrechte

Solange keine Sicherungsmaßnahmen gemäß § 21 Abs. 2 Nr. 5 InsO angeordnet worden sind, können Eigentumsrechte nach den allgemeinen zivilrechtlichen Vorschriften geltend gemacht werden (z. B. § 895 BGB). Soweit ein Gegenstand der Schuldnerin im Rahmen eines Nutzungsverhältnisses (z. B. Mietvertrag) überlassen wurde, muss dementsprechend das Nutzungsverhältnis zuvor für das Herausgabeverlangen beendet werden. Soweit keine freiwillige Herausgabe erfolgt, muss der Herausgabeanspruch auf dem Rechtsweg (Herausgabeklage und -vollstreckung) verfolgt werden. Der Besitz der Schuldnerin wird über § 858 ff. BGB auch dann geschützt,

---

616 Hmb-Komm/J.-S. Schröder § 21 Rn. 90.

wenn der Eigentümer/Vermieter einen Anspruch auf Herausgabe oder Duldung der Wegnahme hat.[617]

Im Rahmen des einfachen **Eigentumsvorbehalts** steht die Eigentumsübertragung unter der aufschiebenden Bedingung der vollständigen Kaufpreiszahlung (Bedingungseintritt §§ 449 Abs. 1 und 929, 158 Abs. 1 BGB). Der Verkäufer bleibt daher zunächst Eigentümer und der Käufer erwirbt nur Anwartschaftsrechte auf das Eigentum.[618] Solange sich der Käufer vertragsgemäß verhält, hat er aus dem Kaufvertrag ein Recht zum Besitz.

Beim **erweiterten Eigentumsvorbehalt** geht das Eigentum an den Kaufgegenstand nicht bereits mit Zahlung des hierfür geschuldeten Kaufpreises auf den Käufer über, sondern bleibt solange bestehen, bis auch die sonstigen Forderungen des Vorbehaltsverkäufers bedient sind.[619] Der Eintritt der aufschiebenden Bedingung wird davon abhängig gemacht, ob auch die weiteren Kaufpreisforderungen zwischen dem Verkäufer und dem Käufer beglichen sind (erweiterte Bedingung).[620]

Noch enger ist der sogenannte **Kontokorrentvorbehalt.** Hier erwirbt der Vorbehaltskäufer erst das Eigentum, wenn sämtliche (auch zukünftige) Forderungen aus der Geschäftsbeziehung getilgt worden sind.[621]

Der **verlängerte Eigentumsvorbehalt** dient zur Absicherung des Vorbehaltsverkäufers im Falle der gewollten Weiterveräußerung oder Weiterverarbeitung des Verkaufsgegenstands.[622] Anstelle des Eigentums tritt ein wirtschaftliches Surrogat in Form einer Forderung oder von Miteigentum. Um einen reibungslosen Geschäftsverkehr beim Käufer zu ermöglichen, ist dieser weiterhin zur Einziehung der im Voraus abgetretenen Forderung berechtigt. Probleme bereiten in dieser Konstellation zwischen dem

---

617 BGH NJW 1977, 1818; BGH NJW, 2010, 3434; MünchKomm.BGB-Joost § 858 Rn. 8.

618 MünchKomm.BGB-H. P. Westermann, § 449 Rn. 7 f. 39.

619 MünchKomm.BGB-H. P. Westermann, § 449 Rn. 81.

620 BGH NJW 1964, 1788; BGH BB 1969, 1105; NJW 1971, 799; BGH NJW 1985, 1836; BGH NJW 1987, 487; BGH NJW 1994, 1154, 1155; BGH NJW 1991, 2285.

621 BGH NJW 1987, 487 f.; BGH NJW 1991, 2285; BGHZ 125, 83, 87; auch hinsichtlich Wirksamkeitserwägungen MünchKomm.BGB-H. P. Westermann § 449 Rn. 82.

622 Münchkomm.BGB-H. P. Westermann,§ 449 Rn. 87.

Vorbehaltskäufer und seinem Kunden vereinbarte Abtretungsverbote hinsichtlich der Forderung des Vorbehaltskäufers.[623] In einer solchen Konstellation wird vertreten, dass die Ermächtigung zur Weiterveräußerung nicht erteilt sein soll.[624] Ein Erwerb der Vorbehaltsware ist in diesen Fällen aber nach den Regelungen der §§ 932 ff., 946 ff. BGB, § 366 HGB möglich. Soweit das Eigentumsrecht untergegangen ist, steht dem Verkäufer gegebenenfalls ein Sicherungsrecht (Forderungsabtretung) zu.

cc) Sicherungsrechte

Unter Sicherungsrechte sind Immobiliarpfandrechte und sonstige Sicherungsrechte wie Mobiliarpfandrechte, Sicherungsübereignungen und Sicherungsabtretungen sowie Zurückbehaltungsrechte zusammenzufassen.

(1) Immobiliarpfandrechte

Bei **Immobiliarpfandrechten** (z. B. Grundpfandrechte, Hypotheken) handelt es sich um Rechte an Gegenständen, die der Zwangsvollstreckung in das unbewegliche Vermögen unterliegen wie Grundstücke, grundstücksgleiche Rechte,[625] eingetragene Schiffe und Schiffsbauwerke[626], Luftfahrzeuge[627], der jeweilige Haftungsverband[628] sowie Miteigentumsanteile[629]. Die Verwertung erfolgt im Rahmen des Zwangsversteigerungs- oder Zwangsverwaltungsverfahrens.[630] Die Sicherungsgläubiger können (bei Verwertungsreife) die Befriedigung aus dem Sicherungsgegenstand suchen. Die Sicherungsrechte an einem Grundstück erlöschen z. B. durch den Zuschlag soweit diese nach den Versteigerungsbedingungen (§§ 52, 59 ZVG) nicht bestehen

623 § 399 BGB.
624 MünchKomm.BGB-H. P. Westermann, § 449 Rn. 88; beachte aber § 354a HGB bei beiderseitigen Handelsgeschäften.
625 Vgl. §§ 864, 870 ZPO, z. B. Erbbaurecht (§ 11 ErbbauRG), Wohnungs- und Teileigentum sowie Wohnungs- und Teilerbbaurechte (WEG), bergrechtliche Berechtigungen (BBergG).
626 Vgl. gemäß §§ 864 Abs. 1, 870 a ZPO i.V.m. § 162 ff. ZVG im Schiffsregister eingetragene Schiffe und Schiffsbauwerke.
627 Vgl. § 1 Nr. 2 LuftVG, § 171a ZVG.
628 Vgl. § 865 ZPO i.V.m. §§ 1120–1130, 1265 BGB.
629 Vgl. § 864 Abs 2 ZPO, §§ 747, 1114 BGB.
630 §§ 10 Abs. 1, 15 ff., 146 ff. ZVG.

bleiben.[631] Der Erlös wird aufgrund eines gemäß §§ 106, 113 ff. ZVG vom Zwangsversteigerungsgericht zu erstellenden Teilungsplans nach den Rangklassen unter den Sicherungsgläubigern verteilt. Das Verhältnis mehrerer Rechte in einer Rangklasse bestimmt sich gemäß § 10 Abs. 1 ZVG grundsätzlich nach dem Verhältnis der Beträge. Bei den Rangklassen nach § 10 Abs. 1 Nr. 4, 6 und 8 ZVG ist jedoch gemäß § 11 Abs. 1 ZVG auf das Rangverhältnis der Rechte untereinander abzustellen. Hiernach ist gemäß §§ 879 ff. BGB vorbehaltlich einer abweichenden Rangbestimmung (§ 879 Abs. 3, 880, 881 BGB) grundsätzlich in derselben Abteilung auf die Reihenfolge der Eintragungen in das Grundbuch und in unterschiedliche Abteilungen auf die Eintragungstage abzustellen. Weiter sind gesetzliche Rangverschiebungen möglich. Dies ist beispielsweise gemäß §§ 1176, 1182 Satz 2 BGB bei dem teilweisen Übergang einer Hypothek, Grundschuld oder Rentenschuld auf den Eigentümer gemäß §§ 1163, 1168, 1173, 1175 BGB oder auf den persönlichen Schuldner gemäß §§ 1164, 1174 BGB der Fall.[632] Für die Rangklasse nach § 10 Abs. 1 Nr. 5 ZVG bestimmt § 11 Abs. 2 ZVG, dass die frühere Beschlagnahme der späteren vorgeht. Vor dem Hintergrund der Eigenschaften der **Grundschuld** (§ 1192 Abs. 1 BGB) als abstrakt dingliches, forderungsunabhängiges und lediglich über eine Sicherungsabrede mit der Forderung verknüpftes Recht an dem Grundstück ist zunächst darauf hinzuweisen, dass nach der geänderten Rechtsprechung des Bundesgerichtshofs nunmehr die (Sicherungs-) Zinsen aus der Sicherungsgrundschuld regulär nach § 195 BGB (daher in drei Jahren ab Entstehung) verjähren.[633] Im Hinblick auf § 114 Abs. 2 ZVG müssen rückständige Zinsen im Gegensatz zu den laufenden Zinsen im Rahmen des Zwangsversteigerungsverfahrens angemeldet werden. Wegen der Unabhängigkeit von einer gesicherten Forderung steht dem Grundschuldgläubiger im Rahmen der Zwangsversteigerung grundsätzlich der nominale Betrag der Grundschuld zu.[634] Daher ist es für das Zwangsversteigerungsgericht auch unbeachtlich, wenn ein erstrangiger Grundschuldgläubiger zum Verteilungstermin ein geringeres

631 § 91 Abs. 1 ZVG.
632 Vertiefend und mit diversen Beispielen Dassler/Schiffhauer-Hintzen § 44 Rn. 54 ff.
633 BGH ZIP 1999, 1883.
634 BGH NJW 1982, 928; Dassler/Schiffhauer-Hintzen § 114 Rn. 38.

Grundschuldkapital anmeldet oder erklärt, dass er nicht den vollen auf die Grundschuld entfallenden Erlösanteil beansprucht.[635] Möglich ist jedoch ein grundbuchrechtlich eingetragener Verzicht. Ohne Eintragung im Grundbuch hat der Grundschuldgläubiger spätestens bis zum Verteilungstermin dem Zwangsversteigerungsgericht schriftlich eine Verzichtserklärung vorzulegen. Liegt keine Erklärung vor, wird der Betrag vollständig an die Gläubiger ausgekehrt. Das Vorliegen einer Erklärung führt vorbehaltlich abweichender Regelungen oder geltend gemachter Rechte grundsätzlich dazu, dass der nicht beanspruchte Erlösanteil an den Besteller der Sicherungsgrundschuld (der Schuldnerin) und nicht etwa an den nächst nachrangig Berechtigten ausgezahlt wird.[636] Dies folgt daraus, dass nicht der im Range nachgehende Sicherungsgläubiger einen Anspruch gegen den vorrangigen Grundpfandgläubiger auf den Erlösanteil der nicht valutierenden Grundschuld hat, sondern der Besteller der Grundschuld (Schuldnerin) im Hinblick auf den schuldrechtlichen Rückgewähranspruch.[637] In dieser Konstellation hat der Eigentümer (Schuldnerin) aufgrund des Wegfalls des Sicherungszwecks gegenüber dem Sicherungsnehmer einen Anspruch auf Ausgleich der Bereicherung.[638] Der Anspruch entsteht bereits im Rahmen der Sicherungsabrede und ist im Hinblick auf die Tilgung der zugrunde liegenden Forderung aufschiebend bedingt.[639] Hat der erstrangige Grundschuldgläubiger den Verzicht zuvor im Grundbuch eintragen lassen, erwirbt der Eigentümer bereits hierdurch kraft Gesetzes (§ 1168 Abs. 1 i.V.m. § 1192 Abs. 1 BGB) die Grundschuld und tritt an die Stelle des Gläubigers.[640] Aus den genannten Gründen lassen sich gleich- oder nachrangige Grundschuldgläubiger den Rückgewähranspruch vom Eigentümer abtreten. Der Eigentümer hat wiederum gegen den Abtretungsempfänger einen Rückübertragungsanspruch, wenn der Rückübertragungsanspruch von dem gleich- oder nachrangigen Gläubiger nicht mehr benötigt wird. Die Zweckerklärung im Rahmen der Abtretung von Rückgewähransprüchen

---

635 Stöber § 114 Rn. 7.5.
636 LG München KTS 1976, 247; Dassler/Schiffhauer-Hintzen § 114 Rn. 41.
637 BGH Rpfleger 1958, 51; Dassler/Schiffhauer-Hintzen § 114 Rn. 41.
638 BGH NJW-RR 1996, 234; BGH NJW 1992, 1620.
639 BGH MDR 1959, 571; BGH NJW 1977, 247.
640 Dassler/Schiffhauer-Hintzen § 114 Rn. 42.

bezüglich der vorrangigen Grundpfandrechte ist regelmäßig derart gestaltet, dass auch die vorrangigen (nicht benötigten) Grundpfandrechte als weitere Sicherheit dienen sollen und so auszulegen sind, dass zwar der Vorrang ausgenutzt werden darf, aber insgesamt der Befriedigungsanspruch betragsmäßig nicht über die Höhe der nachrangigen Grundschuld liegen darf.[641] Seit dem 01.01.1978 normiert § 1179a BGB zudem einen gesetzlichen Löschungsanspruch des nachrangigen Sicherungsgläubigers gegen den Eigentümer in der Form, dass dieser die Löschung eines vorrangigen oder gleichrangigen Grundpfandrechts von dem Eigentümer verlangen kann, wenn dieses Grundpfandrecht zum Zeitpunkt der Eintragung des eigenen Rechts auf den Eigentümer übergegangen ist oder später auf den Eigentümer übergegangen ist. Der Löschungsanspruch wird gemäß § 1179a Abs. 1 Satz 3 BGB der Eintragung einer Löschungsvormerkung im Grundbuch entsprechend abgesichert behandelt. Bis zum 31.12.1977 wurde gemäß § 1179 BGB hierfür regelmäßig zur Sicherung des Anspruchs auf Löschung eine Vormerkung in das Grundbuch eingetragen. Weder durch den Löschungsanspruch noch durch die Löschungsvormerkung wird die Entstehung einer Eigentümergrundschuld verhindert (z. B. §§ 1192, 1154 BGB Rückübertragung; §§ 1192, 1168 BGB Verzicht). Der Eigentümer wird hierdurch lediglich verpflichtet, eine entstandene Eigentümergrundschuld zugunsten des Vormerkungsberechtigten aufzugeben und den auf sie entfallenden Erlösanteil herauszugeben.[642] Erlischt das vorrangige Sicherungsrecht, dessen Löschung die Vormerkung sichert im Rahmen der Zwangsversteigerung, setzt sich der Löschungsanspruch kraft Surrogation an dem Zwangsversteigerungserlös fort.[643] Der nachrangige Gläubiger muss jedoch im Rahmen der Erlösverteilung den Löschungsanspruch geltend machen.[644]

(2) Bewegliche Sicherungsrechte

Unter den Begriff der **beweglichen Sicherungsrechte** fallen gemäß §§ 50 ff., 166, ff. InsO gesetzliche und vertragliche Pfandrechte, Rechte aus Sicherungsübereignungen, Zurückbehaltungsrechte und sonstige Rechte

641 BGH NJW 1990, 1177.
642 Dassler/Schiffhauer-Hintzen § 114 Rn. 79.
643 BGH NJW 2012, 417.
644 Dassler/Schiffhauer-Hintzen § 114 Rn. 86.

aufgrund der öffentlich rechtlichen Zuweisung an beweglichen Sachen und Rechten, die grundsätzlich zur Insolvenzmasse gehören. Voraussetzung eines wirksamen Absonderungsrechts ist zunächst die Entstehung des Absonderungsrechts vor der Verfahrenseröffnung.

Vertragliche Pfandrechte an beweglichen Sachen entstehen durch Einigung (zwischen Verpfänder und Pfandgläubiger über die Verpfändung) und Besitzübertragung (grundsätzlich des Pfandgegenstandes). Für die Besitzübertragung ist es erforderlich, dass der Verpfänder die tatsächliche Herrschaftsgewalt und Verfügungsmacht über die Pfandsachen zugunsten des Pfandgläubigers in äußerlich erkennbarer Weise vollständig aufgibt.[645] Die Begründung eines Pfandrechtes ist in bestimmten Fällen auch durch Übergabe eines Traditionspapiers (Konnossement eines Verfrachters, Ladeschein eines Frachtführers, Lagerschein, Versicherungspolice gemäß § 363 Abs. 2 HGB oder Seekonnossement gemäß §§ 642, 650 HGB) möglich. Mit der Übergabe des Traditionspapiers wird die Übergabe des Pfandgegenstandes ersetzt, z.B. nach § 448 HGB für den Ladeschein. Konnossemente der Verfrachter, Ladescheine der Frachtführer, Lagerscheine und Transportversicherungspolicen können gemäß § 363 Abs. 2 HGB durch Indossament übertragen werden, wenn sie an Order lauten.[646] Bei sonstigen Papieren (z.B. Wechsel), die durch Indossament übertragen werden können, ist die Einigung und Übergabe des indossierten Papiers gemäß § 1292 BGB ausreichend. Die Verwertung des Pfandobjekts erfolgt vorbehaltlich einer vertraglichen Regelung gemäß §§ 1228 ff. BGB nach Pfandreife und Verkaufsandrohung durch öffentliche Versteigerung oder bei Gegenständen mit Börsen- oder Marktpreisen durch Maklerverkauf.[647]

Zu den **gesetzlichen Pfandrechten** zählen insbesondere als Besitzpfandrecht das Werkunternehmerpfandrecht gemäß § 647 BGB, das Kommissionärs-Pfandrecht gemäß §§ 397 ff. HGB, das Spediteurs-Pfandrecht gemäß §§ 464 f. HGB, das Lagerhalterpfandrecht gemäß § 475 b HGB, das Frachtführerpfandrecht gemäß §§ 441 ff. HGB und das Grundstücks-Verpächterpfandrecht gemäß §§ 583, 585 Abs. 2 BGB und als besitzloses Pfandrecht das Vermieterpfandrecht gemäß § 562 BGB, das Verpächterpfandrecht

---

645 RGZ 52, 391.

646 Vgl. hierzu Uhlenbruck/Brinkmann § 50 Rn. 6.

647 § 1235 BGB.

gemäß § 592 BGB und das Gastwirtspfandrecht gemäß § 704 BGB. Die Verwertungsvorschriften für das vertragliche Pfandrecht sind hier gemäß 1257 BGB entsprechend anzuwenden.

Außerdem ist noch das **Pfändungspfandrecht** gemäß §§ 804 ff. ZPO (zivilrechtliche Zwangsvollstreckung – Verstrickung, aber auch über §§ 6 Abs. 1 Nr. 1 JBeitrO, 459 StPO für Geldstrafen) bezüglich beweglicher Gegenstände im Rahmen der Zwangsvollstreckung zu erwähnen. In diesem Fall erfolgt die Verwertung durch den Gerichtsvollzieher in einer öffentlichen Versteigerung gemäß § 814 ff. ZPO. Ebenfalls zu einem Pfändungspfandrecht an Forderungen und sonstigen Vermögensrechten der Schuldnerin führt die Zustellung eines Pfändungs- und Überweisungsbeschlusses des Amtsgerichts (Vollstreckungsgericht) in Zivilsachen sowie der Pfändungs- und Einziehungsverfügungen einer Behörde in öffentlich-rechtlichen Angelegenheiten beim Drittschuldner.[648] Durch die Pfändung wird zunächst die Forderung der Schuldnerin beschlagnahmt und anschließend zur Einziehung überwiesen.

Bei der **Sicherungsübereignung** wird vorübergehend eine Sache von dem Sicherungsgeber (Veräußerer) zur Absicherung von Forderungen des Sicherungsnehmers (Erwerber) an diesem übereignet.[649] Über einen Sicherungsvertrag werden regelmäßig der Zweck der Übereignung, die vorgesehene Rückübertragung (auflösende Bedingung bei Übertragung oder Anspruch) sowie die Art und Weise der Verwertung geregelt.[650] Die Sicherungsübereignung erfolgt daher lediglich zur Sicherung der Hauptforderung (z.B. Darlehen) des Sicherungsnehmers. Liegt nach dem Sicherungsvertrag die Verwertungsreife vor, kann der Sicherungsnehmer die Herausgabe zur Verwertung verlangen. Wie bereits zu den Eigentumsrechen dargestellt wurde (vgl. Abschnitt C. IV. 2. a) bb)) ist der Sicherungsnehmer zur Wegnahme nicht berechtigt.

Ähnlich verhält es sich bei der klassischen **Sicherungszession** im Rahmen von Darlehensgewährungen. Hier werden dem Sicherungsnehmer (Zessionar) vorübergehend eine oder mehrere (bis hin zur Globalzession)

---

648 §§ 828 ff. ZPO.

649 Lwowski/Fischer/Langenbucher § 11Rn. 1 f.; MünchKomm.BGB-Oechsler Anh. §§ 929–936.

650 Schimansky/Bunte/Lwowski-Ganter § 95 Rn. 27 ff.

Forderungen oder sonstige Rechte des Sicherungsgebers (Zedent) gegen einen Dritten zur Sicherung der Darlehensforderungen abgetreten.[651] Im Rahmen des Sicherungsvertrags wird wiederum bestimmt, wie und wann mit der Sicherheit verfahren werden soll. Da auch der Sicherungsgeber grundsätzlich selbst die besicherte Forderung des Sicherungsnehmers zurückführen soll, wird der Sicherungsgeber häufig mit einer Einziehungsermächtigung der abgetretenen Forderungen ausgestattet.[652]

Als Sicherungsrecht im weiteren Sinne sind schließlich **Zurückbehaltungsrechte** an Gegenständen der Schuldnerin zu verstehen.[653] Hier kann der Gläubiger die Herausgabe eines Gegenstandes an die Schuldnerin von der Bezahlung seiner Rechnung für die getätigten Leistungen auf den Gegenstand abhängig machen.

b) Ab Verfahrenseinleitung

Wie bereits im Abschnitt zum Vollstreckungs- und Substanzschutz beschrieben wurde, können die beschrieben Gläubigerrechte gemäß § 21 InsO und gemäß § 30d Abs. 4 ZVG erheblich zum Schutz des Vermögenszusammenhaltes der Schuldnerin und im Interesse der Gläubigergemeinschaft eingeschränkt werden.

Andererseits können die Gläubiger beispielsweise über die Bildung eines vorläufigen Gläubigerausschusses einen erheblichen Einfluss auf den Fortgang des Verfahrens nehmen.[654] Insbesondere können sie den (vorläufigen) Insolvenzverwalter (mit) bestimmen.[655]

---

651 Lwowski/Fischer/Langenbucher § 13 Rn. 1 f.; Schimansky/Bunte/Lwowski-Ganter § 96 Rn. 1.

652 Lwowski/Fischer/Langenbucher § 13 Rn. 1 f.; Schimansky/Bunte/Lwowski-Ganter § 96 Rn. 2 ff.

653 Vgl. § 1000 i.V.m. § 994 BGB sowie die Verwendungsansprüche nach den §§ 102, 292 Abs. 2, 304, 347 S. 2, 459, 536a, 539, 591, 601, 670, 675, 683, 693, 850, 972, 1049, 1057, 1216 und § 2022 BGB i.V.m. § 273 Abs. 2 BGB. Soweit Zurückbehaltungsrechte ein Absonderungsrecht begründen, hat der Absonderungsberechtigte ein Selbstverwertungsrecht nur, wenn er sich im Besitz der Sache befindet (§§ 166 Abs. 1, 173 Abs. 1); §§ 369–372 HGB.

654 §§ 22a, 56a InsO.

655 §§ 21 Abs. 2 Nr. 1, 22a, 56a InsO (möglich seit 01.03.2012 - Gesetz vom 07.12.2011 - Bundesgesetzblatt Teil I 2011 Nr. 64 13.12.2011 S. 2582).

Bei der Verwertung von Gegenständen und Forderungen, die mit Absonderungsrechten belastet sind, fallen im vorläufigen Verfahren im Gegensatz zum eröffneten Insolvenzverfahren grundsätzlich keine Kostenbeiträge gemäß § 171 InsO an.[656] Die privatrechtliche Vereinbarung von Kostenbeiträgen mit den absonderungsberechtigten Gläubigern ist jedoch möglich.

3. Rechtsvergleich

Die Rechte der Gläubiger außerhalb der insolvenzrechtlichen Vorschriften unterscheiden sich lediglich in der Ausgestaltung. Insbesondere das Vollstreckungsrecht weist erhebliche Ähnlichkeiten auf. Als Unterschiede sind jedoch das dem deutschen Recht unbekannte Sicherungsinstrument der Floating Charge und die in Deutschland deutlich einfacher gestaltete Sicherungsübereignung und Sicherungsabtretung zu nennen. Grundsätzlich kann auch bei den Gläubigerrechten eine gewisse Sachgesetzlichkeit festgestellt werden, die mit dem grenzüberschreitenden Handel zwischen den Vergleichsländern erklärt werden kann.

Innerhalb der insolvenzrechtlichen Vorschriften ist auffällig, dass in England bereits bei nachgewiesener drohender Zahlungsunfähigkeit (InsAct 1986 Schedule B1 para 11a) der Holder einer qualifying Floating Charge gemäß InsAct 1986 Schedule B1 para 14 (out of court) und auch ungesicherte Gläubiger gemäß InsAct 1986 Schedule B1 para 12 (Administration by Court) ein Administrationsverfahren einleiten kann. Positiv für das englische Administrationsverfahren ist in diesem Zusammenhang zu werten, dass mit einem solchen Gläubigerantrag frühzeitigen auch dann ein Sanierungsverfahren eingeleitet werden kann, wenn die Geschäftsführung selbst untätig bleibt. Andererseits ist für das deutsche Verfahren positiv zu werten, dass auch bei einem Gläubigerantrag eine Betriebsfortführung und ein Erhalt des Geschäftsbetriebs der Schuldnerin möglich sind. Im Übrigen halten beide Rechtsordnungen insolvenzrechtliche Regelungen vor, die in erheblichem Maße in die Rechte der Gläubiger eingreifen.

656 BGH ZIP 2003, 632.

V. Dritte

1. England

Im Folgenden werden die Rechte und Einflussmöglichkeiten der Dritten in den jeweiligen Verfahren dargestellt und anschließend verglichen.

Vorweg kann bereits festgestellt werden, dass den übrigen beteiligten Dritten im Rahmen der Insolvenzrechtsvorschriften keine direkten verfahrensrechtlichen Einwirkungsmöglichkeiten zustehen. Die bislang bezahlten Arbeitnehmer und die von der Schuldnerin abhängigen Kunden oder sonst involvierte Personen können nur im Rahmen des gewöhnlichen Geschäftsverkehrs auf die Schuldnerin einwirken (z. B. Verzicht auf Vorkasse etc.). Zwar sind in England die Arbeitnehmer sowie etwaige Dritte/Banken, die zweckgebunden Geld für die Bezahlung der Arbeitnehmer zur Verfügung gestellt haben, als Gläubiger im eröffneten Verfahren gemäß InsAct 1986 Schedule 6 para 9 ff. bevorrechtigt und können zudem im Falle der Beendigung des Arbeitsverhältnisses die rückständigen Lohnforderungen von bis zu acht Wochen, jedoch gedeckelt auf £ 380,00/Woche sowie Lohnnebenforderungen, gemäß dem Employment Rights Act 1996 (ERA 1996) sec. 182 ff. direkt gegen den National Insurance Fund geltend machen, jedoch existiert keine (Dritt-)Vorfinanzierungsmöglichkeit, die der Schuldnerin eine kurzfristige Entlastung der regelmäßig angespannten Liquiditätssituation verschaffen würde.

Dritte können unabhängig von dem Verfahren versuchen, sich an der Schuldnerin zu beteiligen, und auf diese Weise auf den Geschäftsbetrieb einwirken. Diesbezüglich ist erneut auf die Möglichkeit des Dept-Equity-Swap zu verweisen. Ist eine Beteiligung gesellschaftsrechtlich ausreichend, um Einfluss auf die Geschäftsführung zu nehmen, können Sanierungsmaßnahmen eingeleitet werden.

Über eine Liquiditätsgewährung kann ein Kunde beispielsweise die für ihn wichtige Leistungserbringung der Schuldnerin jedenfalls vorläufig sicherzustellen. Er kann z. B. die laufenden Betriebskosten der Schuldnerin direkt übernehmen und seine Aufwendungen in Absprache mit der Schuldnerin und gegebenenfalls einem vorläufigen Verwalter direkt mit seinen eigenen laufenden Aufwendungen gegenüber der Schuldnerin verrechnet und lediglich die Arbeitskosten der Schuldnerin ersetzen.

Die nachfolgend genannten Personen haben bei zu allen entschiedenen Verfahrensstadien Akteneinsichtsrechte:[657]

- der verantwortliche Insolvency Practitioner
- jeder Bevollmächtigte des Handels- und Wirtschaftsministerium
- jeder Gläubiger
- jeder, der über eine besondere Erlaubnis des Gerichts verfügt
- der Secretary of State und der Official Receiver

Bei Garantie- oder Bürgschaftsversprechen von Dritten ist zu beachten, dass diese nach dem englischen Recht nur durchsetzbar sind, wenn die entsprechenden Formvorschriften gemäß Statute of Frauds 1677, sec. 4 (ein unterschriebenes Dokument) eingehalten worden sind. Die Haftung des Versprechenden erlischt grundsätzlich erst mit Erfüllung der Schuld selbst. Hierbei ist zu beachten, dass die Übernahmeerklärung (vom Kreditinstitut vorformulierte Haftungserklärung) regelmäßig weit gefasst ist und auch die sonstigen Vertragsbeziehungen zwischen der Schuldnerin und dem Gläubiger erfasst.[658] Andererseits enthalten die Übernahmeerklärungen jedoch regelmäßig Regelungen, nach denen der Gläubiger vor einer Inanspruchnahme des Versprechenden zunächst die sonstigen Sicherheiten verwertet haben muss. In Höhe der tatsächlichen Inanspruchnahme erhält der Dritte einen Anspruch gegen die Schuldnerin, wenn die Schuldnerin die Haftungsübernahme gefordert hat. Ohne diese Abforderung erhält der Dritte die Forderung des Gläubigers nur (Forderungsübergang), wenn er sämtliche Verbindlichkeiten getilgt hat.[659] Geht die Forderung auf den Dritten über, so erhält er auch sämtliche Sicherheiten, die der Gläubiger zum Zeitpunkt der Zahlung noch hatte.[660] Haben mehrere Personen eine Haftungsübernahmeerklärung abgegeben, so regelt sich das Innenverhältnis proportional nach den Beteiligungsverhältnissen (Kopfzahlen).[661]

657 InsRules 1986 rule 7.31.

658 Bailey/Groves 27.2.

659 Bailey/Groves 27.2 durch vertragliche Regelung oder gesetzlichen Forderungsübergang; vgl. Oriental Commercial Bank Re (1871) LR 7 Ch 99, 102; Fenton Ltd ex p Fenton Textile Association Ltd Re (No. 1) [1931] 1 Ch 85 CA.

660 Forbes v Jackson (1882) 19 Ch D 615.

661 Deering v Earl of Winchelsea (1787) 2 Bos & P 270.

2. Deutschland

An dieser Stelle ist zunächst die Möglichkeit der Insolvenzgeldvorfinanzierung hervorzuheben. In der Regel kann unter der Leitung eines vorläufigen Insolvenzverwalters bzw. vorläufigen Sachwalters die Liquiditätssituation der Schuldnerin im Rahmen einer vorläufigen Betriebsfortführung durch eine Insolvenzgeldvorfinanzierung erheblich verbessert werden. Hierbei werden den Arbeitnehmern die Lohnforderung gegen die Schuldnerin mit Zustimmung der Bundesagentur für Arbeit (§ 170 Abs. 4 SGB III) von einer (finanzierenden) Bank abgekauft. Der Arbeitnehmer erhält als Kaufpreis eine Zahlung in Höhe des Nettolohns.[662] Die Zahlung der Bank an den Arbeitnehmer unterfällt als Insolvenzgeld im Sinne des § 32 b Abs. 1 Nr. 1a EStG nicht der Einkommensteuer.[663] Die Bank macht die eigentlichen Insolvenzgeldansprüche (Entgeltforderung der Arbeitnehmer) nach Verfahrenseröffnung gegen die Bundesagentur für Arbeit geltend. Die Bundesagentur für Arbeit meldet ihrerseits die weiterhin seitens der Schuldnerin unbefriedigt gebliebenen Lohnforderungen als Insolvenzforderung an.[664] Die Liquidität der Schuldnerin wird im Rahmen des vorläufigen Verfahrens lediglich durch Bankbearbeitungsgebühren und einen Vorschuss auf die Zinsen im Rahmen der Vorfinanzierungsvereinbarung belastet. Mithilfe der Vorfinanzierung kann im Ergebnis für einen Zeitraum von bis zu drei Monaten der Geschäftsbetrieb im vorläufigen Insolvenzverfahren von den laufenden Lohnkosten entlastet werden.

Im Übrigen haben auch im deutschen Insolvenzrecht Dritte keine direkten verfahrensrechtlichen Einflussmöglichkeiten. Arbeitnehmer bzw. die Arbeitnehmervertretungen können jedoch im Hinblick auf eine sich androhende Krise mit Zugeständnissen im Hinblick auf den Erhalt der Arbeitsplätze reagieren. Auch in Deutschland bestehen für Bürgschaftsversprechen besondere Formvorschriften, die jedoch nicht so streng sind wie im englischen Recht.[665] Ebenfalls geht im deutschen Recht die Forderung

662 §§ 165 ff., 170 SGB III.
663 BFH NZA-RR 2013, 35.
664 § 55 Abs. 3 InsO.
665 Vgl. § 766 BGB.

auf den Dritten über, wenn dieser den Gläubiger befriedigt.[666] Ähnliche Regelungen gelten bei Gesamtschuldverhältnissen.[667]

3. Rechtsvergleich

Dritte haben in beiden Ländern keine direkte insolvenzrechtliche Einflussmöglichkeit. Die deutsche Insolvenzgeldvorfinanzierung mit Zustimmung der Bundesagentur für Arbeit ist positiv hervorzuheben. Im Ergebnis genehmigt die Bundesagentur für Arbeit die Begründung von Forderungen zu ihren Lasten, die sie selbst nach Verfahrenseröffnung nur als Insolvenzforderung geltend machen kann, wenn hierdurch ein Erhalt von Arbeitsplätzen und mithin eine Sanierung bzw. übertragene Sanierung der Schuldnerin wahrscheinlich ist. Durch dieses Instrument wird häufig eine Betriebsfortführung zum Erhalt von Betriebsteilen erst ermöglicht, wenn sonst kein unbelastetes Vermögen vorhanden ist.

Soweit sich Dritte für die Schuldnerin mit verpflichten wollen, bestehen im Ergebnis vergleichbare Möglichkeiten. Die Haftung der Dritten ist abgesehen von den besonderen Formvorschriften in England ebenfalls sehr ähnlich.

VI. Auswertung

Zunächst ist anzumerken, dass in England die Zeit bis zum Beginn des eigentlichen Insolvenzverfahrens durch die verschiedenen Verfahrensarten uneinheitlichen geregelt ist. Der jeweilige Antragsteller entscheidet über die Wahl des Verfahrens, ob die Schuldnerin liquidiert oder saniert werden soll. Hierbei richten sich die Verfahrensarten an unterschiedliche Adressaten und halten entsprechend unterschiedliche rechtliche Werkzeuge bereit. Verfahrenswechsel sind mit Ausnahme eines direkten Wechsels aus einem Liquidationsverfahren in eine Administration grundsätzlich möglich. Zusammengefasst lässt sich die Situation der Schuldnerin unter Berücksichtigung der jeweiligen Verfahrensadressaten, -ziele und -instrumente für die Zeit vor Beginn des eigentlichen Verfahrens wie folgt darstellen:

666 § 774 BGB.
667 Vgl. § 414 ff. 426 BGB.

Tabelle 2: Situation der Schuldnerin bis zum Beginn eines englischen Insolvenzverfahrens

ENGLAND			
Verfahrensart	**Adressat**	**Verfahrensziele**	**Instrumente im Vorverfahren bis ...**
Individual Voluntary Arrangement	Schuldnerin (natürliche Person), Trustee oder Official Receiver (aus dem Bankruptcy)	Sanierung durch einen Vergleichsvertrag	...zum Vergleichsabschluss; 14-tägiger Gläubigerschutz für die Vorbereitung des Vergleichsvertrags, InsAct 1986 sec. 252
Bankruptcy	Schuldnerin (natürliche Person) sec. 267, Gläubiger sec. 272 und weitere in sec. 264 berechtigte Personen sec. 276	Gläubigerbefriedigung und Restschuldbefreiung für die Schuldnerin	... zur Bankruptcy Order; vorläufiger Verwalter zur Sicherung des Vermögens, InsAct 1986 sec. 286; Zustimmungsvorbehalt; Vollstreckungsschutz sec. 285 (selten)
Company Voluntary Arrangement	Direktoren InsAct 1986 sec. 1 Abs. 1, im Falle der laufenden Administration oder Liquidation auch vom Administrator oder Liquidator, InsAct 1986 sec. 1 Abs. 3	Schuldenbereinigung durch einen Vergleichsvertrag	... zum Vergleichsabschluss: Vollstreckungsschutz durch vorgeschaltetes Administrationsverfahren oder durch ein gerichtliches Moratorium für kleine Gesellschaften, InsAct 1986 Schedule A1
Administration	1. by court gemäß InsAct 1986 Schedule B1 para 12, Schuldnerin, Direktoren, Gläubiger; 2. out of court gemäß InsAct 1986 Schedule B1 para 14 u. 22, Schuldnerin, Direktoren, holder of a qualifying Floating Charge	1. Rettung der Gesellschaft 2. Höhere Gläubigerquote als Liquidation 3. bessere Verwertung der Sicherungsrechte	... zum Gerichts- (1.) oder Versammlungsbeschluss (2.): Moratorium InsAct 1986 Schedule B1 para 44; vorläufiger Administrator InsAct 1986 Schedule B1 para 13 Abs. 3

Verfahrensart	Adressat	Verfahrensziele	Instrumente im Vorverfahren bis …
Creditors Voluntary Liquidation	Gesellschafter	Gläubiger-befriedigung, geordnete Beendigung	… zum Creditors Meeting; Sicherung durch vorläufigen Liquidator sec. 166 Abs. 2 ohne besondere Rechte, kein automatischer Vollstreckungsschutz, aber die Beantragung ist möglich, sec. 112
Winding-up	Direktoren und Gläubiger sowie weitere in sec. 124 berechtigte Personen	Gläubiger-befriedigung, geordnete Beendigung	… zur winding-up Order; vorläufigen Liquidator für die Sicherung der Masse sec. 125, 135 Abs. 2; Vollstreckungsschutz sec. 130 Abs. 2 (selten)

Quelle: eigene Darstellung

Tabelle 3: Situation der Schuldnerin bis zum Beginn eines deutschen Insolvenzverfahrens

DEUTSCHLAND			
Verfahrensart	**Adressat**	**Verfahrensziele**	**Instrumente im Vorverfahren bis …**
Regelinsolvenz-verfahren	Schuldnerin, Geschäftsführer, Gesellschafter, Gläubiger, §§ 13 ff. InsO	Gläubiger-befriedigung und Sanierung, § 1, 217 InsO; Restschuld-befreiung für natürliche Personen; § 1 S. 2, 286 InsO	… zum Eröffnungsbeschluss: vorläufiger Insolvenzverwalter, Verfügungsverbot/ -vorbehalte, Zwangsvollstreckungsverbot, Verwertungs-/ Einziehungsverbot für den Unternehmenserhalt, §§ 21 InsO; Insolvenzgeldvorfinanzierung, §§ 183 ff., 188 SGB III

Verfahrensart	Adressat	Verfahrensziele	Instrumente im Vorverfahren bis …
Eigenverwaltung	Schuldnerin, §§ 270 ff. InsO, Gläubigerversammlung § 271 InsO	Sanierung (Insolvenzplan) oder effektivere Zerschlagung/ Gläubigerbefriedigung	… zum Eröffnungsbeschluss: wie beim Regelinsolvenzverfahren mit dem Unterschied, dass gemäß § 270a Abs. 1 InsO (insolvent), 270b InsO (drohend insolvent) statt eines vorläufigen Insolvenzverwalters lediglich zur Unterstützung/ zum Schutz ein vorläufiger Sachwalter eingesetzt werden soll, wenn die angestrebte Sanierung (Insolvenzplan) nicht aussichtslos ist.
vereinfachtes Verfahren	Verbraucher, §§ 304, 305 InsO; Gläubiger § 306 Abs. 3 InsO	Gläubigerbefriedigung, § 1, 217 InsO; Restschuldbefreiung für natürliche Personen; § 1 S. 2 InsO i.V.m. § 286 InsO	… zum Eröffnungsbeschluss: vorläufiger Insolvenzverwalter, Verfügungsverbot/ -vorbehalte, Zwangsvollstreckungsverbot, etc.; §§ 21, 304 Abs. 1 InsO
gerichtliches Vermittlungsverfahren	Verbraucher, §§ 305 ff. InsO	Schuldenbereinigung durch einen Vergleichsvertrag; Gläubigerbefriedigung	… zum Vergleichsfeststellungsbeschluss: Sicherungsmaßnahmen, §§ 21, 306 Abs. 2 InsO

Quelle: eigene Darstellung

Auffällig ist, dass die englischen Vergleichsverfahren und das Administrationsverfahren lediglich Schutzwerkzeuge (vor Maßnahmen der Gläubiger) zum Erhalt der Handlungsfähigkeit der Schuldnerin bereithalten halten und die Werkzeuge in den Liquidationsverfahren hingegen auf die Sicherung der Haftungsmasse im Interesse der Gläubigergemeinschaft abzielen. Die Verfahrenswahl in England hat vor diesem Hintergrund (Weichenstellung) bereits im Antrags- bzw. Eröffnungsverfahren erheblichen Einfluss auf das weitere Schicksal der Schuldnerin. In Deutschland hängt im Gegensatz hierzu das Schicksal der Schuldnerin nicht derart von der Wahl des Verfahrens ab. Das Regelinsolvenzverfahren bildet zudem stets das Grundgerüst des jeweiligen Verfahrens. Zwar ist die bestmögliche Befriedigung der Gläubigergemeinschaft (§ 1 InsO) immer das vorrangige Ziel, jedoch wird dieses Ziel nicht selten am effektivsten mit einer Sanierung oder der Übertragung des Geschäftsbetriebs der Schuldnerin erreicht.[668]

In beiden Ländern existieren Verfahren, die der Schuldnerin eine selbstständige Fortführung ihres Geschäftsbetriebs im Antragsverfahren ermöglichen und den Geschäftsbetrieb mithilfe von Vollstreckungs- und Substanzschutzvorschriften zusammenhalten. Für das englische Verfahren ist negativ zu werten, dass das Company Voluntary Arrangement bei größeren Gesellschaften gerade keinen Vollstreckungs- und Substanzschutz vorsieht und dieser nur durch Aufgabe der Vermögensverwaltungs- und Verfügungsbefugnis im Rahmen eines Administrationsverfahrens erlangt werden kann. Zu kritisieren ist insoweit auch, dass in den englischen Liquidationsverfahren der Vollstreckungs- und Substanzschutz einerseits von Anträgen abhängig ist und andererseits die Gerichte entsprechende Anträge nur zurückhaltend positiv bescheiden.

Unabhängig von der Fortführung von Geschäftsbetrieben können die in beiden Ländern der Schuldnerin zur Verfügung stehenden Vollstreckungs- und Substanzschutzwerkzeuge die Ordnung der Vermögensangelegenheiten (Ordnungsfunktion) bereits zu diesem Zeitpunkt (vorläufig) wiederherstellen. Das weitgehend einheitliche deutsche Verfahren ist in Bezug auf die Unternehmensfortführung zu bevorzugen, da es einerseits nicht von Anträgen abhängig ist und andererseits die stärkeren Werkzeuge vorhält.

In beiden Ländern wird der Schuldnerin ein zeitliches Einleitungsvorrecht gewährt. Sie ist die erste der beteiligten Personen, die bei einer sich abzeichnenden Insolvenz ein Verfahren einleiten kann. Unabhängig hiervon, ist die Schuldnerin regelmäßig die erste, die den Beginn einer Krise erkennen und daher handeln kann. Eine Ausnahme bildet das englische

668 Uhlenbruck/Pape § 1 Rn. 1; MünchKomm.InsO-Ganter/Lohmann § 1 Rn. 85 ff.; vgl. auch Einleitung.

Administrationsverfahren. Wird die Schuldnerin nicht tätig, können bei (nachgewiesener) drohender Zahlungsunfähigkeit (InsAct 1986 Schedule B1 para 11 a) neben dem Holder einer qualifying Floating Charge gemäß InsAct 1986 Schedule B1 para 14 (out of court) auch ungesicherte Gläubiger gemäß InsAct 1986 Schedule B1 para 12 (Administration by Court) ein Administrationsverfahren einleiten. Diese Möglichkeit ist aus Sicht der Schuldnerin positiv zu werten, da dieses Verfahren grundsätzlich auf ihren Erhalt (Sanierung der Schuldnerin) abzielt. Durch das auf juristische Personen beschränkte Drittantragsrecht kann beispielsweise eine Verschlechterung der Vermögensverhältnisse in Konstellationen begrenzt werden, in denen ihre Organe die Insolvenz verschleppen und hierdurch Sanierungskapital „verspielen". Auf diese Weise können auch unwissende oder unbelehrbare Geschäftsführer zu rechtzeitigen Sanierungsmaßnahmen gezwungen werden.[669] Es ist allerdings darauf hinzuweisen, dass einerseits der Nachweis der drohenden Zahlungsunfähigkeit einem Gläubiger regelmäßig nicht leicht fallen wird und andererseits das Gläubigerantragsrecht parallel laufende Sanierungsbemühungen der Schuldnerin auch konterkarieren kann.

Gelingt einem Gläubiger der Nachweis der (eingetretenen) Insolvenzreife, ist zu bemerken, dass die möglichen Verfahren mit Ausnahme der Administration in England (Individual Voluntary Arrangement und Company Voluntary Arrangement können von den Gläubigern nicht eingeleitet werden) auf die Abwicklung der Schuldnerin abzielen. Insoweit ist für Deutschland positiv zu werten, dass mit Blick auf die Regelungen zur vorläufigen Insolvenzverwaltung das Verfahren grundsätzlich auf die (jedenfalls vorläufige) Betriebserhaltung als wesentlicher Vermögenswert abzielt. In England wird es der eingesetzte Provisional Liquidator schwer haben, einen erhaltenswerten Geschäftsbetrieb aufrecht zu halten, wenn er im Rahmen eines Windig-up-Antrages eingesetzt wurde.[670] Eine kurzfristige Überleitung des Verfahrens in ein Administrationsverfahren ist zwar möglich, aber aufgrund der zwischenzeitlichen Handlungsbeschränkungen

669 Für eine Ausweitung des Gläubigerantragsrecht wohl auch Hirte/Mock ZIP 2005, 478.

670 InsAct 1986 sec. 167 Abs. 1 a i.V.m. Schedule 4, Part 2 para 5.

sehr problematisch. Jedenfalls können hierdurch erhebliche Schäden (z. B. zeitweise Betriebseinstellung) entstehen.

Außerdem ist auffällig, dass die englischen Vorverfahren im Vergleich zu den deutschen vorläufigen Unternehmensinsolvenzverfahren deutlich kürzer sind. In England dauerten die jeweiligen Vorverfahren regelmäßig nur wenige Tage. Soweit der spätere Office-Holder nicht bereits vor Einleitung des Verfahrens mit der Schuldnerin befasst war (Pre-Pack), ist die gewährte Zeit zur Prüfung der Verhältnisse der Schuldnerin recht kurz. Dies ist als Nachteil zu werten, da der eingesetzte Verwalter regelmäßig mit Blick auf die eigene Haftung zurückhaltend mit den im Rahmen der Betriebserhaltung erforderlichen Zusagen an die Beteiligten (Lieferanten, Versorgern etc.) sein wird. Es ist jedoch zu beachten, dass in England die Schuldnerin im Falle der geplanten Eigensanierung regelmäßig bereits vor der eigentlichen Verfahrenseinleitung mit Unterstützung eines Sanierungsexperten einen Sanierungsfahrplan erarbeitet hat. So wird die Schuldnerin bei einem von ihr initiierten Verfahren regelmäßig bereits Monate vor Einleitung des eigentlichen Verfahrens mit den wesentlichen Beteiligten die Lage und die Möglichkeiten besprochen haben und gegebenenfalls bereits die Eckpunkte eines Sanierungsvergleichs, wie Quote, Laufzeit und Verwalter abgestimmt haben.

In Deutschland wird im Gegensatz zum englischen Recht das Vorverfahren häufig als Vorbereitungsphase für eine Sanierung, eine sanierende Übertragung oder eine geordnete Liquidation genutzt, die jedoch regelmäßig erst im eröffneten Verfahren umgesetzt wird.[671] Der eingesetzte vorläufige Insolvenzverwalter/Sachwalter hat neben der Sicherung des Status quo und der eigenständigen Aufklärung der Vermögensverhältnisse auf den Erhalt des Unternehmens hinzuwirken, soweit dies im Hinblick auf das Ziel der Gläubigerbefriedigung wirtschaftlich sinnvoll erscheint.[672] Ob dem englischen Office Holder eine vollständige oder jedenfalls hinreichende Aufklärung der Verhältnisse der Schuldnerin bei größeren Geschäftsbetrieben innerhalb von wenigen Wochen gelingt, ist zweifelhaft. Im Zusammenhang mit dem höheren Zeitaufwand im deutschen Vorverfahren

---

671 MünchKomm.InsO-Haarmeyer § 22a Rn. 32 ff.; Undritz in NZI 2007, 65 f.; Braun-Riggert § 270a Rn. 1; OLG Köln NZI 2000, 130f.

672 § 22 Abs. 1 Nr. 2 InsO.

ist zu erwähnen, dass eine Vorbefassung des späteren Verwalters mit der Schuldnerin grundsätzlich unzulässig ist. Der vorläufige Verwalter soll sich gemäß §§ 270b Abs. 2 Satz 2, 270 Abs. 1 Satz 2, 274 Abs. 1, 56 Abs. 1 Satz 1 InsO nicht vorab mit der Schuldnerin im Interesse der geforderten Unabhängigkeit beschäftigen.[673]

Insoweit ist auch zu erwähnen, dass das Pre-Pack-Konzept, bei dem der Sanierungsberater bereits im zeitlichen Vorfeld des Vorverfahrens für die Schuldnerin mit den wesentlichen Gläubigern (insbesondere den gesicherten Gläubigern) und den Gesellschaftern einen Sanierungsplan (in der Regel die Veräußerung des Geschäftsbetriebs im Wege eines asset deals) ausgehandelt hat und der unmittelbar nach Einsetzung des Sanierungsberaters als Administrator von diesem angenommen wird (Pre-Packaged-Administration),[674] neben Vorteilen für die Schuldnerin auch erhebliche Gefahren beinhaltet.[675] Aus Sicht der Schuldnerin ist im Rahmen des Pre-Pack zu befürchten, dass der vorbefasste Administrator lediglich die Wünsche der ihn beauftragten Personen verfolgt und eine mögliche Rechtsträgersanierung von Anfang an nicht in Betracht zieht. Ein solches parteiisches Verhalten liegt jedenfalls dann nahe, wenn der spätere Administrator im Rahmen seiner beratenden Tätigkeit lediglich mit der Vorbereitung eines Übertragungskonzepts von Betriebsteilen auf einen neuen Rechtsträger (z. B. auf die Gesellschafter oder die Organe) beauftragt war. Sanierungskapital der Schuldnerin in Form von beispielsweise Haftungsansprüchen (Geschäftsführerhaftung, Anfechtungsansprüche etc.) bleibt in einer solchen Fallkonstellation unerkannt/ungenutzt. Weiter ist zu befürchten, dass die eigentlichen Ursachen der Krise (z. B. vorhandene personifizierte Kompetenzprobleme) nicht aufgeklärt bzw. behoben werden und die Schuldnerin bzw. der übertragene Geschäftsbetrieb in absehbarer Zeit erneut in eine finanzielle Schieflage gerät.[676] Unabhängig von der Bewertung des Pre-Pack-Konzepts ist eine frühzeitige Einbindung von Sanierungsspeziallisten in beiden Ländern sinnvoll.

---

673 Braun-Riggert § 270b Rn. 11.

674 Vgl. ausführliche Beschreibung in Finch S. 453–478.

675 Zu den Vor- und Nachteilen: Kayley Vending Ltd. [2009] EWHC 904; vgl. Bork Rescuing Nr. 6.16 und 6.17.

676 Bork Rescuing Nr. 6.16.

Das längere deutsche Eröffnungsverfahren wirkt sich vorbehaltlich einer Vorbefassung des späteren Office Holder weiterhin auch unter dem Gesichtspunkt der besseren Abstimmbarkeit zwischen der Schuldnerin bzw. ihren Organen und dem (vorläufigen) Verwalter positiv aus. Im deutschen Eröffnungsverfahren könnten sich die Schuldnerin bzw. ihre Geschäftsführung und der regelmäßig schwache vorläufige Insolvenzverwalter bzw. Sachwalter in einem haftungsrechtlich kalkulierbaren[677] Rahmen kennen lernen und das weitere Vorgehen abstimmen. Unrentable Auftragsverhältnisse können bereits zu diesem Zeitpunkt zur Liquiditätsschonung vorläufig eingestellt werden, ohne dass unmittelbar eine endgültige Entscheidung getroffen werden muss.

Erleichternd für den englischen Verfahrensleiter ist die klare Vorgabe des Verfahrensziels über die Wahl des Verfahrens. Diese Vorgabe kann sich jedoch auch negativ auf die Schuldnerin auswirken, wenn der Verfahrensleiter eine Betriebsfortführung generell ablehnt, obwohl der Betrieb der Schuldnerin tatsächlich erhaltenswert und sanierbar ist.[678]

Ein weiterer Vorteil für das längere deutsche Eröffnungsverfahren ist, dass die Schuldnerin hinreichend Zeit erhält, um im Rahmen des vorläufigen Verfahrens auf ihre Sanierung hinzuwirken. Gerade vor dem Hintergrund der tatsächlichen Verfahrenseinleitung werden die mit der Schuldnerin befassten Personen zu Zugeständnissen bereit sein, soweit diese Option im Vergleich zum Abverkauf der einzelnen Vermögenswerte der Schuldnerin sinnvoller erscheint. Gemeinsam mit dem vorläufigen Verwalter kann die Schuldnerin die Fortführung im eröffneten Verfahren abstimmen, Käufer oder Investoren für das Unternehmen suchen oder sonstige Sanierungskonzepte erarbeiten.

Im Zusammenhang mit der Dauer des deutschen Vorverfahrens ist noch die Möglichkeit der Insolvenzgeldvorfinanzierung als besonderes

---

677 Für die Haftung der Geschäftsführung nach z. B. nach § 69 AO, § 64 GmbHG, § 41a EStG fehlt es an einer schuldhaften Pflichtverletzung, BGH NJW 2005, 2546 (Pflichtenkollision), BFH Urteil vom 05.06.2007, VII R 19/06; der schwache vorläufige Verwalter haftet gemäß § 21 Abs. 2 Nr. 1, und 60 InsO nur für insolvenzspezifische Pflichtverletzungen.

678 Selbstverständlich sollte ein Insolvenzpraktiker erkennen, wenn es noch Rettungsmöglichkeiten gibt, und die Überführung eines Liquidationsverfahrens in ein Sanierungsverfahren veranlassen.

Sanierungswerkzeug hervorzuheben. Mithilfe der Vorfinanzierung kann der häufig bereits ins Straucheln geratene Geschäftsbetrieb finanziell erheblich entlastet und stabilisiert werden. Die so frei werdende Liquidität kann und soll für die Sanierung (z. B. für eine Transfergesellschaft, Erhalt von Arbeitsplätzen) verwendet werden. Vor dem Hintergrund, dass die Schuldnerin häufig im Rahmen von Finanzierungen ihr wesentliches Vermögen zugunsten der Gläubiger belastet hat (insbesondere Forderungsabtretungen), ist ihre Arbeitskraft nicht selten der einzige freie Vermögenswert. Durch die Vorfinanzierung der Nettolöhne wird der Schuldnerin mithin erst die Möglichkeit für die Schaffung eines Sanierungskapitals eröffnet. Im Hinblick auf das flexiblere Arbeitsrecht in England ist das Fehlen der Insolvenzgeldvorfinanzierung zwar etwas leichter zu verkraften (ungenutzte Arbeitskräfte können schneller entlassen werden), diese Möglichkeit ist jedoch im Vergleich ein erheblicher Nachteil für die Sanierbarkeit der Schuldnerin.[679] Soweit die Schuldnerin ihre Arbeitnehmer beansprucht, wird sie die entsprechende Liquidität bereitstellen müssen. Ob die Arbeitnehmer sich in einem Insolvenzszenario ohne feste Zahlungszusage zum Weiterarbeiten überreden lassen, ist jedenfalls fraglich. Im Hinblick auf die aktuelle Situation der Schuldnerin wird die vorhandene Liquidität zudem nicht selten auch an anderer Stelle dringend benötigt (weitere Belieferung mit Waren/Vorkasse).

Im deutschen vorläufigen Verfahren ist es als Vorteil für die Schuldnerin zu werten, dass ihr stets ein privater Insolvenzexperte zur Seite gestellt wird, der einen fortführungsfähigen Geschäftsbetrieb in Abstimmung mit der Schuldnerin auch fortführen wird. Da die Vergütung des deutschen Insolvenzverwalters die Berechnungsgrundlage in der verwalteten Masse findet (§§ 1 ff. InsVV) und sich nicht nach dem Zeitaufwand richtet, können sich auch kleinere Unternehmen einen Experten „leisten". In England muss die Schuldnerin in dieser Situation befürchten, dass ein Provisional Liquidator aus Kostengründen keine Sanierungsbemühungen entfaltet.

Sollte die Geschäftsführung der Schuldnerin bzw. diese selbst nicht mitwirken, besteht in Deutschland zudem die Möglichkeit der Einsetzung eines starken vorläufigen Insolvenzverwalters, der die erforderlichen

---

679 So auch Bork Rescuing Nr. 12.35.

Geschäftsführungshandlungen auch ohne oder gegen den Willen der Geschäftsführung ergreift (Übernahme der Geschäftsführung). Im Ergebnis können auf diese Weise die wirtschaftlichen Interessen der Schuldnerin wahrgenommen werden. Die Befugnisse des englischen vorläufigen Administrators sind allerdings vergleichbar.[680]

Aus Sicht der Schuldnerin als natürliche Person ist für das englische Verfahren positiv zu werten, dass im Gegensatz zur deutschen Regelung die Restschuldbefreiung nicht an einen fristgebundenen Antrag geknüpft wird. Die zunächst uneinsichtige, schlecht beratene oder unorganisierte Schuldnerin kommt in England auch dann in den Genuss der Restschuldbefreiung, wenn sie sich am Verfahren nur mit dem Mindestmaß beteiligt (erforderliche Angaben macht).

Soweit sich die Schuldnerin gegen ein Insolvenzverfahren verteidigen will, stehen ihr in beiden Rechtsordnungen vergleichbare Beschwerderechte zu.

Außerhalb des Insolvenzrechts halten beide Länder Vollstreckungsschutzmöglichkeiten vor, die insbesondere für natürliche Personen im Hinblick auf das Existenzminimum (Pfändungsschutz) sehr ausgeprägt sind. Im Hinblick darauf, dass in England der Pfändungsschutz für das laufende Einkommen von den Vollstreckungsgerichten individuell und auf Grundlage des tatsächlichen Bedarfes bestimmt wird,[681] ist zu unterstellen, dass der Schuldnerin bei Anwendung der deutschen Pauschalregelungen § 850c ZPO jedenfalls dann mehr verbleibt, wenn sie ihre Fixkosten (z. B. Wohnkosten) reduziert. Diese Annahme gründet insbesondere darauf, dass die deutschen Regelungen zum Arbeitslosengeld/Sozialgeld nach SGB II, die sich ebenfalls am Existenzminimum orientieren, regelmäßig betragsmäßig deutlich unterhalb der gesetzlichen Pfändungsschutzregelungen liegen.[682]

---

680 Wobei dieser nur selten und für eine kurze Dauer eingesetzt wird; vgl. Bailey/Groves 10.28 am Ende; SB Corporate Solutions Ltd. v Prescott & Anor [2011] EWHC B25.

681 Attachment Earnings Act 1971 sec. 6 Abs. 5 b; Schedule 2 und 3; Tolmie S. 41.

682 Vgl. BSG BeckRS 2013, 69725 (Urteil vom 28.03.2013, Geschäftszeichen B 4 AS 12/12 R); § 1 Abs. 1, 19 ff. SGB II.

Festzuhalten ist zudem, dass es in der Krise für die Schuldnerin insgesamt sinnvoll ist, bereits frühzeitig selbst ein Konzept zu erarbeiten und die Beteiligten mit ins „Boot“ zu holen. Die Initiierung eines organisierten Krisenmanagements ist in jedem Fall zu empfehlen. Weiter sollte auch die Nutzung der bereits vor Beginn des eigentlichen Verfahrens zur Verfügung gestellten sanierungsrechtlichen Werkzeuge nicht gescheut werden. Die Sanierungsverfahren bieten den Beteiligten hinreichend Gründe, um auch über das Stigma des Scheiterns hinwegzusehen. Der Insolvency Service ist als zentrale Beratungsstelle in England zu loben. In Deutschland existiert keine vergleichbare unabhängige Beratungsinstitution.

D. Situation ab Beginn des Insolvenzverfahrens

Im Folgenden wird die Situation der Schuldnerin ab dem Beginn des jeweiligen Insolvenzverfahrens untersucht.[683]

I. Verwaltungs- und Verfügungsbefugnis

Einschränkungen der Vermögens- und Verfügungsbefugnis sind aus der Sicht der Schuldnerin auch nach Verfahrensbeginn grundsätzlich negativ zu werten. Ausnahmen von dieser Annahme sind jedoch in Situationen denkbar, in denen sich die Schuldnerin sich durch ihre Geschäftsführung selbst schädigt. Im Folgenden wird die Wirkung der jeweiligen Verfahren auf die Vermögensverfügungsbefugnis dargestellt und anschließend verglichen.

1. England

In den **Vergleichsverfahren** bleiben die Schuldnerin beziehungsweise die Geschäftsführung nach dem Wirksamwerden des Vergleichsvertrags verfügungsbefugt, soweit der Vertrag die Verwaltungs- und Verfügungsbefugnis nicht (bezüglich einzelner Gegenstände) dem Supervisor zuweist. Der Supervisor überwacht die Einhaltung des Vergleichsvertrags und veranlasst entsprechend die vereinbarten Zahlungen an die Gläubiger (als Treuhänder). Er schaltet das Gericht bei Bedarf ein.[684]

Durch die Einsetzung des official receiver im **Bankruptcy-Verfahren** verliert die Schuldnerin die Verwaltungs- und Verfügungsbefugnis über ihr pfändbares Vermögen.[685] Von dieser Regelung sind Vermögensgegenstände ausgenommen, die die Schuldnerin zur Ausübung ihres Berufs (Geschäftsbetrieb) oder zur Bestreitung der notwendigen Kosten der Lebenshaltung (unpfändbare Gegenstände) benötigt.[686] Hierbei ist hervorzuheben, dass der Verwalter mit Zustimmung des Gerichts oder des Gläubigerausschusses auch

683 Vgl. C. für die Definition des jeweiligen Verfahrensbeginns.
684 InsAct 1986 sec. 7, 253, 263.
685 InsAct 1986 sec. 291 Abs. 1.
686 InsAct 1986 sec. 308 Abs. 1 i.V.m. sec. 283.

den Geschäftsbetrieb der Schuldnerin (natürliche Person) zugunsten der Masse fortführen kann.[687] Dies wird aber regelmäßig nur möglich und sinnvoll sein, wenn der Verwalter und die Schuldnerin einvernehmlich zusammenwirken. Wesentliche Vermögensdispositionen sind dem Verwalter vorbehalten. Der Schuldnerin werden aber regelmäßig Geschäftsführungsbefugnisse im Rahmen der gewöhnlichen Führung des Geschäftsbetriebs eingeräumt. Hinsichtlich des laufenden Einkommens aus einer nicht selbstständigen Tätigkeit soll der Verwalter mit der Schuldnerin eine Vereinbarung treffen, nach der der nicht für die Deckung der notwendigen Lebenshaltungskosten benötigte Teil des regelmäßigen Einkommens an die Masse gezahlt wird (Income Payment Agreement, IPA).[688] Sollte sich die Schuldnerin weigern, besteht die Möglichkeit, die laufenden pfändbaren Beträge mithilfe eines Gerichtsbeschlusses (Income Payment Order, IPO) direkt bei dem Arbeitgeber einzuziehen. Hinsichtlich des sonstigen Neuerwerbs von natürlichen Personen kann der Verwalter die Zugehörigkeit zur Masse durch eine Benachrichtigung bei der Schuldnerin geltend machen.[689] Für die Benachrichtigung hat der Verwalter jedoch grundsätzlich nur 42 Tage ab Kenntnis des Neuerwerbs Zeit.[690] Ist die Ermittlung der Vermögenswerte der Schuldnerin bereits abgeschlossen, wird die Schuldnerin restschuldbefreit und sie erhält die Vermögensverwaltungsbefugnis zurück. Das Verwertungsrecht des Verwalters wird hierdurch jedoch nicht eingeschränkt.

Ist eine Winding-up Order im **Compulsory-Winding-up-Verfahren** ergangen, so ist die Geschäftsführung gemäß InsAct 1986 sec. 127 nicht mehr verwaltungs- und verfügungsbefugt.[691] Der Liquidator bzw. official receiver kann Verfügungen mit Genehmigung des Gerichts oder des Gläubigerausschusses in Bezug auf die Zahlung von Verbindlichkeiten, Vergleichsabschlüsse, Prozessführung, Fortführung etc.[692] des Unternehmens der Schuldnerin tätigen.[693] Keine Genehmigung ist hingegen für die in InsAct

687 InsAct 1986 sec. 314 Abs. 2 Nr. b.

688 InsAct 1986 sec. 310A; InsRules 1986 rule 6.193A.

689 InsAct 1986 sec. 307 Abs. 1.

690 InsAct 1986 sec. 309 Abs. 1.

691 Measures Bros Ltd v Measures [1910] 2 Ch 248; Union Accident Insurance Co Ltd, Re [1972] 1 WLR 654.

692 InsAct 1986 Schedule 4 Part I und II.

693 InsAct 1986 sec. 167 Abs. 1 (a).

1986 Schedule 4 Part III genannten Handlungen (z. B. Verwertung des Anlagevermögens durch öffentliche Versteigerung, Prüfung der angemeldeten Forderungen etc.) erforderlich.[694]

Auch bei dem **Creditors-Voluntary-Liquidation-Verfahren** enden mit Bestellung der Liquidatoren die Verfügungsbefugnisse der Geschäftsführung.[695] Hierbei ist zu beachten, dass die Schuldnerin neben den Gläubigern selbst einen Liquidator nominieren kann.[696] Allerdings müssen die Liquidatoren als insolvency practitioner zugelassen sein.[697] Ferner ist zu beachten, dass bis zur ersten Gläubigerversammlung eine Veräußerung von Vermögensgegenständen der Schuldnerin nur mit Zustimmung des Gerichts erfolgen soll.[698] Es ist zunächst lediglich erlaubt, das Gesellschaftsvermögen mit geeigneten Maßnahmen zu sichern[699]. Bestellen die Gesellschafter keinen Liquidator, so bestehen die Handlungsbefugnisse der Geschäftsführung in eingeschränktem Maße fort. Ähnlich wie die eingeschränkten Befugnisse der Liquidatoren bis zur ersten Gläubigerversammlung darf die Geschäftsführung lediglich Vermögensgegenstände sichern.

Bei dem **Administrationsverfahren** hat der Administrator mit seiner Bestellung die Aufgabe, das Gesellschaftsvermögen in Besitz zu nehmen[700] und die Geschäfte der Schuldnerin fortzuführen[701]. Eine Fortführung ist jedoch nur möglich, wenn die Gläubiger in der Gläubigerversammlung dem Vorschlag des Administrators für eine Betriebsfortführung auch zustimmen.[702] Im Rahmen der gebilligten Fortführung stehen dem Administrator weitreichende Befugnisse zu.[703] Die Geschäftsführung kann nur noch mit Zustimmung des Administrators wirksam handeln.[704] Sollte die Zusammenarbeit

694 InsAct 1986 sec. 167 Abs. 1 (b).
695 InsAct 1986 sec. 91 Abs. 2.
696 InsAct 1986 sec. 98 Abs. 2, 100 Abs. 1.
697 InsAct 1986 sec. 166.
698 InsAct 1986 sec. 166 Abs. 2.
699 InsAct 1986 sec. 166.
700 InsAct 1986 Schedule B1, para 67.
701 InsAct 1986 Schedule B1, para 68 Abs. 1.
702 InsAct 1986 Schedule B1, para 68 Abs. 1 (a).
703 InsAct 1986 Schedule B1, Nrn. 59-64, es vertritt z. B. die Gesellschaft nach außen und darf alles Notwenige im Rahmen der Geschäftsführung veranlassen.
704 InsAct 1986 Schedule B1 para 59, 64, 69.

scheitern, kann der Administrator die Geschäftsführung auswechseln.[705] Mit Ausnahme der Vermögensgegenstände, die mit einem festen Sicherungsrecht belastet sind, kann der Administrator frei über das Vermögen verfügen. Der Neuerwerb unterfällt bei Companies grundsätzlich unter die Verfügungsbefugnis der jeweils handelnden Personen und ist daher massezugehörig.

2. Deutschland

Im Falle der **Eigenverwaltung** gemäß § 270 InsO bleibt die Schuldnerin grundsätzlich verwaltungs- und verfügungsbefugt. Ein gerichtlich eingesetzter Sachwalter überwacht das von der Schuldnerin selbst geführte Verfahren. Die Übertragung einzelner Befugnisse ist jedoch möglich.[706] Die Anordnung der Eigenverwaltung aus einem Regelinsolvenzverfahren heraus ist ebenfalls möglich.[707]

In den vorinsolvenzrechtlichen **gerichtlichen Vermittlungsverfahren** für Verbraucher bleibt die Schuldnerin ebenfalls grundsätzlich verwaltungs- und verfügungsbefugt. Die Beteiligten sind an den Vergleichsvertrag gebunden.

In den **übrigen Insolvenzverfahren** geht gemäß §§ 35, 80 InsO mit Eröffnung des Verfahrens die Verwaltungs- und Verfügungsbefugnis auf den Insolvenzverwalter bzw. den Treuhänder über. § 81 InsO bewirkt insoweit ein absolutes Verfügungsverbot[708] mit Ausnahme der in § 81 InsO genannten Rechtsgeschäfte hinsichtlich des gutgläubigen Erwerbs von Grundvermögen, Schiffen und Luftfahrzeugen. Die Unwirksamkeit kann in analoger Anwendung von § 185 Abs. 2 BGB geheilt werden.[709] Der andere Teil kann, soweit die Masse bereichert ist, die Gegenleistung aus der Masse zurückfordern (§ 55 InsO).

Bei natürlichen Personen werden allerdings unpfändbare Gegenstände und der unpfändbare Neuerwerb gemäß § 36 InsO vor dem Zugriff des Verwalters bzw. der Gläubiger geschützt. Zu nennen sind insbesondere die für die Erwerbstätigkeit der Schuldnerin benötigten Gegenstände (§ 811 ff. ZPO) und der gemäß §§ 850 ff. ZPO unpfändbare Anteil an den Einkünften. Die

705 InsAct 1986 Schedule B1 para 61.
706 Z.B. §§ 275, 277, 280 InsO.
707 Vgl. § 271 InsO.
708 RegE S. 136.
709 Uhlenbruck/Uhlenbruck § 81 Rn. 8; Eickmann § 81 Rn. 9.

Schuldnerin kann über diese Gegenstände allein und unbeschränkt verfügen. Im Übrigen fällt der sonstige Neuerwerb (z. B. angenommene Erbschaft, Lottogewinn etc.) jedoch grundsätzlich vollständig in die Masse.

Bei **fortlaufenden Geschäftsbetrieben** von juristischen Personen entscheidet der Verwalter, ob der den Betrieb für die Masse weiterhin fortgeführt werden soll oder nicht. Ist die Liquiditätsplanung positiv, wird der Verwalter regelmäßig in Abstimmung mit der Geschäftsführung die weitere Fortführung mit dem Ziel der Vollsanierung oder der gewinnbringenden Veräußerung des Geschäftsbetriebs organisieren. Eine längere Betriebsfortführung wird jedoch selbst bei grundsätzlich positiver Liquiditätsplanung nur dann erfolgen, wenn unter Berücksichtigung der gemäß § 3 Abs. 1 Nr. 2 InsVV erhöhten Verwaltungskosten die Fortführung im Interesse der Gläubigergemeinschaft liegt.

Bei Geschäftsbetrieben von natürlichen Personen hat der Verwalter gemäß § 35 Abs. 2 InsO positiv gegenüber der Schuldnerin zu erklären, ob diese selbstständige Tätigkeit die Insolvenzmasse betrifft (Fortführung durch die Masse) oder nicht (Freigabe). Soweit ein Geschäftsbetrieb für die Masse fortgeführt werden soll, wird der Verwalter sich mit der Schuldnerin abstimmen, ihr entsprechende Befugnisse erteilen und einen Unternehmerlohn aus den Erlösen vereinbaren.[710] Soweit der Geschäftsbetrieb nicht von der persönlichen Arbeitskraft der Schuldnerin abhängig ist, kommt auch eine Fortführung ohne die Schuldnerin in Betracht, wenn beispielsweise leitende Arbeitnehmer vorhanden sind. Will die Schuldnerin jedoch ebenfalls weiterhin selbstständig tätig sein, wird der Verwalter diese Tätigkeit freigeben und der Schuldnerin bei Fortsetzung der bisherigen Tätigkeit die notwendigen (unpfändbaren) Gegenstände zur Verfügung stellen.[711]

3. Rechtsvergleich

In den englischen Vergleichsverfahren, dem deutschen gerichtlichen Vermittlungsverfahren für Verbraucher und der deutschen Eigenverwaltung bleibt die Schuldnerin bzw. ihre Geschäftsführung grundsätzlich Inhaberin der Verwaltungs- und Vermögensverfügungsbefugnisse. Hierbei wird der

710 § 36 Abs. 1 Satz 2 InsO, § 850 i ZPO.
711 Vgl. § 811 ZPO.

Schuldnerin mit Ausnahme des deutschen gerichtlichen Vermittlungsverfahrens für Verbraucher für die ordnungsgemäße Durchführung des eingeleiteten Verfahrens eine auf dem Gebiet des Insolvenzrechts fachkundige Person zur Seite gestellt. Diese Person hat die Aufgabe, die Schuldnerin bei der Erreichung des Verfahrensziels zu unterstützen und die Schuldnerin im Auftrag des Gerichts bzw. der Gläubiger zu überwachen. Soweit in dem deutschen gerichtlichen Vermittlungsverfahren für Verbraucher wesentliche Vermögenswerte im Interesse der Gläubiger verwertet werden sollen (z. B. Veräußerung von Grundstücken, Beteiligungen etc.), sollte eine dritte unabhängige Person mit diesen Aufgaben betraut werden.

In den übrigen Verfahren verliert die Schuldnerin mit Beginn des Insolvenzverfahrens die Verwaltungs- und Vermögensverfügungsbefugnis. Ein mit dem jeweiligen Verfahrensleiter abgestimmtes Vorgehen, ist selbstverständlich möglich und bei Betriebsfortführungen auch dringend erforderlich. Es ist regelmäßig trotz aller Kompetenzen des Verwalters nicht möglich und sinnvoll, dass dieser das operative Geschäft (z. B. Bauausführungen) allein bzw. mit betriebsfremdem Personal führt. Der Verwalter sollte sich vielmehr auf die Überwachung und Koordinierung der Betriebsfortführung in Abstimmung mit den weiteren Beteiligten konzentrieren.

In beiden Rechtsordnungen wird das laufende Einkommen von natürlichen Personen durch Pfändungsschutzvorschriften geschützt.[712] Da der unpfändbare Anteil des Neuerwerbs in England im Rahmen eines Income Payment Agreements (InsAct 1986 sec. 310A) bzw. einer Income Payment Order (InsAct 1986 sec. 310) individuell bestimmt wird und sich dieser Betrag an den tatsächlichen notwendigen Lebenshaltungskosten des Einzelfalls orientiert, steht die Schuldnerin unter Anwendung der deutschen Pfändungsschutzvorschriften gemäß § 36 InsO, § 850c ZPO jedenfalls dann besser da, wenn sie ihre Ausgabenseite (Miete etc.) individuell anpasst. Die englischen gerichtlich bestimmten notwendigen Lebenshaltungskosten dürften hier regelmäßig eher dem deutschen Arbeitslosengeld nach SGB II entsprechen. Andererseits ist die betragsmäßige Schlechterstellung nicht zwingend, wenn

712 InsAct 1986 sec. 283 Abs. 2; § 4 InsO i.V.m. § 811 ZPO.

die tatsächlichen notwendigen und anerkannten Lebenshaltungskosten entsprechend hoch sind (z. B. Lebenshaltungskosten in einer Großstadt).

Die Regelungen für selbstständige natürliche Personen sind in England und Deutschland ebenfalls sehr ähnlich. Soweit die Selbstständigkeit fortbesteht, kann in England der Trustee den Geschäftsbetrieb mit Zustimmung der Gläubigerversammlung oder des Gerichts fortführen, wenn es dem Verfahren zuträglich ist.[713] In Deutschland hat der Verwalter gemäß § 35 Abs. 2 InsO gegenüber der Schuldnerin zu erklären, ob die Tätigkeit die Insolvenzmasse betrifft oder nicht. In beiden Rechtsordnungen kann die Schuldnerin mithin auch während des Verfahrens selbstständig tätig sein. Im Hinblick auf die kürzere Verfahrensdauer in England[714] ist jedoch zu bemerken, dass dort eine Betriebsfortführung für einen längeren Zeitraum als ein Jahr grundsätzlich nicht in Betracht kommt. Soweit die Vermögensverwertung abgeschlossen ist, schließt § 196 Abs. 1 InsO ebenfalls eine dauerhafte Betriebsfortführung unter der Regie des Verwalters aus.

Für die englische Regelung ist es als Vorteil zu werten, dass die Verfahrensdauer dort regelmäßig kürzer ist und die Schuldnerin deutlich schneller die Verwaltungs- und Verfügungsbefugnis über ihr Vermögen zurückerlangt. Die Schuldnerin findet hierdurch deutlich schneller den Weg zurück in ein geordnetes und selbstbestimmtes Wirtschaftsleben. In England werden die Verwaltungs- und Verfügungsbeschränkungen bereits dann aufgehoben, wenn die verwertbaren Vermögenswerte abschließend ermittelt worden sind.[715] Die Verwertung der ermittelten Vermögenswerte durch den Official Receiver bzw. Trustee ist in England unproblematisch noch nach Erteilung der Restschuldbefreiung möglich. Gemäß § 196 Abs. 1 InsO knüpft das deutsche Verfahren den Abschluss hingegen an die vollständige Verwertung der Insolvenzmasse.[716] Insoweit wird allerdings von der herrschenden

713 Vgl. InsAct 1986 sec. 314 Abs. 2, Schedule 5 Part I para 1.
714 Vgl. InsAct 1986 sec. 278, 279.
715 InsAct 1986 sec. 281.
716 So z. B. HmbKomm-Preß § 196 Rn. 3.

Meinung in der Rechtsprechung[717] und Literatur[718] vertreten, dass mit Blick auf § 203 Abs. 1 InsO Nr. 1 oder Nr. 3 InsO der Verwalter sich die Verwertung und Verteilung von bekannten, aber noch nicht realisierten/liquidierten Vermögenswerten für die Zeit nach Aufhebung des Verfahrens vorbehalten kann.[719] Dieser Auffassung ist im Interesse der Schuldnerin und einer ökonomischen Verfahrensabwicklung zwar zu folgen, die englische Regelung ist jedoch konsequenter und mithin zu bevorzugen. Soweit die wesentlichen Gegenstände der Schuldnerin noch nicht verwertet werden konnten, ist ein vorzeitiger Abschluss des Verfahrens unter Vorbehalt der weiteren Verwertung nach § 203 InsO in Deutschland eher unüblich. Diese Einschränkung ist nicht zuletzt auch mit der hierfür gegebenenfalls gesonderten Vergütungsfestsetzung nach § 6 InsVV zu erklären.[720]

II. Vollstreckungs- und Substanzschutz während des Verfahrens

Auch nach Beginn des eigentlichen Insolvenzverfahrens ist ein effektiver Vollstreckungs- und Substanzschutz aus Sicht der Schuldnerin positiv zu werten. Im Folgenden werden der Vollstreckungs- und Substanzschutz in den jeweiligen Verfahren dargestellt und anschließend verglichen.

1. England

Während eines laufenden Liquidations- oder Administrationsverfahrens ist die Zwangsvollstreckung in das freie Vermögen der Schuldnerin wegen einer

717 BGH-Beschluss vom 10.10.2013, Geschäftszeichen IX ZB 40/13, auch für den Fall der der Einstellung wegen Masseunzulänglichkeit gemäß § 207 InsO; BGH ZIP 2006, 143, 144 für Anwendung des § 203 Abs. 1 Nr. 3; OLG Celle KTS 1972, 265, 266 für Zurückbehalten von Beträgen im Sinne von § 203 Abs. 1 Nr. 1.

718 Bork ZIP 2009, 2081; HmbKomm-Preuß/Henningsmeier § 203 Rn. 7; Uhlenbruck/Uhlenbruck § 203, Rn. 5.

719 Überblick zum Meinungsstand Bork ZIP 2009, 2077 f.

720 Vgl. hierzu BGH ZIP 2011, 2115, Geschäftszeichen IX ZB 12/11, m.w.N. Auch die Auslagenregelung des § 8 InsVV sind als Motivation für einen zögerlichen Abschluss des Verfahrens zu nennen.

Insolvenzforderung unzulässig. Die Unzulässigkeit der Zwangsvollstreckung ergibt sich für die jeweiligen Verfahren aus den folgenden Bestimmungen:

- **Bankruptcy Liquidation:** InsAct 1986 sec. 285 Abs. 3
- **Compulsory Liquidation:** InsAct 1986 sec. 126, 130 Abs. 2
- **Creditors Voluntary Liquidation:** InsAct 1986 sec. 126, 130 Abs. 2 i.V.m. sec. 112, wenn ein entsprechender Antrag gestellt wird[721]
- **Administration:** InsAct 1986 Schedule B1 para 43 Abs. 6.

In den **Vergleichsverfahren** (Company Voluntary Arrangement und Individual Voluntary Arrangement) wird die Zwangsvollstreckung, abgesehen von der Möglichkeit eines Moratoriums bis zum Vergleichsabschluss, nicht gesetzlich eingeschränkt. Die ungesicherten Gläubiger sind jedoch durch den geschlossenen Vergleichsvertrag an der weiteren Zwangsvollstreckung vertraglich gehindert. Die gesicherten Gläubiger können allerdings unabhängig von dem Verfahren ihre Sicherheiten verwerten, es sei denn, sie haben sich ebenfalls über den Vergleichsvertrag gebunden. Scheitert das Vergleichsverfahren, folgt regelmäßig die weitere Abwicklung im Rahmen eines Liquidationsverfahrens. Dieser Fall liegt insbesondere vor, wenn die Schuldnerin innerhalb des Vergleichsverfahrens erneut zahlungsunfähig wird.

Bei der **Administration** bewirkt bereits der Eingang des Antrags bei Gericht (be court oder) oder die Nachricht über die Bestellung eines Administrators (out of court), dass die (betrieblichen) Werte der Schuldnerin insgesamt vor dem Zugriff der Gläubiger geschützt werden.[722] Hiernach können sämtliche Maßnahmen, die den Erfolg des Administrationsverfahrens gefährden, untersagt werden.[723] So ist es beispielsweise den Sicherungsgläubigern, aber auch Vermietern untersagt, Gegenstände bei der Schuldnerin sicherzustellen.[724] Die gesicherten Gläubiger (nicht Inhaber einer qualifying Floating Charge) können gemäß InsAct 1986 Schedule B1 para 43 Abs. 2 ihr Sicherungsrecht nur in Einvernehmen mit dem Administrator oder nach gerichtlicher Genehmigung herausverlangen und verwerten.

---

721 Bailey/Groves 36.148; Margot Bywaters Ltd. Re [1942] 1 Ch D 121.

722 InsAct 1986 Schedule B1 para 42–44.

723 Vgl. InsAct 1986 Schedule B1 para 43 Abs. 2–8.

724 InsAct 1986 Schedule B1 para 43 Abs. 2 und 3.

Eine Verwertung wird ermöglicht, wenn der Gegenstand für den Betrieb der Schuldnerin nicht mehr benötigt wird oder die Interessen des Gläubigers überwiegen.[725] Der Administrator kann auf Grundlage eines entsprechenden Beschlusses des Gerichts gemäß InsAct 1986 Schedule B1 para 70 und 71 auch die Sicherheiten (Gegenstände) der Gläubiger nutzen und verwerten. Mit Ausnahme der Gegenstände, die mit einer qualifying Floating Charge belastet sind, ist hierfür jedoch einerseits die Zustimmung der Gläubiger oder des Gerichts erforderlich und andererseits hat er den vollständigen Verwertungserlös bis zur Höhe der gesicherten Forderung an den jeweiligen Gläubiger weiterzuleiten.[726] Der Administrator kann durch eine gerichtliche Order auch gemäß InsAct 1986 Schedule B1 para 72 ermächtigt werden, Mietkaufgegenstände zu nutzen und zu verwerten. Soweit das ursprüngliche Nutzungsverhältnis beendet ist, handelt es sich um ein aus dem Moratorium stammendes faktisches Nutzungsrecht.

Die **Liquidationsverfahren** gewähren im Gegensatz zur Administration keinen Substanzschutz bezüglich fremder oder belasteter Gegenstände. Die Gläubiger können ihre Rechte außerhalb des Verfahrens verfolgen. Insbesondere werden Mietverhältnisse nicht gesondert geschützt.[727] Im Bankruptcy Verfahren wird das Mietverhältnis hiervon abweichend geschützt.[728]

Hinsichtlich des Receivership-Verfahrens ist zu bemerken, dass die Einsetzung eines Receivers zu keiner Aussetzung oder Unterbrechung von Zwangsmaßnahmen hinsichtlich des sonstigen Vermögens führt.[729] Es ist jedoch beachten, dass das weitere Vorgehen eines ungesicherten Gläubigers gegen die Schuldnerin im Ergebnis keinen Erfolg verspricht, da regelmäßig das gesamte Vermögen der Schuldnerin von den Sicherungsgläubigern beansprucht wird und ihm weitere bevorrechtigte Gläubiger vorgehen.

---

725 Bork Rescuing Rn. 13.22.
726 Bork Rescuing Rn. 13.27-28.
727 Keay/Walton Nr. 33.5.1.
728 InsAct 1986 sec. 347.
729 Bailes/Groves Nr. 36.149.

2. Deutschland

Gemäß § 89 InsO ist es Insolvenzgläubigern während des gesamten Insolvenzverfahrens untersagt, die Zwangsvollstreckung in die Insolvenzmasse oder das sonstige Vermögen der Schuldnerin zu betreiben. Das sonstige Vermögen besteht aus den unpfändbaren Vermögen einer natürlichen Person und aus den vom Insolvenzverwalter freigegebenen Gegenständen.[730] Für das laufende Einkommen enthält § 89 Abs. 2 Satz 2 InsO eine Ausnahme für Unterhaltsgläubiger.

Gläubigern, denen Absonderungsrechte an unbeweglichen Gegenständen der Masse zustehen, sind nach Maßgabe des Gesetzes über die Zwangsversteigerung und die Zwangsverwaltung zur abgesonderten Befriedigung berechtigt.[731] Nach dieser Vorschrift können sich z. B. Grundpfandgläubiger außerhalb des Insolvenzverfahrens aus dem unbeweglichen Vermögen befriedigen.[732] Der Insolvenzverwalter und die Schuldnerin in der Eigenverwaltung sind ebenfalls zur Verwertung berechtigt.[733] Insbesondere kann der Verwalter für die Schuldnerin oder die Schuldnerin selbst bei Vorlage eines Insolvenzplans selbst die einstweilige Einstellung der Zwangsvollstreckung beantragen, wenn der Berichtstermin noch bevorsteht, die Betriebsfortführung, die Sanierung oder die Durchführung eines vorgelegten Insolvenzplans gefährdet oder in sonstiger Weise durch die Versteigerung die angemessene Verwertung der Insolvenzmasse wesentlich erschwert würde.[734] Eine Einstellung der Zwangsverwaltung auf Antrag des Insolvenzverwalters bei glaubhaft gemachter wesentlicher Erschwernis der wirtschaftlich sinnvollen Nutzung der Insolvenzmasse ist ebenfalls möglich.[735]

Gläubiger, denen Pfandrechte oder sonstige Sicherungsrechte (vgl. §§ 50, 51 InsO) an beweglichen Gegenständen oder Forderungen der Insolvenzmasse zustehen, sind nach Maßgabe der §§ 166 bis 173 InsO im Rahmen der abgesonderten Befriedigung zu berücksichtigen. Ein eigenes Verwertungsrecht außerhalb des Insolvenzverfahrens steht ihnen jedoch

730 BGH ZInsO 2009, 830.
731 Vgl. § 49 InsO.
732 §§ 10 ff., 155 ZVG.
733 Vgl. § 165 InsO.
734 Vgl. § 30d ZVG.
735 Vgl. § 153b ZVG.

grundsätzlich nicht zu. Gemäß § 166 InsO ist allein der Insolvenzverwalter zur Verwertung berechtigt, wenn dieser im Besitz der Sache ist oder wenn es sich um eine Forderung handelt.[736] Im Rahmen der Eigenverwaltung wird dieses Recht der Schuldnerin selbst zugewiesen.[737] Im Besitz ist der Verwalter bereits, wenn der Schuldner oder ein Berechtigter bei einer juristischen Person über einen mittelbaren Besitz verfügt.[738] Eine Übertragung des Verwertungsrechts auf den Gläubiger ist aber möglich.[739] Ausgenommen von dem Verwertungsvorrecht des Verwalters sind bestimmte in § 166 Abs. 3 InsO aufgeführte Gegenstände. Hierzu gehören Sicherungsrechte von Teilnehmern an Abrechnungssystemen gemäß § Abs. 16 KWF, Sicherheiten der Europäischen Zentralbank oder der Zentralbanken der EU und Finanzsicherheiten gemäß § 1 Abs. 17 KWG.

Soweit der Insolvenzverwalter bzw. die Schuldnerin in der Eigenverwaltung zur Verwertung berechtigt ist, können die betreffenden Gegenstände für die Masse genutzt, verbunden, vermischt und verarbeitet werden. Ein Wertverlust ist durch laufende Zahlungen an den Gläubiger auszugleichen (Nutzung) soweit die Sicherung des absonderungsberechtigten Gläubigers beeinträchtigt wird.[740] Eine Fortführung des Geschäftsbetriebs der Schuldnerin mit Mitteln des absonderungsberechtigten Gläubigers ist daher auch gegen den Willen des Gläubigers möglich. Hierdurch wird neben einer Rechtsträgersanierung insbesondere auch eine Übertragung des Geschäftsbetriebs der Schuldnerin im Rahmen einer übertragenen Sanierung ermöglicht. Im Rahmen der weiteren Nutzung hat der Insolvenzverwalter pflichtgemäß den Nutzungsvorteil gegen die Ausgleichspflichten gemäß §§ 169 (Zinsen), 172 (Wertverlust) InsO abzuwägen.

In den Fällen, in denen der Insolvenzverwalter nicht zur Verwertung befugt ist, z. B. weil er nicht im Besitz des Gegenstandes ist, steht dem gesicherten Gläubiger das Verwertungsrecht zu. Diese Sicherungsgläubiger können ebenso wie die Aussonderungsgläubiger gemäß § 47 InsO grundsätzlich das

736 BGH NJW-RR 2007, 490.

737 Vgl. § 282 InsO.

738 BGH ZIP 2006, 814; BGH NJW-RR 2007, 490; HmbKomm-Büchler § 166 Rn. 5; Uhlenbruck/Brinkmann § 166 Rn. 4.

739 Vgl. § 170 Abs. 2 InsO.

740 Vgl. §§ 166 Abs. 1 und 2, 172 InsO.

Sicherungsrecht bzw. ihr Eigentumsrecht außerhalb des Insolvenzverfahrens geltend machen. Die Schuldnerin kann den Gegenstand grundsätzlich nur dann behalten und weiter nutzen, wenn ihr ein Nutzungs- oder Besitzrecht aufgrund eines bestehenden Vertragsverhältnisses oder eines neu ausgehandelten Vertragsverhältnisses zusteht. Im Übrigen müssen die massefremden Gegenstände an den jeweiligen Berechtigten herausgegeben bzw. zur Abholung bereitgehalten werden. Eine dem § 21 Abs. 2 Nr. 5 InsO entsprechende Regelung (Nutzungsrecht innerhalb der vorläufigen Insolvenzverwaltung) existiert für das eröffnete Verfahren nicht. Eine Ausnahme hält hierzu allerdings § 135 Abs. 3 InsO vor. Hiernach kann ein Gegenstand, der der Schuldnerin von einem Gesellschafter zum Gebrauch bzw. zur Ausübung überlassen wurde, während der Dauer des Insolvenzverfahrens, höchstens aber für eine Zeit von einem Jahr ab der Eröffnung des Insolvenzverfahrens weiterhin genutzt werden, wenn der Gegenstand für die Fortführung des Unternehmens von erheblicher Bedeutung ist. Dem Gesellschafter ist im Falle der Nutzung ein Ausgleich zu gewähren, der sich nach der im letzten Jahr durchschnittlich für den Gegenstand geleisteten Vergütung berechnet.

Gemäß § 90 InsO ist auch die Zwangsvollstreckung wegen einer Masseverbindlichkeit für den Zeitraum von sechs Monaten untersagt, wenn die Verbindlichkeit nicht auf eine Rechtshandlung des Verwalters zurückzuführen ist. Dieses Vollstreckungsverbot soll die Masse vor sogenannten aufgezwungenen (aufoktroyierter) Masseverbindlichkeiten schützen. Erfasst werden daher Masseschulden, die der Verwalter nicht beeinflussen kann. Grundsätzlich sind hiervon beispielsweise die in § 55 Abs. 1 Nr. 2 und 3 InsO normierten Masseschulden und die gemäß § 324 InsO zu Masseverbindlichkeiten qualifizierten Erbanfallkosten im Nachlassinsolvenzverfahren erfasst. Im Falle des Abschlusses eines Sozialplans ist die Zwangsvollstreckung einer Sozialplanforderung zum Schutz des Plans gemäß § 123 Abs. 3 S. 2 InsO untersagt.

Nach Anzeige der Masseunzulänglichkeit gemäß § 208 InsO ist es den Massegläubigern gemäß § 210 InsO untersagt, wegen Masseforderungen, die bereits zum Zeitpunkt der Anzeige bestanden (§ 209 Abs. 1 Nr. 3 InsO), in die Insolvenzmasse zu vollstrecken. Die Rangfolge der Massegläubiger ist in § 209 InsO geregelt. Soweit der Insolvenzverwalter mit der Anzeige der Masseunzulänglichkeit die weitere Belastung durch Verbindlichkeiten aus Dauerschuldverhältnissen wie Mieten und Dienstverhältnissen begrenzen möchte, muss er im Hinblick auf die Regelung in § 209 Abs. 2 Nr. 2 und 3 rechtzeitig kündigen und darf die Gegenleistung nicht mehr entgegennehmen. Anderenfalls können diese Gläubiger die neu entstehenden Masseverbindlichkeiten im Rang des § 209 Abs. 1 Nr. 2 InsO geltend machen.

3. Rechtsvergleich

In beiden Rechtsordnungen ist die Einzelzwangsvollstreckung nach Verfahrenseröffnung grundsätzlich für die Insolvenzgläubiger unzulässig. Die Unzulässigkeit ergibt sich entweder aus dem Gesetz oder aufgrund vertraglicher Bindung im Rahmen eines Vergleichsvertrags.

Im deutschen Recht sowie im englischen Administrationsverfahren kann auch das mit Sicherungsrechten belastete Vermögen zum Zwecke der Betriebsfortführung genutzt und eine Zerschlagung vorerst verhindert werden.[741] Im Rahmen der Administration ist es sogar zulässig, dass massefremde Gegenstände (Aussonderungsrechte) für die weitere Betriebsfortführung genutzt werden, wenn dies erforderlich ist und ein entsprechender Ausgleich gewährt wird.[742] Eine vergleichbare Regelung hält das deutsche Recht in § 135 Abs. 3 InsO für Gegenstände vor, die von Gesellschaftern zur Verfügung gestellt wurden. Die weite Regelung des Administrationsverfahrens ist insbesondere im Hinblick auf angemietete Gegenstände aus Sicht der Schuldnerin positiv zu werten. Ist das Betriebsgrundstück oder sind wesentliche Teile der Betriebs- und Geschäftsausstattung in Deutschland lediglich angemietet und wurde das Mietverhältnis bereits vor Verfahrenseröffnung beendet, kann dies zu erheblichen Probleme bei einer eigentlich möglichen (positive Liquiditätsplanung inklusive der Mieten) Betriebsfortführung führen. Entkräftet wird dieser Kritikpunkt allerdings durch die Kündigungssperre nach § 112 InsO. Problematisch bleiben jedoch die Fälle, in denen in einem vorläufigen Insolvenzverfahren nach Eingang des Insolvenzantrags ein Mietrückstand entsteht, der zur Kündigung berechtigt. Diese Situation tritt beispielsweise ein, wenn die schuldnerischen Konten kein freies Guthaben ausweisen und Forderungsabtretungen offengelegt wurden. Hier ist

741 InsAct 1986 Schedule B1 para 43 Abs. 2; §§ 89 f., 166 Abs. 1 und 2, 172 InsO.

742 InsAct 1986 Schedule B1 para 43 Abs. 3 und 4.

die Schuldnerin häufig selbst nicht schnell genug in der Lage, neue (freie) Liquidität zu generieren, um die neu anfallenden Mieten zu bezahlen. Hier müssen die Beteiligten auf eine einvernehmliche Lösung hinwirken.

Bei natürlichen Personen ist in England der gänzlich fehlende Schutz des Mietverhältnisses zu kritisieren. Eine dem deutschen Recht in § 112 InsO vergleichbare Regelung existiert nicht. Soweit der Vermieter vor Verfahrenseröffnung zur Kündigung berechtigt war, bleibt diese Berechtigung auch nach Verfahrenseröffnung bestehen.

Im Gegensatz zum deutschen Recht ist der Administrator ohne die Zustimmung des Gerichts nur zur Verwertung von Gegenständen berechtigt, die von einer qualifying Floating Charge erfasst werden. Hierdurch wird insbesondere eine übertragende Sanierung mit sonstigen Sicherungsrechten problematisch, da entweder jeweils die Einwilligung des Gläubigers oder die Zustimmung des Gerichts beigebracht werden muss.

Ein Vorteil des deutschen Rechts ist der Vollstreckungsschutz im Rahmen einer angezeigten Masseunzulänglichkeit. Der Neuerwerb für den laufenden Liquiditätsbedarf wird geschont. Insbesondere im Hinblick auf die eingeschränkte Möglichkeit des Administrators, sich von bestehenden Vertragsverhältnissen zu lösen (siehe Vertragsverhältnisse), stellt dies einen erheblichen Vorteil im Rahmen von Betriebsfortführungen dar. Eine vergleichbare Regelung existiert in England nicht. Ein kurzfristiger erneuter Liquiditätsengpass kann in England zum Scheitern einer möglichen Sanierung führen.

III. Laufende Prozesse

Ein einheitlicher und unkomplizierter Umgang mit anhängigen Rechtsstreitigkeiten ist auch nach Beginn des Verfahrens aus Sicht der Schuldnerin positiv zu werten. Im Folgenden wird der Umgang mit anhängigen Gerichtsverfahren in den jeweiligen Verfahren dargestellt und anschließend verglichen.

1. England

Im Falle der **Creditors Voluntary Liquidation** ist der Liquidator ohne die Zustimmung des Gerichts, der Gläubiger oder eines Gläubigerausschusses berechtigt, die laufenden Prozesse fortzuführen.[743] Will der Liquidator einen Aktivprozess beginnen, so ist es allerdings üblich, dass er aufgefordert wird, Sicherheit für die Kosten des Verfahrens zu leisten.[744] Passivprozesse werden durch den Liquidationsbeschluss grundsätzlich nicht unterbrochen und können von dem Liquidator fortgeführt werden.[745] Jedoch kann sowohl der Liquidator, jeder Gläubiger oder Beitragspflichtiger einen Antrag auf Unterbrechung oder jedenfalls auf gerichtliche Kontrolle des Verfahrens bei dem für das Verfahren zuständigen Gericht stellen.[746] Das Gericht kann dem Antrag ganz oder auch teilweise folgen.

Auch bei einer **Compulsory Winding-up** kann der Liquidator Aktiv- und Passivprozesse führen. Jedoch ist hier, im Gegensatz zur Creditors Voluntary Liquidation die Zustimmung des Gerichts oder des Liquidation Committee erforderlich.[747] Bei Passivprozessen ist zudem zu beachten, dass diese gesetzlich unterbrochen sind und nur mit Zustimmung des Gerichts als Feststellungsklage fortgeführt werden dürfen.

Bei dem **Administrationsverfahren** wird gemäß InsAct 1986 Schedule B1 para 43 Abs. 6 a und b angeordnet, dass im Zeitraum eines erlassenen Moratoriums keine Gerichts- oder Zwangsvollstreckungsverfahren ohne die Zustimmung des Administrators oder des Gerichts eingeleitet oder fortgeführt werden dürfen. Andererseits hat der Administrator gemäß InsAct 1986 Schedule 1 para 5 die Möglichkeit, Aktiv- und Passivprozesse zu führen und sich in den Angelegenheiten der Schuldnerin vergleichsweise zu einigen.[748]

Bei den **Vergleichsverfahren** ist unabhängig von den gerichtlichen oder gesetzlichen Anordnungen zu beachten, dass einer Fortführung von Gerichtsverfahren der Vergleichsvertrag selbst entgegensteht, soweit sich

---

743 InsAct 1986 sec. 165 Abs. 3, Schedule 4 para 4.

744 Companies Act 2006 sec. 726; Bailey/Groves 2.18.

745 Bailey/Groves 5.2.

746 InsAct 1986 sec. 112; East Kent Shipping Co Ltd Re (1868) 18 LT 748; Paraguassu Steam Tramroad Co Re (1872) 8 Ch App 254.

747 InsAct 1986 sec. 167 Abs. 1 a, Schedule 4 Part II.

748 InsAct 1986 sec. 6.

die Gläubiger und die Schuldnerin gebunden haben. Im Übrigen hat das Vergleichsverfahren keinen Einfluss auf laufende Prozesse. Beschränkungen für die ungebundenen (Sicherungs-) Gläubiger bestehen hingegen nicht.

Im Falle des **Bankruptcy-Verfahrens** sind ab Verfahrenseröffnung generell sämtliche Prozessfortführungen untersagt.[749] Ausgenommen ist hiervon jedoch das Recht des gesicherten Gläubigers, seine Sicherheit zu verwerten.[750] Der Verwalter kann Aktiv- und Passivprozesse führen.[751]

Ist gesetzlich oder gerichtlich ein Passivprozess unterbrochen, können die Gläubiger ihre Forderungen nur noch durch Anmeldung zur Insolvenztabelle verfolgen. Hier sind die jeweiligen Feststellungsprozeduren zu beachten.[752] Bleibt eine Forderung strittig, so kann der Gläubiger seine Forderung gerichtlich bestätigen (Feststellungsklage) lassen.[753]

2. Deutschland

Laufende Prozesse, die die Insolvenzmasse betreffen, sind während der Laufzeit des Insolvenzverfahrens bis zu einer etwaigen Aufnahme unterbrochen.[754] Dennoch erlassene gerichtliche Entscheidungen sind jedoch nicht nichtig. Sie müssen mit dem jeweils zulässigen Rechtsbehelf angegriffen

749 Vgl. InsAct 1986 sec. 285 Abs. 3.

750 InsAct 1986 sec. 285 Abs. 4 und 5, sec. 347 (Einschränkung).

751 InsAct 1986 Schedule 5 para 2.

752 Individual Voluntary Arrangement: InsRules 1986 rule 5.21; Bankruptcy: InsAct 1986 sec. 325 Abs. 2, InsRules 1986 rule 6.96; Company voluntary arrangement: InsRules 1986 rule 1.17 ff., 149 ff. (Stimmrecht); Administrative Receivership: InsRules 1986 rule 3.11 ff. (Stimmrechte); Administration: InsRules 1986 rule 2.72; Winding-up: InsAct 1986 sec. 153, InsRules 1986 rule 4.72 ff.

753 Individual Voluntary Arrangement: InsRules 1986 rule 5.22 Abs. 3; Bankruptcy: InsRules 1986 rule 6.105; Administration: InsRules 1986 rule 2.78; Winding-up: InsRules 1986 rule 4.83; Company Voluntary Arrangement: InsRules 1986 rule 117A Abs. 3, 5, 150 ff.; Administrative Receivership: InsRules 1986 rule 3.12 Abs. 2.

754 Vgl. §§ 85–87 InsO, § 240 ZPO.

werden.[755] Steuerbescheide dürfen bezüglich der Zeit vor Verfahrenseröffnung nicht mehr ergehen (§ 251 Abs. 2 AO).[756]

3. Rechtsvergleich

Die einheitliche deutsche Unterbrechungsregelung des § 240 ZPO ist zu favorisieren. Hier kann der Verwalter bzw. die Schuldnerin in Eigenverwaltung die Sachverhalte in einer angemessenen Zeit prüfen und insbesondere im Rahmen der Forderungsprüfung zur Tabelle wirtschaftlich sinnvolle Lösungen verhandeln. Die Blockade auch von weiteren Klagen verschafft der Schuldnerin eine „Atempause". Im Rahmen der Forderungsprüfung kann zudem bereits ein möglicher Sanierungsplan verhandelt werden. Die Verhandlungsposition der Schuldnerin ist im Rahmen der Forderungsprüfung regelmäßig stärker als in einem Passivprozess nach den Regeln des allgemeinen Zivilrechts.

Der unterschiedliche Umgang mit anhängigen Gerichtsverfahren in England ist als Nachteil zu werten. Der teilweise Fortgang von Aktiv- und Passivprozessen kann einerseits im Hinblick auf die mögliche Überlastung der befassten Personen zu unangemessenen Gerichtsentscheidungen führen und andererseits Ressourcen binden, die sinnvoller für den Erhalt von Vermögenswerten eingesetzt werden sollten.

IV. Vertragsverhältnisse

Die Möglichkeit wirtschaftlich sinnvolle Vertragsverhältnisse nach Beginn des Verfahrens fortzusetzen und unwirtschaftliche beenden zu können, ist aus der Sich der Schuldnerin als Vorteil zu werten. Im Folgenden wird der Umgang mit Vertragsverhältnissen in der Insolvenz dargestellt und anschließend verglichen.

---

755 BGH BeckRS 2009, 08282; BGH ZIP 2004, 2024;BGHZ 66, 59 f.; BGH NJW 1995, 2563.

756 BFH NJW 1998, 630; 1976, 1552.

1. England

Durch die Insolvenz werden in den **Liquidationsverfahren** laufende Vertragsverhältnisse der Schuldnerin zunächst nicht berührt, es sei denn, die Verträge selbst enthalten entsprechende Regelungen. Der Verwalter hat aber das Recht, die Nichterfüllung zu erklären.[757] Der Liquidator kann die Masse hierdurch vor unvorteilhaften Vertragsbeziehungen schützen. In diesem Fall haben die Gläubiger einen Anspruch auf Schadensersatz in Form einen einfachen Insolvenzforderung.[758] Etwaige die Masse belastende Vermögenswerte kann er zudem unter Beachtung der vorgeschriebenen Prozedur (Mitteilung etc.) freigeben.[759]

Im **Bankruptcy-Verfahren** ist in Ergänzung zu den vorgenannten Regelungen für das Liquidationsverfahren darauf hinzuweisen, dass solche Verträge von der Möglichkeit des Nichteintritts nicht erfasst werden, die nicht massezugehörig sind (Wohnungsmietverträge, Vertragsverhältnisse des Privatbereichs etc.).[760]

Im **Administrationsverfahren** und in den **Vergleichsverfahren** gelten die allgemeinen vertraglichen Regelungen grundsätzlich fort. Der Administrator und der Supervisor können daher im Gegensatz zum Liquidator die Vertragsbeziehungen vor dem Hintergrund der Insolvenz nicht einseitig beenden.[761] Vertragliche Änderungen müssen grundsätzlich nach den allgemeinen zivilrechtlichen Vorschriften ausgehandelt werden. Ist dies nicht möglich, kann das Gericht in Ausnahmefällen um eine Leitentscheidung angerufen werden.[762] Die Gerichte sollen nur eingreifen, wenn es zwingend notwendig ist.[763] In Astor Chemicals Ltd. v Synthetic Technology Ltd. (1990) BCLC 1 lehnte das Gericht die Bitte eines Administrators um

---

757 InsAct 1986 sec. 178 ff., 315 ff.

758 InsAct 1986 sec. 186, 315 Abs. 5.

759 InsAct 1986 sec. 178 Abs. 2; vgl auch Bailey/Groves 22.32.

760 InsAct 1986 sec. 283 ff., 316, 317; vgl. hierzu auch Chitty D. D. Prentice, 20–015 ff.; Administration: InsRules 1986 rule 2.78; Winding-up: InsRules 1986 rule 4.83; Company voluntary arrangement: InsRules 1986 rule 117A Abs. 3, 5, 150 ff.; Administrative Receivership: InsRules 1986 rule 3.12 Abs. 2.

761 Bailey/Groves 22.31; P & C, R & T (Stockport) Ltd [1991] BCC 98 187; Wood, Nr. 16–015.

762 British and Commonwealth Holding plc (no 3) Re [1992] 1 WLR 672.

763 Liverpool City Council v Irwin [1977] AC 239.

Aufhebung eines exklusiven Vertriebsvertrags ab. Das Gericht wandte die allgemeinen Prinzipien des Common Law (Vertragsstörung) an. Andererseits wurde aber in der Entscheidung Re P & C and R & T Storckport Ltd. (1991) BCLC 399 (unter Aministration) die (zwangsweise) Durchführung eines Vertrages abgelehnt. Auch in einem Receivership Fall wurde entschieden, dass die zuvor ausgehandelten Vertragsbedingungen einzuhalten sind.[764] Neue Verträge, die von einem Administrator abgeschlossen worden sind, habe die Priorität von Masseverbindlichkeiten (administrative claims) gemäß InsAct 1986 Schedule B1 para 99. Es wird für fortbestehende Verträge angenommen, dass die Verbindlichkeiten ebenfalls die Priorität von Neuverträgen (Masseverbindlichkeiten) haben.[765]

Zu bemerken ist, dass die **Arbeitsverhältnisse** nach dem Common Law grundsätzlich in dem Liquidationsverfahren als beendet gelten, wenn sich die Person des Arbeitgebers durch gerichtliche Bestellung eines Office-Holders, Liquidator oder Receiver, ändert.[766] Durch die nicht gerichtliche (freiwillige) Bestellung eines Receivers, Administrators oder Liquidators werden die Arbeitsverhältnisse hingegen zunächst nicht berührt.[767] Die unterschiedliche Behandlung ist dadurch zu erklären, dass nur bei einem gerichtlichen Eingreifen sich die Person des Arbeitgebers verändert. Bei den "freiwilligen" Verfahren treten nur andere Personen als Vertreter der Schuldnerin auf.

Die durch eine gerichtliche Anordnung betroffenen Arbeitnehmer haben gegen die Schuldnerin einen Anspruch auf Schadensersatz wegen der vorzeitigen Beendigung des Vertragsverhältnisses als Insolvenzforderung.[768] Der Liquidator kann sich jedoch im Rahmen einer Betriebsfortführung mit den Arbeitnehmern auf ein Fortbestehen der Arbeitsverhältnisse verständigen.[769] Falls der Liquidator lediglich die Arbeitnehmer für die ordnungsgemäße Abwicklung der Schuldnerin beanspruchen will, wird den Arbeitnehmern empfohlen,

---

764 Land Rover Group Ltd. v UPF (UK) Ltd. (2003) 2 BCLC 222.

765 Wood Nr. 16–016.

766 Secretary of State v Spence [1987] QB 179, 188; Bailey/Groves 29.1.

767 InsAct 1986 Schedule B1 para 69; Nicoll v Cutts [1985] BCLC 322; Midland Counties District Bank Ltd. v Attwood [1905] 1 Ch 357.

768 Bailey/Groves 29.2.

769 InsAct 1986 Schedule 4 para 5; Oriental Bank Corpn, Mac Dowall's Case Re (1886) 32 Ch D 366.

direkt mit dem Office Holder einen neuen Arbeitsvertrag für diese Tätigkeit abzuschließen.[770] Dieses Vorgehen ist in England aufgrund des dort weniger ausgeprägten Arbeitnehmerschutzes haftungstechnisch kalkulierbar.[771] Bleiben die Arbeitsverhältnisse von dem Verfahren zunächst unberührt,[772] haben die Arbeitnehmer ein Recht zur Kündigung. Der Administrator muss sich innerhalb von 14 Tagen entscheiden, ob er die Arbeitnehmer weiterbeschäftigen will.[773] Werden die Arbeitsverhältnisse „übernommen" sind diese absolut bevorrechtigt (super Priority).[774] Will der Administrator später kündigen, so gelten die allgemeinen Vorschriften nach dem ERA. Gemäß ERA sec. 86 beträgt die Kündigungsfrist für Arbeitsverhältnisse mit einem Bestand von bis zu zwei Jahren eine Woche. Die Kündigungsfrist verlängert sich in der Folgezeit pro Jahr um jeweils eine Woche bis zu einem Maximum von 12 Wochen. Zudem ist in Sanierungsfällen der Wegfall des Arbeitsplatzes gemäß ERA 98 Abs. 2 c als wichtiger Kündigungsgrund anerkannt.

Wird der Geschäftsbetrieb oder jedenfalls Teile des Geschäftsbetriebs übertragen, können die Arbeitnehmer ihre Ansprüche gegen den Betriebsübernehmer nach der Transfer of Undertakings Protection of Employment Regulations (TUPE) geltend machen. Vertragsanpassungen sind jedoch möglich.[775]

2. Deutschland

Der Insolvenzverwalter bzw. die Schuldnerin in der Eigenverwaltung kann die Erfüllung von laufenden und nicht vollständig erfüllten Verträgen gemäß §§ 103 ff. InsO ablehnen. Der Vertragspartner kann im Falle der Nichterfüllung seinen Schaden grundsätzlich nur als Insolvenzgläubiger geltend machen.[776] In den §§ 104 bis 119 InsO sind vertragliche Spezialfälle

770 So z. B. in Golding and Howard v Fire, Auto and Marine Insurance Co Ltd [1968] 3 ITR 372.

771 Vgl. Employment Rights Act 1996 (ERA).

772 Administration: InsAct 1986 Schedule B1 para 69; Voluntary Liquidation: Midland Counties District Bank Ltd. v Attwood, [1905] 1 Ch 357; Creditors Voluntary Liquidation: Bailey/Groves 29.3 ff.

773 InsAct 1986 Schedule B1 para 99 Abs. 5 und 6.

774 InsAct 1986 Schedule B1 para 99 Abs. 4 b; vgl auch Bailey/Groves 29.8.

775 TUPE sec. 8 und 9.

776 Vgl. z. B. § 103 Abs. 2 InsO.

geregelt, die z. B. das private (Wohnraum-)Mietverhältnis einer natürlichen Person (§§ 108, 109, 112 InsO) oder den Umgang mit Arbeitsverhältnissen (§§ 108, 113 InsO) schützen.[777] Spezialgesetzlich sind zudem Änderungen von Betriebsvereinbarungen geregelt.[778]

Für Arbeitsverhältnisse bei denen die Schuldnerin Arbeitgeberin ist und für Miet- und Pachtverhältnisse über unbewegliche Gegenstände muss an dieser Stelle erwähnt werden, dass die Insolvenzeröffnung hierauf zunächst keinen Einfluss hat. Die Insolvenzordnung hält lediglich verkürzte Kündigungsfristen bereit. Soweit für die Schuldnerin eine Sanierung durch Übertragung des Geschäftsbetriebs auf einen neuen Rechtsträger beabsichtigt ist, gehen gemäß § 613a BGB grundsätzlich sämtliche Arbeitsverhältnisse auf den Übernehmer über. Die in Deutschland geltenden Arbeitnehmerschutzvorschriften, insbesondere die im Vergleich sehr langen Kündigungsfristen, sind im Falle der Insolvenz häufig ein Sanierungshindernis oder jedenfalls ein erhebliches Problem.

3. Rechtsvergleich

Im englischen Recht hängt auch das Schicksal laufender Vertragsverhältnisse von der Verfahrensart ab. Die Liquidationsverfahren passen per Gesetz die Rechtsverhältnisse an das Ende der Schuldnerin an. Im deutschen Recht hat der Insolvenzverwalter gemäß §§ 103 ff. InsO das Recht, die allgemeinen Vertragsbeziehungen zu beenden. Die Vertragspartner können in diesem Fall lediglich den Nichterfüllungsschaden als Insolvenzforderung geltend machen. Im englischen Administrationsverfahren und den Vergleichsverfahren bestehen die Verträge hingegen nach den allgemeinen Regelungen grundsätzlich fort und können nur ausnahmsweise gerichtlich angepasst werden. Um einen Neustart oder das Fortbestehen der Schuldnerin überhaupt zu ermöglichen, kann die Loslösung von Altverträgen gerade erforderlich sein. Sollte eine einvernehmliche Lösung scheitern, muss die Schuldnerin im englischen Recht zunächst die Liquidation beantragen, um sich von einem wirtschaftlich ungünstigen Vertrag zu befreien. Dieser

777 Die Einschränkung des § 114 InsO wurde mit Gesetzesänderung vom 18.07.2013 (BGBl. I S. 2379) mit Wirkung zum 01.07.2014 aufgehoben.

778 Vgl. § 120 bis § 128 InsO.

Umweg gefährdet wirtschaftlich sinnvolle Lösungen erheblich. Die englischen Vergleichsverfahren sowie das Administrationsverfahren weisen erhebliche Schwächen im Vergleich zu der deutschen Regelung auf. Die Schuldnerin kann ohne weitreichende Zugeständnisse an einzelne Vertragspartner/Gläubiger oder verfahrenstechnische Umwege unliebsame Verträge beenden und so die Voraussetzungen für einen erfolgreichen Neustart (Restrukturierung) schaffen. Insbesondere in Fällen, in denen die Schuldnerin an langfristig und zwischenzeitlich unwirtschaftliche Verträge gebunden ist (Mietverträge etc.), kann die einseitige gesetzlich gestützte Vertragsauflösung als Vorteil angesehen werden. Mit einer solchen Vertragsanpassungsmöglichkeit kann einerseits ein Geschäftsbetrieb im laufenden Verfahren Kosten einsparen und andererseits etwaige für eine Eigensanierung notwendige Vertragsanpassungen (z. B. Mietreduzierungen) mit den Vertragspartnern ausgehandelt werden. Vor dem Hintergrund, dass es sich gemäß § 109 Abs. 1 Satz 3 InsO bei den nachlaufenden Mietforderungen grundsätzlich um mehr oder weniger werthaltige Insolvenzforderungen handelt, wird ein Vermieter häufig zu angemessenen Vertragsanpassungen bereit sein.

Als Vorteil sind jedoch die in England in den Vergleichsverfahren und dem Administrationsverfahren geltenden kurzen Kündigungsfristen für Arbeitsverhältnisse zu werten. Dies ist allerdings keine insolvenzspezifische Besonderheit und entspricht den Regelungen des regulären Arbeitsrechts in England. In den gerichtlichen Liquidationsverfahren gelten die Arbeitsverhältnisse sogar mit Verfahrensbeginn als beendet. Einschränkungen können sich jedoch auch für diese Verfahren durch die Regelungen zum Betriebsübergang ergeben. Die deutsche Regelung in § 113 InsO ist im Vergleich zu dem englischen Umgang mit den Arbeitsverhältnissen nur ein geringer Beitrag für die Sanierung der Schuldnerin. Grundsätzlich bleiben in Deutschland die Arbeitsverhältnisse von der Insolvenz der Schuldnerin unberührt.[779] Unter Umständen muss die Schuldnerin in Deutschland im Rahmen ihrer Sanierung für freigestellte Arbeitnehmer drei Monatsgehälter als Masseverbindlichkeit finanzieren und etwaige darüber hinausgehende Lohnforderungen aus nachlaufenden Kündigungsfristen als Insolvenzforderungen in den Vergleichsverhandlungen abfinden. In Fallkonstellationen, in denen

779 § 108 InsO.

die Kündigungsfristen besonders lang sind, kann eine Sanierung hier dran scheitern.

Sanierungshemmend erweisen sich in beiden Ländern die Regelung zum Betriebsübergang für bestehende Arbeitsverhältnisse. Allerdings ist das englische Recht im Hinblick auf die höhere Flexibilität des Arbeitsrechts deutlich sanierungsfreundlicher. In Konstellationen, in denen die Insolvenz auch auf eine zu hohe Arbeitnehmerzahl zurückzuführen ist, gestaltet sich insbesondere in Deutschland eine Sanierung im Hinblick auf die Regelungen des Betriebsübergangs als sehr problematisch. Der Verwalter bzw. die Schuldnerin muss vor dem Betriebsübergang den Umgang mit den Arbeitsverhältnissen klären. Im Rahmen dieser Klärung wird häufig wesentliches Sanierungskapital der Schuldnerin verbraucht und kann zum Scheitern der Sanierung führen, wenn beispielsweise der mögliche Erwerber das Risiko des Betriebsübergangs finanziell nicht tragen will bzw. nicht kann.

V. Aufrechnung

Insbesondere die Möglichkeit für einen Gläubiger mit einer Altforderung (Insolvenzforderungen) gegen eine nach Verfahrensbeginn neuerwirtschaftete Forderungen der Schuldnerin aufrechnen zu können, ist aus der Sicht der Schuldnerin als Nachteil zu werten. Es erscheint insoweit sinnvoll, dass der Wert der neuerwirtschafteten Forderung der Schuldnerin zunächst für die Befriedigung der nach Verfahrensbeginn eingegangenen Neuverbindlichkeiten und hiernach für eine gleichmäßige Befriedigung der gesamten Insolvenzforderungen eingesetzt wird. Die Aufrechnungsmöglichkeit für einen Insolvenzgläubiger entwertet die Neuforderung für die Schuldnerin, aber auch für die weiteren Gläubiger erheblich. Im Folgenden wird der Umgang mit Aufrechnungslagen in der Insolvenz dargestellt und anschließend verglichen.

1. England

In England besteht das Recht zur Aufrechnung (Set-Off) grundsätzlich fort, wenn die Aufrechnungsmöglichkeit bereits vor dem Verfahren bestanden hat.[780] Eingeschränkt wird die Aufrechnungsmöglichkeit in den

780 Bailey/Groves 26.43 ff.; Tolmie S. 279 f.; Keay/Walton 35.1 ff.

Liquidationsverfahren und in der Administration, wenn das Recht zur Aufrechnung erst nach Beginn des Vorverfahrens oder in Kenntnis der Insolvenzreife begründet wird.[781] Hier soll eine verbesserte Rechtsposition des Gläubigers nach dem Insolvenzereignisses verhindert werden. In den Vergleichsverfahren lassen sich entsprechende Regelungen nicht finden. Eine abweichende Regelung, ist im Vergleichsverfahren auszuhandeln.[782]

2. Deutschland

Auch im deutschen Recht bleibt eine bereits vor dem Insolvenzverfahren bestehende Aufrechnungsmöglichkeit bestehen.[783] Eine Aufrechnung scheidet jedoch gemäß § 96 InsO aus, wenn die Aufrechnungslage erst später geschaffen wird oder in Kenntnis der Insolvenzreife entstanden ist (Anfechtbarkeit). Nach Eröffnung des Verfahrens können Rechte an Massegegenständen gemäß § 91 Abs. 1 InsO wegen Insolvenzforderungen grundsätzlich nicht mehr begründet werden.[784]

3. Rechtsvergleich

Im deutschen Insolvenzverfahren und in den englischen Liquidationsverfahren sowie dem Administrationsverfahren hat eine vor Insolvenzeröffnung entstandene Aufrechnungslage dann Bestand, wenn diese anfechtungsfest vor dem Verfahren entstanden ist. Im Gegensatz zur deutschen Regelung nach § 95 Abs. 1 Satz 3 InsO ist eine Aufrechnung nach dem Verfahrensbeginn im englischen Recht auch dann möglich, wenn die Forderung, gegen die aufgerechnet werden soll, unbedingt und fällig wird, bevor die Aufrechnung erfolgen kann.[785] In den englischen Vergleichsverfahren müssen zudem Aufrechnungsverbote ausgehandelt werden. Die weiter gefasste deutsche

---

781 Bankruptcy – InsAct 1986 sec. 323 Abs. 3; Administration – InsRules 1986 para 2.85 Abs. 2 ff.; Liquidation – InsRules 1986 para 4.90 Abs. 2 ff.; vgl. hierzu auch Chitty-D. D. Prentice, 20–040 ff.

782 Vgl. hierzu Keay/Walton Nr. 35.4.

783 §§ 94, 95 InsO.

784 MünchKomm.InsO-Ganter vor §§ 49–52 Rn. 17; Uhlenbruck/Brinkmann § 50 Rn. 2, Ausnahme: Erwerb kraft guten Glaubens nach § 91 Abs 2 oder kraft Vormerkung nach § 106.

785 Bork Rescuing Nr. 11.59.

Regelung ist für die Schuldnerin insgesamt günstiger. Problematisch ist in beiden Rechtsordnungen eine Aufrechnung im Falle der Betriebsfreigabe, da in diesem Fall die Aufrechnungsverbote grundsätzlich nicht (mehr) greifen. Dies gefährdet in beiden Ländern einen Neustart erheblich. Ähnliche Probleme können bei vergleichsweisen Beendigungen des Insolvenzverfahrens (Insolvenzplan/Arrangement) entstehen, wenn der Umgang mit zukünftigen Gegenrechten nicht ausdrücklich geregelt ist.

VI. Vermögensverschiebungen vor dem Verfahren

Unter diesem Abschnitt wird untersucht, ob und welche Möglichkeiten die jeweiligen Verfahren vorhalten, um für die Schuldnerin nachteilige Vermögensverschiebungen vor Beginn des Insolvenzverfahrens anzugreifen.

1. Unwirksamkeit von Rechtshandlungen nach Verfahrenseinleitung

Im Folgenden werden die Regelungen zur Unwirksamkeit von Rechtshandlungen nach Verfahrenseinleitung und vor Beginn des Insolvenzverfahrens dargestellt und anschließend verglichen.

a) England

Beim **Compulsory-Winding-up-Verfahren** sind gemäß InsAct 1986 sec. 127 Abs. 1 sämtliche Verfügungen der Schuldnerin über ihr Vermögen unwirksam, die nach Antragstellung getätigt worden sind. Ziel der Regelung ist es, dass die zum Zeitpunkt der Beantragung des Winding-up-Verfahrens vorhandenen Vermögenswerte für die späteren Insolvenzgläubiger vollständig erhalten bleiben.[786] Verfügungen des vorläufigen Liquidators sind hiervon jedoch ausgenommen.[787] Ebenso bleiben Verfügungen eines zuvor durch einen Inhaber einer qualifizierten Floating Charge bestellten Administrators wie auch die eines Administrative Receivers wirksam.[788]

---

786 Liverpool Civil Service Assoiation Re (1874) 9 Ch App 511; J Leslie Engineers Co Ltd Re [1976] 1 WLR 292, 304.

787 InsAct 1986 sec. 167 Abs. 1.

788 InsAct 1986 sec. 127 Abs. 2; vgl. Smith Haulage Ltd. Re [2007] BCC 135; Barrows v Chief Land Registrar Times 20.10.1977; Bailey/Goves 11.77.

In Re Gray's Inn Construction Co Ltd.[789] hat der Court of Appeal beispielsweise Verfügungen der Schuldnerin über ein eigenes Konto (Ein- und Auszahlungen) nach Antragstellung als eine solche unwirksame Rechtshandlung der Schuldnerin (hier zu Lasten der Bank) gewertet.

Hingegen hat das Gericht in Re Barn Crown Ltd.[790] die Einreichung von Cheques bei der Bank nicht als eine unter InsAct 1986 sec. 127 fallende Verfügung der Schuldnerin verstanden. Die Verfügung sei auf den Aussteller des Cheques zurückzuführen.

Eine weitgehend entsprechende Regelung findet sich für das **Bankruptcy-Verfahren** in InsAct 1986 sec. 284.

In den **übrigen Verfahren** lassen sich solche Regelungen nicht finden. Abgesehen von den Vergleichsverfahren verlieren die Schuldnerin bzw. ihre Organe erst mit Beginn des Verfahrens bzw. im Rahmen von vorläufigen Anordnungen und nicht ex post die Verfügungsbefugnis über das von dem Verfahren erfasste Vermögen.[791] Soweit Vermögensverschiebungen in der Antragsphase verhindert werden sollen, können in der Creditors Voluntary Liquidation sowie der Administration vorläufige Sicherungsmaßnahmen angeregt werden.

b) Deutschland

In Deutschland sind Rechtshandlungen der Schuldnerin nach Verfahrenseinleitung nur unwirksam, wenn sie entgegen der gerichtlich angeordneten Verfügungsbeschränkungen getroffen wurden. Soweit das Gericht eine Schädigung für die zukünftigen Insolvenzgläubiger befürchtet, wird es unter Beachtung der Verhältnismäßigkeitsgrundsätze[792] Sicherungsmaßnahmen gemäß §§ 21 ff. InsO erlassen. Soweit das Gericht den Insolvenzantrag nicht zum Anlass nimmt, Verfügungseinschränkungen anzuordnen, sind die Verfügungen der Schuldnerin während der Antragsphase grundsätzlich wirksam.

---

789 Gray's Inn Construction Co Ltd Re [1980] 1 All ER 814.
790 Barn Crown Ltd [1994] 4 All ER 42.
791 Administration, InsAct 1986 Schedule B1, para 59 ff.; Creditors Voluntary Liquidation, InsAct 1986 sec. 103.
792 BGH NJW-RR 1986, 1188, Urteil vom 20.03.1986 – III ZR 55/85.

c) *Rechtsvergleich*

Nur in den englischen gerichtlichen Liquidationsverfahren (nicht Creditors Voluntary Liquidation) gelten Rechtshandlungen der Schuldnerin während der Antragszeit im Falle der Verfahrenseröffnung als nicht wirksam.

Im Hinblick darauf, dass sowohl in den englischen Liquidations- und dem Administrationsverfahren wie auch in den deutschen Verfahren grundsätzlich die Möglichkeit besteht, nachteilige Verfügungen der Schuldnerin durch gerichtliche Sicherungsanordnung zu verhindern (vgl. InsAct 1986 sec. 135, 286, §§ 21 ff. InsO) oder mit der Insolvenzanfechtung rückabzuwickeln, ist kein wirklicher Vorteil in dieser Regelung zu erkennen. Etwaige zuvor getätigte Verfügungen müssen ohnehin wie auch für eine Rückabwicklung im Rahmen der Insolvenzanfechtung nachträglich aufgedeckt und angegriffen werden. Soweit die Schuldnerin bzw. ihre Geschäftsführung Vermögenswerte geschickt beiseite geschafft hat, wird eine theoretisch unwirksame Verfügung ebenso wie ein nicht ermittelter Anfechtungssachverhalt unentdeckt bleiben. Die englische Regelung ist jedoch vor dem Hintergrund der schwächeren Ausprägung des englischen Anfechtungs- und Geschäftsführerhaftungsrecht[793] innerhalb der Systematik positiv zu werten. Als Nachteil ist insoweit zu werten, dass die Regelung nicht auch auf die Creditors Voluntary Liquidation und die Administration anwendbar ist.

2. Vollstreckungsmaßnahmen vor dem Verfahren

Im Folgenden wird der Umgang mit Vollstreckungsmaßnahmen vor dem Beginn des Insolvenzverfahrens dargestellt und anschließend verglichen.

a) *England*

Im **Compulsory-Winding-up-Verfahren** darf ein Vollstreckungsgläubiger eine Sicherheit (benefit), die er durch eine Vollstreckungshandlung erhalten hat, nicht behalten, wenn die Vollstreckungshandlung zum Zeitpunkt des Verfahrensbeginns (commencement) noch nicht abgeschlossen war (completed).[794] Hiernach ist eine Vollstreckungsmaßnahme, die nach der Einleitung (commencement) des Winding-up-Verfahrens erst begonnen

793 Vgl. D. VI. 3. (Insolvenzanfechtung).

794 Vgl. InsAct 1986 sec. 128 Abs. 1; sec. 183 Abs. 1.

hat bzw. wirksam wird (put in force), unwirksam.[795] Gemäß InsAct 1986, sec. 129 Abs. 2 ist unter dem Begriff commencement grundsätzlich der Zeitpunkt der Antragsstellung auf Erlass einer Winding-up order zu verstehen (Petition). Etwas anderes gilt aber gemäß InsAct 1986, sec. 129 Abs. 1, wenn bereits vor diesem Antrag ein Gesellschafterbeschluss für eine Voluntary Winding-up gefasst wurde und dieser infolge des Erlasses der Winding-up Order in eine Compulsory Liquidation übergeht. Hiernach ist der Zeitpunkt der Beschlussfassung für den Beginn bzw. Einleitung des Winding-up-Verfahrens entscheidend. Unter put in force ist der Zeitpunkt zu verstehen, zu dem der Vollstreckungsgläubiger nach der jeweiligen Vollstreckungsmethode das Sicherungsrecht – charge – an dem Schuldnervermögen erlangt hat. Für den Vollstreckungsgläubiger ist daher entscheidend, dass das Pfändungspfandrecht – charge – bereits vor dem Antrag auf Verfahrenseröffnung entstanden sein muss. Der Vollstreckungsgläubiger ist nach dieser Vorschrift nicht berechtigt, das aus der Vollstreckung erlangte Vermögen gegenüber dem Liquidator zu behalten. Zu bemerken ist noch, dass unter benefit nicht Zahlungen sondern nur Sicherheiten (Pfandrecht/charge) gemeint sind. InsAct 1986 sec. 346 beinhaltet eine ähnliche Regelung für das **Bankruptcy-Verfahren.**

Gleiches gilt gemäß InsAct 1986 sec. 183 Abs. 2 für Gläubiger im Falle des **Voluntary-Winding-up-Verfahrens**, wenn sie vor Abschluss der Zwangsvollstreckungsmaßnahme Kenntnis von der Versammlung erhalten haben, in dem das Voluntary Winding up beschlossen wurde. In Ergänzung zu InsAct 1986 sec. 183 Abs. 3 (a) enthält InsAct 1986, sec. 184 eine direkte Handlungsanweisung an die Vollstreckungsbeamten für derartige Vollstreckungen. Nach den Absätzen 1 und 2 wird bestimmt, dass der Vollstreckungsbeamte die gepfändeten Gegenstände an den (vorläufigen) Liquidator herausgeben muss, wenn er seinen Vollstreckungsauftrag noch nicht vollständig abgeschlossen hat[796] und ihn in dieser Situation die formelle Information (notice) erreicht, dass ein vorläufiger Liquidator bestellt, eine Winding-up gefasst oder ein Beschluss für eine Voluntary Winding up gefasst wurde. Sollte der Vollstreckungsbeamte bereits Gegenstände

795 InsAct 128 Abs. 1.

796 Abgeschlossen ist die Vollstreckung erst, wenn die gesamte Vollstreckungssumme plus Vollstreckungskosten durch den Verkauf gedeckt ist.

verwertet, der Erlös aber noch nicht zum Abschluss des Vollstreckungsauftrags geführt haben, muss er statt der Gegenstände den Erlös an den Liquidator herausgeben, wenn dieser ihn auffordert. Anders ist dies zu beurteilen, wenn die Schuldnerin im Rahmen einer noch nicht abgeschlossenen Vollstreckung zur Abwendung der Vollstreckung Geld gezahlt hat, dass aber noch nicht zur Beendigung des Vollstreckungsauftrags geführt hat. Eine entsprechende Anwendung des InsAct 1986, sec. 184 (1), die wegen des Wortlauts (by the receipt or recovers) nahe liegt, wird von der Rechtsprechung abgelehnt.[797] Hiernach soll zur Vollstreckungsabwendung gezahltes Geld nicht unter die Norm fallen. Wohl einhellig wird angenommen, dass spätestens bei Herausgabe der goods oder des erlangten Geldes an den Liquidator die vollstreckungsbedingte charge untergeht.[798] In Vergleich zu InsAct 1986 sec. 183 Abs. 3 (a) wird die Situation des vollstreckenden Gläubigers insoweit verschlechtert, als im Gegensatz zu InsAct 1986 sec. 183 Abs. 3 (a) bei InsAct 1986 sec. 184 Abs. 1, 2 der Gläubiger den erlangten Erlös auch dann herausgeben muss, wenn die Vollstreckung zwar bereits vor dem commencement stattgefunden hat, aber der Erlös hieraus nicht ausreichend war, um die Forderung und die Vollstreckungskosten vollständig zu decken. Die Absätze 3 und 4 enthalten eine weitere Anordnung an die Vollstreckungsbeamten zur tatsächlichen Durchsetzung der in den Absätzen 1 und 2 getroffenen Regelungen. Hiernach hat der Vollstreckungsbeamte bei einer Vollstreckung einer Forderung im Wert von über einen Betrag von £ 500,00 den erlangten Vollstreckungserlös, nach Abzug der eigenen Vollstreckungskosten 14 Tage lang zurückzuhalten, um die Regelungen der Absätze 1 und 2 zu verwirklichen. Sollte der Vollstreckungsbeamte in dieser Zeit die notice tatsächlich erreichen,[799] dass ein Antrag auf Winding-up oder eine Gesellschafterversammlung zum Zwecke der Beschlussfassung einer Voluntary Winding up einberufen wurde, so hat er den erhaltenen Betrag vorerst weiter zurückzuhalten. Kommt es tatsächlich zu einem Insolvenzverfahren, so muss der Vollstreckungsbeamte das Erlangte an den Liquidator herausgeben. Auch in dieser Konstellation hat der Vollstreckungsgläubiger seine Sicherheit (charge) nicht insolvenzfest

797 Walkden sheet Metal Co. Ltd. Re [1960] Ch 170.
798 Pennington S. 253.
799 Vgl. InsRules 1986 rule 12.19.

erhalten. Diese Zurückhaltungsanweisung zerstört auch die vermeintlich sichere Befriedigung der Gläubiger, bei denen der Vollstreckungsbeamte nach InsAct 1986 sec. 183 Abs. 3 a bereits vor dem commencement die gepfändeten Sachen verkauft (completed), da der Vollstreckungsbeamte das Erlangte herausgeben muss und mit der Herausgabe die charge erlischt und damit auch sein mit der completion entstandenes Recht, die Vollstreckung zu Ende zu führen. Zu berücksichtigen ist aber, dass das Gericht grundsätzlich gemäß InsAct 1986 sec. 184 Abs. 5 die Möglichkeit hat, von den starren Regelungen im Rahmen von Verhältnismäßigkeitserwägungen abzuweichen. Ein Abweichen ist aber auf Ausnahmefälle beschränkt.[800]

In den Vergleichsverfahren und der Administration lassen sich entsprechende Regelungen nicht finden. Denkbar ist jedoch eine Kombination mit einem Liquidationsverfahren.[801]

b) Deutschland

Gemäß § 88 InsO wird eine Sicherheit, die ein Gläubiger durch eine Zwangsvollstreckungsmaßnahme an dem schuldnerischen Vermögen erlangt hat, rückwirkend unwirksam, wenn er die Sicherheit innerhalb des letzten Monats vor dem Eingang des Antrags auf Eröffnung des Verfahrens oder anschließend erlangt hat. Diesbezüglich ist zu beachten, dass die Rückschlagsperre eine absolut dingliche Wirkung hat.[802] Bereits erlangte Befriedigungen werden von dieser Regelung jedoch nicht erfasst.[803] Diese Vorschrift betrifft lediglich Sicherungen.[804] Im Verbraucherinsolvenzverfahren beträgt die Rückschlagsperre abweichend drei Monate.[805]

---

800 Pennington S. 253.

801 Z.B. von einem Liquidatonsverfahren in ein Vergleichsverfahren oder von der Administration in eine compulsory winding-up; vgl. auch Bork Rescuing 11.16 Fußnote 37.

802 BGH ZInsO 2006, 261; HK-Eickmann § 88 Rn. 11.

803 OLG Frankfurt NZI 2002, 491; Vallender ZIP 1997, 1995; Jaeger-Eckardt § 88 Rn. 22.

804 OLG Frankfurt NZI 2002, 491, 492; MünchKomm.InsO-Breuer § 88 Rn. 10.

805 Vgl. § 88 Abs. 2 InsO; mit Wirkung zum 01.07.2014 wurde durch Gesetzesänderung vom 18.07.2013 (BGBl. I S. 2379) die inhaltlich identische Regelung in § 312 Abs. 1 Satz 3 InsO aufgehoben.

Soweit gemäß § 21 Abs. 2 Nr. 3 InsO Sicherungsmaßnahmen angeordnet worden sind, kann vor Eröffnung des Verfahrens auch nicht mehr wirksam vollstreckt werden. Etwaige dennoch erfolgte Vollstreckungsmaßnahmen sind unwirksam.

c) Rechtsvergleich

Nur nach der deutschen Regelung sind bereits vor Einleitung des Verfahrens abgeschlossene Vollstreckungsmaßnahmen unwirksam. Dies ist für den Zusammenhalt der Vermögenswerte der Schuldnerin grundsätzlich positiv zu werten. Im Hinblick auf die Beschränkung der Sicherungen sowie den Umstand, dass in Deutschland Zwangsvollstreckungsmaßnahmen als inkongruente Deckungen gemäß § 131 InsO innerhalb des Dreimonatszeitraums angefochten werden können,[806] ist der Anwendungsbereich der Rückschlagsperre allerdings sehr begrenzt. Da mithilfe der Rückschlagsperre jedoch sichergestellte Gegenstände sehr viel schneller und unkomplizierter zurückerlangt werden können, ist die Regelung für die Schuldnerin von Vorteil. Hat beispielsweise ein Gerichtsvollzieher dringend benötigte Gegenstände der Betriebs- und Geschäftsausstattung sichergestellt, so wird er die Gegenstände vor dem Hintergrund der Rückschlagsperre regelmäßig kurzfristig wieder herausgeben.

3. Insolvenzanfechtung

Im Folgenden werden die Regelungen der Insolvenzanfechtung in den jeweiligen Verfahren dargestellt und anschließend verglichen.

a) England

Bei den **Liquidationsverfahren** und bei der **Administration** kann der Liquidator bzw. der Administrator bestimmte Sachverhalte (Vermögensverschiebungen) mithilfe eines Gerichtsbeschlusses angreifen (Anfechtung).[807] In einem sehr eingeschränkten Maße steht diese Möglichkeit auch dem Supervisor in den **Vergleichsverfahren** und den Gläubigern oder der hierdurch

806 BGH ZinsO 2005, 260.
807 Überblick: Bachner ZGR 2006, 533ff; ausführlich Bailey/Groves 23.1.

geschädigten Person zu.[808] Die Anfechtungsvorschriften verfolgen den Zweck, Vermögensverschiebungen rückgängig zu machen, die zu einem Zeitpunkt vorgenommen wurden, in dem die Schuldnerin bereits insolvent war bzw. die im Hinblick auf eine spätere Insolvenz vorgenommen worden sind und die spätere Gläubigergemeinschaft benachteiligen.[809] Es soll der Zustand hergestellt werden, der ohne die angefochtene Handlung bestehen würde. Gemäß diesen Vorschriften kann der jeweilige Verfahrensleiter beim Insolvenzgericht die Aufhebung oder Anpassung bestimmter, für die Gläubigergemeinschaft nachteiliger Verfügungen beantragen. Die Voraussetzungen der Insolvenzanfechtung nach englischem Recht sind in InsAct 1986 sec. 238 ff. für juristische Personen und in InsAct 1986 sec. 339 ff. für natürliche Personen geregelt. Diese Regelungen für juristische und natürliche Personen sind im Wesentlichen identisch.[810] In InsAct 1986 sec. 423 sind zudem weitere Anfechtungsmöglichkeiten wegen vorsätzlich betrügerischer Benachteiligungen geregelt, auf die jedoch gesondert eingegangen wird. Gemäß InsAct 1986 sec. 238, 339 sind einerseits Verfügungen unter Wert (transaction at an undervalue) und gemäß InsAct 1986 sec. 239, 340 absichtliche Bevorzugungen einzelner Gläubiger (preference) anfechtbar. Anzumerken ist, dass Entscheidungen des Bankruptcy Court (Zuständig für natürliche Personen) in Fällen, in denen das geschriebene Recht identisch ist, direkten Einfluss/ direkte Auswirkungen auf Entscheidungen des Companies Court haben.[811] Die einzelnen Anfechtungstatbestände lassen sich wie folgt darstellen:

aa) Transaction at an undervalue, InsAct 1986 sec. 238, 339

Objektiver Tatbestand:

Eine Transaction at an undervalue liegt vor, wenn

- die Schuldnerin etwas verschenkt oder sonst bei einem Geschäft keine Gegenleistung erhält

808 InsAct 1986 sec. 423, 424.
809 Bailey/Groves 23.1; Bachner ZGR 2006, 534.
810 Eine dem InsAct 1986 sec. 238 Abs. 5 entsprechende Regelung ist in InsAct 1986 sec. 339 beispielsweise jedoch nicht enthalten.
811 Bailey/Groves 23.3.

oder

- die Schuldnerin bei einem Rechtsgeschäft eine Gegenleistung erhält, die deutlich unterhalb des Wertes der eigenen Leistung liegt,

und nur bei natürlichen Personen zusätzlich, wenn

- die Leistung im Zusammenhang mit der Eingehung einer Ehe oder einer eingetragenen Partnerschaft hergegeben wurde.

Unter Transaction wird jede Art von zweiseitigen[812] Rechtsgeschäften und Handlungen gefasst.[813] Gemäß InsAct 1986 sec. 436 unterfallen dem Begriff der Transaktion Geschenke, Anerkenntnisse oder Vereinbarungen sowie Handlungen, die eine solche Transaktion vorbereiten ("transaction" includes a gift, agreement or arrangement, and references to entering into a transaction shall be construed accordingly). Es wird bereits für ausreichend gehalten, wenn wirtschaftliche Vorteile ohne eine nachvollziehbare Vermögensverschiebung gewährt werden.[814]

Auch das weitere Tatbestandsmerkmal undervalue knüpft ausschließlich an objektive Tatbestandsmerkmale an und entspricht daher im Wesentlichen der Regelung gemäß § 134 Abs. 1 InsO im deutschen Recht. Anzumerken ist, dass in der Rechtsprechung die Auffassung vertreten wird, dass eine Nachbesicherung im Gegensatz hierzu keine transaction undervalue sei, da ihr kein messbarer Wert in Geld zu zurechnen sei.[815] Hiergegen wird zu Recht eingewandt, dass einer Sicherheitenbestellung sehr wohl ein messbarer Wert zugewiesen werden kann.[816] Dieser Wert kann sich z. B. betragsmäßig an den Kosten eines auf den auf den freien Markt verfügbaren Avalkredit oder einer sonstigen Drittsicherheit richtet. Hinsichtlich der Frage, ab wann eine Gegenleistung unter den Anfechtungstatbestand der

---

812 Im Rahmen der Schenkungen (gifts) reichen nach englischem Verständnis auch einseitige Handlungen, da eine Schenkung nicht zwingend Zweiseitigkeit voraussetzt; National Westminster Bank plc v Jones [2001] 1 BCLC 98, 119f.; Philipps v Brewin Dolphin Bell Lawrie Ltd [2001] 1 WLR 143, 153.

813 Keay/Walton Nr. 38.3; Bailey/Groves 23.7; auch Taylor Sinclair (Capital) Ltd Re [2001] 2 BCLC 176, 184.

814 Parry, Rn. 4.09; Goode Rn. 11–26; Brown, Rn. 5.90 f.

815 MC Bacon Ltd, Re [1990] BCLC 324, 340f.

816 Steffek, KTS 2007, 451, 460; Thole S. 251.

undervalue als signifikant wertschwächere Leistung fällt, konnten bislang keine festen Prozentsätze herausgebildet werden. In der Literatur fordert Rajak eine Wertabweichung von mindestens 25 %.[817] In der Rechtsprechung wird hingegen in einigen Entscheidungen bereits eine Wertabweichung von rund 15 % als ausreichend erachtet.[818]

Gemäß InsAct 1986 sec. 240, 341 wird die Anfechtungsmöglichkeit (gilt für *Transaktion at an undervalue and preference*) durch weitere Tatbestandsanforderungen, insbesondere auf einen bestimmten Zeitraum (*relevant time*) beschränkt.

Hiernach wird zusätzlich vorausgesetzt, dass

- die Schuldnerin zum Zeitpunkt der Handlung bereits insolvent war oder durch die Handlung insolvent geworden ist (wird bei nahe stehenden Personen bei einer Transaction at an undervalue vermutet).[819]

und

- die Handlung bei juristischen Personen innerhalb der folgenden Zeiträume vorgenommen worden ist:
  - zwei Jahre vor dem Verfahrensbeginn (onset of insolvency)[820] bei Personen, die mit der Schuldnerin nahe stehen (connected)[821]
  - sechs Monate vor dem Verfahrensbeginn bei sonstigen Personen, wenn es sich um eine bevorzugende Handlung handelt

Bei natürlichen Personen gelten gemäß InsAct 1986 sec. 341 abweichend die folgenden Fristen:

- im Falle der Anfechtung einer Transaktion unter Wert fünf Jahre rückwirkend ab dem Tag des Eingangs des Antrags auf Erlass der Bankruptcy Order
- im Falle einer Bevorzugung, die keine Transaktion unter Wert darstellt und eine Person betrifft, die der Schuldnerin nahe steht, zwei Jahre

817 Rajak, Rn. 12–006; vgl. auch Beissenhirtz, S. 113.
818 National Westminster Bank plc v Jones [2001] 1 BCLC 98, 130–15,5 %.
819 InsAct 1986 sec. 240 Abs. 2 und sec. 341 Abs. 2.
820 Vgl. die Definition in InsAct 1986 sec. 240 Abs. 3 a-e.
821 InsAct 1986 sec. 240 Abs. 1 a.

rückwirkend ab dem Tag des Eingangs des Antrags auf Erlass der Bankruptcy Order
- in anderen Fällen der Bevorzugung, die keine Transaktion unter Wert darstellt, sechs Monate rückwirkend ab dem Tag des Eingangs des Antrags auf Erlass der Bankruptcy Order.

Hinsichtlich des Tatbestandsmerkmals der Insolvenzreife ist zu beachten, dass nach dem englischen Recht eine natürliche Person auch als insolvent angesehen wird, wenn der Wert ihrer Aktiva zu dem Zeitpunkt geringer ist als der Betrag ihrer Verbindlichkeiten.[822] Bei dem Winding-up-Verfahren wird bei juristischen Personen zudem gemäß InsAct 1986 sec. 123 Abs. 1 die Zahlungsunfähigkeit vermutet, wenn die Schuldnerin nicht innerhalb von drei Wochen auf eine vom Gericht schriftlich übermittelte Zahlungsaufforderung[823] hinsichtlich einer fälligen Forderung über einen Betrag in Höhe von mehr als £ 750,00 gezahlt hat oder die Zwangsvollstreckung aus einem Urteil erfolglos geblieben ist. In den sonstigen Fällen muss das Gericht mit gewöhnlichen Beweismitteln von dem Vorliegenden der Zahlungsunfähigkeit überzeugt werden. Der Verfahrensbeginn (onset of insolvency) ist wie folgt zu verstehen:

- Im Falle der Bestellung eines Administrators im Rahmen einer Administration Order ist das Datum maßgeblich, an dem die Order beim Gericht ordnungsgemäß beantragt wurde.
- Im Falle der Bestellung des Administrators nach InsAct 1986 Schedule B1 para 14 ff. (18) oder 22 ff. (31) ist das Datum maßgeblich, an dem die Kopie der Beabsichtigungsnachricht einen Administrator zu bestellen beim Gericht vorgelegt wurde.
- Im Falle einer anderweitigen Bestellung eines Administrators als in den vorgenannten Fällen ist das Datum maßgeblich, an dem die Einsetzung wirksam wird.
- Im Falle der Umstellung der Administration in ein Windig-up-Verfahren gemäß Art. 37 EuInsVO oder wenn der Administrator seine Befugnisse

822 InsAct 1986 sec. 341 Abs. 3 b.
823 Statutory demand - InsAct 1986 sec. 286 Abs. 1a.

verliert, ist das Datum maßgeblich, in dem die Administration wirksam eingeleitet wurde.[824]

- Im Falle der Liquidation ist das Datum der wirksamen Einleitung des Windig-up-Verfahrens maßgeblich.

Unter *connected* sind insbesondere Personen, wie Direktoren oder faktische Direktoren (shadow directors), ein Teilhaber oder sonst nahe stehende Personen (associate) der Direktoren oder der faktischen Direktoren sowie Teilhaber der Schuldnerin zu verstehen.[825] Gemäß InsAct 1986 sec. 435 Abs. 2 und 8 sind sonst nahe stehende Personen (associate) auch Verwandte der Direktoren bzw. der Schuldnerin (natürliche Person) selbst und jede andere Gesellschaft, wenn diese von einer nahe stehenden Person geführt und kontrolliert wird.[826] Durch diese Regelungen sollen die übrigen Gläubiger und die Schuldnerin selbst vor Insidergeschäften geschützt werden.[827] Zur Widerlegung der Vermutungsregelung ist es zudem nicht ausreichend, dass die Organe der Schuldnerin an deren Rettung geglaubt und diese mit weiteren finanziellen Mitteln unterstützt haben.[828]

Subjektiver Tatbestand:
Direkte subjektive Anforderungen stellt der Tatbestand nicht. Jedoch ist eine Anfechtung durch das Gericht bei juristischen Personen gemäß InsAct 1986 sec. 238 Abs. 5 zu versagen (Einwendung des Anfechtungsgegners),[829] wenn das Gericht davon überzeugt ist,

- dass die Schuldnerin die Transaction ohne Benachteiligungsabsicht, daher im guten Glauben und in Erwartung einer dauerhaften Betriebstätigkeit der Schuldnerin vornahm

824 Vgl. Ausführungen bei Spiegelstrich 1 und 2.
825 InsAct 1986 sec. 249.
826 Vgl. InsAct 1986 sec. 435 Abs. 6.
827 Insolvency law an practice: report of the Review Committee, Rn. 1258.
828 Conegrade Ltd Re [2003] BPIR 358, 373 f.
829 Barton Manufacturing Co Ltd Re [1998] BCC 827, 829f.

und

- dass zum Zeitpunkt der Transaction nachvollziehbare Gründe vorlagen, die die Annahme rechtfertigen, dass die Schuldnerin von der Transaktion profitieren würde.

Diese subjektive Einwendung soll Rechtsgeschäfte von der Insolvenzanfechtung ausnehmen (schützen), die von der Schuldnerin im guten Glauben und zum Zwecke der Betriebsfortführung getätigt worden sind und zudem aus ex post-Sicht seinerzeit nachvollziehbare vernünftige Gründe vorhanden waren (reasonable grounds, objektive Tatbestandskomponente), die die Annahme rechtfertigten, dass die Transaktion für die Schuldnerin von Nutzen ist. Durch diese Einschränkung sollen beispielsweise Anfechtungsgegner geschützt werden, die Transaktionen im Rahmen eines Sanierungsversuchs vorgenommen haben (Sanierungsprivileg).[830] Die Beweislast für das Vorliegen der Tatbestandsvoraussetzungen trifft den Anfechtungsgegner.[831] Außerdem ist zu beachten, dass die bloße Rettungsabsicht nicht ausreicht, wenn der Nachweis nicht erbracht werden kann, dass seinerzeit objektiv vernünftige Gründe vorlagen, die die Annahme eines wahrscheinlichen Rettungserfolges rechtfertigen.[832] Um mit dem Einwand erfolgreich durchzudringen, sollten daher aussagekräftige Protokolle der Geschäftsleitung vorgelegt werden können[833] oder der Nachweis möglich sein, dass die Transaktion auf einen professionellen Rat (Sanierungsberater) hin erfolgte.[834] Geschützt soll daher nur derjenige sein, der ernsthaft an eine wahrscheinliche Rettung der Schuldnerin glauben durfte.

bb) Preference, InsAct 1986 sec. 239, 340

Objektiver Tatbestand:
Objektiv setzt diese Vorschrift eine Handlung der Schuldnerin voraus, die zu einer realen Verbesserung der Situation bestimmter Personen (improvement

830 Thole, S. 253.
831 Barton Manufacturing Co Ltd Re [1998] BCC 827, 829f.
832 Parry, Rn. 4.133.
833 Armour/Bennett, Rn. 2.112.
834 Parry, Rn. 4.132.

in position) im Vergleich zu deren Situation ohne die entsprechende Handlung im Insolvenzverfahren geführt hat.

Eine solche Bevorzugung (Preference) durch die Schuldnerin liegt nach der Norm daher vor[835], wenn

- die betreffende Person ein Gläubiger der Schuldnerin ist, sich für die Schuldnerin oder einzelne Verbindlichkeiten verbürgt oder Garantien abgegeben hat

und

- die Schuldnerin etwas gewährt oder einen Nachteil in Kauf nimmt und sich hierdurch die Position der betreffenden Person im Falle der Insolvenz der Schuldnerin im Vergleich zu der Position, die sie ohne die betreffende Handlung der Schuldnerin erlangt hätte, verbessert hat.

Es ist mithin zu fragen, was die betreffende Person erhalten hätte, wenn zum Zeitpunkt der anzufechtenden Rechtshandlung das Verfahren bereits eröffnet worden wäre.[836] Bei dieser Betrachtung bleiben durch die Rechtshandlung verursachte tatsächliche Veränderungen zugunsten oder Lasten des schuldnerischen Vermögens unberücksichtigt.[837] Es ist auch unerheblich, ob die anzufechtende Rechtshandlung im Rahmen eines späteren Administrationsverfahrens tatsächlich durchgeführt wird.[838] Hat die Rechtshandlung keinen Einfluss auf die Quote der übrigen Gläubiger (Gläubigerbenachteiligung), so liegt keine Preference-Anfechtung vor.[839] Eine Preference-Anfechtung scheidet mithin aus, wenn ein Gläubiger in Höhe des erhaltenen Vorteils über eine, seinen Anspruch deckende, entsprechende Sicherheit verfügt. Hinsichtlich der nach englischem Recht existierenden Vorzugsgläubiger (Preferential Creditors) ist zu beachten, dass eine Preference-Anfechtung auch möglich ist, wenn weitere Vorzugsgläubiger vorhanden sind, die wegen der fraglichen Rechtshandlung nun schlechter gestellt sind als ohne diese. Eine anfechtbare Bevorzugung liegt zudem vor, wenn einem Gläubiger die

835 InsAct 1986 sec. 239 Abs. 4, 340 Abs. 3.
836 Ledingham-Smith Re [1993] BCLC 635, 640f. Goode Rn. 11–80f.
837 Wills v Corfe Joinery Ltd [1997] BCC 511, 514.
838 Goode Rn. 11–90.
839 Branston & Gothard Ltd Re [1999] BPIR 466, 477.

Möglichkeit der Aufrechnung gewährt wird[840] oder ein Gläubiger etwas in einer Art oder Weise erhält, auf die er keinen Anspruch hat.[841]

Hinsichtlich der weiteren Anforderungen, insbesondere des Zeitrahmens ist auf die geltenden Ausführungen zu der Anfechtung einer Transaction at an undervalue zu verweisen.

Subjektiver Tatbestand

Subjektiv erfordert der Anfechtungstatbestand, dass die Preference gemäß InsAct 1986 sec. 239 Abs. 5 bzw. sec. 340 Abs. 4 von der Schuldnerin mit Bevorzugungsabsicht (desire to prefer) gegeben wurde.

Gemäß InsAct 1986 sec. 239 Abs. 6 bzw. sec. 340 Abs. 5 wird widerleglich das Vorliegen der Begünstigungsabsicht bei einer Bevorzugung von nahe stehenden Personen (connected person) vermutet. Die Rechtsprechung hat gezeigt, dass eine Widerlegung regelmäßig nicht gelingt.[842]

Außerdem wird mit der Vermutungsregelung erreicht, dass hierdurch auch sogenannte Druckzahlungen im Rahmen von Insidergeschäften angegriffen werden können. Es ist jedoch zu beachten, dass die Gerichte diese Vermutungsregelung für nicht anwendbar halten, wenn die Bevorzugung ganz überwiegend auf eine Drohung zurückzuführen ist. Dies kann beispielsweise auch dann der Fall sein, wenn die Schuldnerin einer nahe stehenden Person eine Sicherheit für rückständige Verbindlichkeiten verschafft, um hierdurch die Weiterbelieferung (Aufrechterhaltung der Geschäftsbeziehung) zu erreichen.[843] Im Gegensatz zum deutschen Recht sind im englischen Recht Druckzahlungen grundsätzlich nicht anfechtbar.

Außerdem lässt die Rechtsprechung von der Vermutungsregelung Ausnahmen zu, wenn durch das Rechtsgeschäft eine gleichwertige Gegenleistung in das Vermögen der Schuldnerin gelangt ist.[844] Hier fehlt es an dem Vorteil (improvement in position) des Gläubigers gegen über den übrigen

---

840 Goode Rn. 11–76.

841 Parry, Rn. 5.39; Armour/Bennett, Rn. 4.35.

842 Weisgard v Pilkington [1995] BCC 1108, 1113; Exchange Travel (Holdings) Ltd i.L. RE [1996] BCC 933, 947f.; Wills v Corfe Joinery Ltd [1997] BCC 511, 517; Agriplant Services Ltd Re [1997] BCC 842, 851; Brain D Pierson (Contractors) Ltd Re [1999] BCC 26, 41.

843 Vgl. im Fall Transworld Trading Ltd Re [1999] BPIR 628, 633f. jedoch nicht ausreichend.

844 Ledingham-Smith Re [1993] BCLC 635, 641.

Gläubigern. Diese Rechtsprechung deckt sich überwiegend mit der deutschen Regelung in § 142 InsO (Bargeschäfte) und der hierzu entwickelten Rechtsprechung.

Obwohl die englische Vertragslehre grundsätzlich nicht zwischen kongruenten und inkongruenten Deckungen unterscheidet, so wird das subjektive Tatbestandsmerkmal des Bevorzugungsvorsatzes (desire to prefer, InsAct 1986 sec. 239 Abs. 5) aufseiten der Schuldnerin auch ohne die Anwendung der Vermutungsregelung deutlich häufiger anzunehmen sein, wenn die Schuldnerin etwas hergibt, obwohl sie hierzu in der gewährten Art oder Weise nicht verpflichtet war (Inkongruenz), als wenn eine solche Pflicht bestand (Kongruenz). So ist ein Bevorzugungsvorsatz beispielsweise anzunehmen, wenn die Schuldnerin einem Gesellschafter ein ungesichertes Gesellschaftsdarlehen noch vor Fälligkeit und Beginn des Insolvenzverfahrens zurückgewährt.[845] Der Bevorzugungsvorsatz muss nicht von dem Gläubiger erkannt oder vermutet werden. Lässt sich der Benachteiligungsvorsatz aufseiten der Schuldnerin nicht nachweisen, kommt selbst dann eine Anfechtung nicht in Betracht, wenn der Gläubiger sichere Kenntnis von der grundsätzlichen Zahlungsunfähigkeit der Schuldnerin und der bevorzugenden Wirkung der Handlung der Schuldnerin hat. Dieses Missverhältnis wird im englischen Schrifttum zutreffend seit Jahren kritisiert.[846]

cc) Transactions defrauding creditors, InsAct 1986, sec. 423

Obwohl der Name *defrauding* es vermuten lässt, erfordert eine Anfechtung nach InsAct 1986 sec. 423 nicht eine fraud oder ein sonst wie geartetes betrügerisches Verhalten der Schuldnerin.[847] Anknüpfungspunkt dieser Norm ist vielmehr einerseits ein Rechtsgeschäft unter Wert bzw. eine Schenkung wie in InsAct 1986 sec. 238, 339 (objektive) und andererseits ein hiermit zusammenhängender Benachteiligungsvorsatz gemäß InsAct sec. 423 Abs. 3 (subjektiv). Diese Norm weist daher starke Ähnlichkeiten zur Vorsatzanfechtung nach § 133 InsO auf. Nach dieser Norm können im Unterschied zu den vorgenannten Anfechtungsvorschriften auch Gläubiger und sonstige

---

845 Weisgard v Pilkington 1995 BCC 1108, 1113; Wills v Corfe Joinery Ltd [1997] BCC 511, 517.

846 Parry, Rn. 2.41; Keay 1998 JBL 539 (Assessment); Goode Rn. 11–142.

847 Goode Rn. 11–135.

Geschädigte beim Gericht unter bestimmten Voraussetzungen die Rückabwicklung von bestimmten Rechtsgeschäften neben dem Verfahrensleiter beantragen. Die Geltendmachung in einem laufenden Insolvenzverfahren setzt jedoch die Erlaubnis (leave) des Gerichts voraus.[848] Ähnlich wie das deutsche Anfechtungsgesetz (AnfG) dient diese Norm auch außerhalb des Insolvenzrechts zur Rückabwicklung bestimmter nachteiliger Vermögensverschiebungen.[849]

Objektiver Tatbestand:
Wie InsAct 1986 sec. 238, 339 verlangt der objektive Tatbestand zunächst eine *transaction at an undervalue*. Die Voraussetzungen sind mit denen der Anfechtung wegen einer *transaction at an undervalue* identisch. Abweichend von dem Tatbestand des InsAct 1986 sec. 238, 339 erfordert die Norm jedoch weder, dass die Schuldnerin zum Zeitpunkt der Rechtshandlung insolvent war oder infolge der Rechtshandlung insolvent geworden ist, noch ist der Anwendungsbereich der Norm auf einen bestimmten Zeitrahmen beschränkt. Erfasst werden daher einerseits auch Vorgänge, die von der Schuldnerin zu einer Zeit vorgenommen worden sind, zu der es ihr wirtschaftlich noch gut ging, und andererseits auch Vorgänge, die zeitlich außerhalb der Grenzen des vorbeschriebenen Anfechtungsrechts liegen.[850] Eine zeitliche Beschränkung erfolgt über die Verjährungsvorschrift gemäß §§ 8, 9 Limitation Act 1980.[851] Hiernach können Übertragungen von Geldbeträgen sechs und Übertragungen von bestimmten Gegenständen zwölf Jahre lang angegriffen werden. Durch die Rechtshandlung muss zudem nicht zwingend die Gläubigergemeinschaft benachteiligt werden. Es reicht vielmehr, wenn wenigstens ein Gläubiger benachteiligt wird.[852]

Subjektiver Tatbestand:
Der weite objektive Tatbestand wird durch die Vorsatzanforderungen auf der subjektiven Seite der Schuldnerin eingeschränkt. Wenn die objektiven Voraussetzungen vorliegen, soll das Gericht einen Anfechtungsbeschluss gemäß

---

848 InsAct 1986 sec. 424 Abs. 1 a.
849 InsAct 1986 sec. 424 Abs. 1c; Parry, Rn. 10.04, Fletcher, Law of Insolvency, S. 216 f.
850 Hill v Spread Trustee Co Ltd [2006] EWCA Civ 542.
851 Hill v Spread Trustee Co Ltd [2006] EWCA Civ 542.
852 National Westminster Bank plc v Jones [2001] 1 BCLC 98, 120.

InsAct 1986 sec. 423 Abs. 3 nur erlassen, wenn es davon überzeugt ist, dass die Schuldnerin die Rechtshandlung mit der Absicht vorgenommen hat,

- Vermögenswerte außerhalb der Reichweite von gegenwärtigen oder zukünftigen Gläubigern zu bringen

oder

- durch sonstige Rechtshandlungen die Interessen (Befriedigungsmöglichkeit) von gegenwärtigen oder zukünftigen Gläubigern zu beeinträchtigen.

Welche Anforderungen im Einzelnen an den Vorsatz zu stellen sind, ist nicht eindeutig geklärt.[853] Nach der Rechtsprechung kann jedenfalls nicht bereits aufgrund des Vorliegens der Merkmale des objektiven Tatbestandes (Gläubigerbenachteiligung) auf die Absicht geschlossen werden (Result cannot be equated with purpose).[854] Auch bei einer offensichtlichen Schenkung müssen die Anforderungen der Absicht erfüllt sein. Es wird im Falle der Schenkung anhand der weiteren Umstände häufig eine Absicht anzunehmen sein.[855] In mehreren Entscheidungen wird für die subjektive Tatbestandskomponente jedoch vorausgesetzt, dass der Wille der Schuldnerin, die Interessen eines oder mehrere Gläubiger, durch die Rechtshandlung zu beinträchtigen (*prejudicing the interests*), das beherrschende Motiv (*dominant purpose*) gewesen sein muss.[856] In neueren Entscheidungen wird von dieser sehr engen Einschränkung Abstand genommen und ein *substantial purpose* für ausreichend angesehen.[857] In der Rechtsprechung wird das Vorliegen der subjektiven Voraussetzungen vermutet, wenn beispielsweise die Schuldnerin zum Zeitpunkt der angefochtenen Transaktion wusste, dass nach der Vermögensverschiebung nicht mehr annähernd genug Vermögenswerte vorhanden seien werden, um die übrigen Gläubiger zu befriedigen.[858]

853 Goode, Rn. 11–135.
854 Royscott Spa Leasing Ltd v Lovett [1995] BCC 502, 508
855 Brabon [2001] BCLC 11, 49.
856 Moon v Franklin [1996] BPIR 196, 204; Dora v Simper [2000] 2 BCLC 561, 566; Chohan v Saggar [1992] BCC 306; Barclays Bank Plc v Eustice [1995] 1 WLR 1238, 1247.
857 Inland Revenue Commissioners v Hashmi [2002], BCC 943, 945f.; Kubiangha v Ekpenyong [2002], 2 BCLC 597, 601; Brabon [2001] BCLC 11, 45.
858 Brabon [2001] BCLC 11, 45.

dd) Sonderanfechtungstatbestände, InsAct 1986, sec. 244, 245

Zudem finden sich unter InsAct 1986 sec. 244 und 245 Sonderanfechtungsregelungen für erpresserische Kreditgeschäfte (*extortionate credit transaction* – InsAct 1986 sec. 244) sowie hinsichtlich einer erst kurz vor Verfahrenseinleitung bestellten Floating Charge (InsAct 1986 sec. 245).

ee) Rechtsfolgen der Anfechtung

In den Fällen, in denen der Verwalter für die Schuldnerin aufgrund eine *preference* oder eine *transaction at an undervalue* klagt, ist in InsAct 1986 sec. 238 Abs. 3, 239 Abs. 3 geregelt, dass das Gericht nach eigenen Ermessen den Zustand vor der angefochtenen Rechtshandlung wiederherstellen kann: "*make such order as it thinks fit for restoring the position to what it would have been if the company had not entered into that transaction or the company had not given that preference*". Eine sehr ähnliche Regelung findet sich auch in InsAct 1986 sec. 423 Abs. 2 für die Vorsatzanfechtung wieder. Hier soll jedoch nicht nur der Status quo wiederhergestellt werden, sondern die Rechtsfolgen sollen den Interessen der benachteiligten Gläubiger gerecht werden (protecting the interests of persons who are victims of the transaction).[859] Der Anfechtungsgegner ist verpflichtet, die erhaltene Geldleistung zu verzinsen. Nach der Rechtsprechung können die an den Verwalter zurückgewährten Gegenstände nicht von Sicherungsgläubigern beansprucht werden, sondern dienen zur Befriedigung der ungesicherten Gläubiger.[860]

ff) Sonstige Besonderheiten

Das Klagerecht des Verwalters ist höchstpersönlich und erschwert hierdurch die Klagefinanzierung durch Dritte.[861] Die Kosten eines erfolglosen Anfechtungsprozesses wollte die Rechtsprechung zudem zunächst nicht als Masseverbindlichkeiten, also als attempt to realise or get in an asset of the company im Sinne des InsAct 1986 sec. 175 Abs. 2, InsRules 1986 rule

859 Westdeutsche Landesbank Girozentrale v Islington LBC [1994] 1 WLR 938, 948f.

860 Yagerphone Ltd Re [1935] Ch. 392, 395 f.; Oasis Merchandising Ltd Re [1997] 2 WLR 764, 772; vgl. auch Goode Rn. 11–140.

861 Steffek, KTS 2007, 451, 463; Beissenhirtz, S. 56.

4.218 Abs. 1 gelten lassen.[862] Begründet wurde diese Auffassung damit, dass das Anfechtungsrecht im Ergebnis tatsächlich nicht bestanden habe und mithin nicht Gegenstand oder das Recht der Insolvenzmasse sei.[863] Im Rahmen von gesetzlichen Neuerungen im Jahre 2002 wurde jedoch bestimmt, dass die Kosten von Anfechtungsklagen als *expense of the liquidation* geltend gemacht werden können.[864] Jedoch ist zu bemerken, dass diese Regelung zunächst weiterhin zu Problemen geführt hat, wenn die vorhandene Masse mit einer Floating Charge belastet war und nach dem House of Lords der Inhaber der Floating Charge sich zunächst ungehindert aus der belasteten Masse befriedigen konnte und für die Prozessfinanzierung keine hinreichenden Mittel übrig blieben.[865] Im Rahmen des Companies Act 2006 wurde dieses Problem jedoch durch die Novellierung des InsAct 1986 sec. 176ZA entschärft, da nunmehr die Verfahrenskosten vorrangig sind. Dies gilt jedoch nur für das Winding-up-Verfahren.

b) Deutschland

Wie das englische insolvenzrechtliche Anfechtungsrecht sieht auch das deutsche insolvenzrechtliche Anfechtungsrecht die Rückabwicklung von bestimmten Vermögensverschiebungen im Interesse der Gläubigergemeinschaft vor. Die Anfechtungsregelungen sind in den §§ 129 ff. InsO einheitlich geregelt. Die im Verbraucherverfahren vormals unter § 313 Abs. 2 InsO normierte Beschränkung wurde mit Gesetzesänderung vom 18.07.2013 (BGBl. I S. 2379) und Wirkung zum 01.07.2014 aufgehoben.

Durch die Anfechtung sollen auch in Deutschland Vermögenswerte zurückgeholt werden, die noch vor der Eröffnung des Verfahrens dem haftenden Vermögen der Schuldnerin zuzuordnen waren. Ferner soll die Masse von Verbindlichkeiten befreit werden, die während der Krise in missbilligenswerter Weise eingegangen wurden.[866] Die Grundsätze des Vertrauensschutzes und der Rechtssicherheit werden dadurch berücksichtigt, dass das

862 Buchler v Talbot [2004] UKHL 9; MC Bacon Ltd (No 2), Re Ch [1991] 127, 138.

863 MC Bacon Ltd (No 2), Re Ch [1991] 127, 138.

864 InsRules 1986 sec. Abs. 1 a i 4.218.

865 Buchler v Talbot [2004] UKHL 9.

866 BGHZ 128, 184, 191.

Anfechtungsrecht verschiedene Anfechtungstatbestände vorhält, um den unterschiedlichen Interessen gerecht zu werden. Als Grundregel kann gelten, dass eine Rechtshandlung, je länger sie zurück liegt, desto umso weniger schutzwürdig sein darf, damit sie noch im Rahmen der Insolvenzanfechtung rückabgewickelt werden kann. Bei vorsätzlichen Benachteiligungen können so noch Rechtshandlungen rückabgewickelt werden, die bis zu 10 Jahre vor dem Eingang des Insolvenzantrags beim Gericht zurückliegen. Hingegen muss ein grundsätzlich schutzwürdiger (gutgläubiger) Gläubiger nur um seine Befriedigung oder Sicherheit fürchten, wenn die Rechtshandlung innerhalb der letzten drei Monate vor Antragsstellung vorgenommen wurde und er beispielsweise Kenntnis von Umständen hatte, die zwingend auf die Zahlungsunfähigkeit der Schuldnerin bei Vornahme der Rechtshandlung hindeuteten (§ 130 Abs. 1 Nr. 1, Abs. 3 InsO) oder wenn er zu diesem Zeitpunkt nicht oder jedenfalls nicht in der Art das Erhaltene zu beanspruchen hatte (§ 131 InsO). Hatte der Gläubiger hingegen keine Kenntnis von der Zahlungsunfähigkeit bei Vornahme der Rechtshandlung und hat er auf eine fällige Forderung eine Zahlung erhalten, ist diese grundsätzlich auch insolvenzfest. Rechtshandlungen des starken und solche die mit Zustimmung des schwachen vorläufigen Insolvenzverwalters vorgenommen worden sind, können nur eingeschränkt angefochten werden. Nach der Rechtsprechung des Bundesgerichtshofs[867] zur Konkursordnung war der Konkursverwalter allerdings noch verpflichtet, nach Eröffnung des Verfahrens, die von ihm selbst als Sequester veranlassten Zahlungen nach §§ 29 ff. KO anzufechten. Ein Verbot für eine Anfechtung existiert jedoch auch jetzt nicht. Es ist insbesondere möglich, dass der schwache vorläufige Insolvenzverwalter nach Eröffnung des Verfahrens die mit seiner Zustimmung veranlasste (aufgezwungene) Rechtshandlung gemäß §§ 130, 131 InsO anfechtet.[868] Diese Möglichkeit hat der starke vorläufige Insolvenzverwalter hinsichtlich der vom ihm neu begründeten Verbindlichkeiten im Sinne von § 55 Abs. 2 InsO nicht.[869] Im Zusammenhang mit der Regelung des

867 BGHZ 118, 374, 379; BGH NJW 1997, 3029.
868 BGH NZI 2005, 218, 219; BAG NZI 2005, 473; Binder KTS 2006, 20.
869 Binder KTS 2006,9.

§ 55 Abs. 2 InsO steht dem Gläubiger im Falle der anfechtungsrechtlichen Rückforderung umgehend selbst eine Masseforderung zu.[870] Gleiches wird für Rechtshandlungen des schwachen vorläufigen Insolvenzverwalters angenommen, der durch Einzelermächtigung zur Begründung von Masseverbindlichkeiten berechtigt ist.[871] Rechtshandlungen, die zusammen mit dem schwachen vorläufigen Insolvenzverwalter getätigt worden sind, könnten jedoch nicht mehr angefochten werden, wenn der betreffende Gläubiger darauf vertrauen durfte, eine gefestigte Rechtsposition erlangt zu haben (Vertrauenstatbestand).[872] Dieses Ergebnis steht im Einklang mit der Systematik der Insolvenzordnung, da anderenfalls der Zustimmungsvorbehalt in § 21 Abs. 2 Nr. 2 Alt. 2 InsO zu einem Vertrauensmissbrauch bei den Gläubigern führen würde.[873] Unabhängig hiervon würde eine Anfechtung regelmäßig auch an dem Privileg des Bargeschäfts gemäß § 142 InsO scheitern.

aa) Allgemeine Voraussetzungen der Anfechtung

Von der Anfechtung werden gemäß § 129 InsO Rechtshandlung in Form eines Tuns oder Unterlassens vor Verfahrenseröffnung (Ausnahme § 147 InsO) erfasst, die die Gläubigergemeinschaft benachteiligt Die einzelnen Normen und insbesondere § 138 InsO enthalten Vermutungsregeln für die Beweislast. Ferner enthält § 142 InsO eine Privilegierung für Bargeschäfte.

bb) Anfechtungstatbestände

Vor dem Hintergrund der Vielzahl von Anfechtungstatbeständen im deutschen Insolvenzrecht werden die einzelnen Tatbestände wie folgt vereinfacht tabellarisch darstellen:

870 Jaeger/Gerhardt § 22 Rn. 226 ff.; MünchKomm.InsO-Haarmeyer § 22 Rn. 191 f.; Marotzke EWiR 2005, 511, Anmerkungen zum BGH-Urteil vom 09.12.2004, Geschäftszeichen IX ZR 108/04.

871 HK-Kreft § 129 Rn. 32; MünchKomm.InsO-Haarmeyer § 22 Rn. 192.

872 BGHZ 118, 374, 381 ff.; Binder KTS 2006, S. 10 ff.

873 BGH NZI 2008, 236, 238; BGH NZI 2005, 218, 220.

Tabelle 4: Anfechtungstatbestände des deutschen Verfahrens

Norm	Objektive Voraussetzungen	Subjektiver Voraussetzungen
§ 130 Abs. 1 S. 1 Nr. 1 InsO	Kongruente Sicherung oder Befriedigung bis zu drei Monate vor Eingang des Insolvenzantrags beim Insolvenzgericht; Zahlungsunfähigkeit	Der Anfechtungsgegner muss die Zahlungsunfähigkeit kennen oder kennen müssen, § 130 Abs. 2 InsO
§ 130 Abs. 1 S. 1 Nr. 2 InsO	Kongruente Sicherung oder Befriedigung nach Antragseingang bis zur Eröffnung; Zahlungsunfähigkeit	Der Anfechtungsgegner muss die Zahlungsunfähigkeit oder die Antragstellung kennen oder kennen müssen (§ 130 Abs. 2 InsO)
§ 131 Abs. 1 Nr. 1 InsO	Inkongruente Sicherung oder Befriedigung bis zu einem Monat vor Eingang des Insolvenzantrags oder danach – bis zur Insolvenzeröffnung	Keine
§ 131 Abs. 1 Nr. 2 InsO	Inkongruente Sicherung oder Befriedigung innerhalb von zwei bis drei Monaten vor Eingang des Insolvenzantrags oder danach – bis zur Insolvenzeröffnung; Zahlungsunfähigkeit	Keine
§ 131 Abs. 1 Nr. 3 InsO	Inkongruente Sicherung oder Befriedigung innerhalb von zwei bis drei Monaten vor Eingang des Insolvenzantrags oder danach – bis zur Insolvenzeröffnung	Der Anfechtungsgegner muss die Gläubigerbenachteiligung kennen oder kennen müssen (§ 131 Abs. 2 S. 1 InsO)
§ 132 Abs. 1 Nr. 1 InsO	Unmittelbar benachteiligende Rechtshandlung der Schuldnerin bis zu drei Monate vor Eingang des Insolvenzantrags; Zahlungsunfähigkeit	Der Anfechtungsgegner muss die Zahlungsunfähigkeit kennen oder kennen müssen (§ 132 Abs. 3 InsO)
§ 132 Abs. 1 Nr. 2 InsO	Unmittelbar benachteiligende Rechtshandlung der Schuldnerin nach Insolvenzantrag; Zahlungsunfähigkeit	Der Anfechtungsgegner muss die Zahlungsunfähigkeit oder den Antrag kennen oder kennen müssen (§ 132 Abs. 3 InsO)

Norm	Objektive Voraussetzungen	Subjektiver Voraussetzungen
§ 133 Abs. 1 InsO	Vorsätzliche Benachteiligung der Insolvenzgläubiger bis zu zehn Jahre vor Eingang des Insolvenzantrags oder danach – bis zur Insolvenzeröffnung	Schuldnerin muss den Vorsatz gehabt haben, einzelne Gläubiger zu benachteiligen. Der Anfechtungsgegner muss den Vorsatz der Schuldnerin gekannt haben. Kenntnis des Anfechtungsgegners wird vermutet, wenn dieser die drohende Zahlungsunfähigkeit kannte oder wusste, dass durch die Handlung Gläubiger benachteiligt werden
§ 133 Abs. 2 i.V.m. Abs. 1 InsO	Unmittelbare benachteiligende entgeltliche Verträge mit nahe stehenden Personen (§ 138 InsO) innerhalb der letzten zwei Jahre vor Eingang des Insolvenzantrags	Benachteiligungsvorsatz wird bei der Schuldnerin vermutet; Kenntnis vom Benachtiligungsvorsatz der Schuldnerin bei dem Anfechtungsgläubiger wird ebenfalls vermutet
§ 134 InsO	Unentgeltliche Leistung der Schuldnerin bis zu vier Jahre vor Eingang des Insolvenzantrags oder danach – bis zur Insolvenzeröffnung; Ausnahme Gelegenheitsgeschenke	Keine
§ 135 Abs. 1 Nr. 1 InsO	Sicherungsgewährung für Darlehensforderungen i.S.v. § 39 Abs. 1 Nr. 5 InsO oder einer gleichgestellten Forderung eines Gesellschafters innerhalb der letzten zehn Jahre vor Antrag oder danach	Keine
§ 135 Abs. 1 Nr. 2 InsO	Befriedigung für Darlehensforderungen (i.S.v. § 39 Abs. 1 Nr. 5 InsO) oder einer gleichgestellten Forderung eines Gesellschafters innerhalb des letzten Jahres vor Antrag oder danach	Keine

Norm	Objektive Voraussetzungen	Subjektiver Voraussetzungen
§ 135 Abs. 2 InsO	Befriedigungsleistung auf Darlehensforderungen i.S.v. § 39 Abs. 1 Nr. 5 InsO oder einer gleichgestellten Forderung an einen Dritten, wenn ein Gesellschafter hierfür eine Sicherheit bestellt oder sich hierfür verbürgt hatte innerhalb des letzten Jahres vor Antrag oder danach	Keine
§ 136 InsO	Einlagenrückgewährung, Verlusterlass gegenüber stillen Gesellschafter innerhalb des letzten Jahres vor Antragstellung oder danach. Ausnahme Eröffnungsgrund ist erst nach der Handlung eingetreten	Keine

Quelle: eigene Darstellung

cc) Rechtsfolgen der Anfechtung

In Deutschland ist die Anfechtung gemäß § 143 InsO als Rückgewährschuldverhältnis ausgestaltet, das mit Verfahrenseröffnung entsteht.[874] Der Anspruch muss nach den allgemeinen Vorschriften gerichtlich geltend gemacht werden.

c) Rechtsvergleich

Soweit es vor Eröffnung des Verfahrens zu wirksamen (vermögensschmälernden) Verfügungen über Vermögensgegenstände der Schuldnerin gekommen ist, halten beide Rechtsordnungen die Möglichkeit deren Rückabwicklung mithilfe Insolvenzanfechtung vor. Im Rahmen der englischen Vergleichsverfahren muss hierfür im Hinblick auf die dort möglichen, aber nur sehr begrenzten Anfechtungsmöglichkeiten nach InsAct 1986 sec. 423, 424 gegebenenfalls ein Umweg über ein Administrations- oder Liquidationsverfahren (InsAct 1986 sec. 1 Abs. 3) bzw. Bankruptcy-Verfahren (InsAct 1986 sec. 263A) genommen werden. Ein solcher Umweg ist auch im

874 HmbKomm-Rogge § 143 Rn. 2 f.

Hinblick auf die unterschiedlichen Zielrichtungen der Verfahren unökonomisch. Auch wenn das Anfechtungsrecht vordergründig die Gläubiger vor Minderungen der Haftungsmasse schützt, so ist dies doch auch aus Sicht der Schuldnerin ein wichtiges Sanierungswerkzeug, da hierdurch einerseits Sanierungskapital (wieder) beschafft werden kann und andererseits die Verhandlungsposition im Rahmen von Vergleichsverhandlungen gestärkt wird. Im Vergleich zum englischen Recht ist das deutsche Anfechtungsrecht umfangreicher und weitreichender gefasst. Das englische Anfechtungsrecht stellt allein auf das Verhalten und das Wissen der Schuldnerin ab. Für die einzelnen Gläubiger im englischen Recht ist die Einzelzwangsvollstreckung bis zum Beginn des Insolvenzverfahrens regelmäßig Erfolg versprechend. Trotz möglicher Kenntnis von der Insolvenzreife der Schuldnerin kann in dieser Zeit noch eine insolvenzfeste Befriedigung erreicht werden. Im deutschen Recht ist es hingegen für die Gläubiger sinnvoller nach einer anfechtungsfesten Vergleichsregelung zu suchen, die regelmäßig auch im Interesse der Schuldnerin liegt. Hier zeigt sich, dass die Voraussetzungen des englischen Anfechtungsrechts zugunsten der Einzelzwangsvollstreckung vergleichs- und sanierungsschädigend sein können. Soweit die Schuldnerin mit dem Anfechtungserlös im Rahmen einer beabsichtigten Sanierung kalkuliert, bestehen im englischen Anfechtungsrecht erhebliche Rechtsunsicherheiten durch subjektive Anfechtungsausschlüsse und -begrenzungen sowie durch die richterliche Ausgestaltung der Rechtsfolgen der Anfechtung.[875] Die Vergleichsbereitschaft der Gläubigergemeinschaft wird zudem im Ergebnis negativ dadurch beeinflusst, dass möglicherweise einzelne Gläubiger erhebliche Vorteile behalten dürfen.

4. Organ- und Handlungshaftung

Wird die Schuldnerin (Gesellschaften) von ihren Organen schlecht vertreten oder greifen sonstige Personen zum Nachteil der Schuldnerin in die Verhältnisse der Schuldnerin ein, so ist ein effektives Organ- und Handlungshaftungsrecht aus der Sicht der Schuldnerin positiv zu werten. Im Folgenden werden die Möglichkeiten der Organ- und Handlungshaftungsrecht in den jeweiligen Verfahren dargestellt und anschließend verglichen.

875 So auch Bork Rescuing Nr. 11.33f., 11.49.

a) England

Gemäß CA 2006 sind die Direktoren grundsätzlich nur gegenüber der Schuldnerin bzw. gegenüber den hinter der Schuldnerin stehenden Gesellschaftern verpflichtet.[876] Es wird deutlich, dass durch das englische Gesellschaftsrecht nur die Interessen der Anleger und die gewöhnlichen Interessen der Schuldnerin geschützt werden sollen.[877] Die Direktoren sind gegenüber der Gesellschaft gemäß dem Companies Act 2006 sec. 170 ff. verpflichtet, keine unangemessenen Verfügungen zulasten der Gesellschaft vorzunehmen. Die einzelnen Pflichten der Direktoren sind in den darauffolgenden Normen beschrieben. Ein tatbestandliches Hauptaugenmerk wird darauf gelegt, was subjektiv eine ordnungsgemäße Geschäftsführung in der vorliegenden Situation getan hätte.[878] Es wird unterschieden zwischen der Verletzung von *fiduciary duties* und den *Common law duties of care and skill.*[879] Eine eigenständige Rechtsfolge bei Verletzung der Direktorenpflicht enthält der Companies Act 2006 jedoch nicht. Gemäß Companies Act 2006 sec. 178 wird lediglich darauf hingewiesen, dass die bestehende zivilrechtliche Handhabe, daher die Haftung nach den Common-Law-Regelungen die Ersatzpflicht regelt.[880] Soweit die Insolvenzreife der Schuldnerin eingetreten ist, wird vertreten, dass die Direktoren ihr Amt ausschließlich im Interesse der Gläubigergemeinschaft auszuüben haben und anderenfalls pflichtwidrig handeln.[881] Im Gegensatz zum deutschen Recht (§ 15a InsO) sind in England die handelnden Organe bei juristischen Personen und Gesellschaften ohne Rechtspersönlichkeit jedoch nicht per Ordnungsvorschrift verpflichtet, einen Insolvenzantrag zu stellen.[882] Die Organe haften jedoch für Schäden aus einer vorsätzlich oder grob fahrlässig verspäteten Antragstellung bzw.

---

876 Gräfe DZWIR 2005, 412; Schall ZIP 2005, 96, 973.

877 Thole, S. 214.

878 Thole, S. 213; Fleischer DStR 2000, 1018.

879 Bailey/Groves 17.6 ff.; Keay/Walton 45.2.

880 Bairstow v Queens Moat Houses plc [2000] 1 BCLC 549.

881 MDA Investment Management Ltd. Re [2003] EWHC 227; Pantone 485 Ltd. Re [2002], 1 BCLC 266; Miller v Bain [2002] 1 BCLC 266; Lieder DZWIR 2005, 408; Habersack/Verse ZHR 2004, 182 ff.; Gräfe DZWIR 2005, 413; Fleischer DStR 2000, 1018.

882 Bachner ZGR 2006, 537 und 543.

Betriebsfortführung (*wrongful trading*, Minderung der Quote).[883] Die Direktoren haben den Schaden zu ersetzen, der dadurch entsteht, dass sie trotz der Kenntnis oder des Kennenmüssens der Insolvenzreife nicht alles unternommen haben, um den Verlust aufseiten der Gläubiger zu minimieren. Die Organe haften nicht, wenn sie von dem haftungsrelevanten Zeitpunkt im Interesse der Gesellschaftsgläubiger zur Erhaltung der Haftmasse die Schuldnerin fortgeführt haben.[884] Rechnerisch haften die Direktoren für die Differenz bzw. die Reduzierung der Haftungsmasse durch die verspätete Antragstellung.[885] Bei der Haftung wegen *wrongful trading* gemäß InsAct 1986 sec. 214 ist es nicht erforderlich, dass das Organ unredlich gehandelt hat. Die Haftungsnorm setzt voraus, dass der Direktor oder eine gleichgestellter Anspruchsgegner (faktischer Direktor) Geschäfte geführt oder sonstige Vermögensverschiebungen veranlasst hat, obwohl er wusste oder hätte wissen müssen, dass keine vernünftige Aussicht mehr bestand, die Insolvenz der Schuldnerin zu verhindern (*no reasonable prospect of avoiding insolvent liquidition*). Die Haftung greift daher im Fall des nur fahrlässigen Handelns nicht, wenn der Direktor nachweisen kann, dass er alles getan hat, um einen Schaden von den Gläubigern abzuwenden. Die Haftung greift gemäß InsAct 1986 sec. 214 Abs. 4 auch dann nicht, wenn in der fraglichen Situation unter einer gemischt objektiv-subjektiven Betrachtung ein sorgfältiger Direktor nicht anders gehandelt bzw. die Situation ebenso falsch eingeschätzt hätte (reasonably diligent). Über die Höhe der Zahlung (Haftungssumme) des Direktors an die Schuldnerin (Insolvenzmasse) entscheidet das Gericht nach freier Überzeugung.[886] Weil die Gerichte sehr zurückhaltend mit der Kenntnis des Fehlens von vernünftigen Fortführungsaussichten bzw. von Insolvenzvermeidungschancen (*moment of truth*) sind, sind die Fälle, in denen eine Haftung ausgesprochen wurde eher selten.[887] Von 1989 bis 2007

883 InsAct 1986 sec. 214 Abs. 2.

884 Habersack/Verse ZHR 2004, 182 f.; Schall ZIP 2005, 965, 967.

885 Lieder DZWIR 2005, 408; Habersack/Verse ZHR 2004, 182 f.; Schumann DB 2004, 747.

886 InsAct 1986 214 Abs. 1.

887 DKG Contractors RE [1990] BCC 903, 911 (trotz offensichtlicher Zahlungsunfähigkeit wurde der moment of truth erst mit der Weigerung eines Lieferanten angenommen; Purpoint Re [1991], BCC 121, 128 f.; Brain D Pierson (Contractors) Ltd Re [1999] BCC 26, 52; Kenntnis der Direktoren

kam es in zehn angestrengten Verfahren nur zu sechs Verurteilungen.[888] Aufgrund dieser Schwierigkeiten kommt das Insolvenzanfechtungsrecht auch gegenüber den Direktoren häufig zum Tragen als die Haftung wegen wrongful trading nach InsAct 1986 sec. 214.[889]

Neben dem *wrongful trading* ist die Verantwortlichkeit der Direktoren nach der West-Mercia-Doktrin (Richterrecht) zu nennen.[890] Hiernach ist die Geschäftsleitung zur Wahrung der Gläubigerinteressen verpflichtet, wenn sich die Schuldnerin nahe der Insolvenz befindet.[891] Im Gegensatz zur Haftung nach den Grundsätzen des *wrongful tradings* ist der Quotenschaden der Gläubiger der Haftungsmaßstab.[892] Die Haftungsvoraussetzungen sind jedoch aufgrund fehlender gefestigter Rechtsprechung oder einer entsprechenden Kodifizierung ungenau.[893]

Außerdem haften die handelnden Personen den Gläubigern auch für betrügerisches (*fraudulent trading*) Handeln.[894] In diesem Fall wird das Vorliegen der Insolvenzgründe zum Zeitpunkt der Handlung tatbestandlich nicht vorausgesetzt.[895] Die Fälle des *fraudulent trading* sind auf Sachverhalte beschränkt, bei denen die Schuldnerin mit einem *intent to defraut* fortgeführt worden ist und die begünstigte Person bewusst mitgewirkt hat. Neben den handelnden Personen haften auch die wissentlich begünstigten Personen. Das Gericht bestimmt auf Antrag des Liquidators die Höhe der Ausgleichszahlung nach freiem Ermessen.[896] *Fraudulent trading* ist zudem auch strafbar gemäß CA 2006 sec. 993. Die Ansprüche gemäß InsAct 1986 sec.

---

nicht nachgewiesen: Re Langreen Ltd. (in Liquidation Mond v Bowles) vom 21 October 2011 – unreported.

888 Redeker S. 100 ff.

889 MDA Investment Management Ltd. Re [2003] EWHC 227; Philipps v Brewin Dolphin Bell Lawrie Ltd [2001] 1 WLR 143; Walker v WA Personnel Ltd [2002] BPIR 621, 634; Elmsbourne Security Ltd v Manticore Holdings Ltd [2005] EWHC 1315; Unigreg Ltd Re [2005] BPIR 220, 230f.; Lord v Sinai Securities Ltd [2004] BCC 986.

890 Vgl. hierzu Bachner ZGR 2006, 546.

891 West Mercia Saferywear v Dodd (1988) BCLC 250.

892 Bachner ZGR 2006, 546.

893 Bachner ZGR 2006, 546.

894 InsAct 1986 sec. 213.

895 So auch Happ/Holler DStR 2004, 734.

896 InsAct 1986 sec. 213 Abs. 2.

213, 214 können ausschließlich von dem Liquidator gegenüber den Direktoren oder ihnen gleichzustellende Personen (*shadow director*) geltend gemacht werden. Für die Geltendmachung bedarf der Liquidator der Zustimmung der Gläubigerversammlung oder des Gerichts.[897] Diese Regelung wird ausschließlich im **Winding-up-Verfahren** angewandt. Eine Geltendmachung durch den Administrator oder einen Administrative Receiver ist nicht möglich.[898]

b) Deutschland

Nachfolgend wird am Beispiel der GmbH die Organ- und Handelndenhaftung dargestellt. Für die übrigen Gesellschaften deutschen Rechts halten die Gesetze in der Regel entsprechende Vorschriften vor.[899]

Gemäß § 64 Satz 1 GmbHG wird bestimmt, dass der Geschäftsführer der Gesellschaft zum Ersatz von Zahlungen verpflichtet ist, die nach Eintritt der Insolvenzreife geleistet worden sind, wenn diese nicht mit der Sorgfalt eines ordentlichen Geschäftsmannes vereinbar waren. Neben beziehungsweise an dessen Stelle haftet auch der Liquidator/Abwickler nach § 71 Abs. 4 GmbHG sowie der faktische Geschäftsführer.[900] Für den Anspruch wird Verschulden des Geschäftsführers vorausgesetzt, wobei nach h.M. bereits fahrlässiges Handeln zur Verwirklichung des Tatbestandes genügt.[901] Nach der Rechtsprechung des Bundesgerichtshofs ist es der Geschäftsführer selbst, der zu seiner Entlastung fehlendes Verschulden darzulegen und zu beweisen hat.[902] Er hat die unter § 64 GmbHG fallenden

---

897 Vgl. InsAct 1986 Schedule 4 para 3A.

898 Re Brian D Pierson (Contractors) Ltd. [1999] BCC 26; Keay/Walton Rn. 43.2; Tomie S. 370; Keay JBL 2002, 402.

899 Mit Verweis auf § 42 Abs. 2 BGB wird eine Massesicherungspflicht der Vereinsvorstände entsprechend § 64 GmbHG von dem BGH abgelehnt, DStR 2010, 1143, Beschluss vom 08.02.2012 – II ZR 54/09.

900 Vgl. zur Haftung des faktischen Geschäftsführers BGH ZIP 2005, 1550, Urteil vom 11.07.2005 - II ZR 235/03; Michalski-Nerlich § 64 Rn. 16 ff.

901 BGHZ 75, 97, 111; BGHZ 126, 181, 199; OLG Düsseldorf ZIP 1992, 767, 770; OLG Hamm GmbHR 1993, 584, 585; OLG Hamburg ZIP 1995, 913f.; Scholz/K. Schmidt, § 46 Rn. 30; Michalski-Nerlich § 64 Rn. 48.

902 BGH NJW 1975, 1088, 1089; BGH ZIP 1994, 891, 894; so auch OLG Hamburg ZIP 1995, 913, 914.

Zahlungen ungekürzt an die Masse zu erstatten.[903] Die sich hierdurch für die Insolvenzgläubiger ergebene Quotenerhöhung wird dadurch berücksichtigt, dass dem Geschäftsführer im Urteil von Amts wegen die Geltendmachung der unerlaubten Quotenerhöhung zur Insolvenztabelle vorbehalten wird.[904] Außerdem ist zu beachten, dass jedenfalls zum Teil und entgegen der höchstrichterlichen Rechtsprechung vertreten wird, dass der Insolvenzverwalter vor einer Inanspruchnahme des Geschäftsführers für Zahlungen, die auch die Anfechtungsvoraussetzungen gemäß §§ 129 ff. InsO erfüllen, zunächst die Anfechtungsansprüche geltend machen muss und der Geschäftsführer anderenfalls den Vorrang des Anfechtungsrechts einrede Weise dem Haftungsanspruch entgegenhalten kann.[905]

Neben § 64 GmbHG kommt auch eine Haftung der handelnden Personen nach §§ 823 Abs. 2 BGB i.V.m. § 15a InsO in Betracht, die weitgehend dieselben Anforderungen wie die Haftung nach § 64 GmbHG voraussetzen. Hiernach kann neben dem Quotenschaden (Kürzung der Masse) der Altgläubiger auch das negative Interesse der Neugläubiger (diejenigen, die erst nach Insolvenzreife/Antragspflicht eine Forderung gegen die Schuldnerin erlangt haben) geltend gemacht werden.[906] Nach dem Bundesgerichtshof ist lediglich die Geltendmachung des Quotenschadens dem Insolvenzverwalter nach § 92 InsO vorbehalten. Die Neugläubiger müssen ihren Schaden hingegen persönlich verfolgen.[907] Der Geschäftsführer haftete gegenüber der Gesellschaft für Obliegenheitsverletzungen gemäß § 43 Abs. 2 GmbHG.

903 BGH ZIP 2001, 235, 239; BGH ZIP 2008, 1026; Hirte ZInsO 2010, 1991 mit Kritik an der starren Regelung.

904 BGH ZIP 2005, 1550; Scholz/K. Schmidt, § 64 Rn. 55.

905 OLG Hamm GmbHR 1993, 584, 585; Scholz/K. Schmidt, § 64 Rn. 54, Anh. § 64 Rn. 67; a.A. BGH ZIP 2003, 1005, 1007; BGH GmbHR 1996, 221; OLG Oldenburg GmbHR 2004, 1014; Müller ZIP 1996, 1156; Lutter/Hommelhoff-Kleindiek, § 64 Rn. 17; Baumbach/Hueck-Haas, § 64 Rn. 86, aber für einschränkende Geltendmachung gemäß § 255 BGB analog - Zug um Zug gegen Abtretung des Anspruchs nach § 143 InsO.

906 BGH NJW 2005, 3137 ff.

907 BGH NJW-RR 2007, 759; BGH BB 1998, 969, 970; BGH NJW 1994, 2220, 2224, Urteil v. 06.06.1994 - II ZR 292/91; a.A. Scholz/K. Schmidt, § 64 Rn. 56.

Weiter kommt eine direkte Haftung des Geschäftsführers gegenüber dem jeweils geschädigten Gläubiger nach folgenden Normen in Betracht[908]:

- §§ 823 Abs. 2 BGB i.V.m. §§ 263, 265b StGB
- § 826 BGB
- §§ 311 Abs. 2 u. 3, 241 Abs. 2, 280 BGB (c.i.c.)
- § 26 Abs. 3 InsO.

c) Rechtsvergleich

Hinsichtlich der Organ- und Handlungshaftung bei juristischen Personen fällt auf, dass die Voraussetzungen für eine Haftung nach deutschem Recht viel niedriger sind und die Haftung zudem viel weiter reicht als im englischen Recht. Eine selbstständige Strafbewährung sieht das englische Recht für eine unterlassene Antragstellung überhaupt nicht vor. Im englischen Recht werden nachteilige Verfügungen der Direktoren regelmäßig nicht über Haftungsvorschriften, sondern über die Anfechtungsvorschriften ausgeglichen. Im deutschen Recht soll die Geschäftsführung hingegen vor dem Hintergrund der erheblichen Haftung zur frühzeitigen Antragstellung zugunsten der Gläubigergemeinschaft gezwungen werden. Besteht für die Schuldnerin bei objektiver Beurteilung zu den derzeitigen Gegebenheiten keine Fortführungsmöglichkeit, so kann dieser Druck zunächst aus der Sicht der Schuldnerin als sinnvoll gewertet werden, da hierdurch die Geschäftsführung zum Handeln animiert bzw. gezwungen wird. Sollten sich durch die Fortführung der Schuldnerin trotz Insolvenzreife die Sanierungschancen verschlechtert haben, ist es aus Sicht der Schuldnerin weiter positiv zu werten, dass dieser Nachteil durch eine Haftung der Geschäftsführung theoretisch ausgeglichen werden kann, soweit die Geschäftsführung über hinreichend Vermögen verfügt. Im englischen Recht wird ein solcher Druck auf die Geschäftsführung nicht ausgeübt. Ohne diesen Druck ist zu befürchten, dass die Haftungsmasse bei Verfahrenseinleitung bereits weitgehend verbraucht und ein sanierungsfähiger Geschäftsbetrieb nicht mehr vorhanden ist. Soweit die Organe und Gesellschafter selbst Forderungen gegen die Schuldnerin haben (Darlehen), ist zudem eine Selbstbegünstigung

908 Hierzu kann zur weiteren Erläuterung auf Michalski-Nerlich § 64 Rn. 80 ff. und Scholz/K. Schmidt, Anh. § 64 Rn. 16 ff. verwiesen werden.

zu befürchten. Durch das schwächere englische Anfechtungsrecht ist eine Rückabwicklung mithilfe Anfechtung zudem nur begrenzt möglich.

Andererseits muss aber auch erwähnt werden, dass der Geschäftsführung im englischen Recht eine „Tür" für die Antragstellung offengelassen wird. Die Geschäftsführung kann noch Monate nach Eintritt der Insolvenzreife weitgehend unbehelligt auch im Interesse der Schuldnerin einen Antrag stellen. Dies ist jedenfalls dann positiv zu werten, wenn die geführten Geschäfte in dieser Zeit im Ergebnis nicht zu einer Verschlechterung der Vermögenssituation geführt haben. Außerdem ist zu beachten, dass in Deutschland die Geschäftsführer im Hinblick auf die weite Haftung bei versäumter Antragstellung möglicherweise eher zulasten der Schuldnerin versuchen werden, die Gesellschaft außerinsolvenzrechtlich vergleichsweise mit einzelnen Gläubigern zu beenden oder mithilfe einer verschleierten Betriebsstilllegung zu bestatten.[909]

Hinsichtlich der Haftung ist zu beachten, dass bereits bei mittelgroßen Unternehmen eine um einen Monat verspätete Insolvenzantragsstellung zu einer existenzvernichtenden Haftung für die Geschäftsführung nach § 64 GmbHG führen kann (z. B. bei einem sechsstelligen monatlichen Umsatz). Eine Haftungsbegrenzung bei verspäteter Antragstellung im deutschen Recht wäre daher auch im Interesse der Schuldnerin und letztlich auch der Gläubiger, wenn hierdurch Sanierungs- und Haftungskapital erhalten bleiben kann. Denkbar wäre beispielsweise im Rahmen der Haftung nach § 64 GmbHG eine Berücksichtigung von Vermögenszuwächsen, die auf Haftungshandlungen zurückzuführen sind. Die Darlegungs- und Beweislast für die Kausalität zwischen Haftungshandlung und Vermögenszuwachs müsste selbstverständlich dem Geschäftsführer auferlegt werden. Im Vergleich zum englischen Recht ist die weite Haftung aus Sicht der Schuldnerin dennoch positiv zu werten, da deutlich leichter Sanierungsbeiträge generiert werden können und die Handelnden aus Eigeninteresse eher offen für Sanierungsberatungen sind.

909 § 26 InsO, § 60 Abs. 1 Nr. 5 GmbHG etc.

5. Gesellschafter- und Durchgriffshaftung

Werden der Schuldnerin (Gesellschaften) von ihren Gesellschaftern über die wirtschaftlich vertretbaren Maßen Kapital entzogen, so ist eine effektive Gesellschafter- und Durchgriffshaftung[910] aus der Sicht der Schuldnerin positiv zu werten. Im Folgenden werden die Möglichkeiten der Gesellschafter- und Durchgriffshaftung in den jeweiligen Verfahren dargestellt und anschließend verglichen.

a) England

Im englischen Recht der juristischen Personen ist eine Durchgriffshaftung auf die Gesellschafter gemäß Companies Act 2006 sec. 829 ff. bei Verletzungen der Kapitalerhaltungsvorschriften (Capital Maintenande) möglich. Werden die Kapitalerhaltungsgrundsätze verletzt, ist der Leistungsempfänger beim Vorliegen weiterer subjektiver Umstände gemäß Companies Act 2006 sec. 847 Abs. 2 rückerstattungspflichtig. Subjektiv muss der empfangene Gesellschafter gewusst haben oder hätte erkennen müssen, dass die Zahlung gegen die Kapitalerhaltungsgrundsätze verstößt. Grundsätzlich dürfen direkte und auch indirekte Ausschüttungen (*distributions*) an Gesellschafter nur in Höhe bilanzmäßig ermittelter und konsolidierter Gewinne ausgeführt werden.[911] Als verdeckte Ausschüttungen kommen z. B. auch unangemessene Managergehälter in Betracht, wenn der Direktor auch Gesellschafter ist. Es ist jedoch zu beachten, dass die Rechtsprechung sich eher zurückhaltend zur Einordnung von vermeintlich unangemessenen hohen Managergehältern als unzulässige Ausschüttung geäußert hat.[912] Im Übrigen wird gemäß der Entscheidung Kensington International Ltd. v Republic of the Congo[913] für eine Durchgriffshaftung vorausgesetzt, dass dem betreffenden Sachverhalt Elemente von Unehrlichkeit und Ungebühr (impropriety and dishonesty) zugrunde liegen müssen. Erfasst werden beispielsweise Sachverhalte, in denen sich die Gesellschafter der juristischen Person bedienen, um ein sie treffendes Wettbewerbsverbot zu umgehen oder

910 Vgl. hierzu auch Fleischer DStR 2000, 1017.
911 Companies Act 2006 sec. 830.
912 Halt Garage (1964) Ltd Re [1982] 3 All ER 1016, 1039, 1043.
913 Kensington International Ltd v Republic of the Congo [2005] EWHC 2684.

existenzvernichtende Eingriffe vorzunehmen.[914] Außerdem ist zu beachten, dass die Sachverhalte regelmäßig auch von den Anfechtungsvorschriften erfasst werden.

b) Deutschland

Auch in Deutschland kommt bei Kapitalgesellschaften eine Haftung der Gesellschafter wegen unverhältnismäßigen Entnahmen nach den Grundsätzen der Existenzvernichtungshaftung gemäß §§ 128, 129 HGB analog in Betracht.[915] Dieser Anspruch ist von dem Insolvenzverwalter gemäß § 93 InsO geltend zu machen.[916] Außerdem haften die Gesellschafter für die Einzahlung der Einlage und für die Erstattung von verbotenen Ausschüttungen und Entnahmen.[917] Im Übrigen sind die Vorschriften weitgehend vergleichbar.

Mit der durch das MoMiG (01.11.2008) eingeführten Antragspflicht des Gesellschafters gemäß § 15a Abs. 3 InsO im Falle der Insolvenzreife und gleichzeitiger Führungslosigkeit der Schuldnerin kommen Schadensersatzansprüche gemäß § 823 Abs. 2 BGB in Verbindung mit § 15a InsO in Betracht, wobei sich die Höhe der Haftung voraussichtlich aufgrund des durch die Führungslosigkeit der Gesellschaft eingetretenen Zustands der Gesellschaft (Betriebseinstellung) betragsmäßig in Grenzen halten dürfte. Daneben kommt ebenso wie für den Geschäftsführer eine verhaltensbezogene Haftung gemäß §§ 823 Abs. 2 BGB i.V.m. §§ 263, 265b StGB, § 826 BGB und §§ 311 Abs. 2 u. 3, 241 Abs. 2, 280 BGB (c.i.c.) in Betracht.

c) Rechtsvergleich

Im Hinblick auf die im Ergebnis im Wesentlichen übereinstimmenden Regelungen kann auch hier eine Sachgesetzlichkeit festgestellt werden. Die Anforderungen in England sind jedoch höher. Aus Sicht der Schuldnerin

---

914 Schall ZIP 2005, 965, 967; Happ/Holler DStR 2004, 734.

915 BGHZ 151, 186; BGH ZIP 2005, 117; Bork KTS 2006, Seite 39 ff. ausführliche Auseinandersetzung.

916 Bork KTS 2006, S. 59 f. und Lieder DZWIR 2005, 309 ff.

917 §§ 19, 30 ff. GmbHG; hierzu MünchKomm.InsO-Kirchhof/Lwowski/Stürner, Anh. Internationales Konzerinsolvenzrecht Rn. 78 ff.; Roth/Altmeppen-Altmeppen, § 13 Rn. 113 ff.

ist daher die deutsche Regelung zu bevorzugen, da einfacher Kapitalabfluss zurückgeholt werden kann. Die Schuldnerin ist nach dem deutschen Recht weitreichender geschützt.

VII. Sonstige Rechte der Schuldnerin

Im Folgenden werden die sonstigen Rechte der Schuldnerin in den jeweiligen Verfahren dargestellt und anschließend verglichen.

1. England

Bei den **Vergleichsverfahren** hat die Schuldnerin unter Aufsicht des Supervisors den ausgehandelten Vergleich zu erfüllen. Die Beteiligten (regelmäßig nur die ungesicherten Insolvenzgläubiger) sind insoweit gebunden. Die Schuldnerin ist abgesehen von der Überwachung durch den Supervisor frei in ihrem Handeln. Mit den Sicherungsgläubigern und sonstigen Dritten muss die Schuldnerin sich nach den allgemeinen Vorschriften einigen, soweit sie dies nicht bereits vor oder im Rahmen des insolvenzrechtlichen Vergleichsvertrags getan hat.

Die Organe der Schuldnerin sind während der Dauer der **Administration** in der Verfügungsmacht gemäß InsAct 1986 Schedule B1 para 59, 64, 69 durch den Administrator beschränkt. Im Rahmen der Administration kann die Schuldnerin sich um den Abschluss eines Company Voluntary Arrangement oder Scheme of Arrangement bemühen und so ihren vollständigen Erhalt bewirken.[918] Ist die Administration gescheitert, kann das Gericht gemäß InsAct 1986 Schedule B1 para 79 Abs. 4d das Administrationsverfahren in ein gerichtliches Winding-up-Verfahren überleiten. Zudem ist eine freiwillige Überleitung in ein Creditors-Voluntary-Liquidation-Verfahren gemäß InsAct 1986 Schedule B1 para 83 möglich. Eine solche Überleitung ist beispielsweise sinnvoll, wenn der Geschäftsbetrieb der Schuldnerin im Rahmen eines Asset Deals übertragen wurde und nunmehr nur noch der Erlös verteilt werden muss. Gemäß InsAct 1986 Schedule B1 para 65 ist der Administrator jedoch auch im Rahmen des Administrationsverfahrens selbst zur Verteilung berechtigt.

918 InsAct 1986 sec. 1Abs. 3 a.

Die Schuldnerin kann sich auch nach Eröffnung eines **Liquidationsverfahrens** um eine Überleitung in ein für sie gegebenenfalls günstigeres Vergleichsverfahren (natürliche und juristische Personen) bemühen.[919] Wenn die Gläubiger die Schuldnerin bei einem Company Voluntary Arrangement (Versuch) unterstützen wollen, soll das Gericht die Winding-up Order überprüfen und gegebenenfalls aufheben.[920] Soweit es sich bei dem Liquidationsverfahren um eine Creditors Voluntary Liquidation handelt, ist eine Betriebsfortführung möglich.[921] Die Überleitung in ein Administrationsverfahren ist nach Erlass der Winding-up Order gemäß InsAct 1986 Schedule B1 para 8 Abs. 1b direkt nicht mehr möglich. Wird die Aufhebung der Winding-up Order beantragt, damit die Schuldnerin weiterhin ihren Geschäftsbetrieb allein fortführen kann, wird das Gericht grundsätzlich die folgenden Nachweise verlangen[922]:

- Die Verbindlichkeiten gegenüber dem Antragsteller sind bedient bzw. werden umgehend nach Aufhebung der Order bezahlt.
- Die Schuldnerin ist nicht (mehr) zahlungsunfähig.
- Der official receiver konnte seine Ermittlungen hinreichend abschließen und es ist sichergestellt, dass seine Gebühren bezahlt werden können.

Ein Antrag auf Aufhebung der Winding-up Order muss innerhalb von sieben Tagen nach dem Erlass der Order gestellt werden.[923] Anträge können nur von den Gläubigern durch beitragsfreie Gesellschafter oder der Schuldnerin selbst gemeinsam mit einem Gläubiger oder mit einem beitragsfreien Gesellschafter gestellt werden. Der Antrag muss ein schriftlicher Nachweis von Aktiva und Passiva unterstützt werden.[924] Ist der Antrag auf Aufhebung

---

919 Individual Voluntary Arrangement gemäß InsAct 1986 sec. 263A, InsRules 1986 rule 5.4 Abs. 5; Company Voluntary Arrangement gemäß InsAct 1986 sec. 1 Abs. 3 b.

920 Dollar Land (Feldham) Ltd. Re [1995] BCC 740; Bailey/Groves Nr. 4.7.

921 Vgl. InsAct 1986 sec. 166, Schedule 4 para 5.

922 Dollar Land (Feldham) Ltd. Re [1995] BCC 740; Virgo Systems Ltd. Re [1990] 5 BCC 833, 835 where a solvent company was unaware that a petition had been presented.

923 InsRules 1986 sec. 7. 47 Abs. 4; PDIP (Practice Direction: Insolvency Proceedings) sec. 7.1.

924 PDIP sec. 7.2.

der Winding-up Order erfolglos, trägt der Gläubiger bzw. der beitragsfreie Gesellschafter die im Rahmen des Aufhebungsantrags entstandenen Kosten der übrigen Gläubiger (Antragstellerin) und des Official Receiver.[925] Wenn der Antrag erfolgreich ist, aber die Schuldnerin den Antrag verschuldet hat, muss sie sämtliche Kosten der Beteiligten für das bisherige Verfahren tragen.[926] Das Gericht kann selbst dann, wenn erheblich Gründe für eine Aufhebung der Winding-up Order sprechen, an dieser festhalten, wenn nach eigenem Ermessen eine Winding-up unvermeidlich erscheint.[927] Die Schuldnerin und die Gläubiger haben das Recht, bei gerichtlichen Verhandlungen gemäß InsRules 1986 rule 7.53 Abs. 1 (rule 6.84 – Anwesenheitsrecht/Pflicht der Schuldnerin in Bankruptcy-Verfahren) anwesend zu sein und sich mündlich oder schriftlich zu äußern.

Bei dem **Bankruptcy-Verfahren** über das Vermögen einer natürlichen Person ist neben den auch inhaltlich geltenden Ausführungen zu dem Liquidationsverfahren für juristische Personen zudem zu beachten, dass gemäß InsAct 1986 sec. 283 Abs. 2 bestimmte Gegenstände nicht zur Insolvenzmasse gehören und mithin der Schuldnerin zu belassen sind (unpfändbare Gegenstände). Hierzu gehören beispielsweise die Gegenstände, die zur Berufsausübung benötigt werden. Weiter ist zu beachten, dass mit Zustimmung des Gläubiger-Committees der *trustee in bankruptcy* der Schuldnerin selbst die Verwaltung der Insolvenzmasse, die Fortführung des Geschäftsbetriebs zum Vorteil der Gläubiger oder sonst eine dem Trustee zustehende Befugnis überlassen kann.[928] Auf Antrag des Official Receivers oder des Trustee kann das Gericht auch einen Dritten (Sonderinsolvenzverwalter) für die Verwaltung bestimmter Vermögenswerte oder für die Fortführung des Geschäftsbetriebs der Schuldnerin einsetzen.[929], Dies gilt insbesondere auch in den Fällen, in denen der Official Receiver bereits als Interim Receiver gemäß InsAct 1986 sec. 286 tätig war. Gemäß InsAct 1986 sec. 370 Abs. 2 soll der Official Receiver bzw. der Trustee immer dann die Einsetzung

925 PDIP sec. 7.3.
926 Bailey/Groves 4.2.
927 Bailey/Groves 4.2.
928 InsAct 1986 sec. 314 Abs. 2.
929 Vgl. InsAct 1986 sec. 370 Abs. 1.

anregen, wenn er selbst aufgrund der zu verwaltenden Gegenstände oder aus anderen Gründen in einem Interessenkonflikt steht.

Im Winding-up-Verfahren und im Bankruptcy-Verfahren verfügt das Gericht über weitgehende Möglichkeiten das Verfahren zu leiten.[930] Die aus dem Bankruptcy-Verfahren stammende Regelung des InsAct 1986 sec. 375 Abs. 1 wird auch in den übrigen Verfahren angewandt.[931]

Die Schuldnerin kann im Rahmen des sogenannten *review* grundsätzlich einzelne Maßnahmen vom Gericht überprüfen lassen und eine abändernde Entscheidung beantragen (rescind). Voraussetzung für eine Überprüfung ist grundsätzlich, dass neue Tatsachen vorgetragen werden, die das Gericht in der zu überprüfenden Entscheidung nicht bewertet hat.[932] Es wird gefordert, dass das Gericht bei Kenntnis der neuen Tatsachen die gefällte Entscheidung nicht getroffen hätte.[933] Sollten die Einwendungen zutreffend sein, wird dasselbe Gericht entsprechende Änderungen vornehmen. Im Rahmen eines *review* überprüft der Entscheidungsträger (z. B. Einzelrichter) seine Entscheidung und ändert diese gegebenenfalls ab. Wenn dies erforderlich erscheint, erfolgt die Überprüfung der Entscheidung aber durch einen anderen Richter.[934] Die Schuldnerin kann sich zum Beispiel an das Gericht wenden und die Aufhebung/Aussetzung der Winding-up Order oder der Bankruptcy Order zum Zwecke eines Vergleichsvertrags (Company Voluntary Arrangement/ Individual Voluntary Arrangement) anregen. Wenn auch das Gericht von dieser Möglichkeit überzeugt ist, z. B. weil auch die Gläubiger dies überwiegend wollen oder die Durchführung eines Vergleichsvertrags aufgrund anderer Umstände – Drittgeldgeber – wahrscheinlicher ist, kann das Gericht den Liquidationsbeschluss aufheben. Das Gericht ist im Rahmen der *review* allerdings nicht an die Anträge der Schuldnerin oder der Gläubiger gebunden.[935] Beantragt die Schuldnerin die Aufhebung der Winding-up Order, um weiterhin wirtschaften zu können, wird das

930 Vgl. InsRules 1986 rule 7.47 Abs. 1 und InsAct 1986 sec. 375 Abs. 1.
931 Bailey/Groves 4.1; Roches Leisure Services Ltd. Re [2006] BOIR 453.
932 Portedge Ltd Re [1997] BCC 23.
933 Mid East Trading, Lehmann Bros Inc v Phillips Re [1997] 3 All ER 481, 490.
934 Mond v Hammond Suddards [2000] Ch 40 CA; Casterbridge Properties Ltd. Re [2002] BPIR 428.
935 Piccadilly Management Ltd. Re [1999] 2 BCLC 145, 163; InsAct 1986 Schedule B1 para 12.

Gericht den Nachweis verlangen, dass die Forderungen des Antragstellers bezahlt sind oder die Zahlung lediglich von der Aufhebung des Beschlusses abhängig ist, dass die Schuldnerin im Übrigen zahlungsfähig ist und dass der Official Receiver keinen weiteren Bedarf an Nachforschungen sieht und die Bezahlung der Kosten des Verfahrens gesichert sind.[936] Ein Antrag auf Aufhebung der Winding-up Order muss innerhalb von sieben Tagen nach Wirksamwerden der Order gestellt werden.[937] Eine Verlängerung der Frist ist aber möglich.[938] Andere Eingaben (reviews) sind grundsätzlich nicht fristabhängig.[939] Die Schuldnerin, aber auch die übrigen Beteiligten können sich gegen Entscheidungen des Gerichts mit einer Beschwerde (Appeal) wenden.[940] Über eine Beschwerde gegen eine Entscheidung des County Court oder des Registrar am High Court entscheidet ein Einzelrichter am High Court.[941] Gegen die Entscheidung des Einzelrichters ist eine weitere Beschwerde zum Court of Appeal möglich, die jedoch die Zustimmung des High Court-Richters oder des Court of Appeal voraussetzt.[942] Eine Zustimmung erfolgt nur, wenn die Beschwerde grundsätzliche Bedeutung für die Rechtsprechung und Praxis hat oder der Court of Appeal aus sonstigen Gründen eine Leitentscheidung für erforderlich hält.[943] Eine Beschwerde gegen eine Entscheidung des Official Receiver oder des Secretary of State muss innerhalb von 28 Tagen nach ordnungsgemäßer Bekanntgabe eingelegt werden.[944] Die Erfordernisse einer Beschwerde selbst sind in der Practice Direction: Insolvency Proceeding (PDIP) sec. 17 ff. beschrieben. Im Übrigen gelten die allgemeinen Regelungen für die Beschwerde nach den Civil Procedure Rules Part 52 und deren Practice Direction 52. Begeht der eingesetzte

936 Dollar Land (Feldham) Ltd. Re [1995] BCC 740; Virgo Systems Ltd. Re [1990] 5 BCC 833, 835.
937 InsRules 1986 rule 7.47 Abs. 4.
938 Bailey/Groves 4.2 m.w.N.
939 Bailey/Groves 4.3.
940 InsRules 1986 rule 7.47 ff.
941 Vgl. InsRules rule 7.47 Abs. 2, rule 7.48 Abs. 2.
942 Vgl. InsRules 1986 rule 7.47, rule 7.48.
943 Vgl. Access to Justice Act 1999, sec. 55 Abs. 1.
944 Vgl. InsRules 1986 rule 7.50.

Treuhänder erhebliche Verfehlungen, so kann das Gericht auf Anregung der Schuldnerin den Verwalter seines Amtes entheben.[945]

2. Deutschland

Mit Ausnahme der Eigenverwaltung verliert die Schuldnerin mit Eröffnung des Insolvenzverfahrens die Verwaltungs- und Verfügungsbefugnis über ihr insolvenzbeschlagenes Vermögen.[946] Das gerichtliche Vermittlungsverfahren für Verbraucher ist hier als Insolvenzverfahren nicht mitzuzählen. Soweit die Eröffnung des Insolvenzverfahrens durch das gerichtliche Vermittlungsverfahren abgewendet wurde, muss sich die Schuldnerin den Schuldenbereinigungsplan erfüllen.

Bei dem Insolvenzverfahren von natürlichen Personen ist an dieser Stelle nochmals zu bemerken, dass der Schuldnerin der Weg in die Restschuldbefreiung mit Verfahrenseröffnung grundsätzlich versagt bleibt, wenn das Verfahren aufgrund eines Fremdantrags eröffnet worden ist und sich die Schuldnerin nicht mit einem eigenen Insolvenzantrag nebst Restschuldbefreiungsantrag dem Verfahren angeschlossen hat.[947]

Im Verfahren selbst kann sich die Schuldnerin um die Anordnung der Eigenverwaltung bemühen und/oder ihre Sanierung mithilfe eines Insolvenzplans anstrengen. Das Eigenverwaltungsverfahren ist für Personen, die unter die Regelungen des Verbraucherinsolvenzverfahrens fallen, gemäß § 270 Abs. 1 Satz 3 InsO ausgeschlossen. Die Beendigung des Verfahrens durch einen Insolvenzplan ist durch die Gesetzesänderung vom 18.07.2013 (BGBl. I. 2379) auch für Verbraucher ermöglicht worden.

Hat die Schuldnerin keinen Antrag gestellt, muss sie vorbehaltlich der Möglichkeit eines Insolvenzplans zunächst die Beendigung des laufenden Verfahrens und etwaige (dreijährige) Sperrfristen abwarten und kann dann selbst ein Verfahren zu ihrer Sanierung anstrengen.[948] Eine Alternative bietet unter Umständen eine Einstellung des Verfahrens mit Zustimmung der

---

945 Bankruptcy: InsAct 1986 sec. 298; Administration InsAct 1986 Schedule B1 para 88; Winding-up InsAct 1986 sec. 108, 172; Voluntary Liquidation InsAct 1986 sec. 171.

946 Vgl. §§ 35, 80 InsO.

947 § 287 Abs. 1 InsO; vgl. auch BGH NJW 2008, 3494.

948 BGH, NZI 2010, 195; LG Düsseldorf NZI 2013, 446.

Gläubiger gemäß § 213 InsO, wenn sich z. B. ein Dritter bei den Gläubigern für die Schuldnerin einsetzt.

Darüber hinaus stehen der Schuldnerin eine Vielzahl von Einflussmöglichkeiten, wie z. B. Anhörungsrecht gemäß § 14 Abs. 2 InsO und Beschwerderechten[949] zu. Insbesondere kann sich die Schuldnerin gegen die Eröffnung mit der sofortigen Beschwerde gemäß § 34 Abs. 2 InsO wehren, wenn sie z. B. nachweisen kann, dass die Insolvenzgründe zum Zeitpunkt der Entscheidung nicht vorgelegen haben. Die Schuldnerin kann sich auch um die Aufhebung des Insolvenzverfahrens wegen Wegfall des Insolvenzgrundes oder mit Zustimmung der Insolvenzgläubiger gemäß §§ 212 ff. InsO bemühen. Eine weitere Voraussetzung ist stets, dass die Verfahrenskosten und sonstige Masseverbindlichkeiten bezahlt werden können.

3. Rechtsvergleich

Die Rechte und Möglichkeiten der Schuldnerin aus dem Verfahren heraus sind in den Vergleichsländern weitgehend identisch. Jedoch fällt auf, dass der einheitliche Verfahrensablauf im deutschen Recht vorteilhaft ist. In England muss die Schuldnerin gegebenenfalls erst die Überleitung von einem Liquidationsverfahren in ein Sanierungsverfahren durchführen, um bestimmte Rechte geltend machen zu können.

VIII. Rechte der Gläubiger

Starke Gläubigerrechte sind im Verfahren zwar auf den ersten Blick für die Schuldnerin problematisch, können aber beispielsweise bei kollektiver und einvernehmlicher Wahrnehmung mit der Schuldnerin auch vor obstruktiven Einzelgläubigern oder Fehleinschätzungen des Gerichts schützen. Im Folgenden werden die Rechte der Gläubiger in den jeweiligen Verfahren dargestellt und anschließend verglichen.

---

949 Rechtspflegererinnerung gemäß § 11 Abs. 2 RPflG und in bestimmten Fällen gemäß § 6 InsO die sofortige Beschwerde z. B. gegen Zwangsmaßnahmen zur Durchsetzung von Mitwirkungspflichten § 98 Abs. 3 S. 3 InsO; Zurückweisung des vorgelegten Insolvenzplans, § 231 Abs. 3; Aufhebung der Eigenverwaltung, § 272 Abs. 2 S. 3 InsO; gegen die Entscheidung über die sofortige Beschwerde findet die Rechtsbeschwerde statt, § 7 InsO, § 574 Abs. 1 Nr. 1 InsO. Für weitere Einzelheiten vgl. Frege/Keller/Riedel Rn. 874.

1. England

a) Allgemeine Gläubigerrechte

Wie die Schuldnerin selbst bzw. ihre Organe können sich auch einzelne Gläubiger im Verfahren mit reviews und appeals an das Gericht wenden.[950] Die Gläubiger können das Gericht um verfahrensleitende Anordnungen bitten bzw. anregen, wenn ihre Rechte gefährdet sind.[951]

Bei den **Vergleichsverfahren** (Individual Voluntary Arrangement und Company Voluntary Arrangement) haben sich die ungesicherten Gläubiger durch Annahme des Vergleichsvorschlags bereits weitgehend gebunden.[952] Die Schuldnerin, die einzelnen Gläubiger und jede sonst beteiligte Person kann sich jedoch über Handlungen des Supervisors beschweren und das Gericht um Abhilfe bitten.[953] Der Vergleichsvertrag kann unter bestimmten Umständen (z. B. Benachteiligung eines Gläubigers) angefochten werden.[954] Insbesondere unrichtige Angaben im Rahmen des Vergleichsverfahrens können zur Aufhebung des Vergleichsverfahrens führen.[955]

In dem **Bankruptcy-Verfahren** können die Gläubiger den Official Receiver durch einen von ihnen gewählten Trustee ersetzen und in der Gläubigerversammlung einen Gläubigerausschuss (the creditors committee) bilden, der dann den Treuhänder (Trustees) unterstützen und überwachen kann.[956] Die Einzelheiten zum Gläubigerausschuss sind in den InsRules 1986 rule 6.150 ff. geregelt. Der Treuhänder hat dem Gläubigerausschuss über den Ablauf des Verfahrens zu berichten.[957] Bei den Abstimmungen entscheidet die Kopfmehrheit.[958] Eine zu hoch empfundene Vergütung für

---

950 Bankruptcy: InsAct 1986 sec. 303.

951 InsAct 1986 sec. 168 Abs. 3, 5 (Compulsory); sec. 112 (Voluantary Liquidation), Schedule B1 para 68 (Administration); sec. 7 Abs. 3 (Company Voluntary Arrangement); sec. 263 Abs. 3 (Individual Voluntary Arrangement); sec. 303 (Bankruptcy).

952 Company Voluntary Arrangement: InsAct 1986 sec. 5 Abs. 2; Individual Voluntary Arrangement: InsAct 1986 sec. 260 Abs. 2.

953 Company: InsAct 1986 sec. 7 Abs. 3; Individual: InsAct 1986 sec. 263 Abs. 3.

954 Company: InsAct 1986 sec. 6; Individual: InsAct 1986 sec. 262 ff.

955 Company: InsRules 1986 rule 1.25; Individual: InsRules 1986 rule 5.30.

956 Vgl. InsAct 1986 sec. 292, sec. 302 ff.

957 InsRules 1986 rule 6.163.

958 InsRules 1986 rule 6.161.

den Treuhänder können die Gläubiger gerichtlich überprüfen lassen. Hierzu ist ein Antrag der Gläubiger, die mindestens 25 Prozent der Gläubigerforderungen halten, erforderlich.[959] Begeht der eingesetzte Treuhänder erhebliche Verfehlungen, so kann das Gericht auf Hinweis (z. B. eines Gläubigers) den Treuhänder seines Amtes entheben.[960]

Im **Winding-up-Verfahren** kann der Liquidator ein meeting of the creditors and contributories einberufen, um ein Liquidation Committee zu bilden. Ist bislang nur ein Official Receiver bestellt worden, hat dieser innerhalb einer Frist von 12 Wochen zu entscheiden, ob ein Liquidation Committee einzuberufen ist.[961] Ein solches Meeting hat er einzuberufen, wenn dieses von Gläubigern verlangt wird, die mindestens 10 % der Gläubigerforderungen innehaben.[962] Der Inhalt des ersten Meetings ist in InsRules 1986 rule 4.52 Abs. 1 geregelt. Ist ein Liquidation Committee gebildet, hat es die Aufgabe, den Liquidator zu unterstützen und zu überwachen.[963] Es besteht mindestens aus drei und höchsten aus fünf Gläubigern.[964]

Die Regelung im **Creditors-Voluntary-Liquidation-Verfahren** für das erste Treffen der Gläubiger sind denen des Winding-up-Verfahrens im Hinblick auf das Liquidation Committee sehr ähnlich, so dass hierdrauf verwiesen werden kann.[965]

Auch im **Administration-Verfahren** können die Gläubiger im Creditors Meeting ihre Rechte ausüben und insbesondere ein Creditor Committee einsetzen.[966] Sie können Einfluss auf den Vorschlag des Administrators nehmen und Änderungen durchsetzen.[967] Auch die Ersetzung des Administrators durch einen anderen ist möglich.[968] Ein in dem Creditors Meeting überstimmter Gläubiger kann das Gericht für Minderheitenschutz anrufen.[969]

---

959 InsRules 1986 rule 6.142.
960 InsAct 1986 sec. 298.
961 InsAct 1986 sec. 136 Abs. 5.
962 InsAct 1986 sec. 141 Abs. 2.
963 Bailey/Groves 16.1.
964 InsRules 1986 rule 4.152.
965 Vgl. InsAct 1986 sec. 98, InsRules 1986 rule 4.53.
966 InsAct 1986 Schedule B1 para 50, 57; InsRules 1986 rule 2.35 ff.
967 InsAct 1986 Schedule B1 para 53.
968 InsAct 1986 Schedule B1 para 90 ff.
969 InsAct 1986 Schedule B1 para 74.

Erfüllt der Office Holder in dem jeweiligen Verfahren seine Pflichten nicht ordnungsgemäß, so kann das Gericht anordnen, dass er den Insolvenzgläubigern den hierdurch entstandenen Schaden auszugleichen hat.[970] Hierzu sei beispielhaft der Fall Pulsford v Devenish[971] genannt, in dem der Insolvenzverwalter (Voluntary Liquidation) den Geschäftsbetrieb und die vorhandenen sonstigen Vermögenswerte der Schuldnerin an einen Käufer verkauft hat, der als Kaufpreis die von dem Insolvenzverwalter benannten Schulden und Verbindlichkeiten der Schuldnerin übernahm. Die aus den Geschäftsbüchern der Schuldnerin ersichtlichen Forderungen des klagenden Gläubigers blieben jedoch unberücksichtigt, da der Verwalter diese jedenfalls fahrlässig übersah. Als der Gläubiger diese Fehler bemerkte war die Liquidation bereits abgeschlossen und die Schuldnerin aufgelöst. Die festgestellten Vermögenswerte der Schuldnerin hätten jedoch ausgereicht, um auch den klagenden Gläubiger vollständig zu befriedigen. Dem Verwalter wurde insbesondere vorgeworfen, dass er nichts unternommen hat, um die tatsächlichen Gläubiger der Schuldnerin zu ermitteln. Nach dem englischen Recht sind die Verbindlichkeiten von dem Verwalter selbständig zu ermitteln und pflichtgemäß zu überprüfen. Der Verwalter musste dem Gläubiger dem ihm entstandenen Schaden vollständig ersetzen.

Soweit der Verwalter versehentlich einen Vermögensgegenstand verwertet, benutzt etc. hat, der tatsächlich nicht zur Masse gehört, scheidet eine persönliche Haftung des Verwalters gegenüber dem geschädigten Gläubiger aus, wenn dieser für die Schuldnerin gehandelt hat.[972] Der Verwalter handelt regelmäßig nicht im eigenen Namen, sondern im Namen der Schuldnerin.[973] Eine direkte Inanspruchnahme ist aber möglich, wenn der Verwalter eine Vertragsverletzung gebilligt oder herbeiführt hat, die im nach traditionellen deliktischen Grundsätzen als Gehilfen haften.[974]

970 InsAct 1986 sec. 212 Abs. 1, 304 Abs. 1, Schedule B1, para 75 Abs. 4; Bailey/Groves 7.9; vgl. zur Antragsberechtigung: Halsbury's Laws of England Nr. 346.

971 Pulsford v Devenish [1903] 2 Ch 625.

972 InsAct 1986 sec. 234, 304.

973 OBG Ltd v Allan [2007] UKHL 21; Bailey/Groves 7.11.

974 OBG Ltd v Allan [2007] UKHL 21.

b) *Die gesicherten Gläubiger*

Vereinbarungen zwischen der Schuldnerin und einem Gläubiger, die einem Gläubiger im Falle der Einleitung eines Insolvenzverfahrens Sonderrechte (Vorteile) einräumt sind nach der *anti-deprivation rule* des Common Law nichtig.[975]

Unter den gesicherten Gläubiger im weiterem Sinne sind unter anderem auch Gläubiger zu verstehen, die durch die Regelungen des Contracts (Rights of Third Parties) Act 1999 die Möglichkeit haben, Ansprüche (Absonderungsrechte) aus Versicherungsverträgen der Schuldnerin direkt gegen die Versicherungsgesellschaft geltend zu machen. Jedoch wird die Anwendbarkeit des Contracts Act 1999 regelmäßig zumeist in den Versicherungsverträgen ausgeschlossen.[976] Ein Rückgriff auf die Vorgängervorschrift des Third Party (Rights Against Insurers) Act 1930 ist aber unter Beachtung des Supreme Court Act 1981 sec. 51 Abs. 1 möglich.[977] Der Third Party (Rights Against Insurers) Act 1930 gilt in sämtlichen Insolvenzverfahren.[978]

Bei den Arbeitnehmern der Schuldnerin werden zudem die Forderungen für die Zeit von bis zu vier Monaten vor dem Beginn des Insolvenzverfahrens bevorzugt behandelt.[979] Diese Bevorrechtigung ist jedoch auf einen Betrag von (gegenwärtig) £ 800,00 beschränkt.[980] In diesem Zusammenhang ist auch zu beachten, dass Banken oder andere Institutionen, die der Schuldnerin Kredite zum Zwecke (zweckgebunden) der Bezahlung der Arbeitnehmer in der Krise gewähren, dieselbe geschützte Position wie die Arbeitnehmer selbst erhalten.[981]

Tatsächlich ist es in der Praxis so, dass die Arbeitnehmer einen direkten Anspruch gegen den National Insurance Fund (previously called Redundancy Fund) über den Employment Rights Act 1996 (ERA 1996) dort

975 British Eagel International Air Lines Ltd. v Compagnie Nationale Air France [1975] 1 WLR 758; Bork Rescuing Nr. 11.46 m.w.N.
976 Bailey/Groves 30.1; Contracts Act 1999 sec. 1 Abs. 2.
977 Murphy v Young & Co's Brewery plc [1997] 1 All ER 518; TGA Chapman Ltd v Christopher [1998] 1 WLR 12, CA.
978 Vertiefend Bailey/Groves 30.2 ff.
979 InsAct 1986 sec. 386, Schedule 6 para 9.
980 Insolvency Proceedings (Monetary Limits) Order 1986 SI 1986/1996, Art. 4.
981 InsAct 1986 Schedule 6 para 11.

Part XII haben. Wenn der Fund zahlt, erhält der von dem Secretary of State vertretenen Fund den bevorrechtigten Anspruch der Arbeitnehmer gegen die Schuldnerin abgetreten.[982]

Für die Auszahlung der im Folgenden genannten Ansprüche der Arbeitnehmer ist das Insolvency Service's Redundancy Payments Offices verantwortlich:

- Lohnersatzleistungen
- Löhne
- Urlaubsgeld
- rückständige Rentenbeiträge.

Hingegen ist der HM Revenue & Customs HMRC für die Fortzahlung der folgenden Ansprüche der Arbeitnehmer zuständig:

- Krankengelder
- Elternzeit, Kindergeld, Geburtshilfe etc.

aa) Eigentumsrechte

Grundsätzlich können auch nach Beginn des Verfahrens Eigentumsrechte unabhängig von dem Insolvenzverfahren weiterhin geltend gemacht werden. Der Eigentümer daher die Herausgabe verlangen, soweit das Nutzungsverhältnis nicht etwas anderes bestimmt.[983] An dieser Stelle ist zudem auf die Ausführungen zu den Eigentumsrechten im Vorverfahren sowie auf den Vollstreckungs- und Substanzschutz während des Verfahrens zu verweisen.

bb) Sicherungsrechte

Die **Vergleichsverfahren** beeinträchtigt die Rechte der gesicherten Gläubiger grundsätzlich nicht, es sei denn, die Gläubiger haben sich im Rahmen des Vergleichsvertrags ebenfalls gebunden. Dies muss ausdrücklich im Vergleichsvertrag vereinbart worden sein.[984] Sollte keine abweichende Regelung getroffen worden sein, können die gesicherten Gläubiger ihre Sicherheit

---

982 ERA 1996 sec. 167 Abs. 3 und 4, 189.

983 Keay/Walton Nr. 32.1 ff.

984 InsAct 1986 Schedule A1 para 31 Abs. 4.

nach den allgemeinen Vorschriften geltend machen.[985] An den Abstimmungen nehmen gesicherte Gläubiger daher nur mit dem ungesicherten Teil ihrer Forderung teil.[986]

Die **Liquidations- und Administrationsverfahren** sowie das **Bankruptcy-Verfahren** wirken sich wie folgt auf die einzelnen Sicherheiten aus:

Die ***mortgage*** ist im Falle eines Insolvenzverfahrens nur wirksam, wenn sie gemäß Companies Act 2006 sec. 870, 874 Abs. 1 im Companies Charges Register innerhalb von 21 Tagen nach Bestellung eingetragen worden ist. War die Eintragung nicht rechtzeitig, ist die *mortgage* gegenüber einem Liquidator oder Administrator unwirksam. Die *mortgage* kann, wenn dem Gläubiger die mortgage in der Form eines *deed* gewährt wurde, durch freihändigen Verkauf oder durch öffentliche Versteigerung (right to sell) verwertet werden, wenn die Darlehenssumme zur Rückzahlung überfällig ist.[987] Liegt kein *deed* vor, handelt es sich um eine *equitable mortgage*, die gemäß Property Act 1925 sec. 90 f. nur auf Grundlage eines Gerichtsbeschlusses verkauft werden kann. Weiter besteht noch die Möglichkeit, die Verwertung durch ein sogenanntes Ausschließungsrecht (right to foreclosure) per Gerichtsbeschluss zu erreichen.[988]

Bei der ***fixed equitable charge*** stehen dem Sicherungsgläubiger mehrere Möglichkeiten offen. Zum einen hat er das Recht, seine Sicherheit außerhalb des Insolvenzverfahrens zu realisieren und einen hierbei eventuell unbefriedigt gebliebenen Teil seiner Forderung bei dem Liquidator anzumelden (proving for debt)[989]. Falls er die Verwertung noch nicht vornehmen will, kann er den Wert seiner Sicherheit zunächst auch bloß schätzen und den voraussichtlich unbefriedigt bleibenden Rest seiner Forderung beim Office Holder anmelden. Ferner kann er auch auf seine Sicherheit insgesamt verzichten und die Verwertung dem office-holder überlassen. In diesem Fall kann er seine Forderung unbeschränkt zur Tabelle geltend machen. eben dem gesicherten Gläubiger hat aber auch der Office Holder während des

985 InsAct 1986 sec. 4 Abs. 3, Schedule A1 para 31 Abs. 4; Bailey/Groves 9.50, Jungmann, Rn. 816 ff.; Keay/Walton Nr. 31.6.
986 Calor Gas v Pierca [1994] BCC 69.
987 Vgl. Law of Property Act 1925 sec. 103.
988 Vgl. Scherber S. 22.
989 Fletcher, Law of Insolvency, S. 504 f.; Goode Rn. 7–36; Goode, RabelsZ 44, 698 ff.

Liquidationsverfahrens theoretisch die Möglichkeit, sicherungsbelastete Gegenstände zu verwerten[990]. Den Erlös muss der Liquidator jedoch soweit an den gesicherten Gläubiger abführen, wie dessen Forderung reicht. Vorab darf der Office Holder jedoch eine *reasonable sum* zur Abgeltung der Verwertungskosten vom Erlös abziehen.[991] Der Administrator benötigt für die Verwertung einer Sicherheit die Zustimmung des Gerichts.[992] Hinsichtlich der Verwertungsbefugnis gilt das Prioritätsprinzip, daher derjenige darf verwerten, der als erster die Verwertung eingeleitet hat. In der Praxis verzichtet der Liquidator jedoch wegen der Kosten der Verwertung und des Zeitaufwands regelmäßig auf das Verwertungsrecht. Als Hintergrund kann angeführt werden, dass Massekostenbeiträge grundsätzlich[993] nicht erhoben werden.

Die ***Floating Charge*** ist unwirksam, wenn diese innerhalb der letzten 12 Monate vor dem Eingang des Administrations- bzw. Liquidationsantrag beim Gericht vereinbart wurde. Gleiches gilt, wenn die Floating Charge innerhalb der letzten 12 Monate vor dem Beschluss über die außergerichtliche Administration bzw. die Liquidation eingetragen wurde.[994] Weiter ist zu beachten, dass aus dem Erlös einer Floating Charge, soweit das sonstige freie Vermögen der Schuldnerin nicht ausreicht, vorab die bevorrechtigten Forderungen zu bezahlen sind (z. B. Pensionen, unbezahlte Lohn- und Gehaltsforderungen der Arbeitnehmer für die letzten vier Monate, die allerdings auf £ 800,00 pro Mitarbeiter beschränkt sind, sowie deren aufgelaufenen Anspruch auf Urlaubsvergütung und bestimmte Sozialversicherungsbeiträge).[995] Zudem ist aus dem Nettoverwertungserlös einer Floating Charge, die nach dem 15.09.2003 bestellt wurde, der

---

990 InsAct 1986 Schedule 4, para 6, Schedule 5, para 9; Keay/Walton, Nr. 17.4.4.8 und 23.3.2.

991 Keay/Walton, Nr. 11.4.4.8.

992 InsAct 1986 Schedule B1 para 71, 72; Keay/Walton, Nr. 7.5.1.

993 Eine Ausnahme bildet die im Folgenden beschriebene Verwertung der Rechte aus einer qualifying Floating Charge.

994 InsAct 1986 sec. 245 Abs. 3 b.

995 InsAct 1986 sec. 175 Abs. 2 b, 386, InsAct 1986 Schedule 6, die Arbeitnehmer haben jedoch parallel hierzu auch Ansprüche gegen z. B. National Insurance Fund, wird dieser in Anspruch genommen, geht der privilegierte Anspruch über; vgl. Bailey/Groves 29.11 ff.

sogenannte prescribed part an die Masse (Massebeitrag) abzuführen.[996] Diese durch den Enterprise Act 2002 (sec. 252) neu eingeführte Norm soll die ungesicherten Gläubiger stärken. Durch die Insolvency Act (Presribed Part) Order 2003 wird festgelegt, dass der von dem Erlös an die ungesicherten Gläubiger zu zahlende Anteil stufenmäßig bis zu einem Erlös von £ 10.000,00 50 % und für den darüber hinaus gehenden Erlös 20 % jedoch höchstens £ 600.000,00 beträgt.[997] Das folgende Beispiel veranschaulicht die genannte Regelung:

Die Schuldnerin hat ein unbelastetes Vermögen in Höhe von £ 100.000,00 netto. Weiteres Vermögen besteht in Höhe von £ 150.000,00, die jedoch mit einer Floating Charge belastet ist. Die Forderungen des Floating-Charge-Inhabers valutiert jedoch nur in Höhe von £ 110.000,00. Die bevorrechtigten Forderungen[998] betragen £ 120.000,00, die ungesicherten Verbindlichkeiten der Schuldnerin betragen £ 170.000,00.

Zusammengefasst:

unbelastetes Vermögen:	100.000,00 £
Floating Charge Vermögen	150.000,00 £
bevorrechtigte Forderungen:	120.000,00 £
Ausfalldeckung durch Floating Charge:	20.000,00 £
verbleibendes Nettovermögen:	130.000,00 £

Das Nettovermögen von £ 130.000,00 ist das Vermögen, das nach vollständiger Befriedigung der bevorrechtigten Gläubiger verbleibt. Das die Floating Charge betreffende Vermögen wird daher soweit für die Befriedigung der bevorrechtigten Gläubiger herangezogen, wie die sonstige freie Masse nicht reicht.

Von dem verbleibenden Nettovermögen von £ 130.000,00 wird der normierte Prozentsatz für die ungesicherten Gläubiger abgezogen. Der Abzug berechnet sich in dem vorbeschriebenen Fall wie folgt:

996 InsAct 1986 sec. 176A Abs. 2 a, 6.

997 InsAct 1986 sec. 176A Abs. 2 und 7 i.V.m. Insolvency Act (Prescribed Part) Order 2003 sec. 3.

998 Diese Forderungen sind vor allen anderen Forderungen abgesehen von den Kosten des Verfahrens zu bedienen; InsAct 1986 sec. 175 Abs. 1, sec. 386, Schedule 6.

von den ersten £ 10.000,00 50 %:	5.000,00 £
von dem Mehrbetrag (£ 120.000,00) 20 %:	24.000,00 £
Gesamtbetrag:	29.000,00 £

Dieser Betrag ist nach Abzug der bevorrechtigten Verbindlichkeiten (Masseforderungen) an die ungesicherten Gläubiger zu verteilen. Den Restbetrag (£ 101.000,00) erhält der Inhaber der Floating Charge. Der Gläubiger der Floating Charge hat mithin einen Verlust zu verzeichnen von £ 9.000,00. Zu beachten ist, dass im Falle eines Windig-up-Verfahrens die Kosten des Verfahrens zunächst nachrangig gegenüber den Ansprüchen der Inhaber einer Floating Charge waren.[999] Durch den am 06. April 2008 in Kraft getretenen neu geregelten InsAct 1986 sec. 176ZA wurde dieser Missstand behoben.

Die Rechte aus der ***pledge*** oder ***pawn*** (Besitzpfand) werden durch ein Insolvenzverfahren nicht eingeschränkt.

Bei der ***lien*** ist zu beachten, dass der Rechtsinhaber gemäß InsAct 1986 sec. 234 den Gegenstand im Administrations-, Administrative Receiver-, Liquidation- oder im provisional Liquidationsverfahren per richterlicher Verfügung an den jeweiligen Office-Holder (Verwalter) herauszugeben hat, wenn die lien nicht hinreichend nachgewiesen wird.[1000] Für den Gläubiger ist es daher sinnvoll, das Sicherungsrecht gegenüber Dritten offenzulegen.[1001]

Die **Forderungsabtretung**[1002] ist dem Liquidator und den sonstigen Gläubigern im Bankruptcyverfahren gegenüber unwirksam, wenn eine Eintragung der Abtretung in das Register nicht erfolgt ist.[1003] Sehr ähnliche Registrierungsregelungen gelten auch für die juristischen Personen gemäß Companies Act 1985 sec. 395–398, nach dem Abtretungen in das „Company's Register of Charges“ binnen einer Frist von 21 Tagen einzutragen sind. Ist die Abtretung nicht registriert, hat sie im Falle der Liquidation der Schuldnerin keinen Bestand.[1004]

---

999 Buchler v Talbot [2004] UKHL 9; Goode Rn. 5–01.

1000 Bailey/Groves 36.21.

1001 Tolmie S. 21.

1002 Vgl. hierzu auch C. I. 4. a) cc).

1003 InsAct 1986 sec. 344 Abs. 2; Staudinger.BGB-Magnus EGBGB Art. 33 Rn. 21; Habel, S. 82; Bernstorff, RIW 1984, 510.

1004 Kent & Sussex Sawmills Ltd. Re [1947] 1 Ch. 177,178; Chitty-A. S. Burrows, 19–063 und 19 065.

Im Administrationsverfahren hat zudem der Administrator neben dem Sicherungsgläubiger das Recht, über belastetes Eigentum zu verfügen, wenn er die Befugnis auf Antrag übertragen bekommen hat und insbesondere keine Verschlechterung des Gläubigers zu befürchten ist.[1005] Zudem ist während der Laufzeit des Moratoriums die Verwertung grundsätzlich nur sehr eingeschränkt möglich.[1006] Hinsichtlich der Vermögensgegenstände, die mit einer Floating Charge belastet sind, ist zu beachten, dass sich die Sicherheit an dem Erlös fortsetzt.[1007] Für eine Verwertung der Vermögensgegenstände, die mit einer fixed charge belastet sind, benötigt der Administrator die Zustimmung des Gerichts oder des gesicherten Gläubigers.[1008] Der Erlös aus der Verwertung steht bis zu dem Wert des Sicherungszwecks stets dem gesicherten Gläubiger zu.[1009]

Die gesicherten Gläubiger können im Übrigen ihre Forderung nur dann im Insolvenzverfahren geltend machen, wenn sie entweder auf die Sicherheit verzichten oder diese bereits verwertet wurde und nunmehr nur der Restbetrag (Ausfallsumme) geltend macht wird.[1010]

c) Massegläubiger

Als Massegläubiger sind zunächst die Gläubiger der Verfahrenskosten[1011] zu nennen. Hierbei handelt es ich um das Gericht in Bezug auf die Gerichtsgebühren und den Verwalters in Bezug auf seine Vergütung nebst Auslagen. Weiter handelt es sich um die Gläubiger, die erst durch das Verfahren oder jedenfalls nach Beginn des Verfahrens eine Forderung gegen die Schuldnerin erlangt haben (z.B. der mit der Verwertung beauftragte Unternehmer oder der Vermieter).

Die Masseverbindlichkeiten sind grundsätzlich bei Fälligkeit zu bedienen. Der Insolvenzverwalter benötigt für Zahlungen auf Masseverbindlichkeit

1005 InsAct 1986 Schedule B1 70, 71 Abs. 2.
1006 Vgl. InsAct 1986 Schedule B1 43 Abs. 2; vgl. auch Scherber S. 55 f.
1007 InsAct 1986 Schedule B1, para 70 Abs. 1 und 2.
1008 InsAct 1986 Schedule B1, para 71, vgl. Keay/Walton Nr. 31.5.
1009 InsAct 1986 Schedule B1, para 71 Abs. 4.
1010 Moor v Anglo-Italian Bank (1879) 10 Ch D 681.
1011 InsAct 1986 S. 115, S. 156; Die Rangfolge innerhalb der Verfahrenskosten regelt sich nach InsRules 1986 rule 4.218.

grundsätzlich nicht die Zustimmung des Gerichts oder des Gläubigerausschusses.

Sollte die Masse nicht ausreichen, um diese Kosten zu decken (Massearmut/Unzulänglichkeit), so regeln im Falle der Liquidationsverfahren InsAct 1986 sec. 156, 175 ff. 328 ff. und InsRules 1986 rule 4.218 ff. die Rangfolge. Hierbei ist zu bemerken, dass zunächst die vom Verwalter begründeten Verbindlichkeiten und erst dann seine eigene Vergütung zu bezahlen sind. Die Gesellschaft wird sodann aufgelöst.[1012]

In den übrigen englischen Verfahren wird das Verfahren in ein Liquidationsverfahren übergeleitet und ebenfalls beendet. Für ein Adminsitrations- oder Vergleichsverfahren ist im Falle der Massearmut kein Raum mehr. Bei der Rangfolge fällt auf, dass noch vor den Verfahrenskosten die vom Verwalter veranlassten Masseverbindlichkeiten zu zahlen sind. Das Gericht kann die Verteilung des vorhandenen Vermögens gemäß InsRules 1986 rule 4.220 anordnen.

2. Deutschland

a) Allgemeine Gläubigerrechte

Allgemein lassen sich die Rechte der Insolvenzgläubiger in Informationsrechte und Verfahrensrechte unterteilen. Zu den wichtigsten Informationsrechten gehören Stellungsnahmerechte zur Rechnungslegung gemäß § 66 Abs. 2 InsO, zum Bericht gemäß § 156 Abs. 2 InsO, zum beabsichtigten Insolvenzplan gemäß 232 Abs. 1 Nr. 1, 248 Abs. 2 InsO oder zu dem Antrag auf Erteilung der Restschuldbefreiung gemäß 289 Abs. 1, 300 Abs. 1 InsO. Zu den wichtigsten Verfahrensrechten gehören die Entlassung des Verwalters gemäß § 59 Abs. 1 InsO, die Einberufung der Gläubigerversammlung gemäß § 75 Abs. 1 InsO, die Rechte im Rahmen des Insolvenzplans gemäß §§ 231 Abs. 2, 235, 251 Abs. 1 InsO, Zustimmung zu besonders bedeutsamen Rechtshandlungen gemäß §§ 160 Abs. 1, 276 InsO, Beschwerde gegen Vergütungsfestsetzung gemäß § 64 Abs. 3 InsO und die Wahl des Insolvenzverwalters gemäß § 57 InsO.[1013]

1012 Vgl. InsAct 1986 sec. 202.

1013 Für weitere Einzelheiten vgl. Frege/Keller/Riedel Rn. 984.

Unabhängig von den gesetzlich normierten Rechten können die Gläubiger die Schuldnerin bzw. den Insolvenzverwalter bei der Verfahrensbearbeitung (z. B. Betriebsfortführung) im eigenen Interesse unterstützen.

Die Gläubiger, die nach Insolvenzreife der Schuldnerin eine Forderung gegen die Schuldnerin erworben haben, können im Hinblick auf § 92 InsO selbst Ansprüche gegen die Geschäftsführung geltend machen.

b) Die gesicherten Gläubiger

aa) Eigentumsrechte

Gemäß § 47 InsO wird klargestellt, dass derjenige, der aufgrund eines dinglichen oder persönlichen Rechts die Herausgabe eines Gegenstandes von dem Insolvenzverwalter bzw. der Schuldnerin verlangen kann (Aussonderungsrecht), kein Insolvenzgläubiger ist. Für die Durchsetzung dieser Rechte findet die Insolvenzordnung keine Anwendung. Der Gläubiger kann nach den allgemeinen Vorschriften vorgehen und die Herausgabe verlangen. Hauptanwendungsfälle von Aussonderungsrechten sind insbesondere dingliche Rechte (Eigentum) und bestimmte obligatorische Rechte wie Herausgabeansprüche aus Miete, Pacht und Leasingverhältnissen. Soweit der Insolvenzverwalter bzw. die Schuldnerin in Eigenverwaltung den Gegenstand weiterhin nutzen möchte, kann zum einen in das Vertragsverhältnis eingetreten (§ 103 InsO) oder ein neues Nutzungsverhältnis ausgehandelt werden. Im ersten Fall kann sich der Gläubiger nur nach den allgemeinen Vorschriften von dem Vertrag lösen. Eine Einschränkung sieht § 135 Abs. 3 InsO für Aussonderungsrechte der Gesellschafter der Schuldnerin vor.

Im Übrigen ist grundsätzlich zu beachten, dass die Erweiterungsformen des Eigentumsvorbehalts sowie die Sicherungsübereignung und Sicherungsabtretung nicht zu einem Aussonderungsrecht führen. Diesen Gläubigern steht lediglich ein Absonderungsrecht (Sicherungsrecht) gemäß § 51 Nr. 1 InsO zu.

bb) Sicherungsrechte

Die Insolvenzordnung spricht bestimmten den Gläubigern Absonderungsrechte gemäß §§ 49 ff. InsO zu. Zur abgesonderten Befriedigung berechtigt sind hiernach die Immobiliarpfandrechtsgläubiger (§ 49 InsO), die Mobiliarpfandrechtsgläubiger (§ 50 InsO), Gläubiger denen zur Sicherung ihrer

Forderungen Eigentum übertragen oder Forderungen abgetreten wurden, inklusive der Rechte aus einem verlängerten und/oder erweiterten Eigentumsvorbehalt (§ 51 Nr. 1 InsO), Gläubiger, denen Zurückbehaltungsrechte wegen Verwendungen auf Gegenstände der Masse zustehen (§ 51 Nr. 2 und Nr. 3 InsO) und staatliche Gläubiger, denen bestimmte zoll- und steuerpflichtige Gegenstände als Sicherheit für öffentliche Abgabenforderungen dienen (§ 51 Nr. 4 InsO).[1014]

Grundsätzlich zielt die Gewährung einer Sicherheit darauf ab, dass das Ausfallrisiko des zugrunde liegenden Geschäfts abgedeckt wird.[1015] Das Sicherungsrecht sichert neben der Hauptforderung auch die weiteren Zinsforderungen (auch nach Insolvenzeröffnung) und die Kosten der Rechtsverfolgung, wobei grundsätzlich für die Tilgungsreihenfolge die Regelung des § 367 BGB zu beachten ist.[1016] Der Bundesgerichtshof hat in den genannten Entscheidungen erneut klargestellt, dass sich Absonderungsrechte trotz des in § 39 Abs. 1 InsO angeordneten Nachrangs für nach Eröffnung des Verfahrens entstandener Zinsen- und Kostenforderungen auch diese Ansprüche vollständig über das Sicherungsrecht abgedeckt werden.

Gemäß § 91 InsO ist der Neuerwerb von Sicherungsrechten wegen einer Insolvenzforderung nach Verfahrenseröffnung grundsätzlich ausgeschlossen. Bestehende Vereinbarungen über Vorausabtretungen (z. B. Globalzession) sind nicht mehr insolvenzanfechtungsfest und daher wertlos. Die Privilegierung von Vorausverfügung über Bezüge aus einem Dienstverhältnis oder vergleichbaren Einkünften von natürlichen Personen gemäß § 114 InsO wurde mit Gesetzesänderung vom 18.07.2013 (BGBl. I S. 2379) mit Wirkung zum 01.07.2014 abgeschafft.

Die Verwertung der **Immobiliarpfandrechte** erfolgt gemäß § 165 InsO entweder im Rahmen eines Zwangsversteigerungs- oder Zwangsverwaltungsverfahrens[1017] oder durch freihändige Verwertung des Insolvenzverwalters

---

1014 Weitere gesetzliche Absonderungsrechte sind unter § 110 VVG (Haftpflichtversicherung), § 233 BGB (Hinterlegung), §§ 26, § 77 Abs. 2 BinSchG (Binnenschifffahrt) und §§ 623, 674, 726, 752, 755 HGB (Seehandelsrecht) zu finden.

1015 BGHZ 134, 195, 196.

1016 BGH NZI 2011, 247; BGH NJW 2008, 3064.

1017 Für dinglich berechtigte Gläubiger und sonstige Berechtigte: § 49 InsO i.V.m. § 10 Abs. 1 Nr. 1–4 ZVG; für den Insolvenzverwalter: § 165 InsO i.V.m.

oder bei Freigabe durch die Schuldnerin. Führt die Veräußerung aufgrund der Sicherungsrechte nicht zu einem Übererlös, wird der Verwalter mit den Grundpfandgläubigen regelmäßig einen Massekostenbeitrag aushandeln.[1018] Soweit die Immobilie der Schuldnerin vermietet ist oder sonst Erträge erzielt, ist der Verwalter zudem zum Einzug dieser Erträge berechtigt, soweit keine Zwangsverwaltung angeordnet ist. Zur Vermeidung einer Zwangsverwaltung kann der Insolvenzverwalter mit den Grundpfandgläubigern wiederum den Umgang mit den Erträgnissen frei verhandeln, soweit die Gläubigergemeinschaft hierdurch nicht geschädigt wird (kalte Zwangsverwaltung).[1019] Im Falle der Zwangsversteigerung erfolgt die Verteilung des Erlöses grundsätzlich nach dem vom Zwangsversteigerungsgericht gemäß §§ 10, 11, 106, 113 ff ZVG aufzustellenden Teilungsplan. Die Masse erhält im Falle der Überbelastung gemäß § 10 Abs. 1 Ziffer 1a i.V.m. §§ 37 Nr. 4, 45 Abs. 1, 110, 114 Abs. 1 ZVG Feststellungskosten in Höhe von vier Prozent des Wertes der mit versteigerten beweglichen Gegenstände (Hypothekenverband), wenn diesen Gegenständen ein Wert zugeordnet wurde.

Bei der Zwangsverwaltung ist allgemein zu beachten, dass die Ansprüche der Rangklassen nach § 10 Nr. 6 bis 8 ZVG gemäß § 155 Abs. 2 Satz 1 ZVG gar nicht und gemäß § 155 Abs. 2 Satz 2 ZVG bei den Rangklassen nach § 10 Nr. 2 bis 4 ZVG nur Ansprüche aus laufend wiederkehrenden Leistungen (z. B. Zinsen) berücksichtigt werden. Zahlungen auf die Hauptschuld

---

§§ 172–174 ZVG; Insolvenzgläubiger: § 49 InsO i.V.m. § 866 ZPO, § 10 Abs. 1 Nr. 5, Nr. 11 Abs. 2, 20 Abs. 1, 146 Abs. 1 ZVG bei insolvenzfester Beschlagnahme vor Verfahrenseröffnung; Massegläubiger unter Beachtung des § 90 Abs. 1 InsO.

1018 BGH WM 1977, 17; BGH ZIP 1987, 764; MünchKomm.InsO-Ganter vor §§ 49–52 Rn. 99a f.; Die Verteilung des Erlöses orientiert sich über die vom Verwalter beizubringenden Löschungsbewilligungen an die Regelungen der §§ 10 ff ZVG. Der Massekostenbeitrag ist individuell auszuhandeln. Die §§ 170, 171 InsO gelten nicht, können aber als Orientierung herangezogen werden.

1019 OLG München ZIP 1993, 135; Pape ZInsO 2008, 465; Raab DZWIR 2006, 234 f.; Tetzlaff ZInsO 2004, 528; Die Höhe des Massekostenbeitrags ist ebenfalls vor den sonst im Rahmen einer tatsächlichen echten Zwangsverwaltung gemäß § 152a ZVG i.V.m. §§ 17, 18 ff. entstehenden Kosten frei auszuhandeln.

erfolgen nur ausnahmsweise (vgl. § 158 ZVG) und werden zudem nur in der Rangklasse des § 10 Nr. 5 ZVG berücksichtigt.

Von der Freigabe eines Grundstücks aus der Insolvenzmasse wird der Rückgewähranspruch aus einer nicht oder nur teilweise valutierenden Sicherungsgrundschuld am Grundstück nicht erfasst.[1020] Ein etwaig freigewordener Betrag gehört zur Insolvenzmasse. Im Falle der Versteigerung setzt sich der Rückgewähranspruch bezüglich des nicht valutierenden Teils der Sicherheit an dem Versteigerungserlös fort.[1021] Bezüglich des gesetzlichen Löschungsanspruchs des gleich- oder nachrangigen Grundschuldgläubigers gemäß § 1179a BGB ist zu beachten, dass der Bundesgerichtshof mit Urteil vom 27.04.2012 seine frühere Rechtsauffassung aufgegeben hat und nunmehr den Löschungsanspruch als insolvenzfest erachtet.[1022] Unabhängig von dem Zeitpunkt der tatsächlichen Vereinigung von Eigentum und Grundschuld wird der Löschungsanspruch als derart gesichert angesehen, als wäre eine Vormerkung nach § 883 BGB in das Grundbuch eingetragen worden. Der Anspruch ist lediglich bedingt auf den Fall der Vereinigung. In dem Urteil spricht der Bundesgerichtshof nunmehr dem Löschungsberechtigten direkte Rechte am Versteigerungserlös (Surrogation) zu, wenn der vorrangige Gläubiger erst nach dem Zuschlag den Verzicht auf vorrangige Grundpfandrechte erklärt.[1023] Eine Grundschuld konnte wegen §§ 91 Abs. 1, 52 Abs. 1 Satz 2 ZVG gemäß §§ 1192, 1169 BGB nicht mehr entstehen.

Für die Verwertung der **sonstigen Sicherungsrechte** gelten die §§ 166 ff. InsO. Hiernach ist der Verwalter bzw. die Schuldnerin in der Eigenverwaltung zur Verwertung der mit Absonderungsrechten belasteten Gegenständen und sicherungshalber abgetretener Forderung berechtigt, soweit er bzw. die Schuldnerin im Besitz ist.[1024] Die im Verbraucherinsolvenzverfahren bestehende Beschränkung in § 313 Abs. 3 InsO wurde aufgehoben.[1025] Soweit der Gläubiger zum Zeitpunkt der Verfahrenseröffnung bereits im Besitz des

---

1020 BGH Rpfleger 1978, 363.

1021 Dassler/Schiffhauer-Hintzen § 114 Rn. 49.

1022 Vgl. zu alten Rechtsauffassung BGH ZIP 2006, 1141; neue Rechtsauffassung BGH NJW 2012, 417.

1023 alte Rechtsauffassung BGH ZIP 2004, 1724.

1024 BGHZ 166, 215, 218.

1025 Gesetzesänderung vom 18.07.2013 (BGBl. I S. 2379) mit Wirkung zum 01.07.2014.

Gegenstandes ist, kann er die Verwertung vornehmen. Im Übrigen sind die Ausführungen zum Substanzschutz während des Verfahrens zu beachten.

Verwertet ein absonderungsberechtigter Gläubiger sein Sicherungsrecht entgegen der Regelung des § 166 Abs. 1 und 2 InsO selbst, kann dies zu Schadensersatzansprüchen der Masse gemäß § 823 Abs. 2 BGB führen.[1026] Eine unerlaubte Verwertung des Sicherungsgutes durch die Schuldnerin selbst ist gemäß § 81 Abs. 1 Satz 1 InsO absolut unwirksam.

In der Art der Verwertung ist der Verwalter grundsätzlich frei.[1027] Zur Vermeidung einer Verwertung unter Wert hat der Insolvenzverwalter gemäß § 168 InsO dem absonderungsberechtigten Gläubiger vor der beabsichtigten Verwertung Gelegenheit zur Stellungnahme zu geben. Gemäß § 166 Abs. 2 InsO wird klargestellt, dass der Verwalter auch sicherungsabgetretene Forderungen einziehen darf. Diese Regelung findet jedoch keine entsprechende Regelung auf verpfändete Forderungen.[1028] Bei Verpfändungen sind die Voraussetzungen des § 1280 BGB zu beachten, mit der Folge, dass vor Pfandreife allein der Verwalter zur Verwertung berechtigt ist.[1029] Hinsichtlich der sonstigen der Zwangsvollstreckung unterliegenden Rechte wie Erbteile, Immaterialgüterrechte, Mitgliedschaften, Geschäftsanteile, Marken, Patente und sonstige Urheberrechte ist die Handhabe umstritten.[1030] Im Ergebnis sprechen die besseren Argumente für eine analoge Abwendung des § 166 Abs. 2 InsO auf die genannten Rechte, da einerseits nur so das gesetzgeberische Ziel des Zusammenhalts des Unternehmens als wirtschaftliche Einheit (jedenfalls wenn solche Rechte im Einzelfall wesentlich sind) ermöglicht werden kann und zum anderen eher davon auszugehen ist, dass der Gesetzgeber das Problem übersehen hat (Lücke im Gesetz). Der absonderungsberechtigte Gläubiger verliert im Hinblick auf die ihm abgetretene Forderung sein Verfügungs- und Einziehungsrecht.[1031] Ob der Drittschuldner dennoch schuldbefreiend leisten kann, entscheidet sich nach § 407 BGB, § 82 InsO.

1026 Uhlenbruck/Brinkmann § 166 Rn. 1a.
1027 Uhlenbruck/Brinkmann § 166 Rn. 10.
1028 BGH ZIP 2002, 1630; BGH NZI 2005, 384.
1029 BGH NZI 2005, 384.
1030 Uhlenbruck/Brinkmann § 166 Rn. 14 zum Meinungsstand.
1031 BGH ZIP 2003, 632; BGH ZIP 2009, 1075; KG ZIP 2001, 2012; vgl. auch Pape NZI 2000, 301, 303.

Verwertet der Verwalter den Gegenstand, so stehen ihm für die Masse die gegebenenfalls abzuführende Steuer, ein Kostenbeitrag in Höhe von 4 % des Verwertungserlöses und eine Pauschale für die Verwertungskosten in Höhe von 5 % gemäß § 171 InsO zu. Der Schuldnerin stehen im Eigenverwaltungsverfahren stehen hingegen keine Kostenbeiträge zu.[1032] Diese kann lediglich die tatsächlich entstandenen Verwertungskosten und die Umsatzsteuer abziehen. Die Verwertung kann gemäß § 170 Abs. 2 InsO auch dem Gläubiger überlassen werden. In diesem Fall kann der Verwalter ebenfalls den Feststellungsbeitrag gemäß § 170 Abs. 2 InsO (4 % des Erlöses) fordern. Hat der Sicherungsgläubiger bereits vor Verfahrenseröffnung alles zur Verwertung erforderliche getan (z. B. Kündigung einer Lebensversicherung) und verzögert sich lediglich die Auszahlung bis nach Verfahrenseröffnung, werden keine Massekostenbeiträge geschuldet.[1033]

Im Zusammenhang mit der Verwertung von Sicherungsrechten ist noch die **Poolverwaltung** zu nennen, die eine Sonderform der Verwertung von Sicherungsrechten darstellt. Bei der Poolverwaltung schließen sich absonderungsberechtigte Gläubiger zusammen (z. B. GbR oder Gemeinschaft), um eine sinnvolle Verwertung (§ 168 Abs. 3 InsO) mit dem Verwalter zu vereinbaren.[1034] Insbesondere vor dem Hintergrund der sich häufig überkreuzenden und konkurrierenden Absonderungsrechte (z. B. mehrere Lieferanten machen Absonderungsrechte an der Werkforderung der Schuldnerin geltend) dient der Sicherheitenpool zur Vermeidung von Schwierigkeiten, die bei der Einzelrechtsverfolgung zu erwarten sind.[1035] Im Zweifel kann keiner der gesicherten Gläubiger beweisen, dass die streitgegenständliche Forderung gerade ihm abgetreten wurde. Andererseits ist aber unstrittig, dass die betreffende Forderung mit Absonderungsrechten belegt ist und jedenfalls einen der Gläubiger zustehen müsste. Die Poolbildung dient der Beweiserleichterung und der Überwindung von erheblichen Abgrenzungsschwierigkeiten.[1036] Ein verlängerter und erweiterter Eigentumsvorbehalt ist hinreichend

---

1032 § 282 InsO.
1033 OLG Hamm ZInsO 2001, 1162; Uhlenbruck/Brinkmann § 166 Rn. 22.
1034 BGH WM 1988, 1784; BGH ZIP 1993, 276; BGH NJW 1998, 2592, 2597; Burgermeister 13 f.; Bohlen 10 f.; Uhlenbruck/Brinkmann § 51 Rn. 47 ff.
1035 Bohlen, 1 f.; Uhlenbruck/Brinkmann § 51 Rn. 50.
1036 MünchKomm.InsO-Lwowski/Tetzlaff vor §§ 166–173 Rn. 47 (2. Auflage 2008).

bestimmt, wenn die Vorausabtretung der Höhe nach dem Miteigentumsanteil des Vorbehaltslieferanten an der Forderung des Vorbehaltskäufers entsprechen soll, was sich auch aus der Auslegung der Vorbehaltsvereinbarung ergeben kann.[1037] Der Eigentumsvorbehalt scheitert, wenn der Umfang der Forderung, die abgetreten werden soll, im Hinblick auf Drittrechte nicht hinreichend konkretisiert ist.[1038] Der Pool bildet sich aus freien Stücken nach der Insolvenz oder auch bereits im Vorfeld.[1039] Einen Mitgliedszwang gibt es ebenso wenig wie ein Recht auf Beitritt.[1040] Das Verwertungsrecht des Insolvenzverwalters nach § 166 ff. InsO kann mit der Vereinbarung nicht ohne die Zustimmung des Verwalters abgeändert werden.

c) *Massegläubiger*

Unter den Massegläubigern werden die Gläubiger zusammengefasst, die ihre Forderungen aus der bloßen Existenz des Verfahrens herleiten (Verfahrensgläubiger, Gericht und der [vorläufige] Verwalter) sowie die Gläubiger, die erst durch das Verfahren oder jedenfalls nach Eröffnung des Verfahrens etwas von der Schuldnerin zu fordern haben (sonstige Massegläubiger, z. B. der mit der Verwertung beauftragte Unternehmer oder der Vermieter). Als Massegläubiger gesetzlich qualifiziert werden auch die in § 55 Abs. 1 Nr. 2 und 3 InsO normierten Gläubiger sowie die in § 324 InsO genannten Gläubiger im Nachlassinsolvenzverfahren.

Die Massegläubiger werden vor den Insolvenzgläubigern aus der Masse befriedigt.[1041] Grundsätzlich können diese Gläubiger bei Fälligkeit der Forderung Zahlung aus der Masse verlagern.

Für den Fall, dass die Masse unzulänglich ist (§ 208 InsO), sieht § 209 InsO eine strikte Rangfolge vor. Hiernach sind vorweg zunächst die Kosten des Verfahrens (§ 209 Abs. 1 Nr. 1 InsO – gegebenenfalls zurückzustellen), dann die sogenannten Neumassegläubiger und dann die sogenannten Altmassegläubiger (§ 209 Abs. 1 Nr. 2 und 3 InsO) zu befriedigen. Unter

1037 BGH NJW 1981, 816.
1038 RGZ 136, 103; BGHZ 26, 178.
1039 Bohlen, S. 5 f.
1040 OLG Hamburg ZIP 1985, 740; Häsemeyer Rn. 18.65; Bohlen 13 f., 112–116; Schröter/Graf von Westphalen S. 38; Burgermeister 15 f., 16, 19.
1041 § 53 InsO.

Neumassegläubiger werden grundsätzlich diejenigen zusammengefasst, die nach Anzeige der Masseunzulänglichkeit einen Anspruch gegen die Masse erlangt haben.[1042] Sind sämtliche Neumassegläubiger befriedigt, erfolgt die Befriedigung der sogenannten Altmassegläubiger. Eine letzte Rangstufe sieht § 209 Abs. 1 Nr. 3 InsO für Unterhaltsgläubiger vor.[1043] Bei den Unterhaltsforderungen ist zu berücksichtigen, dass diese grundsätzlich bereits über § 36 Abs. 1 Satz 2 InsO geregelt sind und die §§ 100 ff. InsO lediglich eine Regelung für einen erweiterten Unterhalt bieten. Über § 36 Abs. 1 InsO wird bestimmt, dass ohnehin nur pfändbare Gegenstände zur Insolvenzmasse gehören und das gemäß §§ 850 ff. ZPO der nicht pfändbare Lohnanteil nicht zur Masse zählt.

Sollte es vorkommen, dass die Masse nicht ausreicht, um in einer Ranggruppe sämtliche Gläubiger voll zu befriedigen, sind Quoten zu bilden. Im Fall, dass bereits die Kosten des Insolvenzverfahrens nicht beglichen werden können, spricht man von sogenannter Massearmut. Das Verfahren ist in diesem Fall gemäß § 207 InsO bis auf einfache Verwertungshandlungen einzustellen. Soweit die Masseunzulänglichkeit bzw. Massearmut später wieder entfällt (z. B. durch weiteren Forderungseinzug), wird das Verfahren nicht eingestellt, sondern fortgesetzt und regulär nach den §§ 187–206 InsO abgeschlossen.[1044] Gemäß § 210a InsO wird zudem klargestellt, dass auch bei Anzeige der Masseunzulänglichkeit die Vorschriften zu dem Insolvenzplanverfahren grundsätzlich Anwendung finden. Unter Beachtung des §§ 90, 210 InsO können Massegläubiger ihre Forderungen mit vertraglichen oder gesetzlichen Pfandrechten absichern.

3. Rechtsvergleich

In beiden Ländern werden die wesentlichen Einflussmöglichkeiten der Gläubiger kollektiv in Versammlungen ausgeübt. Neben der kollektiven Einflussnahme, die sich im Übrigen in beiden Ländern nach Kopf- und Summenmehrheiten bestimmt, haben die Gläubiger insbesondere über

---

1042 Vgl. auch § 209 Abs. 2 InsO.

1043 §§ 100, 101 Abs. 1 Satz 3 InsO.

1044 Uhlenbruck/Ries, § 208 Rn. 31 m.w.N.; MünchKomm.InsO-Habermehl §§ 208 Rn. 55; NR-Römermann § 208 Rn. 27.

Beschwerdeverfahren auch individuell die Möglichkeit, Einfluss auf das Verfahren zu nehmen.

Die englischen Verfahren sehen abgesehen von der Verwertung der Floating Charge im Rahmen der Liquidationsverfahren sowie der Administration keine Kostenbeiträge im Rahmen der Verwertung von drittbelasteten Vermögenswerten vor. Im Vergleich zum deutschen Insolvenzrecht (§ 171 InsO) steht der Schuldnerin mithin weniger Sanierungskapital zur Verfügung, um mit den ungesicherten Gläubigern über eine einvernehmliche Regelung zu verhandeln. Die deutsche Regelung ist sowohl aus Sicht der Schuldnerin als auch unter dem Gesichtspunkt der Gläubigergleichbehandlung zu bevorzugen.

Als Vorteil des deutschen Verfahrens ist der Schutz im Falle der Masseunzulänglichkeit gemäß § 210 InsO zu werten. Hierdurch wird die weitere Verfahrensabwicklung geschützt. Dies kann insbesondere dann sinnvoll sein, wenn die Masse nur eine gewisse Zeit nicht hinreichend ist, weil z. B. als Masseverbindlichkeiten zu qualifizierende Arbeitsverhältnisse nach Verfahrenseröffnung zunächst noch fortlaufen.

IX. Dritte

Im Folgenden werden die Rechte und Einflussmöglichkeiten der Dritten in den jeweiligen Verfahren dargestellt und anschließend verglichen.

1. England

Dritte haben außerhalb der Verfahrensvorschriften erhebliche Einflussmöglichkeiten, soweit es beispielsweise um die Aufhebung des Verfahrens durch den Einsatz von liquiden Mitteln geht. So können Dritte sich z. B. an der Schuldnerin beteiligen oder ihre Verbindlichkeiten direkt zahlen. Insbesondere bei einer Unterstützung mithilfe Kapitalbeteiligung müssen allerdings je nach Situation der Schuldnerin zum Teil erhebliche finanzielle Mittel aufgewendet werden. Durch die Investition sollte sich die Situation der Schuldnerin zudem derart substanziell verbessern, dass das Risiko eines Kapitalverlusts (späteres Insolvenzverfahren) kalkulierbar wird. Die Schuldnerin muss insgesamt erhaltungsfähig sein. Zudem darf aus Sicht des Dritten eine Betriebsübertragung (asset deal) im Rahmen eines Insolvenzverfahrens wirtschaftlich nicht sinnvoller sein. Diese Situation wird jedoch regelmäßig gegeben sein. Denkbar ist z. B. eine Kapitalbeteiligung bei der Schuldnerin vor dem Hintergrund einer steuerrechtlichen Geltendmachung als Verlust.

Soweit der Geschäftsbetrieb weitergeführt wird, kann ein Auftraggeber die Schuldnerin auch im Rahmen der Auftragsausführung unterstützen, indem er z. B. die Materialbeschaffung übernimmt und die Schuldnerin so in der Liquidität geschont wird.

Die Insolvenz der Schuldnerin betrifft das Verhältnis zwischen dem Gläubiger und dem Garantie- oder Bürgschaftsversprechen Dritten zunächst nicht. Der gesicherte Gläubiger kann sowohl seine Forderung im Insolvenzverfahren gegen die Schuldnerin verfolgen als auch den Dritten in Anspruch nehmen, soweit die Voraussetzungen vorliegen. Insbesondere hat die Auflösung oder Restschuldbefreiung der Schuldnerin keine Auswirkungen auf die Verantwortlichkeit des Versprechenden.[1045] Zur Klarstellung ist anzumerken, dass ein Gläubiger, der über eine solche Drittsicherheit verfügt, kein gesicherter Gläubiger im Sinne von InsAct 1986 sec. 248 ist.[1046] Unter dieser Norm fallen nur Gläubiger, die aus dem Vermögen der Schuldnerin eine Sicherheit erhalten haben.

Im Falle der Insolvenz des Dritten (Bürgen) ändert sich an diesem Verhältnis nichts. Insbesondere existiert die Garantieerklärung fort.[1047] Der Gläubiger muss im Insolvenzverfahren des Dritten seine Forderungen dem Grunde und der Höhe nach beweisen. Er muss sich insbesondere jede durch den Hauptschuldner geleistete Zahlung oder den Wert einer gestellten Sicherheit, die vor der Anmeldung erbracht wurde, anrechnen lassen.[1048]

2. Deutschland

Ähnlich wie im englischen Verfahren können Dritte das Insolvenzverfahren mit der Gewährung von finanziellen Mitteln beenden (§§ 212 ff. InsO)

1045 Bailey/Groves 27.3.

1046 Für weitere Einzelheiten wie z. B. Verhinderung einer Doppelanmeldung vgl. Bailey/Groves 27.3 ff.

1047 Bailey/Groves 27.11.

1048 Vgl. weitere Einzelheiten Bailey/Groves 27.11 ff.

bzw. den Abschluss eines Insolvenzplans gemäß §§ 217 ff. InsO ermöglichen. Sonstige direkte Einflussmöglichkeiten sieht die Verfahrensordnung für den betroffenen Dritten nicht vor. Hier ist auf das zum englischen Verfahren gesagte zu verweisen.

Im Übrigen betrifft die Insolvenz der Schuldnerin auch nach der deutschen Regelung das Verhältnis zwischen dem Gläubiger und den mithaftenden Personen nicht.[1049] Der Dritte kann die Mithaftung in dem Insolvenzverfahren der Schuldnerin jedoch nur dann geltend machen, wenn der Gläubiger dies nicht macht.

3. Rechtsvergleich

Wesentliche verfahrensrechtliche Unterschiede hinsichtlich der Einflussmöglichkeiten Dritter sowie deren Haftung bestehen nicht zwischen den untersuchten Rechtsordnungen.

X. Auswertung

Die Situation der Schuldnerin lässt sich in den jeweiligen Verfahren unter Berücksichtigung der Verfahrensziele und der jeweiligen Instrumente wie folgt darstellen:

Tabelle 5: Situation der Schuldnerin ab Beginn des englischen Insolvenzverfahrens

ENGLAND		
Verfahrensart	**Verfahrensziele**	**Instrumente**
Individual Voluntary Arrangement	Sanierung durch einen Vergleichsvertrag	Bindung sämtlicher involvierter Gläubiger, InsAct 1986 sec. 260 Abs. 2; Überwachung und Durchführung durch Supervisor, InsAct 1986 sec. 263; InsRules 1986 rule 5.25f.
Bankruptcy	Gläubiger-befriedigung und Restschuldbefreiung	Nachträgliche Unwirksamkeit von Verfügungen und Vollstreckungsmaßnahmen während des Antragsverfahrens, InsAct 1986 sec. 284, InsAct 1986 sec. 346; Anfechtung, InsAct 1986 sec. 339 f.; Verwaltung und Verwertung durch Official Receiver/Trustee, InsAct 1986 sec. 287, 305 f.; Unwirksamkeit

1049 Vgl. §§ 43, 44 InsO.

Verfahrensart	Verfahrensziele	Instrumente
		von Rechtshandlungen, InsAct 1986 sec. 284; Vollstreckungsschutz, InsAct 1986 sec. 285; Prozessunterbrechung, InsAct 1986 sec. 285; Prozessführungsbefugnis, InsAct 1986 Schedule 5 para 2; Vertragsbeendigungsmöglichkeit, InsAct 1986 sec. 315 ff.
Company Voluntary Arrangement	Schuldenbereinigung durch einen Vergleichsvertrag	Bindung sämtlicher involvierter Gläubiger, InsAct 1986 sec. 5 Abs. 2; Überwachung und Durchführung durch Supervisor, InsAct 1986 sec. 7; InsRules 1986 rule 1.22 f.
Administration	1. Rettung der Gesellschaft 2. höhere Gläubigerquote 3. bessere Verwertung der Sicherungsrechte	Anfechtung, InsAct 1986 sec. 238 f.; Verwaltung und Verwertung durch Administrator, InsAct 1986, schedule B1, para. 59ff.; Moratorium-Vollstreckungsschutz und Prozessunterbrechung, InsAct 1986 Schedule B1 para 42–44. Prozessführungsbefugnis InsAct 1986 Schedule 1 para 5.
Creditors Voluntary Liquidation	Gläubigerbefriedigung, geordnete Beendigung	Nachträgliche Unwirksamkeit von Vollstreckungen während des Antragsverfahrens, InsAct 1986 sec. 183; Anfechtung, InsAct 1986 sec. 238 f.; Verwaltung und Verwertung durch Liquidator, InsAct 1986 sec. 91 Abs. 2, 103; Vollstreckungsschutz, Prozessunterbrechung etc. können beim Gericht beantragt werden, InsAct 1986 sec. 112 i.V.m. 126, 130; Haftung für Wrongful Trading, InsAct 1986 sec. 214; Prozsessführungsbefugnis ohne Zustimmung des Gerichts; Vertragsbeendigungsmöglichkeit InsAct 1986 sec. 178 ff.

Verfahrensart	Verfahrensziele	Instrumente
Winding-up	Gläubigerbefriedigung, geordnete Beendigung	Nachträgliche Unwirksamkeit von Verfügungen und Vollstreckungen während des Antragsverfahrens, InsAct 1986 sec. 127 Abs. 1; InsAct 1986 sec. 128, 183; Anfechtung, InsAct 1986 sec. 238 f.; Verwaltung und Verwertung durch Liquidator, InsAct 1986 sec. 143 ff.; Unwirksamkeit von Rechtshandlungen, InsAct 1986 sec. 127 Abs. 1; Vollstreckungsschutz, InsAct 1986 sec. 126, 130; Haftung für Wrongful Trading, InsAct 1986 sec. 214. Prozesse können nur mit Zustimmung des Gerichts fortgeführt werden; Vertragsbeendigungsmöglichkeit InsAct 1986 sec. 178 ff.

Quelle: eigene Darstellung

Tabelle 6: Situation der Schuldnerin ab Beginn des deutschen Insolvenzverfahrens

DEUTSCHLAND		
Verfahrensart	**Verfahrensziele**	**Instrumente**
Regelinsolvenzverfahren	Gemeinschaftliche Befriedigung; Restschuldbefreiung für natürliche Personen	Rückschlagsperre, § 88 InsO; Insolvenzanfechtung, §§ 129 ff. InsO; Antragspflicht bei juristischen Personen gemäß § 15 a InsO mit Haftungsnorm, z. B. § 64 GmbHG; Verwaltung und Verwertung durch Verwalter, §§ 80 ff. InsO; Prozessunterbrechung, §§ 85 ff.; § 240 ZPO; Vollstreckungsverbot, §§ 89 ff. InsO; Vertragsbeendigungsmöglichkeit, §§ 103 ff. InsO.
Eigenverwaltung	gemeinschaftliche Befriedigung; effektivere Verfahrensabwicklung sowohl im Sinne einer Sanierung als auch im Sinne einer Zerschlagung	Rückschlagsperre, § 88 InsO; Insolvenzanfechtung durch Sachwalter, §§ 129 ff., 280 InsO; Antragspflicht bei juristischen Personen gemäß § 15 a InsO mit Haftungsnorm, z. B. § 64 GmbHG; Selbstverwaltung, § 270 InsO; Prozessunterbrechung, §§ 85 ff.; § 240 ZPO Vollstreckungsverbot, §§ 89 ff. InsO; Vertragsbeendigungsmöglichkeit, §§ 103 ff., 279 InsO.

Verfahrensart	Verfahrensziele	Instrumente
vereinfachtes Verfahren	gemeinschaftliche Befriedigung, Restschuldbefreiung § 1 S. 2 InsO i.V.m. § 286 InsO	Rückschlagsperre, § 88 InsO; Verwaltung und Verwertung durch Verwalter, §§ 80 ff. InsO; Prozessunterbrechung, §§ 85 ff.; § 240 ZPO; Vollstreckungsverbot, §§ 89 ff. InsO; Vertragsbeendigungsmöglichkeit, §§ 103 ff. InsO.
gerichtliches Vermittlungs-verfahren	Schuldenbereini-gung durch einen Vergleichsvertrag	Bindung sämtlicher involvierter Gläubiger, § 308 Abs. 3 InsO.

Quelle: eigene Darstellung

In den englischen Vergleichsverfahren und dem deutschen gerichtlichen Vermittlungsverfahren für Verbraucher haben sich die Beteiligten (ungesicherte Gläubiger und ggf. Gesellschafter) bereits zu diesem Zeitpunkt durch die Annahme des Vergleichsvorschlags (Beginn des Verfahrens) auf einen festen und grundsätzlich abschließenden Fahrplan geeinigt. Etwaige Schwierigkeiten im Rahmen der Durchführung des Vergleichsverfahrens (sollten) wurden bereits geklärt. Die Schuldnerin und die Gläubiger sind nunmehr gleichermaßen an das Ausgehandelte gebunden. Im Vergleich hierzu steht in der deutschen Eigenverwaltung die Entscheidung über den weiteren Verfahrensablauf grundsätzlich noch aus. Zwar ist es im Hinblick auf die Regelungen der §§ 270a, 270b InsO (vorläufige Eigenverwaltung) auch hier gewollt, dass die Beteiligten sich bereits im Vorverfahren weitgehend auf den weiteren Verfahrensablauf geeinigt haben (vgl. § 270b Abs. 1 Satz 1 InsO), die finale Abstimmung über den Fortgang des Verfahrens (z. B. Insolvenzplan) erfolgt aber erst nach Verfahrenseröffnung im Rahmen der Gläubigerversammlung (vgl. §§ 156, 157 InsO) und insbesondere nicht vor dem Prüfungstermin (vgl. §§ 29, 176 ff. 236 InsO).

Die englische Vorverlagerung der Abstimmung auf den Zeitpunkt des Verfahrensbeginns ist insoweit als Vorteil zu werten, als eine negative Beeinflussung der Situation der Schuldnerin (z. B. des laufenden Geschäftsbetriebs oder das Arbeitsverhältnis bei Verbrauchern) durch die geringere Öffentlichkeitswirkung weitgehend vermieden werden kann. Eine Veröffentlichung im Internet, wie es § 273 InsO (Eigenverwaltung) vorsieht, ist in den reinen englischen Vergleichsverfahren nicht vorgeschrieben. Das Stigma der Insolvenz wird weitgehend vermieden. Auch private

Wirtschaftsauskunfteien werden je nach Bedeutung der Schuldnerin von den nunmehr gelösten wirtschaftlichen Problemen möglicherweise keine Kenntnis erlangen. Die Schuldnerin kann für sich in Anspruch nehmen, dass eben kein Insolvenzverfahren eröffnet wurde, obwohl die *voluntary arrangements under insolvency legislation* als eben solche gemäß Art. 2 a EuInsVO, Anhang A, anerkannt sind. Soweit die Schuldnerin durch ein Arrangement saniert und dauerhaft erhalten werden kann (Rechtsträger bei juristischen Personen und Geschäftsbetrieb bei natürlichen Personen), ist dieses Verfahren die beste Lösung für die Schuldnerin. Hierbei ist zu unterstellen, dass die Probleme und insbesondere die Ursachen der Insolvenz durch das Vergleichsverfahren wirklich dauerhaft gelöst worden sind. Ein entsprechendes Verfahren für Unternehmen gibt es in Deutschland nicht. Die Schuldnerin kann sich unter der deutschen Rechtsordnung vor Verfahrenseröffnung nur im Rahmen der allgemeinen zivilrechtlichen Vorschriften mit ihren Gläubigern einigen. Insbesondere können einzelne Gläubiger nicht gemeinschaftlich gebunden und überstimmt werden.[1050] Ein Substanzschutz für den angestrebten Vergleichsvertrag existiert in Deutschland nur im Rahmen der vorläufigen Insolvenz- und Eigenverwaltung.[1051] Im Hinblick auf die als allgemein anerkannt zu unterstellende unerwünschte öffentliche Wirkung eines Insolvenzverfahrens, ist dies als eindeutiger Nachteil zu werten. Dies gilt insbesondere dann, wenn eine Verständigung mit den wesentlichen Gläubigern (Kopf- und Summenmehrheiten) möglich gewesen wäre.

Soweit jedoch keine Übereinstimmung möglich ist oder gar Substanzeingriffe bereits begonnen haben (Zwangsvollstreckung, Sicherstellung von geleasten oder finanzierten Gegenständen etc.), ist eine stille Verfahrensabwicklung auch in England nicht möglich. Eine stille Vergleichsregelung ist nur dort realistisch, wo die Zahl der Beteiligten und die Bedeutung der Schuldnerin in der Öffentlichkeit gering sind. Bei einer börsennotierten Schuldnerin oder einer natürlichen Person des öffentlichen Lebens werden

---

1050 Individual Voluntary Arrangement: InsRules 1986 rule 5.23 Abs. 1; Company Voluntary Arrangement: InsRules 1986 rule 1.19 Abs. 1; ähnlich auch die deutsche gerichtliche Schuldenbereinigung für Verbraucher, § 309 Abs. 1 InsO.

1051 Individual Voluntary Arrangement: InsAct 1986 sec. 252 Abs. 2; Company Voluntary Arrangement: InsAct 2000; InsAct 1986 Schedule A1, para 2 und 12 Abs. 1; gerichtliche Schuldenbereinigung: § 306 Abs. 2 InsO.

sich Vergleichsverhandlungen regelmäßig nicht geheim halten lassen. Da die gemeinschaftliche Bindung neben der Überstimmungsmöglichkeit in England zudem nur die ungesicherten Gläubiger betrifft,[1052] können die gesicherten Gläubiger eine Sanierung durch Geltendmachung der Sicherungsrechte verhindern. Diese Schwäche hat das vorinsolvenzrechtliche gesellschaftsrechtliche Scheme-of-Arrangement-Verfahren zwar nicht,[1053] jedoch ist dieses Verfahren wiederum derart aufwendig, dass die Vorteile jedenfalls zum Teil wieder verloren gehen oder das Vergleichsverfahren aufgrund des fehlenden Moratoriums gänzlich scheitert.[1054]

Als Vorteil der Vergleichsverfahren ist zu werten, dass hier neben der geringeren Öffentlichkeitswirkung die Schuldnerin regelmäßig ihre Verwaltungs- und Verfügungsbefugnis behält. Im deutschen Insolvenzplanverfahren behält die Schuldnerin die Verwaltungs- und Verfügungsbefugnis ebenfalls, wenn der Plan aus einem Eigenverwaltungsverfahren heraus vorgelegt wird. Soweit ein Insolvenzplan aus einem Regelinsolvenzverfahren vorgelegt wurde, erhält die Schuldnerin im Idealfall die Verwaltungs- und Verfügungsbefugnis nach rund sechs Wochen nach Verfahrenseröffnung zurück, wenn die Gläubiger dem Plan bereits im Berichts- und Prüfungstermin zugestimmt haben (§ 236 InsO), das Gericht den Plan sodann bestätigt (§ 248 InsO), die Rechtsmittelfristen (§§ 6, 253 InsO, § 569 ZPO) abgelaufen sind und das Gericht das Verfahren aufhebt (§§ 258, 259 InsO). Ein rechtskräftiger Insolvenzplan führt zum Ende des Insolvenzverfahrens und die Schuldnerin ist, wie in den englischen Vergleichsverfahren und dem deutschen gerichtlichen Vermittlungsverfahren, lediglich an den Vergleichsvertrag/Plan gebunden (§§ 254 ff. InsO). Im Falle der Eigenverwaltung hat die Schuldnerin zu keinem Zeitpunkt ihre Verwaltungs- und Verfügungsbefugnis verloren. Aufgrund der in Deutschland vorherrschenden stärkeren gerichtlichen Beteiligung kann sich allein aufgrund der gerichtlichen Geschäftsabläufe die Aufhebung des Insolvenzverfahrens erheblich verzögern und hierdurch zu Nachteilen für die Schuldnerin führen. Problematisch ist in diesem Zusammenhang insbesondere die Regelung des § 258 Abs. 2

1052 InsAct 1986 sec. 4 Abs. 3 und 4.

1053 Empire Mining Co Re (1890) 44 Ch D 402; Alabama, New Orleans, Texas and Pacific Junction Railway Co Re [1981] 1 Ch 213.

1054 Vgl. Bork Rescuing Rn. 6.4 und insbesondere mit der Kritik ab 23.4 ff.

InsO, nach der vor der Aufhebung die Masseansprüche geklärt sein müssen. Hier sollte der Plan selbst eine eindeutige Regelung enthalten. Im Zweifel sind die im Plan nicht erwähnten Masseverbindlichkeiten von der Schuldnerin zu tragen und sollten die Aufhebung des Verfahrens nicht verhindern. Im Falle der Bestätigung des Insolvenzplans wäre eine reine Überwachung der ordnungsgemäßen Beendigung des Insolvenzverfahrens durch das Gericht ausreichend.

Problematisch bei den reinen Vergleichsverfahren (englisches Individual Voluntary Arrangement und Company Voluntary Arrangement, deutsches gerichtliches Vermittlungsverfahren) ist der Umgang mit Verfügungen der Schuldnerin vor Verfahrensbeginn, wenn diese die Haftungsmasse geschmälert haben. Lediglich die englischen Vergleichsverfahren für juristische Personen weisen im Rahmen des Moratoriums einen gewissen Schutz vor quotenschmälernden Verfügungen der Schuldnerin selbst auf.[1055] Verfügungen vor dem Moratorium können hingegen allenfalls im Rahmen der Ermittlungen des nominee offengelegt werden[1056] und im Rahmen der Vergleichsverhandlungen oder in seltenen Fällen durch eine Anfechtung nach InsAct 1986 sec. 423 ausgeglichen werden.[1057] Eine vergleichsweise Rückabwicklung der nachteiligen Verfügungen wird sich regelmäßig nur schwer verhandeln lassen, z. B. durch Drohung mit Rückabwicklung im Rahmen eines Liquidationsverfahrens, sodass die geschädigten Gläubiger einen Ausgleich von der Schuldnerin selbst fordern werden oder die Verfügung zulasten der übrigen Gläubiger und im Ergebnis auch zulasten der Schuldnerin verschwiegen wird. Dieser Fall liegt beispielsweise vor, wenn die Gläubiger aufgrund des fehlenden Sanierungs- bzw. Vergleichskapitals ein Vergleichsverfahren ablehnen und auf eine Zerschlagung drängen.

Im deutschen Insolvenzplanverfahren ist eine Rückabwicklung von benachteiligenden Verfügungen sowohl vor als auch nach dem Wirksamwerden des Plans möglich (z. B. Anfechtung § 259 Abs. 3 InsO). Hier ist die Verhandlungsposition im Vergleich zu den englischen Vergleichsverfahren deutlich stärker. Einerseits stehen der Schuldnerin sämtliche insolvenzrechtlichen Werkzeuge zur Verfügung (z. B. Rückabwicklung von Verfügungen)

1055 InsAct 1986 Schedule A1 para 18.
1056 InsRules 1986 rule 1.6 Abs. 3, rule 1.7; 5.6. Abs. 3, 5.11.
1057 Vgl. Anfechtungsrechte Abschnitt C. VI. 3.

und andererseits verhandelt die Schuldnerin mit den Gläubigern nicht die Vermeidung eines Insolvenzverfahrens, sondern die Aufhebung eines bereits laufenden Insolvenzverfahrens. Soweit der Geschäftsbetrieb der Schuldnerin das Bekanntwerden der Insolvenzeröffnung überstanden hat, daher weiterhin Auftraggeber und Auftragnehmer vorhanden sind, und die Verhältnisse der Schuldnerin unabhängig aufgeklärt wurden, bestehen gute Chancen für eine Rechtsträgersanierung bzw. eine für die Beteiligten wirtschaftlich angemessene übertragene Sanierung des Geschäftsbetriebs der Schuldnerin. Allein der Umstand, dass für die Gläubiger im schlimmsten Fall nur der Liquidationswert der Schuldnerin verbleibt, führt psychologisch bei den Gläubigern zu einer deutlich höheren Vergleichsbereitschaft. Im Plan wird den Gläubigern die weitere Verfahrensentwicklung nach den Vorschriften des Regelinsolvenzverfahrens alternativ vor Auge geführt.[1058]

Die englischen Vergleichsverfahren sehen eine Stärkung der Verhandlungsposition durch Sonderaktive im Sinne von Kostenbeiträgen, Anfechtungs- und Geschäftsführerhaftungsansprüchen zudem überhaupt nicht vor. Die Situation in den englischen Vergleichsverfahren gleicht sich allerdings dann etwas an, wenn der Vergleichsvorschlag aus einem Liquidations- oder Administrationsverfahren heraus gestellt wird.[1059] In diesen Konstellationen sind allerdings auch wiederum die Vorteile des Vergleichsverfahrens hinfällig. In Konstellationen, in denen die Insolvenz der Schuldnerin ohnehin bekannt ist und es darüber hinaus bereits zu insolvenzweckwidrigen Vermögensverschiebungen zulasten der Schuldnerin gekommen ist, stellt das deutsche Recht trotz der vorausgesetzten Insolvenzeröffnung für die Schuldnerin das effektivere Sanierungsinstrumentarium zur Verfügung. Wünschenswert wäre für die deutsche Regelung eine Entkräftung des Stigmas der Insolvenz, indem ähnlich dem englischen Recht nicht die Insolvenzeröffnung gerichtlich beschlossen wird, sondern das Gericht z. B. bei einem Schutzschirmverfahren nach § 270b InsO die Voraussetzungen eines Sanierungsfalls feststellt, der neben den Insolvenzeröffnungsgründen gemäß § 16 InsO eben die Sanierbarkeit der Schuldnerin voraussetzt und für die Gewährung von Insolvenzgeld anerkannt wird.

1058 Vgl. Vergleichsrechnung gemäß § 220 InsO.

1059 Vgl. InsAct 1986 sec. 1 Abs. 3 (Company Voluntary Arrangement) sec. 253 Abs. 3, 263A, InsRules 1986 rule 5.5 Abs. 2 (Individual Voluntary Arrangement).

Soweit es bereits zu Zwangsvollstreckungen oder nachteiligen Vermögensverschiebungen gekommen ist, leiden insbesondere die englischen Vergleichsverfahren an den sehr eingeschränkten Möglichkeiten der Rückabwicklung (z. B. Anfechtung und Geschäftsführerhaftung). Eine Sanierung scheitert dann häufig an dem bereits verlorenen Sanierungs- bzw. Vergleichskapital. Zudem ist zu beachten, dass die englischen Vergleichsverfahren verfahrensrechtlich keine Einbindung von Sicherungsgläubigern vorsehen und so ein Zusammenhalt des Geschäftsbetriebs deutlich erschwert wird.

Bei den englischen Vergleichsverfahren ist zudem bedenklich, dass der *nominee* häufig selbst zuvor im Auftrag der Schuldnerin bzw. der Geschäftsführung der Schuldnerin den Vergleichsvorschlag erarbeitet hat (Pre-Pack) und insoweit die Gefahr besteht, dass insbesondere bei einer sanierenden Übertragung weniger die Interessen der Schuldnerin selbst bzw. der Gläubigergemeinschaft als die Interessen der Geschäftsführung und/oder Gesellschafter verfolgt werden. Dieses Misstrauen kann selbst in der Umsetzung des Vergleichsverfahrens noch zu einem kontraproduktiven Verhalten bei den Beteiligten führen und die Durchführung des Verfahrens insgesamt beeinträchtigen. Lieferanten werden beispielsweise die Versorgung der Schuldnerin bzw. ihres Nachfolgebetriebs generell ablehnen oder die Weiterbelieferung an überhöhte Anforderungen (Vorkasse, Sicherheiten, Preis im Allgemeinen etc.) knüpfen, wenn sie sich im Rahmen des Vergleichsvertrags übergangen fühlen. Noch intransparenter ist allerdings die Situation im deutschen gerichtlichen Schuldenbereinigungsverfahren für Verbraucher. Hier hat die Schuldnerin gegebenenfalls selbst den Vergleichsvorschlag neben den Vermögensverzeichnissen ausgearbeitet und vorgelegt. Die Prüfung der Angaben der Schuldnerin obliegt hier dem einzelnen Gläubiger. Eine Ermittlung durch einen vertrauenswürdigen unabhängigen Dritten ist gesetzlich nicht vorgesehen. Insbesondere ist der Aussteller der Bescheinigung nach § 305 Abs. 1 Nr. 1 InsO hiermit nicht betraut. Soweit die Vermögensverhältnisse der Schuldnerin nicht offenkundig sind (z. B. aktuelle eidesstattliche Versicherung bei überschaubaren Vermögensverhältnissen), werden sich die Gläubiger regelmäßig nicht auf den Vorschlag einlassen, weil sie der Schuldnerin misstrauen. Belegt wird diese Annahme durch den geringen Anteil der gerichtlichen Schuldenbereinigungsverfahren an den insgesamt eröffneten Verbraucherinsolvenzverfahren von durchschnittlich nur 1,5 % in den Jahren von 2009 bis 2012.[1060]

Allerdings kann die Schuldnerin sowohl in den englischen als auch in dem deutschen gerichtlichen Schuldenbereinigungsverfahren das beschriebenen Problem dadurch entkräften, dass sie die Beteiligten bereits bei der Auswahl des Sanierungsberaters einbindet und dieser auch im Interesse und gegebenenfalls im Auftrag der Gläubigergemeinschaft tätig wird. Kann der Sanierungsberater die Situation hinreichend aufklären und transparent darstellen, werden sich die Beteiligten mit Blick auf den Fortgang in einem (anderen Liquidations-) Insolvenzverfahren (Vergleichsbetrachtung) der einvernehmlichen Regelung aus wirtschaftlichen Überlegungen nur schwerlich entziehen. Die Einbeziehung von gesicherten Gläubigern bleibt jedoch auch in diesem Fall problematisch. Die Beauftragung eines von allen Beteiligten anerkannten Sanierungsberaters ist zudem aus Kostengründen nur bei massestarken Verfahren realistisch. Die freie Verhandlungsmasse muss ausreichen, um einerseits den Beteiligten ihre Mitwirkung abzuverhandeln und andererseits den Sanierungsberater angemessen vergüten zu können.

Für das deutsche Regelverfahren bzw. Eigensanierungsverfahren gemäß §§ 270 InsO spricht weiter die höhere Transparenz für die beteiligten Gläubiger, da insbesondere eine Verstrickung zwischen dem Verwalter/Office Holder und der Schuldnerin bzw. der Geschäftsführung der Schuldnerin nicht zu befürchten ist.

In beiden Ländern existieren auf den ersten Blick vergleichbare Vorschriften hinsichtlich der Unwirksamkeit von Vollstreckungsmaßnahmen vor Beginn des Verfahrens. Ein Vorteil des deutschen Rechts ist, dass die insolvenzrechtlichen Werkzeuge grundsätzlich nicht von einer Verfahrensart abhängig und insoweit stets anwendbar sind.

Zu kritisieren ist im englischen Recht zudem allgemein die Limitierung der insolvenzrechtlichen Werkzeuge (z. B. Insolvenzanfechtung, Kostenbeiträge, Aufrechnungsverbote) auf bestimmte Verfahrensarten. Gleiches gilt z. B. für die Betriebsfortführung, die Aufnahme von Aktivprozessen und das Recht zur Beendigung von Vertragsverhältnissen (Nichteintritt). Das Interesse der Schuldnerin an der Neuordnung der Vermögensangelegenheiten

1060 Statistisches Bundesamt, Fachserie 2, Reihe 4.1, 3/2013; www.destatis.de.

wird durch das deutsche weitgehend einheitliche Verfahren mit den stärkeren Werkzeugen besser erreicht. Insbesondere sind keine Wechsel zwischen den Verfahren notwendig.

Positiv in beiden Rechtsordnungen (deutsche Regel- und Eigenverwaltung sowie englische Administration) ist zu werten, dass mit Sicherungsrechten belastetes Vermögen zum Zwecke der Betriebsfortführung weiterhin genutzt und so ein Zusammenbruch des Geschäftsbetriebs verhindert werden kann.[1061]

Insgesamt sanierungsfreundlicher ist allerdings das englische Arbeitsrecht. Das schwächere Arbeitnehmerschutzrecht in England kann insbesondere bei arbeitnehmerstarken Unternehmungen als Vorteil für eine Sanierung gewertet werden. Im Gegensatz hierzu ist das deutsche Arbeitsrecht sogar als sanierungsfeindlich zu bezeichnen.

Hinsichtlich der Geschäftsführerhaftung ist festzustellen, dass einerseits die englische Regelung zu unbestimmt und daher im Ergebnis weitgehend leer läuft und andererseits die deutsche Regelung zu weit geht und unter Umständen mögliche Sanierungen verhindert. Eine vermittelnde Lösung wäre wünschenswert.

Bei der Kapitalerhaltung sind keine wesentlichen Unterschiede zwischen den Vergleichsländern feststellbar.

Auch hinsichtlich des laufenden Einkommens von natürlichen Personen wird die Schuldnerin in vergleichbarer Weise durch Pfändungsschutzvorschriften geschützt.[1062] Aufgrund der deutschen Pauschalregelung in § 850 c ZPO liegt eine Besserstellung nach der deutschen Regelung jedoch nahe.

Ebenso ergeben sich nur Unterschiede im Detail bezüglich des Umgangs mit selbstständigen natürlichen Personen bzw. deren Geschäftsbetrieb. In beiden Vergleichsländern ist eine Fortführung entweder durch die Schuldnerin selbst oder zusammen mit der Masse möglich.

Positiv für das englische Insolvenzrecht für natürliche Personen ist zu werten, dass die Verwaltungs- und Vermögensverfügungsbefugnis im Bankruptcy-Verfahren nicht von dem Abschluss der Vermögensverwertung abhängig ist und die Schuldnerin daher deutlich schneller die Verwaltungs- und Verfügungsbefugnis zurückerhält.

1061 InsAct 1986 Schedule B1 para 43 Abs. 2; §§ 89 f., 166 Abs. 1 und 2, 172 InsO.
1062 InsAct 1986 sec. 283 Abs. 2; § 4 InsO i.V.m. § 811 ZPO.

Die wesentlichen Einflussmöglichkeiten der Gläubiger werden in beiden Vergleichsländern grundsätzlich kollektiv in Versammlungen und nach Kopf- und Summenmehrheiten ausgeübt. Die einzelnen Gläubigerrechte sind ebenfalls vergleichbar. Allerdings unterscheiden sich die Gläubigerrechte in den englischen Verfahren je nach Verfahrensart deutlich. Wesentliche Unterschiede hinsichtlich der Einflussmöglichkeiten Dritter sind nicht zu erkennen.

E. Situation am Ende eines Insolvenzverfahrens

I. Schicksal der Schuldnerin

1. England

Nach englischem Recht werden natürliche Personen grundsätzlich ohne einen gesonderten Antrag nach einem Jahr von den zum Zeitpunkt der Bankruptcy Order vorhandenen Schulden befreit.[1063] Ausgenommen von der Restschuldbefreiung sind jedoch Ansprüche aufgrund von bestimmten Schädigungshandlungen der Schuldnerin.[1064] Die Erteilung der Restschuldbefreiung kann sich ausnahmsweise verlängern, wenn der Official Receiver bzw. der Treuhänder dies beantragt. Dies soll insbesondere dann geschehen, wenn die Schuldnerin ihre Obliegenheiten nicht erfüllt und zu befürchten ist, dass nicht sämtliche Vermögenswerte ermittelt worden sind.[1065] Nur im Falle eines besonderen Fehlverhaltens kann die Restschuldbefreiung nicht erteilt bzw. widerrufen werden.[1066] Eine freiwillige oder erzwungene Vereinbarung über die Abführung des laufenden (pfändbaren) Einkommens endet regelmäßig nicht bereits mit der Erteilung der Restschuldbefreiung, sondern kann bis zu drei Jahren andauern.[1067] Denkbar ist zudem auch, dass die Schuldnerin im Rahmen des Liquidationsverfahrens durch Verwertung der zuvor nicht liquiden Vermögenswerte ihre Gläubiger vollständig befriedigt und daher eine Befreiung von den Restschulden nicht erforderlich ist. Im Falle der Durchführung eines Vergleichsverfahrens geschieht dies mit Erfüllung des Vergleichsvertrags.

Eine juristische Person wird im Falle eines Winding-up-Verfahrens gelöscht. Im Falle der erfolgreichen Durchführung eines Vergleichsverfahrens, aber auch im Falle der erfolgreichen Durchführung eines

---

1063 InsAct 1986 sec. 279 Abs. 1; MünchKomm.InsO-Ehricke Vorbemerkungen vor §§ 286-303 Rn. 83 ff.

1064 InsAct 1986 sec. 281 Abs. 3 ff.

1065 InsAct 1986 sec. 279 Abs. 3; InsRules 1986 rule 6.215.

1066 InsAct 1986 sec. 281 Abs. 3.

1067 InsAct 1986 sec. 310 Abs. 6, sec. 310A Abs. 5.

Sanierungsverfahrens im Rahmen des Administrationsverfahrens kann die Schuldnerin selbst als Rechtsträger erhalten bleiben.

2. Deutschland

Das deutsche Restschuldbefreiungsverfahren für natürliche Personen erfordert neben einem eigenen Antrag auf Verfahrenseröffnung und einem gesondert auf Erteilung der Restschuldbefreiung gerichteten Antrag die schriftliche Abtretung der künftigen pfändbaren Einkünfte aus Dienstverhältnissen oder an deren Stelle tretende laufende Bezüge an einen vom Gericht bestimmten Treuhänder für die Dauer von längstens sechs Jahren.[1068] Für Verfahren, die nach dem 30.06.2014 beantragt worden sind, ist bei Deckung der Verfahrenskosten auf Antrag gemäß § 300 Abs. 1 Satz 2 InsO eine Verkürzung der Laufzeit wie folgt möglich:

> Nr. 1: umgehend nach dem ersten Berichts- und Prüfungstermin (Stichtag im schriftlichen Verfahren), wenn im Verfahren kein Insolvenzgläubiger eine Forderung angemeldet hat oder wenn die Forderungen der Insolvenzgläubiger befriedigt sind und die Schuldnerin die sonstigen Masseverbindlichkeiten berichtigt hat;
>
> Nr. 2: frühestens nach drei Jahren Laufzeit der Abtretungsfrist, wenn dem Insolvenzverwalter oder Treuhänder innerhalb dieses Zeitraums ein Betrag zugeflossen ist, der eine Befriedigung der Forderungen der Insolvenzgläubiger in Höhe von mindestens 35 Prozent ermöglicht;
>
> Nr. 3: nach fünf Jahren der Laufzeit der Abtretungsfrist (Verfahrenskosten müssen gedeckt sein).

Die Anträge und die Abtretungserklärung müssen grundsätzlich vor Eröffnung des Verfahrens beim Gericht vorliegen. Hat sich die Schuldnerin während der Dauer des eigentlichen Insolvenzverfahrens ordnungsgemäß verhalten,[1069] kündigt das Insolvenzgericht im Rahmen der Aufhebung die Erteilung der Restschuldbefreiung an.[1070] Während der Laufzeit der Abtretungserklärung hat sich die Schuldnerin ordnungsgemäß zu verhalten, daher die in § 295 InsO genannten Obliegenheiten zu erfüllen. Im Rahmen der Restschuldbefreiung können die Gläubiger ihre Rechte gemäß §§ 290 Abs. 1, 296 Abs. 1 Nr. 1, 297 Abs. 1 InsO verfolgen. Den

---

1068 § 287 InsO.
1069 Vgl. die Versagungsgründe gemäß § 290 InsO.
1070 § 287a InsO.

Insolvenzgläubigern ist die Zwangsvollstreckung während der Laufzeit des Restschuldbefreiungsverfahrens untersagt.[1071] Aufgrund einer dem § 96 InsO fehlenden entsprechenden Regelung für das Restschuldbefreiungsverfahren sind Aufrechnungen bis zur Erteilung der Restschuldbefreiung grundsätzlich möglich.[1072] Erst nach Ablauf der Laufzeit entscheidet das Gericht über die Restschuldbefreiung.[1073] Soweit die Gläubigerforderung nicht ausnahmsweise fortbesteht (§ 302 InsO, Verbindlichkeiten aus vorsätzlich begangenen unerlaubten Handlungen), wird die Schuldnerin mit Erteilung der Restschuldbefreiung von der Verbindlichkeit befreit.[1074] Eine Aufrechnung mit einer von der Restschuldbefreiung erfassten Forderung scheidet gemäß §§ 387 ff. 390 BGB aus.[1075] Ebenso sind Vollstreckungen nach Erteilung der Restschuldbefreiung dauerhaft nicht zulässig.[1076] Wird die Durchführung des beantragten Restschuldbefreiungsverfahrens versagt (§ 290 InsO) oder wird während der Laufzeit des Verfahrens ein Versagungsantrag zum Restschuldbefreiungsverfahren positiv beschieden (§ 296 InsO), so fallen die Beschränkungen der Gläubiger weg und die Einzelzwangsvollstreckung ist wieder zulässig.[1077] Ist über das Vermögen einer natürlichen Person lediglich das Insolvenzverfahren, ohne dass die Restschuldbefreiung beantragt und durchgeführt wird, so endet das Verfahren mit dem Abschluss der Vermögensverwertung und Verteilung.[1078] Die Insolvenzgläubiger können nach Aufhebung des Insolvenzverfahrens (§ 200 InsO) grundsätzlich den restlichen Teil ihrer Forderungen gegen die Schuldnerin verfolgen.[1079] Im Hinblick auf die in der Regel vollständig abgeschlossene Vermögensverwertung dürfen die Insolvenzgläubiger lediglich auf einen pfändbaren Neuerwerb hoffen.

1071 §§ 201 Abs. 3, 286 ff., 294 Abs. 1 InsO.

1072 Vgl. hierzu BGH-Urteil vom 21.07.2005, Geschäftszeichen IX ZR 115/04; BFH-Beschluss vom 07.01.2010, Geschäftszeichen VII B 118/09.

1073 §§ 300 ff. InsO

1074 § 301 Abs. 1 InsO.

1075 Im Umkehrschluss aus dem BFH-Beschluss vom 07.01.2010, Geschäftszeichen VII B 118/09, Rn. 8.

1076 § 301 InsO.

1077 § 299 InsO.

1078 §§ 196 ff. InsO.

1079 § 201 InsO.

Soweit ein Verbraucher im gerichtlichen Schuldenbereinigungsverfahren die von ihm übernommenen Verpflichtungen erfüllt hat, ist er im Vergleichswege (§ 794 Abs. 1 Nr. 1 ZPO) von den betreffenden Verbindlichkeiten befreit.[1080]

Gesellschaften werden bereits durch den Eröffnungsbeschluss gemäß § 27 InsO oder aber auch im Falle eines Abweisungsbeschlusses mangels Masse gemäß § 26 InsO aufgelöst.[1081] Wurde das Verfahren aufgehoben[1082] oder wurde ein Insolvenzplanverfahren[1083] durchgeführt, kann die Schuldnerin weiter existieren.

3. Rechtsvergleich

Als Vorteil für die englische Regelung ist zu werten, dass sowohl das eigentliche Insolvenzverfahren als auch die Restschuldbefreiung insgesamt schneller durchgeführt wird. Ein gesondertes Verfahren und ein entsprechender Antrag sind nicht erforderlich. In England sind der Abschluss des Insolvenzverfahrens und die Erteilung der Restschuldbefreiung im Gegensatz zu Deutschland insbesondere nicht von der Verwertung der Insolvenzmasse sondern nur von der Ermittlung der selbigen abhängig.[1084] Eine Verwertung durch den Official Receiver bzw. Trustee ist dort unproblematisch noch nach Erteilung der Restschuldbefreiung möglich. Auch wenn in Deutschland vor der vollständigen Verwertung der Insolvenzmasse ein Verfahrensabschluss gemäß § 203 Abs. 1 InsO Nr. 1 oder Nr. 3 InsO möglich ist, wird die Restschuldbefreiung erst nach Abschluss des gesonderten Restschuldbefreiungsverfahrens erteilt.

Zudem hat die englische Restschuldbefreiung eine umfassendere Wirkung. Hier werden der Schuldnerin die Verbindlichkeiten gemäß

1080 § 308 InsO.

1081 AG: § 262 Abs. 1 Nr. 3 u. 4 AktG; KGaA: § 289 Abs. 2 Nr. 1 AktG; GmbH: § 60 Nr. 4 GmbHG; Genossenschaft: § 101 GenG; OHG, KG: §§ 131 Abs. 1 Nr. 3, 161 Abs. 2 HGB; GbR: 728 Abs. 1 S. 1 BGB; Verein: § 42 Abs. 1 S. 1 BGB.

1082 Vgl. §§ 212, 213 ff. InsO.

1083 AG: § 274 Abs. 2 Nr. 1 AktG; KGaA: § 274 Abs. 2 Nr. 1 analog; GmbH: § 60 Nr. 4 2. Hs. GmbHG; Genossenschaft: §117 Abs. 1 GenG; OHG, KG: §§ 144, 161 Abs. 2 HGB; R: 728 Abs. 1 S. 2 BGB; Verein: § 42 Abs. 1 S. 2 BGB.

1084 InsAct 1986 sec. 281.

InsAct 1986 sec. 281 Abs. 1 tatsächlich erlassen (*the discharge releases him from all the bankruptcy debts*).

Die Regelungen für juristische Personen sind im Wesentlichen deckungsgleich, sodass auch hier eine Sachgesetzlichkeit festzustellen ist.

II. Verteilung der Insolvenzmasse

1. England

Nach Zahlung/Rückstellung der Kosten des Verfahrens und der sonstigen Masseverbindlichkeiten[1085] folgt die Verteilung in den **Liquidationsverfahren** nach der folgenden Auflistung:[1086]

1. Die bevorrechtigten Forderungen (*preferential debts*) sind in InsAct 1986, sec. 386 i.V.m. Schedule 6 genannt. Zu beachten ist aber, dass durch den Enterprise Act 2002 die Bevorrechtigung von Forderungen des Fiskus (*crown priority*) abgeschafft wurde. Als wichtigste bevorrechtigte Forderung sind die Forderungen der Pensionskassen und bestimmte Arbeitnehmerforderungen zu nennen[1087]
2. Die mithilfe einer Floating Charge gesicherten Gläubiger[1088]

1085 InsAct 1986 sec. 328, InsRules 1986 rule 6.224 (Bankruptcy), InsAct 1986 sec. 115, InsRules 1986 rule 4.218 ff. (Creditors Voluntary Liquidation); InsAct 1986 sec. 156, InsRules 1986 rule 4.218 ff. (Compulsory).

1086 Bailey/Groves 28.1 ff.; Tolmie S. 395 ff.; Keay/Walton 30.4 ff.

1087 Liquidation – InsAct 1986 sec. 175; Administration – InsAct 1986 Schedule B1 para 65; Bankruptcy InsAct 1986 sec. 328 Abs. 4, 386.

1088 InsAct 1986 sec. 175 Abs. 2 (b); gemäß Urteil des High Court – Buchler v Talbot [2004] UKHL 9 – wurde diese Regelung in InsAct 1986 S. 176 (2) (a) neu ausgelegt. Nach dem genannten Urteil dürfen von dem Erlös, der durch die Verwertung der Floating Charge realisiert wurde nur diejenigen Kosten abgezogen werden, die für den liquidator gerade zum Zwecke der Verflüssigung der von der Floating Charge erfassten Sicherungsgegenstande oder für die Feststellung der ihr vorgehenden prefertial debts abgefallen sind. Das Urteil betont, dass die von der Floating Charge erfassten Gegenstände und die nicht von der Sicherheit erfassen Vermögensgegenstände der company voneinander zu trennende Haftungsmassen darstellen, die tatsächlich oder potenziell von unterschiedlichen Personen zu realisieren sind. Folglich dürften auch die jeweiligen Verfahrenskosten nicht miteinander vermengt werden.

3. Auf dieser Stufe folgen die eher seltenen, vorrangigen gesetzlichen *charges* wie z. B. die Vermieterpfandrechte, die sich aus InsAct 1986, sec. 176 Abs. 3 ergeben[1089]
4. Jetzt werden die noch verbliebenen Mittel für die Befriedigung der ungesicherten Gläubiger verwandt[1090]
5. Forderungszinsen, die nach Verfahrenseröffnung entstanden sind[1091]
6. Nachrangige Gläubiger (*deferred creditors*)[1092]
7. Ein verbleibender Überschuss ist an die Gesellschafter/ Schuldnerin auszukehren.[1093]

In den Bankruptcy-Verfahren finden Nr. 2 und Nr. 3 keine Anwendung.

Bei der **Administration** findet in Abweichung die folgende leicht abweichende Rangfolge entsprechende Anwendung:[1094]

1. Die unbezahlten Lohn- und Gehaltsforderungen[1095]
2. Die Kosten eines etwaig vorausgegangenen Liquidationsverfahrens und Administrationsverfahrens[1096]
3. Die Kosten und Auslagen des aktuellen Liquidationsverfahrens[1097]
4. Jetzt folgen wie bei den Liquidationsverfahren die preferential debts, die mittels einer Floating Charge gesicherten Gläubiger etc.[1098]

In den **Vergleichsverfahren** wird die Verteilung ausgehandelt. Eingriffe in die Rechte der bevorrechtigten Gläubiger (preferential creditors) sind

---

1089 .

1090 InsAct 1986 sec. 328 Abs. 3 (Bankruptcy); InsRules 1986 rule 4.181 (Liquidationsverfahren).

1091 InsAct 1986 sec. 328 Abs. 4 (Bankruptcy); InsAct 1986 sec. 189 (Liquidationsverfahren).

1092 InsRules 1986 rule 12.3; InsAct 1986 sec. 329 (Bankruptcy); InsAct 1986 sec. 189 (Liquidationsverfahren); vgl. Keay/Walton Nr. 30.4.1.5.

1093 InsAct 1986 sec. 330 Abs. 5 (Bankruptcy); InsAct 1986 sec. 107 (Creditors Voluntary Liquidation) InsAct 1986 sec. 154 i.V.m. sec. 74 (Compulsory).

1094 Bailey/Groves 28.13.

1095 InsAct 1986 Schedule B1 para 99.

1096 InsRules 1986 rule. 2.68 Abs. 3 a, b.

1097 InsRules 1986 rule 2.68 Abs. 3 c.

1098 InsAct 1986 Schedule B1 para 65 Abs. 2 i.V.m. InsAct 1986 sec. 175.

ebenso wie Eingriffe in die Rechte der gesicherten Gläubiger nur bei ausdrücklicher Zustimmung möglich.[1099] Regelmäßig entspricht die Verteilung in den Vergleichsverfahren daher der vorstehenden Auflistung.

2. Deutschland

In Deutschland ist die Befriedigung der Insolvenzgläubiger für das Regelinsolvenzverfahren in den §§ 187 ff. InsO geregelt. Die Verteilung erfolgt nach einem Verteilungsverzeichnis (§ 188 InsO), das sich an der Tabelle gemäß § 175 InsO orientiert. Die Gläubiger erhalten auf die zur Tabelle festgestellten Forderungen aus der zur Verteilung bereitstehenden Masse eine Quote.

Für den Fall, dass sämtliche Insolvenzgläubiger gemäß § 38 InsO vollständig befriedigt werden können, werden die nachrangigen Gläubiger gemäß §§ 39, 327 InsO (z.B. Zinsen und Kosten, die während oder durch das Verfahren entstanden sind) zur Forderungsanmeldung vom Gericht aufgefordert.[1100] Bei der Verteilung ist die in den §§ 39, 327 InsO angeordnete Rangfolge der nachrangigen Forderungen zu beachten. Die sonstige Prozedur ist weitgehend identisch. Ein etwaig hiernach verbleibender Überschuss ist an die Schuldnerin bzw. ihre Gesellschafter zu verteilen.[1101]

Im Falle der Beendigung des Verfahrens durch einen Insolvenzplan wird die Art und Weise der Gläubigerbefriedigung abweichend und individuell geregelt.

Ähnlich ist die Situation bei einem gerichtlichen Schuldenbereinigungsverfahren nach §§ 305 ff. InsO. Die Grundsätze des Insolvenzverfahrens wie Gläubigergleichbehandlung sind allerdings ebenfalls zu beachten. Die Verteilung orientiert sich auch in diesem Fall regelmäßig an den gesetzlichen Verteilungsregelungen.

1099 InsAct 1986 sec. 4 Abs. 4 (Company Voluntary Arrangement); sec. 258 Abs. 5 (Individual Voluntary Arrangement).

1100 § 174 Abs. 3 InsO.

1101 § 199 InsO.

3. Rechtsvergleich

Auffällig ist, dass die englischen Verfahren eine Bevorzugung von beispielsweise Arbeitnehmerforderungen vorsehen. Im Hinblick auf die Verhandlungsposition im Rahmen eines Vergleichsverfahrens zur Abwendung einer Liquidation ist eine gesetzliche Bevorzugung einzelner Gläubigergruppen grundsätzlich zu kritisieren. Die bevorzugten Gläubiger werden regelmäßig nicht an einem Vergleichsvertrag interessiert sein, wenn sie auch im Rahmen einer Liquidation vollständig befriedigt werden. Das durch die Bevorzugung verbrauchte Kapital fehlt in diesen Fällen für eine Sanierung. Es ist jedoch abmildernd anzumerken, dass in England regelmäßig die rückständigen Lohnforderungen wegen der kürzeren Kündigungsfrist und dem grundsätzlich kürzeren Vorverfahren betragsmäßig nicht so hoch ausfallen werden wie in Deutschland.

Im Übrigen sind die Regelungen weitgehend vergleichbar, sodass auch hier eine Sachgesetzlichkeit festgestellt werden kann. Insbesondere werden die Kosten des Verfahrens vorrangig behandelt.

III. Auswertung

Zusammengefasst lässt sich die Situation am Ende eines Insolvenzverfahrens wie folgt darstellen:

Tabelle 7: Situation der Schuldnerin am Ende eines englischen Insolvenzverfahrens

ENGLAND	
Verfahrensart	**mögliche Situation**
Individual Voluntary Arrangement	Sowohl im Falle der Erfüllung als auch im Falle des Scheiterns: Rechnungslegung und Verteilung durch Supervisor, InsRules 1986 rule 5.34 f. Im Falle der Erfüllung sind die Gläubiger an den Vergleichsvertrag gebunden und die Verbindlichkeiten der Schuldnerin sind abschließend reguliert. Scheitert die Umsetzung des Vergleichsvertrags können die Gläubiger unter Anrechnung der bereits erhaltenen Leistungen wieder gegen die Schuldnerin vorgehen. Ein Bankruptcy-Verfahren ist wahrscheinlich.

Verfahrensart	mögliche Situation
Bankruptcy	Verteilung der Masse durch Official Receiver/ Trustee, InsAct 1986 sec. 330f.; Restschuldbefreiung grundsätzlich spätestens nach einem Jahr, InsAct 1986 sec. 279; Widerruf der Restschuldbefreiung ist möglich (InsAct 1986 sec. 282); Abführung des pfändbaren Einkommens über ein *income payment agreement* oder *income payment order* bis zu drei Jahren.
Company voluntary arrangement	Sowohl im Falle der Erfüllung als auch im Falle des Scheiterns: Rechnungslegung und Verteilung durch Supervisor, InsRules 1986 rule 1.29 f. Im Falle der Erfüllung sind die Gläubiger an den Vergleichsvertrag gebunden und die Verbindlichkeiten der Schuldnerin sind abschließend reguliert. Scheitert die Umsetzung des Vergleichsvertrags können die Gläubiger unter Anrechnung der bereits erhaltenen Leistungen wieder gegen die Schuldnerin vorgehen. Ein weiteres Insolvenzverfahren ist wahrscheinlich.
Administration	Aufhebung durch Zielerreichung, InsAct 1986 Schedule B1 para 80; geordnete Beendigung der Schuldnerin, InsAct 1986 Schedule B1 para 84; Überleitung in ein Creditors Voluntary Liquidation zum Zwecke der Verteilung, InsAct 1986 Schedule B1 para 83; Aufhebung durch Zeitablauf, InsAct 1986 Schedule B1 para 76; Aufhebung durch Antrag, InsAct 1986 Schedule B1 para 79, 81, 82;
Creditors Voluntary Liquidation	Verteilung der Masse durch Official Receiver/ Liquidator, InsAct 1986 sec. 107 f.; Auflösung der Gesellschaft, InsAct 1986 sec. 106
Winding-up	Verteilung der Masse durch Official Receiver/ Liquidator, InsAct 1986 sec. 143 ff. 175 f.; Auflösung der Gesellschaft, InsAct 1986 sec. 146, 202 ff.

Quelle: eigene Darstellung

Tabelle 8: Situation der Schuldnerin am Ende eines deutschen Insolvenzverfahrens

DEUTSCHLAND	
Verfahrensart	**mögliche Situation**
Regelinsolvenzverfahren	Verteilung der Masse durch Insolvenzverwalter (§ 196 InsO), Aufhebung des Verfahrens und Wiederzulassung der Einzelzwangsvollstreckung (§§ 200, 201 InsO, Löschung der Schuldnerin bei Gesellschaften oder Restschuldbefreiungsverfahren bei natürlichen Personen gemäß §§ 286 ff. InsO nach sechs Jahren ab Verfahrenseröffnung; Abführung des pfändbaren Einkommens während der Laufzeit des Restschuldbefreiungsverfahrens; Widerrufsmöglichkeit der Restschuldbefreiung gemäß § 303 InsO; Einstellung des Verfahrens (§§ 207 ff. InsO), Insolvenzplan gemäß §§ 217 ff. InsO
Eigenverwaltung	Entspricht den Ausführungen zum Regelinsolvenzverfahren mit der Ausnahme, dass die Schuldnerin unter Aufsicht eines Sachwalters überwiegend selbst statt eines Insolvenzverwalters handelt.
Insolvenzplan	Im Falle des Abschlusses eines Insolvenzplans wird das Insolvenzverfahren wieder aufgehoben und die Gläubiger sind an den Vergleichsvertrag gebunden (vgl. §§ 254, 258 InsO). Scheitert die Umsetzung des Vergleichsvertrags können die Gläubiger grundsätzlich unter Anrechnung der bereits erhaltenen Leistungen wieder gegen die Schuldnerin vorgehen (vgl. 255 InsO). Ein folgendes Insolvenzverfahren ist wahrscheinlich.
vereinfachtes Verfahren	Entspricht den Ausführungen zum Regelinsolvenzverfahren mit der Ausnahme, dass es sich bei der Schuldnerin ausschließlich um eine natürliche Person handelt.
gerichtliche Schuldenbereinigung	Die Gläubiger sind grundsätzlich im Rahmen des Vergleichsvertrags gebunden. Scheitert der Vergleichsvertrag können die Gläubiger unter Anrechnung des Erhaltenen Grundsätzlich wieder gegen die Schuldnerin vorgehen. Ein folgendes Insolvenzverfahren ist wahrscheinlich.

Quelle: eigene Darstellung

Die echten (Rechtsträger-) Sanierungsverfahren (Individual Voluntary Arrangement, Company Voluntary Arrangement, Administration in Kombination mit Company Voluntary Arrangement, Insolvenzplan und gerichtliche

Schuldenbereinigung) enden bei erfolgreicher Durchführung mit der vollständigen Wiedereingliederung der Schuldnerin in das Wirtschaftsleben. Scheitert die Erfüllung des Vergleichsvertrags, können die Gläubiger erneut gegen die Schuldnerin vorgehen und es folgt regelmäßig ein weiteres Insolvenzverfahren.

In den Liquidationsverfahren für natürliche Personen halten beide Rechtsordnungen zudem die Möglichkeit der Restschuldbefreiung vor. Die Wirkung der Restschuldbefreiung ist hierbei im Wesentlichen deckungsgleich. Beide Rechtsordnungen sehen grundsätzlich die Befreiung von sämtlichen Verbindlichkeiten mit Ausnahme von Deliktsforderungen vor. Unterschiede ergeben sich jedoch beim Verfahrensablauf bis zur Erteilung der Restschuldbefreiung. Im englischen Verfahren wird die Schuldnerin sehr viel schneller und zudem automatisch restschuldbefreit. Ein Antrag ist für die Erlangung der Restschuldbefreiung nicht erforderlich. Die Laufzeit bis zur Erteilung der Restschuldbefreiung von grundsätzlich nur einem Jahr ist für die Schuldnerin sehr viel günstiger als die deutsche Regelung mit bis zu sechs Jahren. Zwar muss die Schuldnerin auch in England den pfändbaren Neuerwerb mittels eines *income payment agreement* oder einer *income payment order* für bis zu drei Jahren an den Official Receiver bzw. Trustee zur Befriedigung der Gläubigergemeinschaft abführen, allerdings hat dies keinen direkten Einfluss auf die Erteilung der Restschuldbefreiung. Zudem kann auf eine *income payment agreement* bzw. *income payment order* auch verzichtet werden, wenn dies nicht erfolgsversprechend ist, weil die Schuldnerin mit hoher Wahrscheinlichkeit auch zukünftig keinen pfändbaren Neuerwerb erwirtschaften wird. Dieser Überlegung trägt insbesondere das englische DRO-Verfahren Rechnung, indem es das Verfahren für bestimmte Sachverhalte weiter vereinfacht und damit auch günstiger (£ 90,00) macht.[1102] Die wirtschaftliche Krise und insbesondere der Makel der wirtschaftlichen Unzuverlässigkeit wird hierdurch sehr viel schneller überwunden und vergessen. In Deutschland muss die Schuldnerin im Gegensatz hierzu bis zu sechs Jahre „absitzen", selbst wenn sie mit an Sicherheit grenzender Wahrscheinlichkeit auch zukünftig keine pfändbaren Beträge erwirtschaften wird (z. B. Arbeitsunfähige, Rentner etc.).

1102 Vgl. Insolvency Service UK: https://www.gov.uk/government/organisations/insolvency-service.

Gegen die englische Regelung könnte aus Sicht der Schuldnerin eingewandt werden, dass sich hierdurch Kredite verteuern oder gar nicht gewährt werden, wenn neben der eigenen Haftung keine Sicherheiten gewährt werden können. Diese Überlegung steht vor dem Hintergrund, dass im Falle der Insolvenz bei einem derart schnellen Verfahrensabschluss die ungesicherten Gläubiger kaum eine Aussicht auf (Teil-) Befriedigung haben. In den Fällen, in denen die Schuldnerin grundsätzlich in der Lage ist, pfändbare Erträge zu erwirtschaften, ist die Chance der ungesicherten Gläubiger auf eine (höhere) Quote durch das längere Restschuldbefreiungsverfahren, deutlich höher. Aus Sicht der Schuldnerin muss aber eine Laufzeit von mehr als drei Jahren abgelehnt werden.[1103] Solange das Restschuldbefreiungsverfahren noch nicht vollständig abgeschlossen ist (Erteilung der Restschuldbefreiung), wird sowohl die Schuldnerin als auch ihre Gläubiger das Insolvenzverfahren insgesamt noch nicht als abgeschlossen betrachten und entsprechend zurückhaltend handeln. Auch die Gefahr eines Widerrufs der bereits erteilten Restschuldbefreiung (englisches Model) ist jedenfalls psychologisch geringer zu werten, als die Gefahr, dass die angekündigte Restschuldbefreiung nach sechs Jahren doch nicht erteilt wird. Auch die Geschäftspartner (Neugläubiger) werden entsprechend zurückhaltend mit der Schuldnerin umgehen, da aus ihrer Sicht die greifbare Gefahr besteht, dass sie beim Scheitern des Restschuldbefreiungsverfahrens mit den Altgläubigern in einem „Boot" sitzen und die Schuldnerin in dieser Situation wirtschaftliche Anstrengungen gänzlich einstellt.

Schließlich kann das im deutschen Restschuldbefreiungsverfahren fehlende Aufrechnungsverbot während der Restschuldbefreiungszeit zu erheblichen Problemen führen, wenn beispielsweise das Finanzamt Umsatzsteuererstattungsansprüche verrechnet. Ist ein Lieferant zugleich Auftraggeber, kann das fehlende Aufrechnungsverbot schnell zum Scheitern des wirtschaftlichen Neustarts führen. Eine eindeutige Regelung zum Schutz des Neuerwerbs der Schuldnerin ist dringend erforderlich.

1103 Ähnlich Stephan VIA 2011, 26 m.w.N.; Hergenröder/Alsmann ZVI 2007, 347; a.A. Bruns KTS 2008, 54 – im Interesse der Gläubiger wird bereits die Verkürzung der Wohlverhaltenszeit mit verfassungsrechtlichen Bedenken abgelehnt.

Sollte es nicht zur Restschuldbefreiung kommen, können die Gläubiger ihre (Rest-) Forderungen nach Aufhebung des Verfahrens in beiden Ländern wieder gegen die Schuldnerin geltend machen.

Die Regelungen für Kapitalgesellschaften sind in Bezug auf den Umgang mit der Schuldnerin zum Ende des Verfahrens in England und Deutschland sehr ähnlich. Die Schuldnerin wird grundsätzlich in beiden Ländern in den Liquidationsverfahren aus dem Handels- bzw. Company Register gelöscht.[1104] Die vorhandene Masse wird nach Befriedigung bzw. Rückstellung der Verfahrenskosten und etwaigen Masseverbindlichkeiten an die Gläubiger gemäß der gesetzlich normierten Reihenfolge verteilt. Hier ist die festgeschriebene Rangfolge im englischen Recht zu kritisieren, da eine Privilegierung bestimmter Gläubigergruppen aus Sicht der Schuldnerin nicht erstrebenswert erscheint. Die gleichmäßige Regulierung der Angelegenheiten liegt im Interessensbereich der Schuldnerin.[1105] Die Existenz der Schuldnerin endet vollständig spätestens mit Verteilung der Insolvenzmasse (Substanz der Kapitalgesellschaft).

In beiden Ländern ist zudem die Einstellung/Aufhebung des Verfahrens möglich, wenn der Insolvenzgrund weggefallen ist bzw. die Schuldnerin sich mit den Gläubigern anderweitig geeinigt hat. Hier kann die Schuldnerin ebenfalls weiter existieren.[1106] Eine vorzeitige Einstellung kommt beispielsweise in Betracht, wenn die Schuldnerin lediglich zahlungsunfähig und die Verwertung der vorhandenen Masse zu einer Vollbefriedigung sämtlicher Gläubiger (Verfahrenskosten, Masseverbindlichkeiten, Insolvenzgläubiger) führt. Es ist aber zu beachten, dass eine juristische Person (Schuldnerin), die im Rahmen eines Liquidationsverfahrens einen Großteil ihrer Vermögenswerte verloren hat (Verkauf des Betriebsgrundstücks, Lizenzen, Patente etc.), sehr wahrscheinlich nach Befriedigung der Gläubiger ihren

1104 England: InsAct 1986 sec. 205 Abs. 1 u. 2; InsAct 1986 Schedule B1, para 83 Abs. 3. Alternativ kann der Administrator auch des Gericht darum bitten selbst die Befriedigung der ungesicherten Gläubiger durchführen zu dürfen; vgl. InsAct 1986 Schedule B1, para 65 Abs. 3; Deutschland: § 141a Abs. 1 S. 2 FGG.

1105 §§ 677, 679 BGB.

1106 Administration: InsAct 1986 Schedule B1 para 79; Liquidation: InsAct 1986 Schedule B1 para 37 ff. (Überleitung in Administration); Regelinsolvenzverfahren: §§ 212 bis 214 InsO.

Geschäftsbetrieb nicht fortführen kann. Hier wird entweder bereits im Rahmen des Verfahrens der Übererlös an die Gesellschafter ausgezahlt oder die Schuldnerin im Rahmen der Liquidation nach allgemeinen Kapitalgesellschaftsrechtsregeln endabgewickelt. Das Erreichen des Geschäftszwecks ist ohne die aufgegebenen Vermögenswerte sehr wahrscheinlich nicht mehr möglich.

Hinsichtlich der Kosten ist anzumerken, dass sich in Deutschland die Vergütung des Verwalters grundsätzlich prozentual nach der Insolvenzmasse bemisst und nur ergänzend (Zu- und Abschläge) die besonderen Umstände des Einzelfalls (Zeitaufwand) berücksichtigt werden.[1107] Im Gegensatz hierzu werden in England die Kosten des Verwalters regelmäßig nach dem Zeitaufwand berechnet und vorher ausgehandelt.[1108] Zwar kann aufgrund dieser Unterscheidung keine sichere Aussage darüber getroffen werden, welches Verfahren teurer oder günstiger ist, jedoch spricht für die deutsche Regelung, dass über die Berechnung nach der Höhe der Insolvenzmasse an den Erfolg des Verfahrens angeknüpft wird. Der Verwalter wird auch unabhängig von seiner Verpflichtung aus eigenem wirtschaftlichen Interesse versuchen, eine möglichst große Masse zu generieren, und beispielsweise einen Insolvenzplan zur Sanierung der Schuldnerin vorlegen, um einen Erhöhungstatbestand für seine Vergütung zu rechtfertigen.[1109]

1107 § 63 InsO i.V.m. §§ 2 ff. InsVV.

1108 Individual Voluntary Arrangement: InsRules 1986 rule 5.3 Abs. 4h und j, rule 5.33; Bankruptcy InsRules 1986 rule 6.53 und rule 6.56 (*interim receiver*), rule 6.138; Company Voluntary Arrangement: InsRules 1986 rule 1.3 Abs. 4g und h, rule 1.28 Abs. 1a; Administrator: InsRules 1986 rule 2.33 Abs. 2k, rule 2.47 Abs. 2, rule 2.106 ff.; Creditors Voluntary Liquidation: InsRules 1986 rule 4.148A; Compulsory Winding-up: InsRules 1986 rule 4.30 (*provisional liquidator*), rule 4.127.

1109 So auch Bork Rescuing Rn. 9.60 und 9.71.

F. Ergebnis

I. Allgemein

Zunächst ist festzustellen, dass die Verfahrensziele und grundsätzlich auch die verfahrensrechtlichen Werkzeuge in den Vergleichsländern in weiten Teilen ähnlich bis identisch sind. Das ursprüngliche Verfahrensziel der gemeinschaftlichen gleichmäßigen Gläubigerbefriedigung wurde zunächst in England, später aber auch in Deutschland um die weiteren Ziele der Sanierung, den Erhalt von Arbeitsplätzen, die Entschuldung von natürlichen Personen und den Erhalt von volkswirtschaftlichen Werten im Allgemeinen ergänzt. Die wirtschaftliche Bedeutung eines effizienten Insolvenzrechts ist in beiden Ländern erkannt worden und wird stetig überprüft und überarbeitet.

Auffälligster Unterschied zwischen den Verfahrensordnungen ist, dass das englische Insolvenzrecht im Gegensatz zu dem weitgehend einheitlichen deutschen Insolvenzverfahren eine Vielzahl von unterschiedlichen Verfahrensarten für ein mögliches Insolvenzszenario vorhält. Diese Verfahrensarten verfolgen unterschiedliche Ziele, richten sich an unterschiedliche Adressaten und sind auf unterschiedliche Szenarien ausgerichtet. Die Schuldnerin und die weiteren Beteiligten können im Gegensatz zu dem deutschen Verfahren die Zielrichtung des Insolvenzverfahrens über die Wahl der Verfahrensart bestimmen. Ihnen wird diesbezüglich auch eine höhere Eigenverantwortung abverlangt. Bei einem Gläubigerantrag gemäß InsAct 1986 sec. 117 ff. (Compulsory Winding-up) muss die Schuldnerin beispielsweise befürchten, dass ihr Geschäftsbetrieb kurzfristig zum Erliegen kommt, weil die Betriebsfortführung durch einen Liquidator nur ausnahmsweise vorgesehen ist. Diese Gefahr besteht im deutschen Verfahren nicht, da nach der deutschen Insolvenzordnung die vorläufige Betriebsfortführung indirekt sogar angeordnet wird, um den Wert der Schuldnerin und das übergeordnete Ziel der bestmöglichen Gläubigerbefriedigung zu erreichen. Dies ist als Vorteil des deutschen Verfahrens zu werten.

In England ist die zentrale Beratungszuständigkeit des Insolvency Service zu loben. Der Insolvency Service stellt unentgeltlich Informationen, Formulare und Entscheidungshilfen für sämtliche Verfahrensbeteiligte zur Verfügung. Eine vergleichbare Institution bzw. zentrale Anlaufstelle existiert in Deutschland nicht. Hierdurch besteht die Gefahr, dass in Deutschland die Verfahrensbeteiligten aufgrund fehlender Sachkenntnis erhebliche Fehlentscheidungen treffen oder an einen selbsterklärten Sanierungsberater geraten, der die noch vorhandenen Vermögenswerte ohne Nutzung des gesetzlich vorgesehenen Instrumentariums für einen Schuldenbereinigungsversuch und für die eigene Tätigkeitsvergütung verbraucht.

Soweit es um das Interesse der Schuldnerin an der allgemeinen Ordnung ihrer wirtschaftlichen Verhältnisse geht, gelangen beide Rechtsordnungen in einem gedachten Insolvenzszenario zu guten Ergebnissen. In den Liquidationsverfahren werden die bestehenden und nicht mehr erforderlichen Rechtsverhältnisse (z. B. Finanzierungsverträge, Miet- und Pachtverhältnisse, Arbeitsverhältnisse) beendet. Erforderliche Rechtsverhältnisse (Mietverhältnis über Wohnraum von natürlichen Personen) werden hingegen geschützt. Im Rahmen der Vergleichsverfahren wird die Neuordnung der Verhältnisse ausgehandelt.

Aus Sicht der Schuldnerin ist positiv zu werten, dass in den englischen Vergleichsverfahren, dem deutschen gerichtlichen Vermittlungsverfahren für Verbraucher sowie der deutschen Eigenverwaltung die Schuldnerin bzw. ihre Geschäftsführung im gesamten Verfahren grundsätzlich Inhaberin der Verwaltungs- und Vermögensverfügungsbefugnisse bleibt.

Für das englische Vergleichsverfahren ist weiter positiv hervorzuheben, dass auf eine gerichtliche Eröffnung eines Insolvenzverfahrens grundsätzlich verzichtet und hierdurch eine Stigmatisierung der Schuldnerin als gescheitert vermieden wird.[1110] Insbesondere das Company Scheme of Arrangement, das jedoch gerade kein Insolvenzverfahren im eigentlichen Sinn darstellt, ermöglicht Umstrukturierungen bereits vor dem Eintritt der Krise. In Deutschland gibt es kein eigenständiges gesetzlich gestütztes Vergleichsverfahren. Das Insolvenzplanverfahren stellt im Gegensatz zu den englischen Vergleichsverfahren kein selbstständiges Insolvenzverfahren dar (EuInsVO Anhang A). Das Insolvenzplanverfahren setzt vielmehr auf ein Insolvenzverfahren auf und beendet dieses. Die ausgeprägte gerichtliche Steuerung in Deutschland kann zudem zu Nachteilen für die Schuldnerin führen, wenn z. B. das Gericht trotz Bestätigung des Insolvenzplans die Aufhebung des

1110 So auch Bork Rescuing Rn. 24.3.

Insolvenzverfahrens gemäß § 258 InsO nicht beschließt. Insgesamt kann die gerichtliche Steuerung des deutschen Insolvenzverfahrens zu einer Verzögerung der Verfahrensabwicklung im Vergleich zu einem von den Beteiligten selbstbestimmten Verfahren führen.

Die in Deutschland mit der Einführung der §§ 270 a und b InsO gestärkte (vorläufige) Eigenverwaltung bleibt insoweit hinter dem englischen Recht zurück. Diese vorläufigen Insolvenzverfahren zielen im Ergebnis auf eine Sanierung durch einen Insolvenzplan im eröffneten Verfahren ab. Ein auf die §§ 270 a und b InsO beschränktes (gesetzlich nicht vorgesehenes) Verfahren ist allerdings denkbar, soweit die Verhältnisse bereits im Vorverfahren einvernehmlich geregelt werden und der Antrag zurückgenommen wird. Die verfahrensrechtlichen Substanzschutzinstrumente im Vorverfahren (bis Insolvenzeröffnung) können hier für die Förderung einer Einigung genutzt werden. Eine gesetzlich gestützte Überstimmungsmöglichkeit von Gläubigern gibt es jedoch nicht. Die Möglichkeit eines Dept-Equity-Swap ohne das Risiko einer späteren Differenzhaftung (§ 183 Abs. 2, 27 Abs. 3 AktG; § 56 Abs. 2, § 9 GmbHG) wird in Deutschland als weiteres Sanierungswerkzeug zur Verfügung gestellt.[1111]

Als Vorteil des deutschen Insolvenzverfahrens ist zu werten, dass eine Rettung des Geschäftsbetriebs ohne Erhalt der Schuldnerin (Rechtsträgerin) in Form einer sogenannten sanierenden Übertragung (unechte Sanierung) grundsätzlich immer möglich ist, da bereits der vorläufige Insolvenzverwalter den Betrieb gemeinsam mit der Schuldnerin bzw. ihren Organen fortführen, stabilisieren und eine Übertragungslösung vorbereiten kann. Der spätere Insolvenzverwalter kann und soll nach Verfahrenseröffnung den laufenden Geschäftsbetrieb ebenfalls fortführen, wenn dies wirtschaftlich sinnvoll erscheint.[1112] Das englische Liquidationsverfahren sieht die Fortführung der Schuldnerin nur ausnahmsweise vor.[1113] Soweit in England ein Vergleichsverfahren ein eingeleitetes Liquidations- oder

1111 Vgl. hierzu Rusch/Brocker ZIP 2012, 2193 f. mit Haftungsumgehung durch Strukturierung des Debt Equity Swap als Erwerb von Geschäftsanteilen von den Altgesellschafterin im Wege des Share Deal gegen Forderungsverzicht (Erlassvertrag § 397 BGB); vgl. auch Redeker BB 2007, 673.

1112 § 158 InsO.

1113 Goode, Rn. 5–02.

Administrationsverfahren kurzfristig ablöst (Kombination), ist die Situation in England ähnlich.

Als Nachteil der englischen insolvenzrechtlichen Vergleichsverfahren ist zu werten, dass die Sicherungsgläubiger nicht, wie es § 222 InsO ermöglicht, in Gruppen erfasst und ebenfalls im Vergleichswege gebunden werden können. Diese Möglichkeit besteht allerdings wiederum im Scheme-of-Arrangement-Verfahren.

Als weiterer Nachteil der englischen Vergleichsverfahren ist zu werten, dass durch die weitgehend vorgegebene Rangfolge der Gläubigerbefriedigung,[1114] insbesondere bei Schuldnerinnen mit vielen Arbeitnehmern, das Sanierungskapital bereits erheblich für die Abfindung der Arbeitnehmerforderungen aufgebraucht wird und so wenig Spielraum für eine Einigung mit den sonstigen Gläubigern bleibt.

Beide Rechtsordnungen stellen der Schuldnerin bzw. der Geschäftsführung in den Sanierungsverfahren Werkzeuge[1115] zur Verfügung, um mit oder ohne Unterstützung eines Sanierungsexperten eine Lösung mit den Gläubigern und sonstigen Beteiligten aushandeln zu können.

Als Nachteil des englischen Verfahrens ist zu werten, dass dort die insolvenzrechtlichen Werkzeuge insgesamt nicht so stark bzw. weitreichend sind wie im deutschen Recht. Zudem sind die zum Teil notwendigen Wechsel zwischen den einzelnen Verfahren zu kritisieren, die einen geordneten Verfahrensgang stören können.

Die Wahl des Verwalters lässt sich in Deutschland nach der Einführung der §§ 270 a und b InsO ähnlich wie in den englischen Vergleichsverfahren, dem Administrationsverfahren und der Creditors Voluntary Liquidation beeinflussen.

Die im englischen Insolvenzrecht traditionelle Unterscheidung zwischen der Insolvenz einer natürlichen Person (bankruptcy) und der Insolvenz einer juristischen Person (corporate insolvency)[1116] ist ebenso wie die im

1114 Vgl. E. II. 1. (Verteilung der Insolvenzmasse).

1115 Z. B. England: Company Voluntary Arrangement InsAct 1986 sec. 1–7B i.V.m. InsRules, 1.1–1.54 f.; Deutschland: Schutzschirmverfahren § 270 b InsO und Insolvenzplanverfahren, § 217 ff. InsO.

1116 Das Bankruptcy-Verfahren wird hauptsächlich in Part VIII–XI des InsAct 1986 geregelt, wohingegen die Insolvenz einer Kapitalgesellschaft vor allem in Part I–VII InsAct 1986 geregelt ist.

deutschen Insolvenzrecht noch teilweise bestehende unterschiedliche Behandlung von Verbrauchern grundsätzlich zu kritisieren, soweit hierdurch die Möglichkeiten der Schuldnerin eingeschränkt werden. Vor dem Hintergrund, dass in England regelmäßig auch kleinere Unternehmungen als Kapitalgesellschaften und nicht wie in Deutschland als Einzelunternehmungen (natürliche Person) organisiert sind, könnte in England zunächst eine der deutschen vergleichbare Situation derart angenommen werden, dass die Gesetzgeber jeweils ein vereinfachtes Verfahren für einfache Sachverhalte zur Verfügung stellen wollen. Ein solcher Sachverhalt kann jedenfalls bei Schuldnerinnen angenommen werden, deren Vermögensverhältnisse überschaubar sind. Diese Überlegung trifft in Abgrenzung zu Unternehmungen regelmäßig auf natürliche Personen zu, die über keine oder nur geringe Vermögenswerte verfügen und deren Gläubigerzahl die Summe von zehn nicht übersteigt. Da es jedoch auch in England natürliche (selbstständige) Personen mit komplexen Vermögensverhältnissen gibt, ist diese Überlegung nicht konsistent. Zudem können dort beispielsweise natürliche Personen nicht von den Regelungen des Administrationsverfahrens profitieren. Die Sonderbehandlung von ganz einfachen Vermögensverhältnissen (natürliche Personen) durch das DRO-Verfahren ist hingegen zu begrüßen. Dem deutschen Recht muss an dieser Stelle vorgehalten werden, dass die in § 304 InsO getroffene Abgrenzung über die selbstständige Tätigkeit auch komplexe Vermögenssachverhalte (z.B. mehrere Beteiligungen) in das Verbraucherinsolvenzverfahren zwingt. Stirbt diese natürliche Person, gelten wiederum die Vorschriften des Regelverfahrens mit den Besonderheiten des Nachlassinsolvenzverfahrens.[1117] Diese Regelung ist ebenfalls nicht konsistent. Mit den Gesetzesänderungen vom 18.07.2013 (BGBl. I S. 2379) wurden allerdings die zuvor in § 313 InsO normierten Beschränkungen für Verbraucherinsolvenzverfahren mit Wirkung zum 01.07.2014 aufgehoben. Diese Änderungen sind grundsätzlich zu begrüßen, da die Möglichkeiten der Schuldnerin in einem Insolvenzverfahren erweitert wurden. Nunmehr sind z.B. vergleichsweise Regelungen mithilfe eines Insolvenzplans und die Rückabwicklung von schädigenden Sachverhalten durch die Insolvenzanfechtung auch im Verbraucherinsolvenzverfahren möglich.

1117 Vgl. §§ 11 Abs. 2 Nr. 2, 315 ff. InsO.

Die in Deutschland nur für Verbraucher vorgesehene Gesamtvergleichsregelung nebst richterlicher Überstimmungsmöglichkeit gemäß § 309 Abs. 1 InsO wäre hingegen auch für deutsche Unternehmensinsolvenzen wünschenswert, wenn das Verfahren im Übrigen transparent (Gläubigerschutz durch gerichtliche Überwachung und Begleitung durch einen anerkannten unabhängigen Insolvenzrechtsexperten) gehalten wird. Im Ergebnis könnte hierdurch in Deutschland eine formale Insolvenzeröffnung durch einen Insolvenzvermeidungsplan entbehrlich werden. Wie in einem Insolvenzplan wäre die voraussichtliche Entwicklung mit und ohne den Plan darzustellen.

Unter Ausklammerung des Pre-Pack-Verfahrens ist am englischen Verfahren zu kritisieren, dass dem Verwalter nur sehr wenig oder keine Vorbereitungszeit eingeräumt wird, um die Verhältnisse der Schuldnerin aufzuklären und mit dieser eine koordinierte und effektive Betriebsfortführung abzustimmen.

Für das deutsche Verfahren ist die Möglichkeit der Insolvenzgeldvorfinanzierung als effektives Sanierungsinstrument für die Aufrechterhaltung von Geschäftsbetrieben positiv hervorzuheben. Insbesondere kann mithilfe der Insolvenzgeldvorfinanzierung eine Betriebserhaltung in Konstellationen erreicht werden, in denen die liquiden Mittel bereits vollständig verbraucht worden sind und die Arbeitnehmer die Weiterarbeit von der Bezahlung der rückständigen Lohnforderungen abhängig machen. Diese Konstellation ist regelmäßig gegeben, wenn das Kreditinstitut der Schuldnerin über eine Globalzession verfügt und diese offengelegt hat. Ein vergleichbares Instrument gibt es im englischen Verfahren nicht.

Die starke vorläufige Insolvenzverwaltung in Deutschland ist als Sanierungsinstrument in Szenarien, in denen sich die Schuldnerin bzw. ihre Geschäftsführung einem Insolvenzverfahren verschließt, positiv hervorzuheben. Das englische Recht hält kein vergleichbares Werkzeug bereit. Der vorläufige Liquidator ist grundsätzlich nicht zur Betriebsfortführung befugt. Auch der interim Administrator verfügt grundsätzlich nicht über vergleichbare Rechte. Vergleichbar ist die Regelung allerdings, wenn ein Administrator bestellt worden ist.

Unabhängig von den insolvenzrechtlichen Besonderheiten kann festgestellt werden, dass insbesondere bei der Behandlung von Arbeitsverhältnissen die englische Rechtsordnung deutlich flexibler ist als das deutsche

Recht. Das in England schwächer ausgeprägte Arbeitnehmerschutzrecht ist aus Sicht der Schuldnerin (Arbeitgeberin) als Vorteil zu werten.

Mit Blick auf die Abhängigkeiten zwischen der Schulnerin und ihren Gläubigern sowie der sonstigen am Verfahren beteiligten Personen kann festgestellt werden, dass die Interessen an einem Insolvenzverfahren über das Vermögen einer juristischen Person in weiten Bereichen sehr ähnlich gelagert sind. Diese Erkenntnis gilt insbesondere für Insolvenzverfahren, die eine Rechtsträgersanierung zum Gegenstand haben. Aus Sicht der Gläubiger und der am Verfahren beteiligten Personen soll das Insolvenzverfahren zu einer möglichst geringen wirtschaftlichen Belastung führen. Das Interesse liegt einerseits in einer möglichst hohen Befriedigung (nur Gläubiger) und andererseits in einer wirtschaftlich vertretbaren Neuregelung der wirtschaftlichen Beziehung zur Schuldnerin (Sicherung der weiteren Warenlieferung, Auftragsvergabe, Arbeitsplatzerhalt etc.). Auch wenn die Schuldnerin selbst nicht vorrangig an der Vollbefriedigung der Gläubiger oder am Erhalt von Arbeitsplätzen interessiert ist, so ist sie doch im Rahmen einer Eigensanierung zu entsprechenden Leistungen bereit, wenn ihre Existenz hierdurch gesichert werden kann. Vor dem Hintergrund, dass die Rechtsträgersanierung regelmäßig einen Vergleichsvertrag zum Gegenstand hat, wird deutlich, dass dieser Weg für die Schuldnerin und die Gläubiger sowie für die am Verfahren beteiligten Personen regelmäßig der beste Weg ist. Diese Annahme gründet auf der Überlegung, dass sowohl die Gläubiger einem Sanierungsvergleich nicht zustimmen würden, wenn eine Liquidation für sie sinnvoller wäre und die Schuldnerin einen Sanierungsvergleich nicht mittragen würde, wenn sie letztlich doch vollbeendet wird bzw. ihren Geschäftsbetrieb verliert.

Bei einer sanierenden Übertragung und der reinen Liquidation sind die Interessen der Schuldnerin und der Gläubiger nicht ohne weiteres in Einklang zu bringen. Die Gläubiger erhoffen sich aus der Liquidation eine möglichst hohe und zeitnahe Zahlung auf ihre Forderung. In dieser Konstellation ist die Schuldnerin hingegen an der geordneten Beendigung ihrer Verhältnisse bzw. an einer Neuordnung interessiert. Die sonstigen am Verfahren beteiligten Personen (z. B. Kunden der Schuldnerin) sind regelmäßig ebenfalls an der geordneten Beendigung der Verhältnisse der Schuldnerin bzw. an einer Neuordnung interessiert. Vor dem Hintergrund der Verteilungsregelungen zum Ende eines Verfahrens (Abwicklungskosten vor Gläubigerbefriedigung) ist festzustellen, dass eine wirtschaftlich effektive Liquidation (z. B. sanierende Übertragung) regelmäßig sowohl im Interesse der Schuldnerin als auch im Interesse der Gläubiger und sonstigen am Verfahren beteiligten Personen liegt.

Die Restschuldbefreiung von natürlichen Personen liegt sicherlich nicht im vorrangigen Interesse der Insolvenzgläubiger. Soweit diese Personen jedoch auch zukünftig mit der Schuldnerin wirtschaftliche Beziehungen führen wollen, stellt die erteilte Rechtsschuldbefreiung sicher, dass der Neuerwerb der Schuldnerin für die Befriedigung der Neuverbindlichkeiten ungeschmälert zur Verfügung steht. Aus Sicht des Neugläubigers ist die Restschuldbefreiung daher von Interesse.

II. Natürliche Personen

Als Nachteil des deutschen Verfahrens für natürliche Personen ist zu werten, dass die Aufhebung der Vermögensverfügungsbeschränkungen nicht bereits nach Abschluss der Ermittlung und Beschlagnahme des schuldnerischen Vermögens erfolgt, sondern die überwiegende Vermögensverwertung abgewartet wird. Soweit eine Mitwirkung der Schuldnerin im weiteren Verwertungsverfahren nicht mehr erforderlich ist, sollte sie auch in Deutschland aus dem eigentlichen Insolvenzverfahren entlassen werden. Dem Verwalter sollte das Verfügungs- und Verwertungsrecht an den festgestellten, aber noch nicht verwerteten Gegenständen und sonstigen Vermögenswerten in Erweiterung der Regelung des § 203 InsO gerichtlich explizit übertragen werden. Ein Verschweigen von Vermögen durch die Schuldnerin ist mit der Versagung der Restschuldbefreiung bzw. dem Widerruf der bereits erteilten Restschuldbefreiung zu bestrafen.

Die in England regelmäßig spätestens nach einem Jahr erteilte Restschuldbefreiung ist im Vergleich zum deutschen bis zu sechs Jahre andauernden Restschuldbefreiungsverfahren als eindeutiger Vorteil aus Sicht der Schuldnerin (natürliche Person) zu werten. Obwohl durch die Gesetzesänderung vom 18.07.2013 (BGBl. I S. 2379) die Situation der Schuldnerin in Deutschland verbessert bzw. die Möglichkeiten erweitert wurden, ist die englische Regelung aus Sicht der Schuldnerin dennoch klar zu favorisieren. Bei der deutschen Neuregelung wurde die Einführung einer Restschuldbefreiung im Gleichklang mit dem Abschluss des Insolvenzverfahrens nebst

Widerrufsmöglichkeit und Besserungsklausel und einem Verbot der Aufrechnung während des Restschuldbefreiungsverfahrens mit Insolvenzforderungen versäumt. Die Restschuldbefreiung könnte mit dem Abschluss des Insolvenzverfahrens unter Androhung des Widerrufs unter der richterlichen Auflage erteilt werden, dass die Schuldnerin jährlich (z. B. für die Dauer von drei Jahren) gegenüber dem Gericht bzw. Treuhänder unter Vorlage entsprechender Belege (Kontoauszüge, Steuererklärungen etc.) Rechenschaft über ihre Vermögensverhältnisse legt. Die Schuldnerin müsste entsprechend belehrt und gegebenenfalls während der Laufzeit erinnert werden. Verletzt die Schuldnerin die Rechenschaftspflichten können die Gläubiger von dem Gericht den Widerruf der Restschuldbefreiung verlangen. Sollte die Schuldnerin ihre Pflichten verletzen, wäre allerdings eine Nachbesserungsmöglichkeit innerhalb von sechs Monaten denkbar.

Einschränkend für England ist jedoch darauf hinzuweisen, dass die Schuldnerin auch in England für drei Jahre den pfändbaren Anteil aufgrund eines Income Payment Arrangement oder einer entsprechenden Order unabhängig von der Restschuldbefreiung abführen muss.

Als Vorteil des deutschen Rechts ist die pauschalisierte Regelung zur Höhe des pfändungsfreien Einkommens nach § 850c ZPO zu nennen. Der tatsächliche Pfändungsfreibetrag wird regelmäßig höher liegen als in England. Höhere monatliche Einkünfte werden zudem durch die Erhöhung des Pfändungsfreibetrags honoriert.

III. Juristische Personen (Gesellschaften)

Die uneinheitliche Verfahrensabwicklung in England durch die Vielzahl von Verfahren ist zu kritisieren. Bei den englischen Liquidationsverfahren für juristische Personen wird lediglich im Compulsory-Winding-up-Verfahren der Schutz der Insolvenzmasse (der Schuldnerin) vor Zugriffen der ungesicherten Insolvenzgläubiger vor und während des Insolvenzverfahrens weitgehend geregelt. Entsprechende Regelungen fehlen bei der Creditors Voluntary Liquidation.[1118] Dieser Nachteil wird jedoch zum Teil durch InsAct 1986, sec. 112 Abs. 1 ausgeglichen. Hiernach können die Gerichte auch in einem Creditors-Voluntary-Winding-up-Verfahren alle Befugnisse

1118 Sealy/Milman S. 183 (1).

ausüben, die ihnen in einem Compulsory-Winding-up-Verfahren zustehen. Ferner ist in der Praxis anerkannt, dass auch im Creditors-Voluntary-Winding-up-Verfahren der Liquidator, jeder Gesellschafter und sämtliche Gläubiger bei Gericht die Einstellung von Einzelvollstreckungsmaßnahmen beantragen können, wenn sich die Gesellschaft bereits in einer Creditors Voluntary Liquidation befindet. Die Gerichte geben einem solchen Antrag in aller Regel mit dem Hinweis auf den Grundsatz der par conditio creditorum statt.[1119] Das Administrationsverfahren ist hingegen bereits gesetzlich mit hinreichenden Vollstreckungsschutzmechanismen ausgestattet. Im Vergleichsverfahren für juristische Personen fehlen entsprechende Regelungen für die Unterbindung der Einzelzwangsvollstreckung, soweit es sich nicht um kleinere Gesellschaften handelt.[1120] Bei größeren Gesellschaften kann die Einzelzwangsvollstreckung nur durch ein zuvor eingeleitetes Administrationsverfahren oder durch die Selbstbindung der Gläubiger erreicht werden. Hierbei ist zu beachten, dass nach der Entscheidung zu Peck vs. Craighead[1121] auch solche Gläubiger als gesichert und mithin ungebunden gelten, die vor der Verabschiedung des Company Voluntary Arrangement aufgrund einer begonnenen Zwangsvollstreckungsmaßnahme eine Sicherheit erlangt haben.

In Deutschland ist die weite Geschäftsführerhaftung für Insolvenzverfahren von Gesellschaften zu kritisieren. Ist der richtige Zeitpunkt zur Antragsstellung einmal verpasst, führt diese Säumnis der Geschäftsführung regelmäßig zu erheblichen Anfechtungs- und Geschäftsführerhaftungsansprüchen, die die Geschäftsführung statt zu einem Insolvenzantrag eher zu einer stillen Liquidation zulasten einer möglichen Rettung der Schuldnerin motiviert. Eine Entschärfung der Haftung der Geschäftsführung für eine verspätete Insolvenzantragstellung erscheint daher sinnvoll. Der Geschäftsführung bzw. der Schuldnerin sollte ein Weg in ein ordnungsgemäßes Insolvenz-(Sanierungs-)Verfahren aufgezeigt/ermöglicht werden.[1122]

1119 InsAct 1986 sec. 186; vgl. Anglo-Baltic and Mediterranean Bank vs. Baber and Company [1924] 2 KB 410; Dicksmith (Manufacturing) Ltd, Re [1999] 2 BCLC 686. 201; Keay/Walton 15.6.1.2.

1120 InsAct 1986 Schedule A1.

1121 Peck v Craighead (1995) 1 BCLC, 337.

1122 So auch Bork Rescuing Rn. 7.29.

Schließlich ist festzustellen, dass die englischen Liquidationsverfahren für Kapitalgesellschaften in vielerlei Hinsicht dem deutschen Abwicklungsrecht für Kapitalgesellschaften innerhalb (§ 1 HS. 1 InsO) und außerhalb (§§ 60 ff. GmbHG, §§ 262 ff. AktG) der Insolvenz sehr ähnlich sind und daher eine Sachgesetzlichkeit festzustellen ist.

IV. Fazit

Im Ergebnis ist festzuhalten, dass die insolvenzrechtlichen Regelungen in den Vergleichsländern sehr viele Parallelen und Ähnlichkeiten aufweisen. Insbesondere ist es in beiden Rechtsordnungen möglich, laufende Geschäftsbetriebe unter Aufsicht eines Verwalters bzw. durch diesen mit dem Ziel der Sanierung, Teilübertragung oder geregelten Abwicklung fortzuführen, bestimmte Sachverhalte (Rechtshandlungen) mit dem Ziel der Gläubigerbefriedigung und Gläubigergleichbehandlung mithilfe der Insolvenzanfechtung rückabzuwickeln und der Schuldnerin als natürliche Person die Möglichkeit der Restschuldbefreiung zu geben. Die Ähnlichkeiten lassen sich mit den weitgehend identischen Gesellschafts-, Rechts- und Wirtschaftskreisen der Vergleichsländer begründen. Auch der in England grundsätzlich vorherrschende Rechtskreis des Common Law spielt im englischen Insolvenzrecht nicht die sonst prägende Rolle. Der englische Gesetzgeber hat den Bereich des Insolvenzrechts mit dem InsAct, den InsRules und weiteren Begleitvorschriften ähnlich abschließend geregelt wie der deutsche Gesetzgeber.

Aus Sicht einer natürlichen Person ist das englische Verfahren mit der kürzeren Einschränkung der Vermögensverfügungsbefugnis und der schnelleren automatischen Restschuldbefreiung zu bevorzugen. Einschränkend ist jedoch zu beachten, dass in Deutschland der monatliche Pfändungsfreibetrag regelmäßig den Freibetrag in England übersteigen wird. Verfügt die Schuldnerin über ein Einkommen, das unter beiden Rechtsordnungen pfändbar ist, verbleibt ihr in Deutschland regelmäßig mehr zum Leben. Soweit die Schuldnerin in England über ein Income Payment Arrangement oder eine Order die pfändbaren Beträge über drei Jahre abführen muss, ist die Situation der Schuldnerin in Deutschland unter diesem Gesichtspunkt zu bevorzugen. Diese Wertung gilt insbesondere für die Konstellation, in der die Schuldnerin durch die Verwertung ihres Vermögens und den laufenden

Zahlungen aus dem monatlichen Einkommen unter die Neuregelung des § 300 Abs. 1 Satz 2 Nr. 2 InsO fällt und die Restschuldbefreiung nach drei Jahren erteilt wird.

Aus Sicht einer juristischen Person ist das englische Vergleichsverfahren zu bevorzugen, wenn auf die insolvenzrechtlichen Werkzeuge (weiter Vollstreckungs- und Substanzschutz, Anfechtung etc.) für eine Rechtsträgersanierung verzichtet werden kann und lediglich ein Vergleich mit den ungesicherten Gläubigern ausgehandelt werden soll. Auf eine Insolvenzeröffnung wird hier verzichtet. Obstruktive ungesicherte Gläubiger können überstimmt werden. Die Gerichte üben in den Vergleichsverfahren regelmäßig nur eine überwachende Funktion aus, sodass die Beteiligten sich flexibler und schneller auf das weitere Vorgehen verständigen können.

Ist eine Rechtsträgersanierung ohne die weiteren insolvenzrechtlichen Werkzeuge nicht möglich (daher Vergleichsverfahren aus einem Administrations- oder Liquidationsverfahren), ist aus Sicht der Schuldnerin das deutsche einheitliche Verfahren mit den stärkeren insolvenzrechtlichen Werkzeugen zu bevorzugen. Für das einheitliche deutsche Verfahren spricht, dass für die Neuordnung oder die Beendigung der Angelegenheiten der Schuldnerin stärkere insolvenzrechtliche Werkzeuge zur Verfügung stehen.

Allgemein ist festzuhalten, dass in beiden untersuchten Ländern ein frühes eigenständiges Handeln der Schuldnerin bzw. ihrer Geschäftsführung im Falle der Feststellung einer drohenden Insolvenz erhebliche Vorteile bringen kann. In dieser Phase hat die Schuldnerin bzw. ihre Geschäftsführung selbst noch die Möglichkeit, aktiv einen Ausweg aus der Krise zu finden.

V. Überblick

England

Vorteile:

- Es gibt ein insolvenzrechtlich gestütztes Vergleichsverfahren, das ohne eine gerichtliche Insolvenzeröffnung auskommt.
- Grundsätzlich gibt es keine Verfügungsbeschränkungen in den englischen Vergleichsverfahren.

- Die Beteiligten können das Verfahren weitgehend ohne eine gerichtlich Beeinflussung (nur Überwachung) selbst bestimmen, was auch zu einer schnellere Verfahrensbearbeitung führen kann (schnellere Quotenauszahlung).
- Natürliche Personen erhalten bereits nach Aufklärung ihrer Vermögensverhältnisse und unabhängig von dem Abschluss der Vermögensverwertung die Verwaltungs- und Verfügungsbefugnis zurück.
- Restschuldbefreiung erfolgt (grundsätzlich) spätestens nach einem Jahr.
- Es gibt einen Restschuldbefreiungsautomatismus der ohne einen Antrag auskommt und nur ein Mindestmaß an Mitwirkung voraussetzt.
- In Unternehmensinsolvenzen ermöglichen es die kurzen arbeitsrechtlichen Kündigungsfristen die Arbeitnehmerkosten zügig auf das tatsächlich erforderliche Maß zu reduzieren (generell und nicht insolvenzspezifisch).

Nachteile:

- Die Vielzahl von Verfahren, ein uneinheitlicher Verfahrensgang und das Erfordernis von Verfahrenswechseln.
- Die Verfahren sind uneinheitlich mit dem Umgang von anhängigen Prozessen.
- Die Verfahren sind uneinheitlich mit dem Umgang von Dauerschuldverhältnissen.
- Company Voluntary Arrangement enthält für größere Gesellschaften keinen eigenen Vollstreckungs- und Substanzschutz für die Vorbereitung des Vergleichsvertrags.
- Bei der Creditors Voluntary Liquidation ist vor Verfahrenseröffnung ein Vollstreckungs- und Substanzschutz nur auf Antrag möglich.
- Die Liquidationsverfahren sehen nur ausnahmsweise eine Betriebsfortführung vor.
- Die Verhandlungsposition der Schuldnerin wird durch die gesetzliche Bevorzugung von Gläubigern (z. B. Arbeitnehmern) bei der Verteilung gestört.
- Es besteht eine Missbrauchsgefahr des zugelassenen Pre-Pack-Vorgehens zulasten einer möglichen Rechtsträgersanierung.
- Die Sanierungsverfahren kommen nur zur Anwendung, wenn hierfür hinreichend Kapital vorhanden ist

- Die Verwertung und Nutzung von belasteten Vermögen bedarf regelmäßig der Zustimmung des Gerichts bzw. des betroffenen Gläubigers (Ausnahme *floating charge* bei der Administration).

Deutschland

Vorteile:

- Es werden kein Verfügungsbeschränkungen bei einer rechtzeitiger Einleitung der Eigensanierung nach §§ 270, 270a, 270b InsO angeordnet.
- Eine vorläufige Betriebsfortführung zum Erhalt von Vermögenswerten ist stets in Abstimmung mit einem vorläufigen Verwalter möglich.
- Geschäftsbetriebe können durch die Möglichkeit der Insolvenzgeldvorfinanzierung fortgeführt und so erhalten bleiben.
- Das Vermögen der Schuldnerin wird durch weitreichende gerichtliche Sicherungsmaßnahmen gemäß § 21 Abs. 1 InsO geschützt.
- Es gibt einen unkomplizierten Substanzschutz durch die Rückschlagsperre.
- Es gibt ein umfangreiches Anfechtungsrecht für die Rekapitalisierung der Schuldnerin.
- Die Organ- und Handlungshaftung bei juristischen Personen kann erheblich zur Rekapitalisierung der Schuldnerin beitragen (aber die Reichweite kann auch die Sanierung stören).
- Der Insolvenzverwalter prüft auch dann die Sanierbarkeit der Schuldnerin, wenn diese aktuell nur noch über wenig Kapital verfügt.
- Die Kostenbeiträge dienen zur Finanzierung der Verfahrenskosten und stellen einen Sanierungsbeitrag dar.
- Es gibt ein Vollstreckungsverbot bei Masseunzulänglichkeit gemäß § 210 InsO.
- Anhängige Prozesse werden stets bei Verfahrenseröffnung unterbrochen.

Nachteile:

- Im vorläufigen Insolvenzverfahren werden laufende Rechtsstreitigkeiten nur bei Einsetzung eines starken vorläufigen Insolvenzverwalters gemäß § 240 Satz 2 ZPO unterbrochen.
- Eine insolvenzrechtlich gestützte Rechtsträgersanierung ist nur aus einem eröffneten Insolvenzverfahren vorgesehen,

- Die starke gerichtliche Einflussnahme hindert eine mögliche Vergleichsregelung.
- Natürliche Personen erlangen regelmäßig erst nach Abschluss der Vermögensverwertung die Vermögens- und Verfügungsbefugnis zurück.
- Es besteht ein Antragserfordernis für die Restschuldbefreiung.
- Die Dauer bis zur Erteilung der Restschuldbefreiung dauert regelmäßig über drei Jahre.

INTERNATIONALRECHTLICHE STUDIEN
Beiträge zum Internationalen Privatrecht,
zum Einheitsrecht und zur Rechtsvergleichung

Herausgegeben von Ulrich Magnus und Peter Mankowski

Band 1 Birgit Reimers-Zocher: Beweislastfragen im Haager und Wiener Kaufrecht. 1995.

Band 2 Lenja Vespermann: Schadensersatz bei Beeinträchtigung rechts- oder sittenwidriger Interessen im deutschen und französischen Recht. 1996.

Band 3 Peter Cypra: Die Rechtsbehelfe im Verfahren der Vollstreckbarerklärung nach dem EuGVÜ unter besonderer Berücksichtigung der Ausgestaltung in Deutschland und Frankreich. 1996.

Band 4 Brigitta Lurger: Regulierung und Deregulierung im europäischen Privatrecht. 1997.

Band 5 Uta Gutknecht: Das Nacherfüllungsrecht des Verkäufers bei Kauf- und Werklieferungsverträgen. Rechtsvergleichende Untersuchung zum CISG, zum US-amerikanischen Uniform Commercial Code, zum deutschen Recht und zu dem Vorschlag der Kommission zur Überarbeitung des deutschen Schuldrechts. 1996.

Band 6 Stefan Abel: Die Qualifikation der Schenkung. Zur Methode der Qualifikation im Internationalen Schuldvertragsrecht. 1997.

Band 7 Daniel Kötz: Verkäuferpflichten und Rechtsbehelfe des Käufers im neuen norwegischen Kaufrecht vom 13. Mai 1988 Nr. 27 im Vergleich zum UN-Kaufrecht vom 11. April 1980 (CISG). 1997.

Band 8 Olaf Beier: Grundsätze eines europäischen transportmittelübergreifenden Schadensrechts für den Gütertransport. Eine rechtsvergleichende Untersuchung unter besonderer Berücksichtigung der CMR, der ER/CIM 1990, des WA/HP und der HVR. 1999.

Band 9 Ulrich Krüger: Modifizierte Erfolgshaftung im UN-Kaufrecht. Die Haftungsbefreiung bei Lieferung vertragswidriger Ware gemäß Art. 79 CISG. 1999.

Band 10 Wolf-Henning Hammer: Das Zurückhaltungsrecht gemäß Art. 71 CISG im Vergleich zu den Kaufgesetzen der nordischen Staaten unter Einbeziehung transportrechtlicher Aspekte. Eine rechtsvergleichende Studie. 1999.

Band 11 Ulrich Quay: Der Consulting-Vertrag im Internationalen Privatrecht. 2000.

Band 12 Axel Halfmeier: Die Veröffentlichung privater Tatsachen als unerlaubte Handlung. Eine rechtsvergleichende Untersuchung. 2000.

Band 13 Stephanie Scholz: Lohngleichheit durch Verfahren. Eine Studie zur Förderung der Lohngleichheit durch verfahrensrechtliche Ansätze. 2000.

Band 14 Tarık Cebecioglu: Stellung des Ausländers im Zivilprozeß. Eine rechtsvergleichende Untersuchung des türkischen und deutschen Rechts. 2000.

Band 15 Gunnar Straube: Sozialrechtliche Eingriffsnormen im Internationalen Privatrecht. 2001.

Band 16 Daniela de Lukowicz: Divergenzen in der Rechtsprechung zum CISG. Auf dem Weg zu einer einheitlichen Auslegung und Anwendung? 2001.

Band 17 Mohamed Hassan Fadlalla Ali: Das islamische Ehe- und Kindschaftsrecht im Sudan. Mit Hinweisen zu den Lehren der Islamischen Rechtsschule, der anwendbaren Familienrechtsvorschriften für Nichtmuslime im Sudan und im deutschen Familienrecht. 2001.

Band 18 Ole Lando/Ulrich Magnus/Monika Novak-Stief (Hrsg./eds.): Angleichung des materiellen und des internationalen Privatrechts in der EU. Harmonisation of Substantive and International Private Law. 2003.

Band 19 Florian Schulz: Der Ersatzlieferungs- und Nachbesserungsanspruch des Käufers im internen deutschen Recht, im UCC und im CISG. Eine rechtsvergleichende Untersuchung unter Berücksichtigung der Schuldrechtskommission, der EG-Richtlinie 1999/44/EG und des Diskussionsentwurfs eines Schuldrechtsmodernisierungsgesetzes. 2002.

Band 20 Ingo Janert: Die Aufrechnung im internationalen Vertragsrecht. 2002.

Band 21 Armin Jentsch: Die Erhaltungspflichten des Verkäufers und des Käufers im UN-Kaufrecht im Vergleich zum US-amerikanischen Uniform Commercial Code und zum deutschen Recht. 2002.

Band 22 Martin Taschner: Arbeitsvertragsstatut und zwingende Bestimmungen nach dem Europäischen Schuldvertragsübereinkommen. Einheitliche Auslegung. 2003.

Band 23 Klaus Bitterich: Die Neuregelung des Internationalen Verbrauchervertragsrechts in Art. 29a EGBGB. 2003.

Band 24 Sascha J. Morgenroth: Umsetzung der Verbrauchsgüterkaufrichtlinie in Spanien und Deutschland. Umsetzung der Richtlinie 1999/44/EG des Europäischen Parlaments und des Rates vom 25. Mai 1999 zu bestimmten Aspekten des Verbrauchsgüterkaufs und der Garantien für Verbrauchsgüter in Spanien und Deutschland. 2003.

Band 25 Markus Renfert: Über die Europäisierung der ordre public Klausel. 2003.

Band 26 Henning Mordhorst: Die Behandlung vertraglicher Mobiliarsicherheiten im US-amerikanischen und deutschen Insolvenzrecht. 2003.

Band 27 Hans Markus Wulf: UN-Kaufrecht und eCommerce. Problembereiche bei der Anwendung des Wiener Übereinkommens auf Internet-Verträge. 2003.

Band 28 Julia Kaiser: Freiheit oder Schutz? Die Scheidungsfolgenvereinbarung im deutschen und im englischen Recht. 2003.

Band 29 Astrid Hillebrenner: Die private Zustimmung zu Rechtsgeschäften Dritter im englischen, dänischen und deutschen Recht. 2004.

Band 30 Irene von der Heyde: Das deutsche und italienische internationale Kindschaftsrecht im Rechtsvergleich. Favor filii oder favor filiationis? 2004.

Band 31 Sven-Michael Werner: Recht im Systemwandel. *Ein Land, zwei Systeme* und das Kontinuitätsproblem in Hongkong. 2004.

Band 32 Holger Ellenberger: Wirtschaftsrelevante Kollisionsnormen im japanischen internationalen Privatrecht. 2004.

Band 33 Sebastian Kaufmann: Parol Evidence Rule und Merger Clauses im internationalen Einheitsrecht. 2004.

Band 34 Britta Christina Weber: Eigentumsübertragung und gutgläubiger Erwerb beim Kauf von beweglichen Sachen im vietnamesischen Zivilgesetzbuch von 1995. Eine rechtsvergleichende Analyse unter Berücksichtigung des Eigentumsbegriffs im vietnamesischen Recht. 2004.

Band 35 Alexander von Saucken: Die Reform des österreichischen Schiedsverfahrensrechts auf der Basis des UNCITRAL-Modellgesetzes über die internationale Handelsschiedsgerichtsbarkeit. Ein Diskussionsbeitrag. 2004.

Band 36 Jasnica Garašićć: Anerkennung ausländischer Insolvenzverfahren. Teil 1 und Teil 2. Ein Vergleich des kroatischen, des deutschen und des schweizerischen Rechts sowie der Europäischen Verordnung über Insolvenzverfahren, des Istanbuler Übereinkommens und des UNCITRAL-Modellgesetzes. 2005.

Band 37 Eugenia Kurzynsky-Singer: Anknüpfung und Reichweite des Vollmachtsstatuts. 2005.

Band 38 Timo Utermark: Rechtsgeschichte und Rechtsvergleichung bei Ernst Rabel. 2005.

Band 39 Mohamed Lakmes: Die IPR-Anknüpfung der Schuldverträge. Ein Vergleich zwischen dem deutschen und dem syrischen Recht. 2005.

Band 40 Christian Haas: Vertragsstrukturen privatfinanzierter Infrastrukturprojekte. Nationale und internationale Perspektiven. 2005.

Band 41 Tanja Herzog-Engels: Gesellschaftsrechtliche Formvorschriften und Internationales Privatrecht. 2005.

Band 42 Hassan Siahpoosh: Das Familien- und Erbrecht im Iran. 2006.

Band 43 Carola Reifenrath: Das Vertragsrecht Hongkongs und dessen zukünftige Entwicklung. Unter besonderer Berücksichtigung des englischen Common Law. 2006.

Band 44 Arkadiusz Wudarski: Der Pfandbrief und sein Treuhänder. Eine rechtsvergleichende Untersuchung zum polnischen und deutschen Recht. 2006.

Band 45 Ulla Liukkunen: Cross-Border Services and Choice of Law. A Comparative Study of the European Approach. 2006.

Band 46 Claire Anna Reifner: Die Umsetzung der Verbrauchsgüterkaufrichtlinie in Italien und Deutschland. 2007.

Band 47 Shahriar Rabbanifar: Vergleich des Rechts der öffentlichen Unternehmen in Deutschland, Iran und Polen. 2007.

Band 48 Judith Farokhmanesh: Der Schutz des Urhebers im internationalen Vertragsrecht. Funktion, Reichweite und Effektivität zwingender Bestimmungen im deutschen, französischen und englischen Recht. 2007.

Band 49 Christoph Hellriegel: Schuldnerschutz in Polen. Rechtsvergleichende Untersuchung eines universalen Regelungsproblems. 2007.

Band 50 Ingemar Carl: Einstweiliger Rechtsschutz bei *Torpedoklagen*. 2007.

Band 51 Gabriele Wunsch: Möglichkeiten und Grenzen eines europäischen Hypothekarkredits. Problemanalyse und Lösungswege für die Schaffung eines Binnenmarktes für Grundpfandrechte unter Berücksichtigung des deutschen, englischen, schwedischen und spanischen Rechts. 2009.

Band 52 Sven Kuchmann: Die Haftung des Geschäftsführers einer deutschen GmbH und des Gerente einer argentinischen SRL im Rechtsvergleich. 2008.

Band 53 María Elena Alvarez de Pfeifle: Der Ordre Public-Vorbehalt als Versagungsgrund der Anerkennung und Vollstreckbarerklärung internationaler Schiedssprüche. Unter Berücksichtigung des deutschen, schweizerischen, französischen und englischen Rechts sowie des UNCITRAL-Modellgesetzes. 2009.

Band 54 Amir-Said Ghassabeh: Die Zustellung einer *punitive-damages*-Sammelklage an beklagte deutsche Unternehmen. Zugleich ein Beitrag zum „unnötigen" transatlantischen Justizkonflikt. 2009.

Band 55 Gunnar Lennart Schmüser: Das Zusammenspiel zwischen Haupt- und Sekundärinsolvenzverfahren nach der EuInsVO. 2009.

Band 56 Johanna Siemonsen: Die deutschen Ausführungsvorschriften zur Europäischen Insolvenzverordnung. 2009.

Band 57 Dan Malika Gunasekera: Civil Liability for Bunker Oil Pollution Damage. 2010.

Band 58 Sarah Mukaddes Oguz: Das türkische und das europäische Verbraucherrecht. Eine vergleichende Analyse mit Blick auf die Beitrittsbestrebungen der Türkei zur Europäischen Union. 2010.

Band 59 Niklas Wielandt: Die einseitig verpflichtende Schuldzusage. Eine rechtsvergleichende Untersuchung des abstrakten, kausalen und nicht rechtsgeschäftlichen Schuldanerkenntnisses und Schuldversprechens nach deutschem und englischem Recht. 2010.

Band 60 Lars Meyer: Non-Performance and Remedies under International Contract Law Principles and Indian Contract Law. A comparative survey of the UNIDROIT Principles of International Commercial Contracts, the Principles of European Contract Law, and Indian statutory contract law. 2010.

Band 61 Farzana Soleimankehl-Hanke: Afghanistan zwischen Islam und Gleichberechtigung. Widersprüche in der afghanischen Verfassung am Beispiel des afghanischen Familien- und Erbrechts. 2011.

Band 62 Sören Koch: Der Ersatz frustrierter Aufwendungen im norwegischen Recht. 2011.

Band 63 Vanessa Seibel: Der Geschäftsführer in der Insolvenz der Gesellschaft. Eine rechtsvergleichende und rechtsökonomische Betrachtung von GmbH und LLC. 2012.

Band 64 Dorothea von Domarus: Internationales Arzthaftungsrecht nach Inkrafttreten der Rom I- und Rom II-Verordnung. Ein Rechtsvergleich mit den USA unter besonderer Berücksichtigung der Bundesstaaten New York, Kalifornien und Louisiana. 2013.

Band 65 Nils Rasmus Grenda: Erwerb und Schutz des Eigentums an Mobilien im deutschen und schwedischen Recht. 2013.

Band 66 Tristan Wegner: Überseekauf im Agrarhandel. Die Kontraktpraxis nach GAFTA und Einheitsbedingungen. Eine rechtsvergleichende Darstellung. 2013.

Band 67 Marjam Waladan: Das iranische Familienrecht unter der besonderen Berücksichtigung der Rechte von Frauen und Kindern. 2013.

Band 68 Gesine Osieka: Zivilrechtliche Haftung deutscher Unternehmen für menschenrechtsbeeinträchtigende Handlungen ihrer Zulieferer. 2014.

Band 69 Cordula Giesecke: Interessengerechte Rechtswahl im Kaufrecht. Vertragswidrigkeit, Mängelrüge und Vertragsaufhebung – UN-Kaufrecht, deutsches, französisches und schweizerisches Recht im Vergleich. 2014.

Band 70 Philipp Raben: Das Modellgesetz als geeignetes Instrument europäischer Vertragsrechtsharmonisierung. 2015.

Band 71 Yanfei Zeng: Sonderkontrolle der Vertragsstrafe. Eine Untersuchung zu Begründungen der Kontrolle. 2015.

Band 72 Marcel Streeck: Die Situation der Schuldnerin im englischen und im deutschen Insolvenzrecht. Eine rechtsvergleichende Untersuchung. 2016.

www.peterlang.com

www.ingramcontent.com/pod-product-compliance
Ingram Content Group UK Ltd.
Pitfield, Milton Keynes, MK11 3LW, UK
UKHW021838290926
8980IPUK00004B/525

9 783631 674444